高等财经院校"十四五"精品系列教材

# 国际金融学

（第三版）

宿玉海　尹智超　主编

# International Finance

中国财经出版传媒集团

经济科学出版社
Economic Science Press

## 图书在版编目（CIP）数据

国际金融学 / 宿玉海，尹智超主编. ——3版. ——北京：经济科学出版社，2023.7

高等财经院校"十四五"精品系列教材

ISBN 978-7-5218-4949-3

Ⅰ.①国… Ⅱ.①宿…②尹… Ⅲ.①国际金融学－高等学校－教材 Ⅳ.①F831

中国国家版本馆 CIP 数据核字（2023）第132136号

责任编辑：于　源　宋　涛
责任校对：隗立娜　杨　海
责任印制：范　艳

**国际金融学（第三版）**
宿玉海　尹智超　主编
经济科学出版社出版、发行　新华书店经销
社址：北京市海淀区阜成路甲28号　邮编：100142
总编部电话：010-88191217　发行部电话：010-88191522
网址：www.esp.com.cn
电子邮箱：esp@esp.com.cn
天猫网店：经济科学出版社旗舰店
网址：http：//jjkxcbs.tmall.com
北京密兴印刷有限公司印装
710×1000　16开　27.75印张　507000字
2023年7月第3版　2023年7月第1次印刷
ISBN 978-7-5218-4949-3　定价：46.00元
（图书出现印装问题，本社负责调换。电话：010-88191545）
（版权所有　侵权必究　打击盗版　举报热线：010-88191661
QQ：2242791300　营销中心电话：010-88191537
电子邮箱：dbts@esp.com.cn）

# 前 言

国际金融学是一门新兴学科，其成为独立学科经历了逐步发展的过程。国际金融学最初依附于国际贸易学，一般是在国际贸易学中夹带讨论点国际金融的问题；二战后，布雷顿森林体系的建立使得国际金融问题凸显，出现了国际金融与国际贸易并列而形成的国际经济学；20 世纪 70 年代，布雷顿森林体系崩溃，同时，国际上金融性资本的流动规模迅速扩大，其存量远远高于国际贸易量的发展，从而使得国际金融问题的研究越来越脱离国际贸易而趋于独立；到了 80 年代，欧美教育界开始出现了国际金融学方面的专门教材，如杰拉德·盖伊（Gerald Gay）所著的《国际金融：概念与议题》、迈克尔·梅尔文（Michael Melvin）所著的《国际货币与金融》；90 年代以后，哈佛大学、麻省理工学院、芝加哥大学、普林斯顿大学等不仅纷纷出版国际金融教材，而且同时都以国际金融为独立对象开设了课程。

在中国，国际金融学是从改革开放后才逐渐发展起来的。虽然其起步较晚，但发展速度特别快。中国陆续出版的国际金融教材大致可分为三代：第一代是最早由陈彪如、陈家盛和钱荣教授出版的国际金融教材，这些教材在理论界也称为南方学派和北方学派。南方学派是以陈彪如教授著的《国际金融概论》为代表，属于偏理论性的国际金融。北方学派是以钱荣堃、刘舒年教授为代表，属于偏实务性的国际金融。当时出版的国际金融教材中没有一本在国际金融后加一个"学"字，这足以说明当时的教材建设尚处于探索阶段。第二代是由钱荣堃主编的国家教委推荐使用的统编教材《国际金融》以及由其他院校从事国际金融学教学和科研的学者编写的《国际金融概论》等教材。这些教材比起第一代教材来说在内容上覆盖面更广一些，体系更合理一些，并增加了不少新内容，比如国际金融创新问题，国际储备问题等。第三代是由姜波克主编的中华人民共和国教育部立项的重点项目"金融学系列课程主要教学内容改革研究与实践"的重要成果《国际金融学》，它把研究对象定义为从货币金融角度研究开放经济下内外均衡目标同时实现的一门学科。

虽然我国国际金融学教材已经发展到第三代，但其研究对象仍然是个没有解决好的疑难问题。陈彪如教授在他所著的《国际金融概论》中指出：国际金融学的研究对象是国际经济学的货币方面，也就是国际上的货币金融关系；钱荣堃教授在他主编的《国际金融》中认为：国际金融学研究的是国际上的货币关系和金融活动。姜波克教授在他主编的国际金融教材《国际金融学》中认为：国际金融学的研究对象是从货币金融角度研究开放经济下内外均衡目标同时实现的问题。本书认为国际金融学是研究开放经济条件下国际货币金融问题与实现内外均衡政策的一门独立学科，因此本教材由基础篇、市场篇和政策篇三部分构成，第一部分和第二部分主要论述开放经济条件下突出的国际货币金融问题；第三部分主要进行内外均衡基础下的国际金融理论政策分析。基础篇共五章，主要讲汇率和汇率制度；市场篇共四章，主要讲国际金融市场及金融风险防范。政策篇共五章，以实现内外均衡政策为主线贯穿其中。

为使本教材更好地适应新形势下我国金融学科本科教育发展的需要，在编写的过程中，我们遵循教材编写的前瞻性、科学性、系统性和实用性的原则，吸收了国内外国际金融理论研究和诸多教科书的最新成果，结合了编写者多年从事本科生和研究生国际金融教学的经验，充分考虑了我国外汇体制改革和金融业不断开放的现实。为便于读者学习和掌握书中的内容，我们列出了每章的学习目标，在每章最后都进行了小结，并列出了各章的重要概念和复习思考题。

本教材具有以下主要特色：

1. 定位明确，重点突出。目前绝大多数国内高校培养的本科生定位为应用型高级人才。本教材将紧紧围绕培养应用型高级人才安排内容，突出实务和政策，兼顾理论，力求理论与实践有机结合。

2. 逻辑严密、体系完整。本教材以汇率、市场、金融风险防范及内外均衡实现为主线贯穿全书，具有较强的系统性和逻辑性，使本书的写作思路区别于现行同类国际金融学教材。

3. 内容前瞻、科学合理。本教材吸收学科前沿的最新研究成果、结合国际金融市场的动态，使全书的内容更加前瞻、先进；在内容设计上，充分研究了国际金融学的先修课程和后续课程的教学内容，也充分考虑了本科生和研究生国际金融教学内容的差异，使本书结构更加科学合理。

本教材是财政部"十三五"规划教材，是原山东财经大学"十二五"规划教材《国际金融学》的修订版，其编写的历史沿革：2006年原山东财政学院讲授国际金融的老师集体编写出版了《国际金融学》，宿玉海教授担任主编，该教材于2008年荣获山东省高等学校优秀教材二等奖；2013年由原山东财政学院和原山东经济学院合并组成的山东财经大学金融学院国际金融教研室具有丰富国际金融学教学经验的一线教师，在2006年版的基础上共同撰写了山东财经大学"十三五"规划教材《国际金融学》，宿玉海教授和卫娴教授担任主编；2013年版《国际金融学》教材在使用过程中得到了师生和社会的认可，并于2016年被评为财政部"十三五"规划教材。2017年我们又结合国际金融领域的最新动态修订出版了《国际金融学》第二版，宿玉海教授和卫娴教授担任主编。此次第三版是我们对2017年版《国际金融学》作的进一步修订和完善，由宿玉海教授和尹智超副教授担任主编。综上所述，第三版《国际金融学》是集体智慧和团结协作的结晶，这本教材既有本版所有编写老师们付出的辛勤汗水，也凝结了前期邹欣、贾新民、柏宝春、张忠宝、籍森林、崔晓燕、安军、张延良等老师们的心血，我们在此向他们表示衷心感谢。

本教材第三版由宿玉海教授、尹智超副教授主编并统纂。具体撰写工作分工如下：前言（宿玉海、尹智超），第一章（卫娴），第二章和第三章（陈秀花），第四章（宿玉海），第五章（卫娴），第六章（何燕），第七章（陈秀花），第八章和第九章（何燕），第十章（宿玉海），第十一章（卫娴），第十二章（宿玉海），第十三章和第十四章（申宏丽）。本教材案例由尹智超、王文浩、陈小红、刘彦臻、刘海莹编写。

国际金融学是一门年轻的学科，其理论体系尚处于初创阶段，形成与完善还需要一个漫长的探索过程，书中缺点和纰漏在所难免，敬请广大读者予以指正。同时在本教材的写作过程中，我们也借鉴、吸收了国内外专家学者的研究成果和相关著作，在此一并表示感谢！

宿玉海　尹智超
2023年6月6日
于山东财经大学金融学院

# 目 录

## 第一部分　基础篇 ... 1

### 第一章　国际收支 ... 3
第一节　国际收支与国际收支平衡表 ... 3
第二节　国际收支的失衡与调节 ... 17
第三节　西方国际收支理论 ... 25
第四节　中国的国际收支 ... 37

### 第二章　外汇与汇率 ... 45
第一节　外汇概述 ... 45
第二节　汇率与外汇市场 ... 48
第三节　汇率变动的经济影响 ... 57

### 第三章　汇率决定理论 ... 67
第一节　汇率与价格水平的关系：购买力平价说 ... 67
第二节　汇率与利率的关系：利率平价说 ... 72
第三节　汇率与国际收支的关系：国际收支说 ... 76
第四节　汇率决定的资产市场说 ... 79
第五节　汇率决定理论的最新发展 ... 92

### 第四章　汇率制度 ... 99
第一节　汇率制度比较 ... 99
第二节　香港联系汇率制度 ... 105
第三节　人民币参考一篮子货币汇率制度 ... 110

### 第五章　国际资本流动 ... 124
第一节　国际资本流动类型与经济效应 ... 124

第二节 国际资本流动理论 ……………………………………… 130
第三节 国际资本流动与危机 ……………………………………… 136

## 第二部分 市场篇 …………………………………………………… 161

### 第六章 国际金融市场和国际金融机构 ………………………… 163
第一节 国际金融市场 ……………………………………………… 163
第二节 国际金融市场构成 ………………………………………… 170
第三节 国际金融机构 ……………………………………………… 176
第四节 中国与国际金融机构 ……………………………………… 192

### 第七章 离岸金融市场 …………………………………………… 201
第一节 离岸金融市场概述 ………………………………………… 201
第二节 离岸金融市场业务 ………………………………………… 205
第三节 离岸金融市场监管 ………………………………………… 219

### 第八章 金融衍生品交易市场 …………………………………… 228
第一节 远期外汇交易 ……………………………………………… 228
第二节 外汇期货交易 ……………………………………………… 234
第三节 外汇期权交易 ……………………………………………… 239
第四节 其他金融衍生品交易 ……………………………………… 243

### 第九章 外汇风险管理 …………………………………………… 255
第一节 外汇风险概述 ……………………………………………… 255
第二节 外汇风险管理的原则及战略 ……………………………… 261
第三节 企业外汇风险管理 ………………………………………… 265
第四节 银行外汇风险管理 ………………………………………… 272

## 第三部分 政策篇 …………………………………………………… 279

### 第十章 开放经济下的财政、货币政策 ………………………… 281
第一节 开放经济下的政策搭配原理 ……………………………… 281
第二节 开放经济下的短期财政、货币政策效力 ………………… 288
第三节 开放经济下的中长期财政、货币政策效力 ……………… 293

# 第十一章 开放经济下的汇率管理与外汇管制政策 …… 302

- 第一节 政府对外汇市场的干预 …… 302
- 第二节 汇率政策与其他政策的搭配 …… 307
- 第三节 政府的外汇管制政策 …… 312
- 第四节 我国的外汇管理政策与人民币自由化 …… 324

# 第十二章 开放经济下的国际储备政策 …… 343

- 第一节 国际储备的内涵及构成 …… 343
- 第二节 国际储备管理 …… 351
- 第三节 国际储备政策与其他政策的搭配 …… 358

# 第十三章 国际货币体系 …… 364

- 第一节 国际货币体系概述 …… 364
- 第二节 国际金本位体系 …… 366
- 第三节 布雷顿森林体系 …… 371
- 第四节 牙买加体系 …… 378

# 第十四章 区域货币合作 …… 394

- 第一节 最优货币区理论 …… 394
- 第二节 欧洲货币合作 …… 398
- 第三节 东亚货币合作 …… 408
- 第四节 非洲货币合作 …… 420

# 参考文献 …… 430

# 第一部分 基 础 篇

# 第一章
# 国 际 收 支

**学习目标**
- 理解国际收支和国际收支均衡的含义;
- 熟悉国际收支平衡表的编制原理、账户构成并了解中国国际收支的结构与现状;
- 掌握国际收支账户的分析方法、国际收支失衡的管理;
- 了解各种国际收支理论的基本原理与相互间的关系。

## 第一节 国际收支与国际收支平衡表

### 一、国际收支的含义

国际收支(balance of payments)的概念最初出现在17世纪初期,当时由于国际经济交往的形式主要是国际贸易,所以国际收支只是简单地被解释为一国的对外贸易差额(balance of trade)。之后,随着国际经济交往内容、范围的不断扩大,国际收支的内涵也发生了变化。

第一次世界大战后到第二次世界大战前,由于国际证券投资和国际借贷活动的较快发展,国际收支被拓展为一国的外汇收支,即一国在某一特定时期内(通常是1年内)的外汇收支的总和。也就是说一国对外经济交往过程中,无论是贸易、非贸易还是资本流动,只要涉及外汇收支均属于国际收支的范畴,这就是现在人们所称的狭义国际收支。

第二次世界大战后,世界经济迅猛发展,国际商品交往形式随之扩大,国际结算方式也更加多样化,发生了不涉及外汇收支的经济活动，如清算支付协定下的记账、补偿贸易，以及国际上的商品援助、捐赠等，狭义的国际收支概念已不能包罗国际经济交易中许多经济现象和行为，广义的国际收支便应运而生，并逐渐为人们所接受。

国际货币基金组织（International Monetary Fund，IMF）在其《国际收支手册》中对广义国际收支下了定义，可概括为：国际收支是指一定时期内一国居民与非居民所进行的全部经济交易的系统记录。对于该定义的理解应着重把握如下几个方面。

1. 国际收支是一个流量概念。国际收支总是属于一个特定时期的，这个时期就是国际收支的报告期。报告期可以是一年，也可以是1个季度或1个月，是根据分析的需要和资料来源的可能确定的，但通常以1年为一个报告期。有一个与国际收支相近的概念是国际借贷，国际借贷（balance of international indebtedness）或称国际投资状况（international investment position），是指一定时点上一个经济体的居民对外资产和负债的汇总，是一个存量概念。

2. 国际收支记录一国居民与非居民之间的交易。在国际收支统计中，居民是一个经济概念，是指在该国居住1年以上的自然人和法人。IMF规定：自然人居民是指在本国居住1年以上的个人，包括本国侨民和外国人；法人居民是指在本国从事各种活动的营利、非营利机构，如政府机构、企业、团体等。不过应该注意的是：一国的外交使者、驻外军事人员及留学人员属于本国的居民，居住国的非居民；跨国公司的海外分支机构属于所在国的居民，母公司所在国的非居民；国际性机构如联合国、国际货币基金组织等是任何国家的非居民。

3. 国际收支反映的内容以交易为基础。这些交易既包括涉及货币收支的对外往来，又包括未涉及货币收支的对外往来。对于未涉及货币收支的往来需折算成货币加以记录。由此国际收支所包含的经济交易可以归纳为五类：（1）金融资产与商品和劳务之间的交换，即以货币为媒介的商品和劳务买卖；（2）商品和劳务与商品和劳务之间的交换，即物物交换；（3）金融资产和金融资产之间的交换；（4）无偿的、单向的商品和劳务转移；（5）无偿的、单向的金融资产转移。

## 二、国际收支平衡表的主要内容

一个国家的国际收支状况，集中反映在这个国家的国际收支平衡表中。国际收支平衡表（balance of payment statement）是指按照一定的编制原则和格式，对一国一定时期的国际经济交易进行分类、汇总，以反映和说明该国国际收支状况的统计报表。

历史上许多国家曾根据不同的经济分析需要编制了不同格式的国际收支平衡表。为便于汇总和比较，IMF在其《国际收支手册》中制定了国际收支平衡表的标准格式。表1-1即为IMF《国际收支手册》第五版中所规定的国际收支平衡表的标准格式。

表1-1　　　　　　IMF国际收支平衡表主要项目构成

| IMF格式 | 贷方（+） | 借方（-） |
| --- | --- | --- |
| 一、经常账户<br>　1. 货物和服务<br>　　（1）商品<br>　　（2）服务<br>　2. 收益<br>　　（1）职工报酬<br>　　（2）投资收益<br>　3. 经常转移 | （经常账户收入） | （经常账户支出） |
| 二、资本和金融账户<br>　1. 资本账户<br>　2. 金融账户<br>　　（1）直接投资<br>　　（2）证券投资<br>　　（3）其他投资<br>　　（4）储备资产<br>　　　①货币性黄金<br>　　　②特别提款权<br>　　　③在IMF的储备头寸<br>　　　④外汇储备<br>　　　⑤其他债权 | （资本流入）<br><br><br><br><br><br><br>（储备减少） | （资本流出）<br><br><br><br><br><br><br>（储备增加） |
| 三、误差与遗漏 | | |

根据IMF《国际收支手册》第五版所规定的国际收支平衡表的标准格式，国际收支平衡表的基本内容由三大部分构成——经常账户、资本和金融账户、错误与遗漏账户。

### （一）经常账户（current account）

又称经常项目，是记录实际资源在国际上流动的账户。主要包括商品、服务、收益和经常转移四个子项目。

1. 商品（goods），又称有形贸易（visible trade）账户，是记录商品的进口与出口的账户。商品账户反映的是实物资产在居民与非居民间的转移，是经常账户和整个国际收支中最重要的科目。商品账户下的交易对象主要包括一般商品、用于加工的货物、货物修理、各种运输工具在港口购买的货物和非货币黄金五大类。一般商品包括机电产品、农产品、汽车、电子和纺织产品等；用于加工的货物，即运到国外进行加工的货物的出口和运到国内进行加工的货物的进口；货物的修理，即向非居民支付的或从非居民处得到的运输工具修理费；各种运输工具停靠港口期间采购的货物,包括居民、非居民从岸上采购的燃料和物资等;非货币性黄金,即不作为储备资产(货币黄金)的所有黄金进出口,等同于一般商品。根据 IMF 建议,国际收支平衡表中对商品的记录是以所有权变更日期为准,采用的是 FOB 价。

2. 服务(services),又称无形贸易(invisible trade),是记录服务的输入和输出的账户。服务账户包括运输、旅游、通信、建筑、金融、保险、计算机和信息服务、专有权利使用费和特许费以及咨询、广告、宣传电影音像及其他商业服务和别处未提及的政府服务。

3. 收益(income)。收益账户主要记录因生产要素在国际上流动而引起的要素报酬收支。收益账户主要包括职工报酬(compensation of employees)和投资收益(investment income)两个子项目。前者记录的是一国(或地区)的居民个人在另一国(或地区)工作而得到的现金或实物形式的工资、薪水和福利;后者记录的是与资本和金融项目相对应的涉外金融资产与负债的收益收支状况,具体可划分为:直接投资、证券投资和其他投资的收入和支出以及储备资产的收入。

4. 经常转移(current transfers)。转移收支主要记录不发生对等偿付的单方面支付。在《国际收支手册》第五版中,将转移区分为经常转移与资本转移,其中经常转移强调的是转移品的消费性质,资本转移强调的是转移品的资本性质。经常转移又可以分为政府和私人单方转移两个方面。政府单方转移主要有债务豁免、政府间经济和军事援助、战争赔款、捐款等;私人单方转移主要有侨民汇款、年金、赠与等。

## (二)资本和金融账户(capital and financial account)

资本和金融账户主要记录资产所有权在国际上的变动情况,即一国资本的输入、输出情况。在这里一个国家的资本输出视为其对外债权的增加,反之资本输入视为其对外债务的增加。不过应注意把资本流动本身和因资本流动而产生的收益区分开来。资本流动本身属资本与金融账户,而因资本流动所产生的收益应记入经常账户的投资收益账户。具体说资本与金融账户又可细分为:资本账户(capital account)和金融账户(cinancial account)两个子项目。

1. 资本账户。资本账户主要记录资本转移和非生产、非金融资产的收买或放弃。资本账户由资本转移和非生产、非金融资产交易两部分组成。

资本转移是指涉及固定资产所有权的变更及债权的减免等导致交易一方或双方资产存量发生变化的转移。资本转移主要包括四种形式:(1)固定资产所有权的转移;(2)同固定资产收买或放弃(如投资赠款,以增加受援国购置固定资产的能力)相联系的或以其为债务条件的资本转移;(3)债权人不索取任何回报而取消的债务;(4)移民转移。

非生产、非金融资产的收买或放弃是指非生产性有形资产(土地、地下资产)和无形资产(专利、版权、商标、经销权以及租赁和其他可转让合同)的收买与放弃。

2. 金融账户。金融账户主要记录引起一个经济体对外资产和负债所有权变更的所有权交易。根据投资类型或功能的不同,金融账户又细分为直接投资、证券投资、其他投资和储备资产四个子项目。

(1)直接投资(direct investment)。其特征是投资者对非居民企业的经营管理拥有有效的控制权,有永久利益。它可以采取直接在国外投资建立企业的形式,也可以采取购买非居民企业一定比例股票(IMF 规定 10% 以上,我国则规定 25% 以上)的形式或采取将投资利润进行再投资(reinvestment)的形式。

(2)证券投资(portfolio investment)。证券投资的主要对象是股本证券和债务证券。对于债务证券而言,它可以进一步细分为期限在 1 年以上的中长期债券、货币市场工具和其他派生金融工具。

(3)其他投资(other investment)。这是一个剩余项目,包括所有直接投资、证券投资和储备资产未包括的金融交易。这些交易除政府贷款、银行贷款和贸易融资等长短期贷款外,还包括货币、存款、短期票据等。

(4)储备资产(reserve assets)。储备资产包括货币当局可随时动用并控制在手中的外部资产。它可以分为货币黄金、特别提款权、在基金组织的储备头寸、外汇资产和其他债权。

事实上,资本交易还可以根据经济分析的需要从其他不同的角度予以划分。例如,从资本交易的主体(或资本的拥有者)来看,有私人资本和官方资本之分,上述国际储备只是官方资本中的一部分。再如,从资本的偿还期来看,有长期资本和短期资本之分。长期资本是指期限为 1 年以上或未规定期限(如股票)的资本;短期资本指期限为 1 年或 1 年以下的资本[①]。此外,各种划分方法还可以根据需要交叉运用。如对私人资本和官方资本可进一步细分为私人长期资本和私人短期资本,官方长期资本和官方短期资本。值得注意的是,伴随着金融市场一体化趋势的不断加强,私人短期资本流动规模越来越大,速度越来越快,其对各国国际收支和金融市场稳定性的影响越来越大,加强对国际收支平衡表中私人短期资本流动的分析已为许多国家所重视。

---

① 当今证券资本流动性的增强,赋予了短期资本新的含义,其不仅包括期限为 1 年或 1 年以下的资本,而且包括流动性较强的长期证券资本。

### (三) 错误和遗漏账户 (errors and omissions account)

该账户是为了使国际收支平衡表借方和贷方平衡而人为设立的一种平衡账户。根据复式簿记原则，借贷总额应该相等。但是，人们在实际编制国际收支平衡表的过程中，由于各种国际经济交易的统计资料来源不一或不完整，统计时间不一致，以及一些人为的因素（如有些数据须保密，不宜公开；虚报出口等），国际收支平衡表实际上几乎不可避免地会出现净的借方差额或贷方差额。这时就需要人为设立一个抵销账户，数目与上述余额相等而方向相反。错误和遗漏账户就是这样一种抵销账户。

## 三、国际收支平衡表的编制

### (一) 国际收支平衡表的编制原则

国际收支平衡表是按照复式记账的原则编制的，即任何一笔交易都必须在国际收支平衡表的借贷双方同时加以记录，有借必有贷，借贷必相等。贷方表示资金收入的增加，借方表示资金支出的增加。

在会计上，商品劳务的进出口和从外国获得的净要素收入等经济行为都对应着一国对外资产负债的相应变化，即一笔贸易流量对应着一笔金融流量。因此，我们可以运用复式记账法的基本原理，将国际收支的各种经济行为归入两类账户：反映商品、劳务进出口及净要素支付等实际资源流动的纳入"经常账户"；反映资产所有权流动的纳入"资本和金融账户"。这样，同一行为就在不同账户中被记录两次，从而较为完整、科学地反映了一国国际收支的状况。

具体在编制国际收支平衡表时应遵循两条原则：

1. 凡是引起一国国外资产增加、负债减少；债权增加、债务减少的记入借方，反之凡是引起一国国外资产减少、负债增加或债权减少、债务增加的记入贷方。

2. 凡是导致一国收入增加的项目记入贷方，而一切引起该国支出增加的项目记入借方。亦即凡是构成资金来源的记入贷方，凡是构成资金运用的记入借方。

这是在编制国际收支平衡表时所应遵循的两个基本原则。具体说记入国际收支平衡表借方的项目通常包括：(1) 反映进口实际资源的经常项目；(2) 反映资产增加或负债减少的金融项目。记入贷方的项目包括：(1) 反映出口实际资源的经常项目；(2) 反映资产减少或负债增加的金融项目。例如：

①进口商品属于借方项目，出口商品属于贷方项目。

②非居民为本国居民提供劳务或从本国取得收入,属于借方项目,本国居民为非居民提供劳务或从外国取得的收入,属于贷方项目。

③本国居民对非居民的单方向转移,属于借方项目,本国居民收到的国外的单方向转移,属于贷方项目。

④本国居民获得外国资产或对外投资属于借方项目,外国居民获得本国资产或对本国投资,属于贷方项目。

⑤本国居民偿还非居民债务属于借方项目,非居民偿还本国居民债务属于贷方项目。

⑥官方储备增加属于借方项目,官方储备减少属于贷方项目。

### (二) 国际收支平衡表的记账实例

对具体交易记账方法的分析不仅有助于正确掌握国际收支账户中的记账原理,同时也有助于我们理解各账户之间的关系。以下我们以甲国为例,列举六笔交易来说明国际收支账户的记账方法,如表1-2所示。

表1-2　　　　　六笔交易构成的国际收支账户　　　单位:万美元

| 项目 | 借方 | 贷方 | 差额 |
| --- | --- | --- | --- |
| 商品贸易 | 1 000+50 | 500+60 | -490 |
| 服务贸易 | 100 | - | -100 |
| 收益 | - | 150 | +150 |
| 经常转移 | 100 | - | -100 |
| 经常账户合计 | 1 250 | 710 | -540 |
| 直接投资 | 75 | 1 000 | +925 |
| 证券投资 | 200 | - | -200 |
| 其他投资 | 500 | 100+200 | -200 |
| 官方储备 | 25 | 40 | +15 |
| 资本与金融账户合计 | 800 | 1 340 | +540 |
| 总计 | 2 050 | 2 050 | 0 |

1. 甲国某企业出口价值500万美元的设备,收入记入其海外存款账户。

这笔交易在国际收支平衡表中应记为:

借:企业海外存款　　　　　　　　　　500万美元
　　贷:商品出口　　　　　　　　　　　　500万美元

2. 甲国居民到外国旅游花销100万美元,这笔费用从该居民的海外存款账户中扣除。

这笔交易可记为:

借:服务进口　　　　　　　　　　　　100万美元

贷：居民海外存款　　　　　　　　　　　　100 万美元

3. 外商以价值 1 000 万美元的设备投资甲国，兴办合资企业。

这笔交易可记为：

借：商品进口　　　　　　　　　　　　　　1 000 万美元
　　贷：直接投资　　　　　　　　　　　　　　1 000 万美元

4. 甲国政府动用外汇库存 40 万美元向外国提供无偿援助，另提供相当于 60 万美元的粮食药品援助。

这笔交易可记为：

借：经常转移　　　　　　　　　　　　　　100 万美元
　　贷：官方储备　　　　　　　　　　　　　　40 万美元
　　　　商品出口　　　　　　　　　　　　　　60 万美元

5. 甲国某企业在海外投资所得利润 150 万美元。其中 75 万美元用于当地再投资，50 万美元购买当地商品运回国内，25 万美元调回国内结售给政府以换取本国货币。

这笔交易可记为：

借：直接投资　　　　　　　　　　　　　　75 万美元
　　商品进口　　　　　　　　　　　　　　50 万美元
　　官方储备　　　　　　　　　　　　　　25 万美元
　　贷：海外投资利润收入　　　　　　　　　　150 万美元

6. 甲国居民动用其在海外存款 200 万美元，用以购买外国某公司的股票。

这笔交易可记为：

借：证券投资　　　　　　　　　　　　　　200 万美元
　　贷：居民海外存款　　　　　　　　　　　　200 万美元

## 四、国际收支平衡表的最新发展——IMF《国际收支和国际投资头寸手册》第六版

　　自 1948 年《国际收支手册》第一版问世以来，国际货币基金组织为适应不断变化的情况，对国际收支的统计不断修订，由此，IMF 出版的《国际收支手册》迄今为止已由第一版发展到了第六版。1948 年 1 月出版的《国际收支手册》第一版的主要目的是奠定向基金组织定期提供具有国际标准的报告的基础；1950 年公布的《国际收支手册》第二版丰富了手册体系中用以说明概念的材料；1961 年面世的《国际收支手册》第三版比先前各版手册迈出了一步，它不仅奠定了向基金组织提供报告的基础，而且还提供了一整套可供各国满足自身需要的国际收支原则；1977 年发布的《国际收支手册》第四版对国际金融体系中的变化及国际交易方式的重要变化做出了反

应，该手册更全面地阐述了有关居民地位和计值的基本原则以及其他会计原则，并为使用标准组成编制各种差额数据提供了灵活性；1993年9月问世的《国际收支手册》第五版与同期编制的《1993年国民账户体系》之间进行了协调，《国际收支手册》第五版对定义、术语和账户结构作了很多修改，包括：将经常账户中的资本转移和非生产资产转移到新指定的资本账户；将资本账户重新命名为资本金融账户；将服务从初次收入（以前称为要素服务）中剥离。

1992年，国际货币基金组织成立了基金组织国际收支统计委员会（以下简称"委员会"）。2001年，委员会决定着手更新手册，因为《国际收支手册》第五版尽管在总体框架上仍然适用，但却需要纳入1993年以来出现的全球化、资产负债表问题的日益细化和金融创新等众多的内容，还需要加强手册的理论基础及其与其他宏观经济统计之间的联系。《国际收支手册》第六版的编制与经合组织《外国直接投资基准定义》及《国民账户体系》的更新并行，以保持和改进这些手册之间的一致性。

《国际收支手册》第六版草案分别于2007年3月和2008年3月公布在基金组织网站上，以向全球征求意见；此外，还向委员会成员、基金组织其他部门和其他有关各方分发了有关若干章节和整个文件的其他草案版本；2008年，又请基金组织的退休人员，也就是曾经负责指导《国际收支手册》第五版起草工作的统计部前助理主任Mahinder Gill对草案进行了专业审查，以检查文件中可能出现的任何不一致或缺漏问题，检查文件是否与《国民账户体系》一致；同年，举办了9次有关手册宣传的区域研讨会，来自基金组织173个成员经济体的代表和一些国际机构一起参与了这些研讨会，其间提供了很多有用的建议。2008年7月，基金组织国际收支统计委员会向委员会成员分发了新版草案，该草案将2008年3月草案的相关书面意见、区域研讨会的建议以及《2008年国民账户体系》第一卷的定稿纳入了考虑。在由委员会成员提供另一轮评审意见，以及由基金组织内部进行审查后，委员会于2008年11月一致通过了《国际收支手册》第六版草案。

《国际收支手册》第六版定名为《国际收支和国际投资头寸手册》第六版，首次将国际投资头寸加进了书名。第六版进行的最重大的修改主要包括：（1）修改了有关加工贸易和转手买卖的处理办法；（2）修改了金融服务的计量办法；（3）细化了直接投资的内容；（4）介绍了与储备有关的负债、标准化担保和未分配黄金账户等概念；（5）介绍了用以计量国际汇款的新概念；（6）更重视资产负债表及其脆弱性问题；（7）加强了与《国民账户体系》之间的协调；（8）篇幅增加了一倍。

《国际收支和国际投资头寸手册》第六版主要内容如表1-3所示。

表1-3　　　　　　　国际收支平衡表概览（第六版）

| 经常账户 | 贷方 | 借方 | 差额 |
|---|---|---|---|
| 货物和服务 | | | |
| 　货物 | | | |
| 　服务 | | | |
| 初次收入 | | | |
| 　雇员报酬 | | | |
| 　利息 | | | |
| 　公司的已分配收益 | | | |
| 　再投资收益 | | | |
| 　租金 | | | |
| 二次收入 | | | |
| 　对所得、财富等征收的经常性税收 | | | |
| 　非寿险净保费 | | | |
| 　非寿险索赔 | | | |
| 　经常性国际转移 | | | |
| 　其他经常转移 | | | |
| 　养老金权益变化调整 | | | |
| 经常账户差额 | | | |
| 资本账户 | | | |
| 非生产非金融资产的取得/处置 | | | |
| 资本转移 | | | |
| 资本账户差额 | | | |
| 金融账户 | | | |
| 直接投资 | | | |
| 证券投资 | | | |
| 金融衍生产品（储备除外）和雇员认股权 | | | |
| 其他投资 | | | |
| 储备资产 | | | |
| 误差和遗漏净额 | | | |

表1-3中修改的初次收入账户表示居民与非居民机构单位之间的初次收入流量，或者说，初次收入是机构单位因其对生产过程所做的贡献或向其他机构单位提供金融资产和出租自然资源而获得的回报，其分为两类：（1）与生产过程相关的收入。雇员报酬是向生产过程投入劳务的收入。对产品和生产的税收和补贴也是有关生产的收入。（2）与金融资产和其他非生产资产所有权相关的收入。财产收入是提供金融资产和出租自然资源所得的回报。投资收益是提供金融

资产所得的回报,包括股息、利息等。但金融衍生产品和雇员认股权的所有权不产生投资收益。表1-3中修改的二次收入账户表示居民与非居民之间的经常转移,是机构单位向另一个机构单位提供货物、服务、金融资产或其他非生产资产而无相应经济价值物品回报的分录。初次收入应与二次收入进行区分。初次收入为提供劳务、金融资产和出租自然资源而获得的回报;二次收入则是通过政府或慈善组织等的经常转移对收入重新分配。

我们将《国际收支手册》第四、第五、第六版做简要比较,如表1-4所示。

表1-4　　国际收支平衡表第四、第五、第六版比较表

| 《国际收支手册》第四版 | 《国际收支手册》第五版 | 《国际收支手册》第六版 |
| --- | --- | --- |
| 经常账户 | 经常账户 | 经常账户 |
|   货物 |   货物 |   货物 |
|   无形贸易 |   服务 |   服务 |
|   单方面转移 |   收益 |   初次收入 |
| |   经常转移 |   二次收入 |
| 资本账户 | 资本与金融账户 | 资本账户 |
|   长期资本流动 |   资本账户 |   资本转移 |
|   短期资本流动 |     资本转移 |   非生产、非金融资产的收买与放弃 |
| |     非生产、非金融资产收买与放弃 | 金融账户 |
| |   金融账户 |   直接投资 |
| |     直接投资 |   证券投资 |
| |     证券投资 |   金融衍生产品和雇员认股权 |
| |     其他投资 |   其他投资 |
| 储备账户 | 官方储备 | 官方储备 |
| 错误与遗漏账户 | 错误与遗漏账户 | 错误与遗漏账户 |

## 五、国际收支平衡表的分析

国际收支平衡表不仅综合记载了一国在一定时期内与世界各国的经济往来情况和在世界经济中的地位及其消长对比情况,而且还集中反映了该国的经济类型和经济结构,因此,国际收支平衡表是经济分析的重要工具。通过对国际收支平衡表的分析,对编表国家或非编表国家都具有重要的意义。

对于编表国家来说,通过对国际收支平衡表的分析,能够全面、及时掌握本国对外经济交易的综合情况,找出造成国际收支顺、逆差

的原因，以便于采取正确的调节措施。其次，它能使本国政府充分掌握其外汇资金来源和运用方面的资料，特别是官方的储备变动情况，以便于编制切实可行的外汇预算计划。而且它还能使一国全面地了解本国的国际经济地位，制订出与本国国力相适应的贸易、投资、经济援助、借贷等方面的对外经济政策。

对于非编表国家来说，它同样具有重要的意义和作用。这是因为：随着世界经济一体化的不断发展，各国在经济、政治等各方面的联系日益密切，一个国家不仅要了解自己，而且要了解他国的政治经济实力与对外经济政策，以及世界经济发展的趋势。而通过对他国国际收支平衡表的分析，有助于预测编表国家的国际收支、货币汇率及其对外经济政策动向，也有助于了解各国的经济实力和预测世界经济与世界贸易的发展趋势。

### （一）国际收支账户分析

国际收支平衡表是由一系列具体项目构成的，这些项目的余额状况在很大程度上反映了一国的对外经济交往情况。对国际收支平衡表的分析主要是指对这些具体项目余额状况的分析。根据不同时期对国际收支含义的不同理解和国际收支各子项目在国际收支平衡表中地位的不同，对国际收支平衡表的分析通常主要集中于如下五个方面。

1. 贸易账户余额分析。贸易账户余额即商品的进出口贸易余额（trade balance）。贸易收支是经常账户收支的主体。历史上贸易收支曾长期作为一国国际收支的代名词。随着国际资本流动规模和地位的提高，国际收支虽然赋予了新含义，但贸易收支仍可在很大程度上反映一国的产业结构、产品国际竞争力和在国际分工中的地位，因此在国际收支中仍处于主导地位。对一国国际收支状况的分析，必须先对其贸易收支状况进行分析。

2. 经常账户余额分析。经常账户收支余额（current account balance）是指一定时期内一国出口商品、劳务和单方面转移账户上的贷方总额与同期进口商品、劳务和单方面转移的借方总额之差。其中前两项构成经常账户收支的主体。经常账户收支差额反映了实际资源在一国与他国之间的转让净额，如果经常账户收支为顺差，意味着该国的国外资产净额增加；反之，如果经常账户收支为逆差，则意味着该国国外净负债的增加。经常账户余额是国际收支平衡表中最重要的收支差额。

3. 资本和金融账户余额分析。资本和金融账户余额（capital and finance account balance）包括资本账户和金融账户两部分，通常前一个项目的数额很少，分析中可以忽略，对资本和金融账户的分析主要是指对金融账户的分析。资本和金融账户涉及的内容很多，隐含的经济意义也非常复杂，对资本和金融项目进行分析是国际收支平衡表分析中的重要内容。首先，通过资本和金融账户的差额可以看出一个国家资本市场的开放程度和金融市场的发展程度，可以对于一国货币政策和汇率政策的调整提供很好的借鉴作用。其次，资本与金融账户和经常账户之间具有融资关系，所以资本与金融账户差额可以间接反映出经常账户的状况和融资能力。根据复式记账原则，国际收支中一笔贸易流量通常对应一笔金融流量，经常账户中实际资源流动与资本和金融账户中资产所有权流动是同一个问题的两个方面。在不考虑错误与遗漏账户时，经常账户出现赤字，对应资本和金融账户的相应盈余，这就意味着利用金融资产的净流入为经常账户赤字融资。但是，随着国际金融一体化的发展，这种融资关系有了新的变化。首先，资本和金融账户给经常账户融资开始受到很多因素的影响和制约。比如说如果提供融资的主要是国外资本，那么这种融资将受到稳定性和偿还性的限制。其次，资本和金融账户已经不再是被动地由经常账户决定并为经常账户提供融资服务，资本流动存在着独立的运动规律，从根本上摆脱了对贸易的依附关系。最后，在两个账户的融资关系中，债务和收入因素也会影响经常账户，资本和金融账户为经常账户融资会影响到收入账户进行相应变动，影响债务支出进而影响到经常账户。

4. 国际收支综合差额分析。国际收支综合差额（overall balance）又称为国际收支总差额，是国际收支平衡表中扣除储备后的资本与金融项目差额和经常账户差额之和。在忽略误差与遗漏的条件下，其与储备资产呈反向变动，即国际收支综合差额为顺差表现为外汇储备增加，在国际收支平衡表中则表现为外汇储备借方的增加；反之，国际收支综合差额为逆差表现为外汇储备减少，在国际收支平衡表中则表现为外汇储备贷方的增加。因此，国际收支综合差额通常可用于衡量固定汇率或有管理浮动汇率制度下政府储备调节的压力。浮动汇率制度下，由于政府很少动用外汇储备干预外汇市场，因此这一概念的实际意义不大。IMF倡导使用综合差额这一概念。在没有特别说明的情况下，人们所说的国际收支盈余或赤字，通常指的是综合差额盈余或赤字。

5. 净误差与遗漏账户分析。国际收支平衡表中的错误与遗漏是国际收支统计误差的逆向调整。通常这个项目的数额不大，方向也不确定。如果出现持续、巨额的同向变动，这常常是人为因素造成的。如当一国货币存在明显低估时，就会导致大量游资通过非法、隐蔽的途径流入，其国际收支平衡表的误差与遗漏项目通常表现为贷方增加；反之为躲避官方资本管制而形成的资本外逃或为骗取出口退税而形成的假出口都会导致误差与遗漏项借方的增加。因此，对错误和遗漏账户进行分析是必要的。国际惯例通常以不超过进出口贸易总额

5%作为衡量误差与遗漏是否存在人为因素的标准。

### (二) 国际收支平衡表的分析方法

国际收支平衡表的分析方法有静态分析、动态分析和比较分析三种。在对一国国际收支进行分析时，一定要把这三种分析方法结合起来一起，才能对一国经济进行全面、正确深入的分析。

1. 静态分析。静态分析是对一国在某一时期（一年、一季度或一个月）的国际收支状况进行分析。具体地讲就是计算和分析表中各个项目及其差额，分析各个项目差额形成的原因与对国际收支总差额的影响。

静态分析的方法应注意的问题是：

贸易收支：一国贸易收支出现顺差或逆差，主要受多个方面的因素影响，它包括经济周期的更替、财政与货币政策变化所决定的总供给与总需求的对比关系；气候与自然条件的变化；国际市场的供求关系；本国产品的国际竞争力；本国货币的汇率水平等。结合这些方面的资料进行分析，有助于找出编表国家贸易收支差额形成的原因。

服务收支：服务收支反映着编表国家有关行业的发达程度与消长状况。如运费收支的状况直接反映了一国运输能力的强弱，一般发展中国家总是支出多，而一些经济发达的国家由于拥有强大的商船队而收入颇丰；还有银行和保险业务收支状况反映了一个国家金融机构的完善程度。分析这些状况之后，对其本国来说可以为寻找改进对策提供依据；对别国来说，为选择由哪个国家提供相关业务的服务提供依据。

单方面转移：重点研究官方转移收入。第二次世界大战后，国际援助相对来说在不断增加，这种援助包括军事援助和经济援助两种，其中又分低息贷款和无偿援助两部分。在分析这个项目时除考虑其数额大小外，还要分析这种援助的背景、影响及其后果，并对趋势作一分析。

资本与金融项目：该项目涉及许多子项目，比如直接投资、间接投资、国际借贷和延期付款信用等，一般来说前三项处于主要地位。直接投资状况反映了一国资本国际竞争能力的高低（对发达国家而言）或一国投资利润前景的好坏（对发展中国家而言）；国际借贷状况反映了一国借用国际市场资本条件的优劣，从而反映了该国的国际信誉高低。第二次世界大战后，短期资本在国际上移动的规模与频繁程度都是空前的，它对有关国家的国际收支与货币汇率的变化都有重要影响，因而研究、分析短期资本在国际上移动的流量、方向与方式，对研究国际金融动态和发展趋势也具有重要意义。

官方储备：重点分析国际储备资产变动的方向，因为这反映了一国应对各种意外冲击能力的变化。

错误与遗漏：主要分析其数额大小的变化。因为错误与遗漏的规模一方面反映了一国国际收支平衡表虚假性的大小，规模越大，国际收支平衡表对该国国际经济活动的反映就越不准确；另一方面在某种程度上它也反映了一国经济开放的程度，一般来说经济越开放，错误与遗漏的规模就越大。

2. 动态分析。动态分析是对一国若干连续时期的国际收支平衡表进行纵向比较分析，以判断其总体变动趋势。国际收支平衡表虽只反映某一特定时期的情况，但它绝不是孤立存在的，而是与以前或以后的发展过程紧密相连的。可以说，它既是前一时期演变的结果，又是后一时期状况的原因。因此，要研究一国的国际经济地位、国际金融状况，必须遵循动态性原则，连续分析不同时期的国际收支平衡表，掌握其长期变化情况。只有这样，才能得出比较准确的结论。分析国际收支平衡表的重要目的之一是掌握其发展变化趋势，因此要注意动态分析的连续性，对一个经济体历年的国际收支平衡表进行比较分析，可以从中找出变化规律和发展趋势。

3. 比较分析。比较分析既包括对一国若干连续时期的国际收支平衡表进行比较分析，也包括对不同国家在相同时期的国际收支平衡表进行比较分析。比较分析要注重变化的实质原因。如果经常项目差额有了显著变化（由顺差转为逆差，或逆差明显扩大），变化主要来自于贸易差额，而其历年贸易收支只是少数年份有逆差，则可以判断其逆差是暂时性原因引起的；若其历年多数年份都存在逆差，则可以认为其逆差是根本性原因造成的，具有长期性。

对不同国家在相同时期的国际收支平衡表进行比较分析较为困难，因为各国的国际收支平衡表在项目的分类与局部差额的统计上不尽相同。利用联合国或国际货币基金组织的资料有助于克服这一困难，因为这两个机构公布的若干重要资料，都是经过重新整理后编制的，可以互相比较。

## 第二节 国际收支的失衡与调节

### 一、国际收支平衡与失衡的含义

国际收支平衡表是根据复式记账的原则编制的，其借方总额和贷方总额总是相等的。但这种平衡只是账面的、会计意义上的平衡，不具有经济意义。国际收支平衡表是由一系列具体交易项目组成的，这些项目的借贷双方往往是不相等的，不同项目的余额或几个项目余额的组合便形成了许多局部差额（见表1-5），这些局部差额是否为零，便成为不同时期判断一国国际收支是否平衡的标准。

表1-5　　　　　国际收支局部差额的内容及其关系

+ 商品出口
- 商品进口

贸易差额
+ 劳务收入
- 劳务支出
+ 无偿转移收入
- 无偿转移支出

经常账户差额
+ 长期资本流入
- 长期资本流出

基本收支差额
+ 私人短期资本流入
- 私人短期资本流出

官方结算差额
+ 官方资本流入
- 官方资本流出

综合收支差额
- 储备增加额
（+ 储备减少额）

零

第二次世界大战前，大多数人认为只要贸易收支差额为零，则可称为国际收支平衡。这与当时国际经济交往的主要形式是贸易收支有着必然的联系。第二次世界大战后的20世纪50~60年代，人们把国际收支平衡建立在基础收支平衡的基础上，认为只要经常项目余额与长期资本项目余额之和为零，便为国际收支平衡。70年代以来，短期资本流动规模的不断增加和频度的不断加快，其对国际收支的影响越来越大，于是净清偿差额为零、官方结算差额为零和自主性项目差额为零的国际收支平衡标准便应运而生。净清偿差额是美国1971~1976年采取的一种国际收支核算口径，其具体把短期资本流动又划分为流动性与非流动性两部分，净清偿差额即为基本收支差额与非流动性短期资本差额之和；官方结算差额则是基本收支差额与全部私人短期资本差额之和；自主性交易差额中的自主性交易（Autonomous

Transactions）是指交易当事人为某种动机而自主地进行的交易。调节性交易则是政府为弥补自主性交易不平衡而进行的交易。自主性差额的具体计算方式与官方结算差额完全相同。这三个口径均因为无法与现代国际收支统计口径相对应而失去了存在的价值。当代对国际收支问题进行分析和研究中所普遍使用的口径是国际收支综合差额或称总差额，其对应的国际收支项目是剔除官方储备后的所有经常项目差额与资本与金融项目差额之和。国际收支平衡表中，在忽略误差与遗漏的情况下，国际收支即为官方储备的反向数字，该口径可在一定程度上反映国际收支变动对外汇储备造成的压力。我们通常所说的国际收支平衡与失衡主要是指一国的综合收支差额状况，差额为正说明该国的国际收支为顺差、差额为负说明该国的国际收支为逆差，差额为零则说明该国的国际收支平衡。

## 二、国际收支失衡的原因

影响国际收支平衡的因素很多，有客观的，也有主观的；有内部的，也有外部的；有经济的，也有非经济的；有经济发展阶段的，也有经济结构的。国际收支失衡是多种因素共同作用的结果。其中主要包括如下几个方面。

1. 周期性因素。市场经济国家在经济周期波动过程中，主要经济变量不同程度地发生变化，引起国际收支不平衡，这称为周期性不平衡。随经济周期不同阶段的交替变化，国际收支也会出现"逆差转为顺差"或"顺差转逆差"的交替现象。如繁荣时期对经常项目的影响为：进口增加、出口减少；劳务输入增加（旅游等）、输出减少；单方转移中汇款增加；可能出现由顺差趋向平衡或由平衡趋向逆差的变化。萧条时期则可能情况相反。

2. 货币性因素。包括价格、成本、汇率、利率等货币性因素所导致的国际收支失衡，称为货币性失衡。货币性因素的变动会直接或间接地影响进出口商品的价格和资本流动的成本与收益，进而影响国际收支。如一国货币数量发行过多，该国的成本与物价普遍上升，由此会导致出口减少、进口增加。另外，本国利息率也会下降，造成资本流出增加、流入减少，使国际收支出现赤字。货币性因素的变动不仅会影响经常账户收支且会影响资本与金融账户收支。它可以是短期的，也可以是中期的或长期的。

3. 收入性因素。一国经济经过一个比较长时期的快速增长，国民收入持续增加，导致进口需求的膨胀，从而导致国际收支失衡，也称为收入性失衡。一般地，一国国民收入增加时，其商品和劳务的输入、对外援助和旅游等非贸易支出通常会随之增加，从而导致国际收支出现逆差；反之，国民收入减少，国内需求缩减，物价下跌，会有利于出口同时抑制进口，使国际收支出现顺差。但是如果一国国民收入的增长主要是由于社会劳动生产率的提高，并因而推动了出口贸易的大幅度增长，则可能导致国际收支的顺差。

4. 结构性因素。包括产品供求结构和要素价格结构。产品供求结构失衡也会导致一国的国际收支失衡。如果本国产品的供求结构无法跟上国际市场产品供求结构的变化，本国的国际收支将发生这种长期性失衡。如国际市场对本国具有比较优势的出口品需求减少，或者国际市场上本国进口的供给减少、价格上升，而本国无法改变进出口结构，则本国的国际收支将出现赤字。同样，如果本国要素的价格变动使本国出口品在国际市场上所具有的比较优势逐渐削弱直至消失，也会导致本国贸易赤字的长期存在。比如本国原是劳动力资源丰富的国家，相对劳动密集型的产品具有比较优势，但如果本国工资上涨的程度大于劳动生产率提高的程度，则本国劳动力不再是较便宜的生产要素，本国出口品的生产成本就会提高，从而逐渐丧失国际竞争的能力。由一国经济结构失调造成的国际收支失衡称为结构性失衡（structural disequilibrium）。结构性失衡具有长期的性质，扭转起来比较困难。

5. 偶发性因素。包括短期的、非确定的或偶然的事件，如战争、内乱、自然灾害等均会对一国的国际收支产生影响，由此而导致的国际收支失衡，称为临时性失衡。如气候的骤然变化和骚乱会导致国内产出的下降，进而导致出口供给减少、进口需求增加，而国外贸易伙伴国同类事件的发生则会导致本国进口供给的下降和出口需求的增加。不过这种类型的冲击是暂时性的，一旦这些因素消失，国际收支便会恢复正常状态，通常不需采取政策调节。

## 三、国际收支失衡的调节

一国的国际收支失衡如果是偶然的或数额很少通常不需要进行调节，如果是持续的且数额很大则必须进行相应的调节。因为持续巨额的国际收支失衡会直接或间接影响该国货币汇率的稳定、内外经济的持续发展。对此，理论界和政府管理当局较多地关注于国际收支逆差的调节，因为持续巨额的国际收支逆差将会直接导致本币汇率的下跌、官方储备资产的减少，从而会在一定程度上影响本国对外经济交往中的信用，并有可能因国际清偿能力的持续下降而导致游资的攻击，进而酿成国际收支危机，乃至金融危机。对于一国的持续大量国际收支顺差，理论界和政府管理当局则普遍持有较为宽容的态度，尤其是发展中国家，对国际收支顺差则更为偏爱。东亚金融危机后，东亚国家的国际收支大都保持为顺差，这很大程度上是基于对危机和游资的恐惧。事实上，就福利经济学的角度来说，持续大量的国际收支顺差与国际收支逆差一样是不可取的。从国际收支平衡表可以看出，一国的国际收支顺差即为其外汇储备的来源，外汇储备并非越多越好，尤其是对于发展中国家来说，储备资产形式的外汇收益要远远低于外汇投资收益，过多地持有外汇储备实际上是一种福利损失。因此，当一国的国际收支出现持续大规模失衡时，无论是顺差还是逆差均应该进行相应的调节。其具体调节途径大致可从如下几个方面进行。

### （一）国际收支的自动调节机制

国际收支失衡后，有时并不需要政府当局立即采取措施来加以消除。经济体系中存在着某些机制，往往能够使国际收支失衡至少在某种程度上得到缓和，乃至自动恢复均衡。这种自动调节是由国际收支失衡引起的国内经济变量变动对国际收支的反作用过程，其功效在不同的国际货币制度下具有很大的差异。

1. 国际金本位制度下的国际收支自动调整机制。在金本位下的国际收支自动调整机制就是"价格—铸币流动机制"。价格—铸币流动机制是由英国著名经济学家大卫·休谟（David Hume）于1752年在其发表的论文《论贸易差额》中首次提出的。该理论以货币数量论为基础，着重研究国内外商品相对价格变化对商品进出口的影响，强调贸易收支、汇率、黄金流动、货币供应量、物价、商品进出口间的内在联系和自发调节。

在金本位条件下，黄金是最终的国际支付手段。在其他条件既定的情况下，一国的国际收支赤字会导致黄金外流，国内货币供给减少，物价下跌，刺激出口，抑制进口，国际收支赤字得以改善。反之，一国的国际收支盈余会导致黄金内流，国内货币供给增加，物价上升，刺激进口，抑制出口，国际收支盈余相应减少，直至平衡，如图1-1所示。

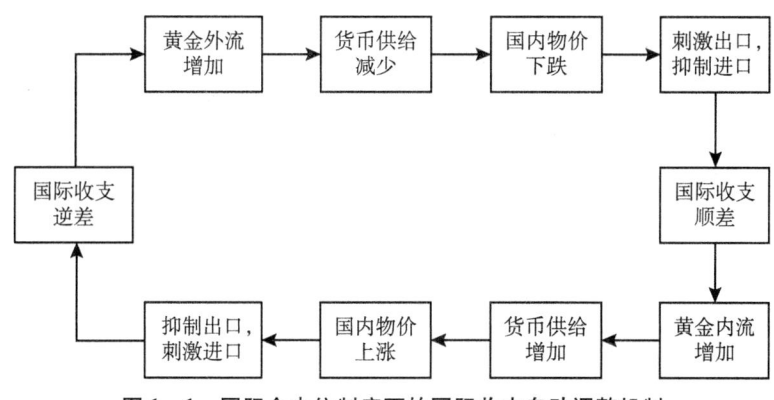

图1-1 国际金本位制度下的国际收支自动调整机制

2. 纸币本位固定汇率制度下的国际收支自动调节机制。纸币本位下的固定汇率制度是指纸币本位制度下一国货币当局通过货币供应量变动干预外汇市场来维持汇率稳定。在这种制度下，一国国际收支失衡后，通过"货币—价格自动调节机制""收入机制""利率机制"，使国际收支趋于平衡，如图1-2所示。

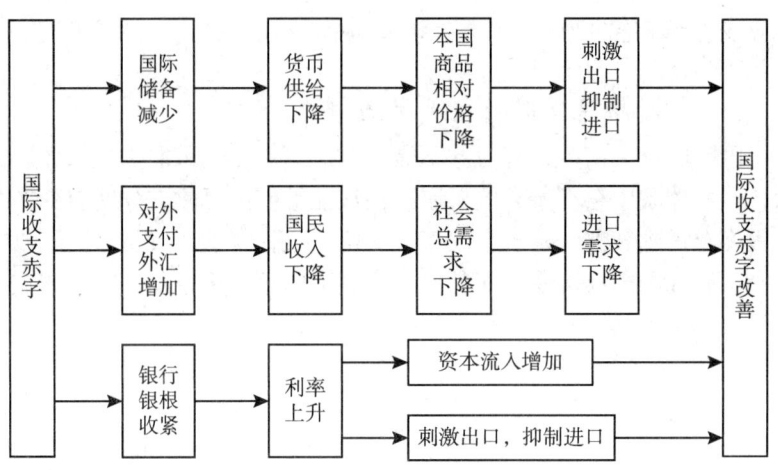

图1-2 纸币本位固定汇率制度下的国际收支自动调节机制

纸币本位固定汇率制度下国际收支"货币—价格自动调节机制"的表现形式是相对价格水平变动对国际收支的影响。在其他条件不变的情况下，一国的国际收支赤字，意味着对外支出大于收入，会导致外币需求增加，本币贬值，本国出口商品价格相对下降、进口商品价格相对上升，从而刺激出口、抑制进口，贸易收支得到改善。

收入机制是指一国国际收支不平衡时，该国的国民收入、社会总需求会发生变动，这些变动反过来会削弱国际收支的不平衡。通常一国的国际收支出现逆差会导致国民收入水平下降，社会总需求降低，进口需求减少，国际收支得到改善。

利率机制是指一国国际收支不平衡时，该国的利率水平会发生变动，利率水平的变动反过来又会对国际收支不平衡起到一定的调节作用。通常一国的国际收支发生逆差会导致国内货币供给量的相对减少，利率上升，国内金融资产收益率上升，对本国金融资产的需求相对上升，对外国金融资产的需求相对减少，资金外流减少或资金内流增加，资本与金融项目得以改善。同时，利率上升还会减少社会总需求，进口减少，出口增加，贸易收支也会得到改善。

由此可知，在固定汇率制度下，国际收支的自动调节机制是通过国内宏观经济变量的变化来实现国际收支平衡的。外部均衡目标的实现通常是以牺牲内部均衡为代价的。

3. 纸币本位浮动汇率制度下的国际收支的自动调节机制。在浮动汇率制度下，国际收支的自动调节机制是通过汇率变动来实现的。如果一国国际收支赤字，外汇市场上外汇需求就会大于外汇供给，汇率上升。根据国际收支的弹性理论，这将导致出口增加、进口减少，国际收支状况将得到改善，如图1-3所示。

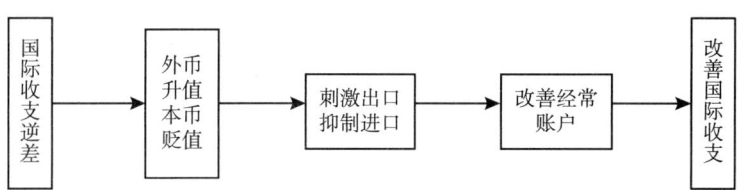

图1-3 纸币本位浮动汇率制度下的国际收支的自动调节机制

## （二）调节国际收支失衡的政策工具

在市场有效前提下，国际收支失衡的自动调节通常需要一个过程，且往往以牺牲国内其他宏观经济目标为代价。市场失灵时，国际收支自动调节机制的作用将被削弱或失效。因此，当一国国际收支失衡时，政府通常不能完全依靠自动机制予以调节，而需主动采取适当的政策工具，对影响国际收支平衡的因素予以人为干预和调节，弥补其自动调节的不足，提高其调节效率。

政府对国际收支进行调节的工具多种多样，但基本上可以分为三类。

1. 调节需求的政策工具。按对需求的不同影响，国际收支的调节政策可分为支出增减型政策和支出转换型政策两大类。

（1）支出增减型政策（expenditure-changing policy），是调整社会总需求或总水平的政策。其基本原理在于通过对社会总需求或总支出的调整来影响国内对外国商品、劳务和金融资产的需求，进而实现对国际收支失衡的调节。这类政策主要包括财政政策和货币政策。财政政策是政府利用财政收入、财政支出和公债对经济进行调节的经济政策。它的主要工具包括财政收入政策、财政支出政策和公债政策。货币政策是中央银行通过调节货币供应量与利率来影响宏观经济活动水平的经济政策，它的主要工具是公开市场业务、再贴现以及法定准备金率。财政货币政策可以通过三个渠道来影响国际收支——收入效应、利率效应和相对价格效应（或称替代效应）。通常紧缩性的财政货币政策可调节国际收支赤字，膨胀性的财政货币政策可调节国际收支盈余。当一国国际收支出现赤字时，紧缩性的财政货币政策首先可通过乘数效应减少国民收入，降低本国居民对进口商品和劳务支出，从而调整国际收支赤字。这一收入效应的大小取决于一国的边际进口倾向。其次，紧缩性货币政策可通过提高利率来吸引国际资本流入，增加资本账户盈余，调节国际收支逆差。这一利率效应的大小取决于货币需求的利率弹性和国内外资产的替代性高低。最后，紧缩性财政货币政策还可诱发国内生产的出口品和进口替代品的价格下降，提高本国产品的国际价格竞争能力，刺激国内外居民将需求转向本国产品，从而获得增加出口、减少进口的效果。这一相对价格效应的大小主要取决于进出口供需弹性和国内生产的进口替代品对进口的替代程度。

（2）支出转换型政策（expenditure-switching policy），是改变社会需求和支出方向的政策，即将国内支出从外国商品和劳务转移到国内商品和劳务上来。主要包括汇率政策、补贴和关税政策以及直接管制。汇率的下浮或贬值、对进口商品和劳务课以较高的关税，都会使进口商品和劳务的价格相对上升，从而使居民将一部分支出转移到购买进口替代品上来。许多教科书把直接管制列为一种单独的国际收支调节政策，它既不属于支出增减型政策，也不属于支出转换型政策。实际上，直接管制也是一种支出转换型政策。汇率和关税政策是通过改变进口商品和进口替代品的相对价格来达到支出转换目的的，而直接管制则是通过改变进口品和进口替代品的相对可获得性来达到支出转换目的的。直接管制包括外汇管制、进口许可证管制等形式。其特点是比较灵活，可以针对具体不同的进出口项目和资本流动有区别地予以实施。因此，可以在不影响整个经济局势情况下，纠正国际收支赤字。但是，采用这种调整政策来维持国际收支平衡，往往是变显性赤字为隐性赤字，一旦予以取消，除非经济结构相应得到改善，否则国际收支赤字仍然会重新出现。而且直接管制还十分容易引起贸易伙伴国的报复，抑制国内的公平竞争，滋生官僚作风和行贿索贿。因此，西方国家对采用这项措施一般比较谨慎。

2. 调节供给的政策工具。从供给角度讲，调节国际收支的政策有产业政策、科技政策和制度创新政策。供给政策旨在通过改善一国的经济结构和产业结构、降低生产成本，提高进出口商品和劳务的层次与质量，进而实现增加社会产品（包括出口产品和进口替代品）的供给、改善国际收支的目的。供给政策通常具有长期性特征，短期内很难取得显著的效果，但它可以从根本上提高一国的国际竞争力，为实现内外均衡创造条件。其中科技政策主要包括推动技术进步、提高管理水平和加强人力资本投资三个方面。通过实施恰当的科技政策可有效地提高出口和进口替代产品的质量，从而改善国际收支赤字。产业政策的核心在于优化产业结构，根据国际市场的变化制定出正确的产业结构规划，一方面鼓励发展和扩大一部分产业；另一方面对一些产业部门进行调整、限制，乃至于取消。政府实施产业政策的重要目的，在于克服资源在各产业部门间流动的障碍，使本国产业结构的变动能适应世界市场的情况，从而达到减少乃至消除结构型的国际收支失衡。制度创新政策则是针对经济中存在的制度性缺陷而提出的。制度创新政策有助于提高微观主体的活力和效率，增加社会供给，提高出口产品的数量和质量，因此可从总量和结构两个角度来改善一国的国际收支。

3. 资金融通工具，简称融资政策。宏观经济角度的融资主要是指官方储备的使用和国际信贷便利的使用。国际收支失衡中的融资政策主要体现为国际储备政策。融资政策较上述需求调节政策和供给调节政策的最大优点是可避免对国内经济造成不良的冲击，同时其调整速度也比较快，但缺点是受一国政府的储备持有额和国际融资能力的限制，且对国际收支失衡的调节效应具有短暂性，不能从根本上消除一国国际收支失衡的压力。因此只能用于规模不大的临时调整。

## 第三节　西方国际收支理论

经济理论是随着经济条件的变化和经济思潮的更替而逐渐演变的，它的形成为经济决策提供了重要的理论依据。但是，理论不是万能的，任何理论都有局限性。理论必须受实践的检验，并不断地进行修正和进一步发展。国际收支理论的发展演变也是如此。从18世纪大卫·休谟的"价格—铸币流动"机制，到20世纪初的国际收支弹性分析法、乘数分析法，50年代的国际收支吸收分析法，60年代的国际收支货币分析法，70年代的结构论，这些理论各有千秋，分别从不同的角度分析了国际收支失衡的原因和调整对策，但同时也都具有一定的局限性。下面我们简要地对西方主要的国际收支理论逐一进行评价。

### 一、弹性论（elasticity approach）

弹性（elasticity）是指一个变量对另一个变量变动的敏感程度。英国经济学家马歇尔在其一般市场均衡理论中首创"价格的需求弹性"概念，揭示了需求弹性对市场供求关系的作用机制。1923年，马歇尔将这种局部均衡的弹性分析法延伸到贸易领域，提出了"进出口需求弹性"的概念，并对不同进出口条件下汇率变动对贸易均衡的影响进行了探讨。1937年，英国经济学家琼·罗宾逊（Joan Robinson）正式提出弹性分析理论。1944年，美国经济学家勒纳着重分析和研究了既定进出口供给弹性条件下，本币贬值对贸易收支可能产生的影响，并提出了著名的"马歇尔—勒纳"条件（Marshall - Larner codition）。

### （一）弹性论的主要内容

弹性论有三个主要假设条件：第一，没有资本流动，国际收支等于贸易收支；第二，利率、国民收入等其他一切条件均不变，仅考虑汇率变动对贸易收支的影响；第三，国内外商品和劳务的价格不变。根据这些假设条件，弹性分析法认为，汇率变动是通过国内外产品之间、本国生产的贸易品和非贸易品之间的相对价格变动来影响一国的进出口供需，进而调节国际收支的。具体说弹性论所要研究的主要问题是货币贬值取得成功的条件及其对贸易收支和贸易条件的影响。

1. 本币贬值对贸易条件的影响。所谓贸易条件（term of trade）就是出口商品价格与进口商品价格的比值。用公式表示为：

$$T = \frac{P_x}{eP_m}$$

式中：$T$ 为贸易条件；$P_x$ 为以本币表示的出口商品单位价格指数；$P_m$ 为以外币表示的进口商品单位价格指数价格；$e$ 为直接标价法下本币对外币的汇率。$T$ 上升表示本国贸易条件改善，意味着出口相同数量的商品可换得较少数量的进口品；反之，$T$ 下降表示本国贸易条件恶化，意味着出口相同数量的商品可换得较少数量的进口品。在本币贬值引起相对价格变动时，其对贸易条件的影响取决于进出口商品的供求弹性。其中：

出口商品价格的供给弹性为：$S_x = \dfrac{\mathrm{d}Q_x^d}{Q_x^d} \Big/ \dfrac{\mathrm{d}P_x^d}{P_x^d}$

出口商品价格的需求弹性为：$D_x = \dfrac{\mathrm{d}Q_x^f}{Q_x^f} \Big/ \dfrac{\mathrm{d}\dfrac{1}{e} \cdot P_x^d}{\dfrac{1}{e} \cdot P_x^d}$

进口商品价格的供给弹性为：$S_m = \dfrac{\mathrm{d}Q_m^f}{Q_m^f} \Big/ \dfrac{\mathrm{d}P_m^f}{P_m^f}$

进口商品价格的需求弹性为：$D_m = \dfrac{\mathrm{d}Q_m^d}{Q_m^d} \Big/ \dfrac{\mathrm{d}eP_m^f}{eP_m^f}$

式中：$S_x$ 为本国出口商品的价格供给弹性；$S_m$ 为本国进口商品的价格供给弹性；$D_x$ 为本国出口商品的价格需求弹性；$D_m$ 为本国进口商品的价格需求弹性；$Q_x^d$ 为本币表示的本国出口量；$Q_m^f$ 为外币表示的本国进口量；$Q_x^f$ 为本国出口商品的国外需求量；$Q_m^d$ 为本国进口商品的国内需求量；$P_x^d$ 为本国出口商品的本币价格；$P_m^f$ 为本国进口商品

的外币价格；d 表示变动的绝对值；e 表示直接标价法下本币对外币的汇率。

如果 $S_x S_m > D_x D_m$，贸易条件恶化；

如果 $S_x S_m < D_x D_m$，贸易条件改善；

如果 $S_x S_m = D_x D_m$，贸易条件不变。

不过需要指出的是，货币贬值对贸易条件的上述影响是理论推导的结果。事实上，在不同的国家其影响是不一样的，很难作出绝对的判断。

2. 本币贬值对贸易收支的影响。在进出口商品原有价格①不变的情况下，本币贬值将会导致本国贸易条件的恶化，使本国商品在国外变得相对便宜，外国商品在本国变得相对昂贵，从而诱使本国居民将需求由外国商品转为本国商品，外国居民将需求由国内转为国外，即本国进口需求减少的同时外国对本国出口商品的需求上升，进而影响本国的进出口，不过其最终对本国贸易余额的影响程度，取决于由此而导致的进出口数量变动与价格变动的对比，即进出口商品价格的供求弹性。在供给价格弹性无穷大的情况下，本币贬值对贸易余额的影响主要取决于进出口商品的需求弹性。

若以本币来记录国际收支（$B$），$X$ 表示出口量，$M$ 表示进口量，则有：

$$B = X \cdot P_x - M \cdot eP_m$$

根据供求弹性，本币贬值 1%，出口商品的本币价格不变，外币价格下降 1%，出口数量增加 $D_x$%；进口商品外币价格不变，本币价格上升 1%，进口数量减少 $D_m$%。本币贬值对国际收支的影响为：

$$\Delta B = P_x \cdot D_x \% X - (1\% eP_m \cdot M - eP_m \cdot D_m \% M)$$
$$= D_x \% P_x \cdot X - (1\% - D_m \%) eP_m \cdot M$$

显然，如果 $D_x \% P_x \cdot X > (1\% - D_m \%) eP_m \cdot M$ 或者说 $\dfrac{P_x \cdot X}{eP_m \cdot M} D_x > (1 - D_m)$ 国际收支就会因本币贬值而改善。反之如果 $\dfrac{P_x \cdot X}{eP_m \cdot M} D_x < (1 - D_m)$，国际收支就会因本币贬值而恶化。如果 $\dfrac{P_x \cdot X}{eP_m \cdot M} D_x = (1 - D_m)$，本币贬值对国际收支没有影响。

为简化起见，通常假定贬值前国际收支是平衡的，即 $P_x \cdot X = eP_m \cdot M$，则贬值改善贸易收支的条件可简化为：$D_x + D_m > 1$，这就是马歇尔—勒纳条件。其说明在进出口供给弹性无限大的情况下，只要进出口需求弹性之和大于 1，本币贬值就能改善国际收支。若二者之和小于 1，则本币贬值会恶化国际收支；若二者之和等于 1，则本币贬值对国际收支没有影响。

---

① 原有价格是指出口商品的本币价格，进口商品的外币价格。

### (二) 对弹性论的评价

弹性论揭示了汇率变动通过改变国内外商品之间的相对价格以影响进出口供求,进而调节国际收支的机制,强调进出口供求弹性对汇率变动贸易条件和贸易余额效应的制约,在一定程度上符合客观经济情况,具有较强的政策含义。但其分析仍存在一定的局限性。主要表现为:(1) 马歇尔—勒纳条件分析仍局限于进出口商品价格供给弹性无穷大的前提,若放松这一假设,则进出口商品以供给方货币表示的价格就不会在贬值后保持不变。(2) 弹性分析法没有考虑国际资本流动的影响,在国际资本流动规模巨大的今天,更显出其理论上的缺陷。(3) 它是一种局部均衡分析,忽略了汇率调节所引起的收入效应和支出效应。实际上货币贬值的结果使出口开始增加,以此为起点,国民收入、进口也会增加;另外,本国进口减少意味着外国国民收入和进口(本国的出口)趋于减少,因此弹性分析法对贬值效应的分析不全面。(4) 弹性分析法忽略了本币贬值改善贸易收支的"时滞"问题,即"J"形曲线效应。通常从货币贬值到贸易收支的调整之间存在着认识时滞、决策时滞、生产时滞和取代时滞(前期合同的履行),因此,本币贬值初期贸易收支不仅得不到改善,反而会进一步恶化,经过一段时间之后本币贬值对贸易收支改善的正向效应才会体现出来,贸易收支这种从恶化到改善的轨迹如同英文字母"J",因此称为J曲线效应(见图1-4)。

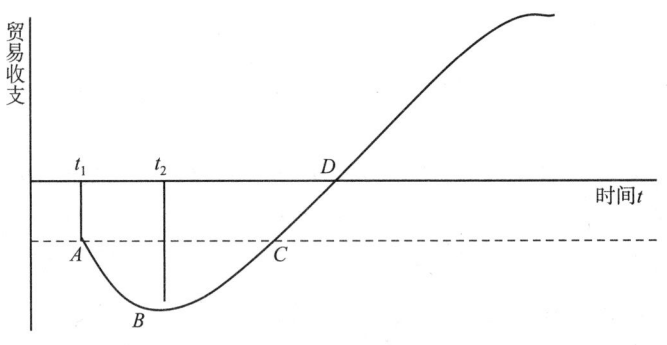

图1-4 "J"形曲线效应

## 二、乘数论 (multiplier approach)

乘数论又称乘数分析法或收入分析法(income approach),是19世纪末20世纪初,凯恩斯主义在国际收支领域的延伸。其着重于分析汇率和价格不变条件下,收入变动对贸易收支调整的作用。

### （一）乘数论的基本思想

乘数论的基本思想是，进口支出是国民收入的函数，自主性支出的变动通过乘数效应引起国民收入变动，进而影响国际收支状况。

在进口支出分为自主性支出（$M_0$）和诱发性支出（$mY$）的情况下，一国的贸易收支差额即为：

$$B = X - (M_0 + mY)$$

式中：$B$ 为贸易收支差额；$X$ 为出口；$m$ 为边际进口倾向。

$$m = \frac{\Delta M}{\Delta Y} = \left(\frac{\Delta M}{M} \middle/ \frac{\Delta Y}{Y}\right) \cdot \frac{M}{Y}$$

式中：$\frac{\Delta M}{M} \middle/ \frac{\Delta Y}{Y}$ 为进口需求收入弹性；$\frac{M}{Y}$ 为开放度。

假设政府的经济活动与转移支付不存，则开放经济的宏观经济模型可以表示为：

$$Y = \frac{1}{1-c+m}(C_0 + I + X - M_0)$$

式中：$c$、$C_0$、$I$ 分别表示为边际消费倾向、自主消费和投资。

将上式代入 $B = X - (M_0 + mY)$ 式得：

$$B = X - M_0 - \frac{m}{1-c+m}(C_0 + I + X - M_0)$$

根据凯恩斯的乘数理论，国民收入会因自主性支出的变化而发生多倍的变动，因此，$C_0$、$I$、$X$、$M_0$ 等自主性支出的变动会通过乘数效应引起国民收入的多倍变动，进而影响国际收支状况。可以看出，边际进口倾向、进口需求收入弹性和开放度越大，自主性支出的变动通过国民收入变动作用于进口的效用越大，进而对贸易收支差额产生的影响也越大。

### （二）贬值改善国际收支的条件

乘数论还将收入因素引入马歇尔—勒纳条件，成功分析了由本币贬值而导致出口和自主性进口变动，进而影响国民收入，导致诱发性进口变动，从而进一步影响国际收支的机制，创造了更为严格的本币贬值改善国际收支的哈伯格条件（Harberger condition）：

$$D_x + D_m > 1 + m$$

式中：$m$ 为边际进口倾向。

显然，这一条件要比马歇尔—勒纳条件更富有现实意义，因为它考虑了贬值通过收入的变动对国际收支所产生的影响。只有当 $D_x + D_m > 1 + m$ 得以满足时，该国国际收支状况才会因本币贬值得到改善。

### (三) 对乘数论的评价

乘数论阐述了国民收入及其他自主性经济变量对国际收支的影响,丰富和完善了马歇尔—勒纳条件,有助于理解现实经济状况,但其仍具有一定的局限性。(1) 该理论以凯恩斯的乘数理论为基础,仅仅分析了非充分就业的情况,忽略了货币量和价格因素的作用。(2) 该理论仅仅从进口的收入弹性角度简单阐述了收入变动与国民收入变动的关系,没有深入研究进出口对整个宏观经济的影响,因此在很大程度上仍然是一种局部均衡分析。(3) 该理论将贸易收支等同于国际收支,忽略了资本流动对国际收支的影响也使其结论具有很大的局限性。

## 三、吸收论 (absorption approach)

吸收论又称吸收分析法 (absorption approach) 或支出分析法 (expenditure approach),是由詹姆斯·米德 (James Meade) 和西德尼·亚历山大 (S. S. Alexander) 在西方经济学界关于弹性论的激烈争论中,于1952年首次提出的。亚历山大认为:总弹性既非固定又非可测,只能用于事后分析,因此主张舍弃弹性分析法,而采用收入水平和支出行为来分析贬值对国际收支的影响。

吸收论以凯恩斯的宏观经济恒等式为基础,着重分析了收入和吸收对贸易收支的影响,以及本币贬值如何通过影响收入与吸收,进而影响贸易收支的。

### (一) 吸收论的基本思想

根据凯恩斯开放经济条件下的宏观经济恒等式:

$$Y = C + I + G + X - M$$

可得:$X - M = Y - (C + I + G)$

令 $B = X - M$ 表示贸易收支差额;$Y$ 表示总收入;$A = C + I + G$ 表示总吸收,则有:

$$B = Y - A$$

此式为吸收分析法的基本公式,其表明贸易收支差额是总收入和总吸收共同作用的结果。当总收入大于总吸收时,贸易收支为顺差;反之,当总收入小于总吸收时,贸易收支为逆差;当总收入等于总吸收时,贸易收支均衡。因此当贸易收支失衡时,一国可以通过适当增减总收入和总吸收来予以调节。

## (二) 贬值的吸收效应

亚历山大还进一步分析了本币贬值对国际收支的影响。他认为本币贬值对国际收支的影响最终必然体现为总收入与总吸收的绝对变动或相对变动,即

$$\Delta B = \Delta Y - \Delta A$$

为具体分析本币贬值如何通过总收入与总吸收的变动来影响国际收支,他将由本币贬值而引起的吸收变动细分为两部分——独立于收入变动之外的自主吸收($\Delta D$)和由收入变动而诱发的吸收($a\Delta Y$),即

$$\Delta A = \Delta D + a\Delta Y$$

式中,$a$为边际吸收倾向,$a = \dfrac{\Delta A}{\Delta Y}$

将上述三式合并整理得:

$$\Delta B = \Delta Y - (\Delta D + a\Delta Y) = (1-a)\Delta Y - \Delta D$$

上式表明本币贬值能否改善国际收支主要取决于三个因素:贬值对收入的直接影响程度$\Delta Y$;收入对吸收的引致程度,即边际吸收倾向$a$;贬值对吸收的直接影响程度$\Delta D$。至于贬值究竟主要影响收入还是吸收,则取决于宏观经济情况、资源配置情况和边际吸收倾向。在经济尚未实现充分就业、资源配置尚未优化、吸收倾向小于1时,货币贬值主要产生的是收入效应;反之,贬值将主要产生吸收效应。

## (三) 政策主张

根据吸收分析法的基本公式,吸收论提出了增加收入$Y$的支出转换政策和减少支出$A$的支出减少政策。国际收支逆差表明一国的总吸收超过总收入。此时,应当运用紧缩性的财政货币政策来减少对进口品的过度需求,以纠正国际收支逆差。但紧缩性的财政货币政策在减少进口需求的同时,也会减少对非贸易商品的需求和降低总收入,因此,还必须运用支出转换政策消除紧缩性财政货币政策的不利影响,使进口需求减少的同时收入能增加。这样,使贸易商品的供求相等,非贸易商品的供求也相等;需求减少的同时收入增加,就整个经济而言,总吸收等于总收入,从而达到内部均衡和外部平衡。

吸收论特别重视从宏观经济的整体角度来考察贬值对国际收支的影响。它认为,只有在存在闲置资源的条件下,贬值才能促使闲置资源流入出口品生产部门,出口才能扩大,国际收支才能得以改善。同时也只有当边际吸收倾向小于1时,贬值所导致的出口增长对收入的刺激作用才会大于对吸收的拉动作用,国际收支才会改善。

### (四) 对吸收论的评价

吸收分析法是建立在宏观和一般均衡的基础上的，且强调政策搭配的作用，这一点较弹性分析法的微观局部均衡分析具有很大进步。但其分析也不可避免地存在一定的局限性。（1）吸收论是建立在凯恩斯的国民收入会计核算恒等式基础之上的，并未对收入和吸收为因，贸易收支为果，提出任何令人信服的逻辑分析。事实上，收入与吸收固然会影响贸易收支，但贸易收支反过来也会影响收入和吸收。（2）吸收论在分析贬值对贸易收支的影响时舍弃了国内外商品价格相对变动的作用。事实上，在贬值后，贸易品价格相对于非贸易品上升，必然会导致资源的再分配。如果此时资源已接近充分利用，贸易收支的改善则主要靠吸收的减少。此时若减少的不是贸易品吸收而是非贸易品吸收，贬值是不可能改善贸易收支的。（3）吸收论在分析充分就业条件下贬值对收入的影响时忽略了资源运用效率的作用。按照吸收论的观点，在充分就业的情况下，贬值不能提高收入。事实上，在汇率定值过高，而以直接管制来维持贸易收支平衡的条件下，资源的运用效率会因价格的扭曲大为降低，此时若适当实行本币贬值，并同时取消贸易限制，资源效率必然会相应提高，实际收入也可由此增加。（4）吸收论是一个单一国家模型。在贸易分析中不涉及其他国家，所获结论是无法完全令人信服的。实际上，一国进出口数量的多少和价格的高低是由本国和贸易伙伴国的出口供给和进口需求共同决定的。（5）吸收论没有涉及国际资本流动，这对于国际收支理论来说，是一个很大的缺陷。

## 四、货币论（monetary approach）

货币论，又称为货币分析法。源于金本位时的价格—铸币流动机制。20 世纪 60 年代后期，蒙代尔（R. Mundell）、约翰逊（H. Johnson）、弗兰克尔（J. Frenkel）等人将封闭经济条件下的货币主义原理引申到开放经济中来，从而发展了国际收支货币论。弹性论、乘数论和吸收论都强调商品市场流通均衡在国际收支中的调节作用，而货币论则强调货币市场存量均衡的作用。

### （一）货币论的主要内容

1. 货币论有三个基本假定。

第一，在充分就业的均衡状态下，一国的实际货币需求是收入和利率等变量的稳定函数。

第二，从长期看，货币需求是稳定的，货币供给变动不影响实物产量。

第三，一价定律成立。从长期来看，一国的价格水平和利率水平接近世界市场水平。

2. 货币论的基本思想。在上述各项假定下，货币论的基本理论可用以下公式表达：

$$Ms = Md$$

式中，$Md$ 表示名义货币的需求量；$Ms$ 表示名义货币的供应量。

$$Md = pf(y, i)$$

式中，$p$ 为价格水平；$f$ 为函数关系；$y$ 为实际国民收入；$i$ 为利率；$f(y, i)$ 表示对实际货币存量的需求。

$$Ms = m(D + R)$$

式中，$m$ 是货币乘数，$D$ 为国内名义货币供应量，或者说是一国基础货币的本国部分，$R$ 为该国基础货币的外国部分（即国际储备量）。

为便于分析，令 $m = 1$，则有

$$Ms = D + R$$

假定长期内货币供应与货币需求相等，则有

$$Md = Ms = D + R$$

$$R = Md - D$$

这就是货币论的最基本方程式，它表明：第一，国际收支是一种货币现象。第二，国际收支逆差，实际上就是一国国内的名义货币供应量（$D$）超过了名义货币需求量（$Md$）。由于货币供应不影响实物产量，在价格不变的情况下，多余的货币就要寻找出路。对个人和企业来讲，就会增加货币支出，以重新调整它们的实际余额；对整个国家来讲，实际货币余额的调整便表现为货币外流，即国际收支逆差。反之，当一国国内的名义货币供应量小于名义货币需求时，在价格不变的情况下，货币供应的缺口就要弥补。对个人和企业来讲，就要减少货币支出，以使实际货币余额维持在所希望的水平；对整个国家来说，减少支出维持实际货币余额的过程，便表现为货币内流，即国际收支盈余。第三，国际收支问题，实际上反映的是实际货币余额（货币存量）对名义货币供应量的调整过程。当国内名义货币供应量与实际经济变量（国民收入、产量等）所决定的实际货币余额需求相一致时，国际收支便处于平衡水平。

3. 货币论对贬值的分析。在"一价定律"成立的条件下，上面货币需求函数 $Md = p^* f(y, i)$ 可表示为：

$$Md = eP^* f(y, i)$$

式中，$e$ 为直接标价法下，本币与外币间的汇率，$P^*$ 为国外的价格水平。本币贬值会通过 $e$ 值的上升而导致国内价格 $p = eP^*$ 的上升，

$Md$ 也随之上升，此时贬值若要改善国际收支，则国内的名义货币供应量（$D$）的增加必须慢于名义货币需求量（$Md$）的增加，否则，若 $D$ 的增加等于或者大于 $Md$ 的增加，则贬值不仅不能改善国际收支，反而可能恶化国际收支。这便是货币论对贬值国际收支效应的基本理解。

### （二）货币论的政策主张

依据上述分析，货币论提出了相应的政策主张，其中主要包括：

1. 既然国际收支是一种货币现象，则所有国际收支的失衡均可通过国内货币政策予以调节。

2. 由于货币需求是收入、价格和利率的稳定函数，而货币供给则在很大程度上可由政府操纵，因此政府调节国际收支的国内货币政策主要是指货币供给政策。通常膨胀性的货币政策可以减少国际收支顺差，而紧缩性的货币政策可以减少国际收支逆差。

3. 贬值、进口限额、关税、外汇管制等贸易和金融干预措施，只有当它们的作用是提高货币需求，尤其是提高国内价格水平时，才能改善国际收支，而且这种影响是暂时的。

### （三）对货币论的评价

货币论着重考虑了货币因素对国际收支的影响，运用长期均衡分析和存量分析的方法，对货币市场与国际收支的关系做了全面的宏观分析。货币论认为，只要保持货币供应的适度增长，就可以保持国际收支平衡，这在高度货币化的当今社会具有实际意义。目前，部分主要资本主义国家的财政金融当局，甚至某些权威的国际金融组织如 IMF，都以货币论分析个别国家甚至全球性的国际收支问题，货币论也在应用中得到不断地发展与完善。不过该理论仍具有一定的局限性。

1. 货币论的假设前提不现实。首先，它假定货币需求函数是相当稳定的。但在短期内，货币需求往往是很不稳定的，也很难不受货币供给变动的影响。其次，货币论还假定货币供给变动不影响实物产量。其实不然，因为货币供给变动后，人们不仅会改变对国外商品和证券的支出，而且也会改变对本国商品和证券的支出，由此影响到国内产量的变化。此外，它强调一价定律的作用，但从长期来看，由于垄断因素和商品供求黏性的存在，一价定律往往是不能成立的。

2. 货币论过于强调货币因素对国际收支的影响，认为货币供给是导致国际收支失衡的唯一因素，忽视了对收入水平、支出政策等实物因素的分析，颠倒了因果关系，走了极端。

3. 货币论仅仅注重货币存量的分析，认为货币市场均衡，国际收支就会均衡，忽略了商品市场上的流量因素对国际收支均衡的影响。

## 五、结构论（structural approach）

结构论又称结构分析法。散见于 20 世纪 50～60 年代的西方经济学文献中。作为比较成熟和系统的独立学派，结构论是作为国际货币基金组织国际收支调节规划的对立面于 70 年代形成的。联合国拉丁美洲经济事务委员会执行秘书长罗·普利比斯基（Raul Prebisch）、印度第二个五年计划总设计师马哈拉诺比斯（Mahalanobis）、英国萨塞克斯大学发展研究院院长保尔·史蒂芬（Paul Stephen）、英国海外发展署的托尼·克列克（Tony Klick）、肯特大学的瑟沃尔（A. Thirwall）等均为结构论的积极倡导者和支持者。

### （一）结构论的基本思想

传统的贸易收支理论较多地注重从需求的角度来分析一国的贸易收支失衡。结构论认为贸易收支逆差尤其是长期性逆差既可以是长期过度需求引起的，也可以是长期性的供给不足引起的，而长期性的供给不足往往是由以下几种经济结构问题引起的。

1. 经济结构老化。指由于科技和生产条件的变化及世界市场的变化，使一国原来在国际市场上具有竞争力的商品失去了竞争力，而国内因资源没有足够的流动性等因素，经济结构不能适应世界市场的变化，由此造成出口供给长期不足，进口替代的余地持续减少，结果导致国际收支的持续逆差或逆差倾向。

2. 经济结构单一。经济结构单一可从两个方面导致一国的国际收支逆差。其一是出口商品结构单一，出口商品的价格受国际市场价格波动的影响很大，出口商品价格在任何程度上的下跌都会导致国际收支的恶化；其二是经济结构单一，经济发展长期依赖进口，进口替代的选择余地几乎为零，进口商品的价格波动和国内经济的扩张均会导致国际收支的恶化。

3. 经济结构落后。经济结构落后使得发展中国家的出口产品多处于产业链的底端，面临较低的需求收入弹性和较高的需求价格弹性，相反，进口的产品则是面临较高的需求收入弹性和较低的需求价格弹性。这种进出口结构下，国内收入水平的提高会导致进口的相应增加，而国外收入水平的提高却不能带来出口的相应增长；本国出口商品价格的上升会导致出口数量的相应减少，而进口商品价格的上升却不会导致进口数量的降低。国民收入和价格对国际收支的调节具有不对称性，顺差效应较弱，逆差效应较强。

因此，发展中国家国际收支的长期逆差主要是由国内结构性因素造成的，经济结构的老化、单一和落后是国际收支结构性失衡的根本原因。国际收支的结构性失衡既是经济发展速度的长期缓慢、停滞和经济发展阶段落后的必然产物，又成为制约经济发展和经济结构转型的瓶颈，如此形成一种恶性循环。因此，传统的国际收支理论根本不适合发展中国家的国情。

### （二）结构论的政策主张

结构论认为，既然发展中国家国际收支长期失衡的根本原因是经济结构导致的，那么政策调节的重点就应放在改善经济结构和加速经济发展方面，以此来增加出口商品和进口替代品的数量和品种供应。而改善经济结构和加速经济发展的主要手段是增加投资，改善资源的流动性，使劳动力和资金等生产要素能顺利地从传统行业流向新兴行业。为此，一方面经济结构落后的国家要积极增加国内储蓄，同时经济结构先进的国家和国际经济组织应增加对经济落后国家的投资。经济结构落后的国家通过改善经济结构和发展经济，不仅有助于克服自身的国际收支困难，同时通过增加从经济结构先进的国家的进口，还可促进经济结构先进的国家的出口和就业的增长。

### （三）对结构论的评价

结构论更多地强调由结构失衡而导致的供给不足对贸易收支的制约，这无疑对传统的以需求为出发点的贸易收支理论构成直接的挑战，拓宽了研究发展中国家贸易收支失衡问题的新领域，但其许多观点的提出，更多的是出于一种直觉，并没有完整的理论体系支撑。同时作为传统国际收支理论的对立面，结构论难免会遭到很多批评。

1. 对于经济结构老化引起的国际收支困难，批评者认为：若一国出口商品不能满足国际市场的需求，出口商品的需求对收入的弹性就会较低。这与其说是缺乏价格竞争力，不如说是缺乏非价格因素的竞争力，如产品质量低劣、售后服务质量差、产品包装和款式不能满足消费心理等。

2. 对于经济结构单一和经济结构落后引起的国际收支困难，批评者认为：所谓国际收支结构性失衡，实际上是愿望与现实之间的失衡。国际收支困难有两种不同的概念，一种是事先的概念；另一种是事后的概念。事先的概念是指国际收支失衡的压力，而不是指失衡本身。只要财政与货币政策适当，就能避免失衡本身的发生。

3. 还有一些批评者认为：结构论讲的实际上是经济发展问题，而非国际收支问题。其政策主张对国际收支（贸易收支）失衡的调节常常是收效甚微，甚至行之无效。

4. 结构论要求以提供暂时性资金融通为主的 IMF 向经济结构落

后的国家提供长期性国际收支贷款,同时又不施予必要的调节纪律和恰当的财政货币政策,犹如把资金填入一个无底洞,既不利于有关国家经济的均衡发展,又违背了 IMF 本身的性质和宪章,IMF 在客观上也是无力做到的。

## 第四节 中国的国际收支

### 一、中国的国际收支的产生与发展

新中国诞生以来,中国的国际收支统计经历了一个不断发展和完善的过程。1980 年以前,中国没有编制国际收支平衡表,只是编制外汇收支平衡表。外汇收支平衡表只是反映对外贸易和非贸易的收支状况,不反映资金的跨国流动状况。因为当时中国几乎没有资金的跨国借贷和投资活动,仅有的对外经济援助被列入了财政开支的范畴。

改革开放以来,中国对外交往的范围越来越广,内容越来越复杂,不仅涉及国际贸易和非贸易,而且资本的双向流动规模越来越大。单纯依靠外汇收支统计已不能全面、综合地反映中国的对外交往情况,编制综合的国际收支平衡表势在必行。1980 年中国恢复在世界银行和国际货币基金组织的合法席位后,按照会员国的义务,也必须定期向国际货币基金组织报送国际收支平衡表。为此,1980 年,国家外汇管理局和中国银行试编制了国际收支平衡表。1981 年,上述两家机构会同国家统计局、国家进出口管理委员会,参照国际货币基金组织国际收支统计的有关规定,结合中国的具体情况确定了中国的国际收支统计制度。1984 年 11 月,按照国际货币基金组织《国际收支手册》第四版的格式,国家统计局和国家外汇管理局对原有的国际收支统计制度进行了修改。1985 年 9 月,国家外汇管理局正式公布了 1982～1984 年中国的国际收支平衡表。之后每年上半年,对外公布上一年的国际收支平衡表。1997 年根据国际货币基金组织《国际收支统计》第五版的格式中国进一步调整了其国际收支平衡表的格式和内容。2015 年开始按照国际货币基金组织《国际收支手册》第六版的格式公布我国的国际收支平衡表。从 2015 年起,国家外汇管理局按照国际货币基金组织最新国际标准《国际收支和国际投资头寸手册》(第六版)编制和发布国际收支平衡表。与之前相比,主要变化是:一是将储备资产纳入金融账户统计,并在金融账户下增设"非储备性质的金融账户",与原金融项目包含的内容基本一致;二是项目归属变化，如将经常账户下的转手买卖从原服务贸易调整至货物贸易统计，将加工服务（包括来料加工和出料加工）从原货物贸易调整至服务贸易等；三是项目名称和细项分类有所调整，如将经常项目、资本项目和金融项目等重新命名为经常账户、资本账户和金融账户，将收益和经常转移重新命名为初次收入和二次收入等；四是借方项目用负值表示。

## 二、现行我国国际收支统计数据的采集

从 1996 年开始，我国依据《国际收支统计申报办法》陆续推出了一系列新的国际收支统计申报制度，建立了一套较为完整、系统的数据收集体系。目前我国的国际收支统计数据的采集途径主要包括：

### （一）金融机构的逐笔间接申报

当居民通过境内金融机构进行收付汇时，需向国际收支统计部门申报每一笔与非居民发生交易的内容。国际收支统计部门将申报信息进行汇总用于编制国际收支平衡表。

### （二）金融机构的汇兑统计

除代客户进行逐笔间接申报外，金融机构还单独汇总统计通过其进行的金额较小、频繁发生的现金、旅行支票及信用卡的兑换数据，作为国际收支统计数据的补充。

### （三）金融机构对境外资产负债及损益的申报

金融机构除代客户进行国际收支交易申报外，作为特殊的企业，应向国际收支统计部门直接申报其自身的资产负债及损益变化情况。

### （四）直接投资企业的直接申报统计

由于直接投资企业存在大量的关联交易及内部交易，因此，对直接投资企业的经营状况设计了单独的统计制度，即中国境内外商投资企业以及对境外有直接投资的企业，需直接向国际收支统计部门申报其投资者权益、直接投资者与直接投资企业间的债权债务状况以及分红派息情况。

### （五）证券投资统计

证券投资统计包括两方面的内容：一是中国境内的证券交易所及其机构，须向国际收支部门申报居民与非居民之间发生的证券交易以及相应的分红派息情况；二是中国在境外上市公司须直接申报有关其

证券的交易情况和分红派息情况。

### (六) 境外账户统计

境外账户统计包括向外汇管理局申报的境外账户余额和向外汇管理局提供的银行对账单等信息。

## 三、中国最近国际收支 (2020~2022年) 统计及状况分析

我国2020~2022年的国际收支情况如表1-6所示。

表1-6　　2020~2022年中国的国际收支平衡表　　单位：亿美元

| 项目 | 2020年 | 2021年 | 2022年 |
|---|---|---|---|
| 1. 经常账户 | 2 740 | 3 173 | 4 019 |
| 贷方 | 30 117 | 38 780 | 39 508 |
| 借方 | -27 377 | -35 607 | -35 489 |
| 1.A 货物和服务 | 3 697 | 4 628 | 5 763 |
| 贷方 | 27 324 | 35 543 | 37 158 |
| 借方 | -23 627 | -30 915 | -31 395 |
| 1.A.a 货物 | 5 150 | 5 627 | 6 686 |
| 贷方 | 24 972 | 35 159 | 33 469 |
| 借方 | -19 822 | -26 531 | -26 782 |
| 1.A.b 服务 | -1 453 | -999 | -923 |
| 贷方 | 2 352 | 3 384 | 3 690 |
| 借方 | -3 805 | -4 384 | -4 613 |
| 1.B 初次收入 | -1 052 | -1 620 | -1 936 |
| 贷方 | 2 417 | 2 745 | 1 902 |
| 借方 | -3 469 | -4 365 | -3 839 |
| 1.C 二次收入 | 95 | 165 | 191 |
| 贷方 | 376 | 492 | 447 |
| 借方 | -281 | -327 | -256 |
| 2. 资本和金融账户 | -1 058 | -1 499 | -3 113 |
| 2.1 资本账户 | -1 | 1 | -3 |
| 贷方 | 2 | 3 | 2 |
| 借方 | -2 | -2 | -5 |
| 2.2 金融账户 | -1 058 | -1 500 | -3 110 |
| 资产 | -6 263 | -8 116 | -2 815 |
| 负债 | 5 206 | 6 616 | -294 |
| 2.2.1 非储备性质的金融账户 | -778 | 382 | -2 110 |
| 2.2.1.1 直接投资 | 1 026 | 2 059 | 305 |

续表

| 项目 | | 2020 年 | 2021 年 | 2022 年 |
|---|---|---|---|---|
| | 资产 | -1 099 | -1 280 | -1 497 |
| | 负债 | 2 125 | 3 340 | 1 802 |
| 2.2.1.2 证券投资 | | 873 | 510 | -2 811 |
| | 资产 | -1 673 | -1 259 | -1 732 |
| | 负债 | 2 547 | 1 769 | -1 079 |
| 2.2.1.3 金融衍生工具 | | -114 | 111 | -58 |
| | 资产 | -69 | 179 | 27 |
| | 负债 | -45 | -68 | -85 |
| 2.2.1.4 其他投资 | | -2 562 | -2 298 | 454 |
| | 资产 | -3 142 | -3 873 | 1 386 |
| | 负债 | 579 | 1 576 | -932 |
| 2.2.2 储备资产 | | -280 | -1 882 | -1 000 |
| 3. 净误差与遗漏 | | -1 681 | -1 674 | -906 |

资料来源：国家外汇管理局网站。

注：(1) 本表根据《国际收支和国际投资头寸手册》(第六版) 编制。

(2) "贷方"按正值列示，"借方"按负值列示，差额等于"贷方"加上"借方"。本表除标注"贷方"和"借方"的项目外，其他项目均指差额。

(3) 本表计数采用四舍五入原则。

我们仅对表 1-6 中 2022 年我国国际收支主要状况进行简要分析。

2022 年，我国的国际收支经常项目顺差 4 019 亿美元，资本和金融项目（不含储备资产）逆差 2 113 亿美元。

就经常项目来看，货物贸易顺差增长较快，按国际收支统计口径，2022 年，我国货物贸易出口 33 469 亿美元，进口 26 782 亿美元，分别较 2021 年下降 4.8% 和增长 9.5%，货物贸易顺差 6 686 亿美元，增长 18.8%；服务贸易逆差继续扩大，2022 年，我国服务贸易收入 3 960 亿美元，服务贸易支出 4 613 亿美元，逆差 923 亿美元，下降 7.6%；初次收入项目转为逆差，2022 年，初次收入项下收入 1 902 亿美元，较上年下降 30.7%；支出 3 839 亿美元，减少 12.1%；逆差 1 936 亿美元，2021 年为逆差 1 620 亿美元；二次收入呈现顺差。2022 年，二次收入项下收入 447 亿美元，较上年下降 9.1%；支出 256 亿美元，下降 21.7%；顺差 191 亿美元，2021 年为顺差 165 亿美元。

就资本和金融项目来看，直接投资继续顺差，2022 年，直接投资顺差 305 亿美元，较上年下降 85.2%；证券投资转为逆差，2022 年，证券投资为逆差 2 811 亿美元，2021 年为顺差 510 亿美元；其他投资逆差大幅下降。2022 年，其他投资为顺差 454 亿美元，较上年下降 119.8%。储备资产有所增长。2022 年，我国储备资产（剔除汇率、价格等非交易价值变动影响）增长 1 000 亿美元。就资本和金融项目来看，直接投资继续顺差，2022 年，直接投资顺差 305 亿美元，较上年下降 85.2%；证券投资转为逆差，2022 年，证券投资为逆差 2 811 亿美元，2021 年为顺差 510 亿美元；其他投资逆差大幅下降。2022 年，其他投资为顺差 454 亿美元，较上年下降 119.8%。储备资产有所增长。2022 年，我国储备资产（剔除汇率、价格等非交易价值变动影响）增长 1 000 亿美元。

综上所述，2022 年，我国国际收支呈现"经常账户顺差、资本和金融账户（不含储备资产）逆差"的格局。

2022 年，我国国际收支延续基本平衡。经常账户顺差 4 019 亿美元，与国内生产总值（GDP）之比为 2.2%，继续保持在合理均衡区间。其中，货物贸易顺差较 2021 年增长 19%，体现了我国产业链、供应链韧性以及出口新动能的快速成长；服务贸易逆差收窄 9%，主要是新兴生产性服务贸易收入增长。非储备性质的金融账户逆差 2 110 亿美元，与经常账户顺差形成自主平衡格局。其中，直接投资仍是境外资本流入的稳定渠道，国内经济发展前景和广阔的市场空间继续吸引国际长期资本进行投资。经常账户顺差、外商来华投资等涉外资金来源的总体规模保持较高水平，主要转换为境内企业、银行等市场主体的境外资产，包括对外直接投资和对外证券投资等；因交易形成的储备资产小幅增加。从存量看，2022 年末我国对外净资产 2.53 万亿美元，较 2021 年末增长 16%。

展望 2023 年，外部环境依然复杂多变，全球经济增长动能减弱，主要发达经济体货币政策调整节奏总体放缓，国际金融市场仍存在不确定因素。我国经济增速将总体回升，国际收支平衡的内部基础更加坚实，经常账户有望维持合理规模顺差，跨境资本流动的稳定性增强。下一步，外汇管理局将全面贯彻落实党的二十大精神，更好统筹发展和安全，做好外汇领域改革发展稳定各项工作，维护外汇市场稳健运行，促进国际收支基本平衡，服务实体经济高质量发展。

## 本 章 案 例

### 2022 年中国国际收支报告节选[①]

2022 年我国国际收支延续基本平衡格局，经常账户顺差稳步增长，并保持在合理均衡水平。2022 年，经常账户顺差 4 019 亿美元，较 2021 年增长 14%，与历史峰值基本持平，与同期 GDP 之比为

---

① 完整版详见国家外汇管理局网站《2022 年中国国际收支报告》：http://www.safe.gov.cn/safe/2023/0331/22547.html。

2.2%，继续处于合理均衡区间。我国经常账户运行稳健主要得益于两方面因素：一是货物贸易方面，国内产业链供应链仍具备较强优势和韧性，制造业持续转型升级，跨境电商等贸易新业态蓬勃发展，新的贸易增长点不断涌现，同时我国贸易伙伴日趋多元化，货物贸易增长有力；二是服务贸易方面，计算机信息服务、知识产权、商业服务等生产性服务贸易收入增长较快，留学等旅行支出有所增加，但仍明显低于疫情前水平。

非储备性质的金融账户逆差与经常账户顺差形成自主平衡格局。近年来，随着央行退出常态化外汇干预，我国国际收支逐步形成自主平衡格局，主要表现为经常账户保持稳定顺差，非储备性质的金融账户小幅逆差，储备资产变动更趋平稳。2022年，非储备性质的金融账户逆差2 110亿美元，从主要项目看，一是直接投资顺差305亿美元，其中来华直接投资1 802亿美元，较2021年有所下降但与疫情前的2019年水平相当；对外直接投资总体延续平稳发展态势。二是我国金融市场开放坚持渐进可控原则，近年来境外投资者不断增持人民币资产，而且大部分资金的稳定性较高，因此2022年相关资金受国际环境变化影响的波动幅度相对不高，年底以来随着外部流动性改善已回归基本稳定；同时，境内主体海外投资热情较高，对外证券投资增长38%。三是存贷款等其他投资对外负债减少，主要反映了国际金融环境的变化和影响；跨境存贷款等对外资产有所回流，对冲了部分渠道的资金流出，起到了自主调节作用。

跨境贸易投资顺差主要转换为境内市场主体对外投资。国际收支平衡表显示，2022年我国对外资金来源合计3 809亿美元，主要是经常账户保持较高规模顺差以及来华直接投资的资金净流入，我国资金来源仍以实体经济相关的跨境贸易投资顺差为主，而不是依赖外部融资，具有较高的稳定性。上述资金来源大部分转换为境内市场主体的对外投资，其中，对外直接投资1 497亿美元，对外证券投资1 732亿美元，合计相当于对外资金来源的八成多，是"藏汇于民"的重要表现；此外，储备资产增加1 000亿美元。总的来看，在市场调节机制下，我国企业、银行等市场主体配置资源的效率提高，对外资金来源与运用基本匹配，跨境贸易高顺差以及直接投资等外资流入不再对应官方储备高增长，而是主要体现为境内主体对外的各类投资。这使得我国对外资产持有主体和投资类型更加多元化，有助于优化对外资产负债的结构和匹配度，提高风险和收益的协调性，进一步增强市场主体抗风险能力。

# 本章小结

1. 国际收支是指一定时期内一国居民与他国居民所进行的全部

交易的系统记录。它体现的是一国的对外经济交往，是货币的、流量的、事后的概念。国际收支平衡表是国际收支按照特定账户分类和复式记账原则表示的会计报表。国际收支平衡表按照 IMF 第五版的标准格式可分为经常账户、资本和金融账户、净错误与遗漏账户三大类，按照第六版的标准格式可分为经常账户、资本账户、金融账户、净错误与遗漏账户四大类。

2. 国际收支的复式记账法是指每笔交易都是由两笔价值相等、方向相反的账目表示。记入借方的项目包括：反映进口实际资源的经常项目，反映资产增加或负债减少的金融项目。记入贷方的项目包括：反映出口实际资源的经常项目，反映资产减少或负债增加的金融项目。国际收支平衡表的总额为零。

3. 国际收支分析主要是对国际收支局部差额的分析，包括贸易账户余额分析、经常账户余额分析、资本与金融账户余额分析、国际收支综合差额分析和净误差与遗漏账户分析。国际收支账户的分析方法主要有静态分析、动态分析、横向比较分析和内容分析。不同时期衡量国际收支失衡的标准具有很大差异。目前使用最多的是国际收支综合差额状况。

4. 按照国际收支不平衡的原因来分，国际收支有周期性、结构性、货币性和偶发性不平衡。国际收支出现逆差或巨额顺差，对国民经济都会产生不利影响。当一国国际收支失衡时，政府通常不能完全依靠自动机制予以调节，而需主动采取适当的政策工具，对影响国际收支平衡的因素予以人为干预和调节。政府对国际收支进行调节的工具多种多样，但基本上可以分为三类：（1）调节需求的政策工具；（2）调节供给的政策工具；（3）资金融通工具。

5. 西方具有代表性的国际收支调节理论主要包括弹性论、乘数论、吸收论、货币论和结构论。其中，弹性论运用局部均衡分析法指出，进、出口商品的需求弹性必须满足马歇尔—勒纳条件，货币贬值才能起到改善贸易收支的作用；乘数论重在分析汇率和价格不变条件下，收入变动对贸易收支调整的作用；吸收论则进一步从宏观经济的角度来分析了收入和吸收对贸易收支的影响；货币论从货币市场均衡角度分析了名义货币供求变动对国际收支的影响；结构论则转而从供给的角度分析了发展中国家国际收支结构失衡的主要原因。这些理论各有千秋与不足，既有联系，又有不同，甚至相互排斥，共同推动了国际收支理论的不断完善和发展。

6. 2015 年我国的国际收支平衡表开始按照国际货币基金组织《国际收支手册》第六版的格式和原则编制，但同时也发布了 2014 年以前的第五版格式的我国国际收支统计。

## 本章重要概念

国际收支　国际收支平衡表　价格—铸币流动机制　货币—价格自动调节机制　收入机制　利率机制　国际收支失衡　调节需求的政策工具　调节供给的政策工具　资金融通工具　出口产品供求弹性　进口产品供求弹性　马歇尔—勒纳条件　J形曲线效应　贸易条件

## 本章思考题

1. 简述国际收支平衡表的编制原则。
2. 国际收支平衡表的主要内容有哪些？对比《国际收支手册》第五、第六版的主要差异。
3. 请简述国际收支不平衡的主要原因与类型。
4. 简述对一国的国际收支平衡表进行分析的主要方法。
5. 一国国际收支平衡表的经常账户是赤字的同时，该国的国际收支是否可能盈余？为什么？
6. 当一国国际收支失衡时通常应如何进行调节？
7. 试比较不同国际收支理论对本币贬值改善贸易收支的观点。
8. 阐述不同国际收支理论的主要观点，并进行简要评价。
9. 分析我国近年来的国际收支状况和外汇储备的状况，由此带来了怎样的问题，国家目前采取了哪些调整的措施。

# 第二章
# 外汇与汇率

**学习目标**
- 掌握外汇、汇率、外汇市场的概念；
- 掌握外汇、汇率的分类；
- 掌握汇率的标价方法；
- 掌握外汇市场交易基础知识；
- 理解汇率变动对经济的影响。

## 第一节 外汇概述

### 一、外汇的含义

外汇（foreign exchange）是国际汇兑的简称，是国际金融学最基本的概念之一。准确把握外汇的含义，需要从动态和静态两个方面来进行。

动态含义上的外汇是指国际上为清偿债权债务，将一国货币兑换成另一国货币的过程；静态含义上的外汇是指国际上为清偿债权债务进行的汇兑活动所凭借的手段或工具，也可以说是用于国际汇兑活动的支付手段和支付工具。

国际金融学主要研究静态含义上的外汇，它又有广义与狭义之分。

广义的外汇泛指一国拥有的以外国货币表示的资产或证券，如以外国货币表示的纸币和铸币、存款凭证、定期存款、股票、政府公债、国库券、公司股票和息票等。按照我国2008年8月5日颁布实施的《中华人民共和国外汇管理条例》的规定，外汇是以外币表示的可以用作国际清偿的支付手段和资产，包括：（1）外币现钞，包括纸币、铸币；（2）外币支付凭证或者支付工具，包括票据、银行存款凭证、银行卡等；（3）外币有价证券，包括债券、股票等；（4）特别提款权；（5）其他外汇资产。

狭义的外汇是指以外国货币为载体的一般等价物，或以外国货币表示的、用于清偿国际上债权债务的支付手段。它的主体是在国外银行的外币存款以及包括银行汇票、支票等在内的外币票据。

严格地说，一种货币成为外汇应具备三个条件：第一，普遍接受性，即该货币在国际经济交往中被各国普遍接受和使用；第二，可偿付性，即该货币是由外国政府或货币当局发行并可以保证得到偿付；第三，自由兑换性，即该货币必须能够自由兑换成其他国家的货币或购买其他信用工具以进行多边支付。国际货币基金组织按照货币的可兑换程度，把各国货币大体分类为：可兑换货币（convertible currency）、有限制的可兑换货币（restricted convertible currency）、不可兑换货币（nonconvertible currency）。严格意义上的外汇应是可兑换货币。

## 二、外汇的种类

### （一）自由外汇、有限自由兑换外汇和记账外汇

1. 自由外汇是指不需要货币发行国批准，可以对任何国家自由支付，并自由兑换成其他国家货币的外汇。

2. 有限自由兑换外汇是指未经货币发行国准许，不能自由兑换成其他货币或对第三国进行自由支付的外汇。IMF 规定，凡对国际性经常往来的付款和资金转移有一定限制的货币均属于有限自由兑换货币。

3. 记账外汇也称双边外汇、协定外汇或清算外汇，是指在两国政府签订的双边贸易或多边清算协定中，由进出口贸易所产生的债权债务不用现汇逐笔结算，而是通过对方国家银行专门账户进行相互冲销所使用的外汇。这种外汇不能兑换成自由外汇或对第三国进行支付，只能在双方银行专门账户上使用，所以称为记账外汇。

### （二）贸易外汇和非贸易外汇

1. 贸易外汇是指因进出口贸易及其从属费用而收付的外汇。从属费用主要包括与商品进出口直接关联的运费、保险费等。

2. 非贸易外汇是指与进出口贸易无关的外汇，主要是由资产流动产生的外汇。如捐赠、侨汇、旅游、海运、保险、银行、海关、邮电、工程承包、资本流动等所收付的外汇。

### (三) 即期外汇和远期外汇

1. 即期外汇又称现汇,是指在外汇买卖成交后两个营业日内办理交割的外汇。

2. 远期外汇又称期汇,是指交易双方事先签订买卖合约,规定外汇买卖的币种、数量、期限、汇率等,到约定日期才按合约规定的汇率进行交割的外汇。

### (四) 外币现钞和外币现汇

1. 外币现钞是指外国钞票、铸币。外币现钞主要由境外携入。

2. 外币现汇是指其实体在货币发行国本土银行的存款账户中的自由外汇。所谓自由外汇,是指在国际金融市场上可以自由买卖,在国际结算中广泛使用,在国际上得到承认,并可以自由兑换成其他国家货币的外汇。外币现汇主要由国外收入,或境外携入、寄入的外币票据,经银行托收,收妥后存入。

外国钞票不一定都是外汇,外国钞票是否称为外汇,先要看它能否自由兑换,或者说这种钞票能否重新回流到它的发行国家,而且可以不受限制地存入该国的任意一家商业银行的普通账户上去,并且在需要时可以任意转账,才能称为外汇。各种外汇标的物,一般只有转化为货币发行国本土银行的存款账户中的存款货币,即现汇后,才能进行实际上的国际结算。

## 三、国际标准化货币符号

全球经济一体化,国际贸易和国际金融的发展以及电子计算机的广泛应用,要求各国在货币的表示方法上具有一致性和通用性。

为了能够准确而简易地表示各国货币的名称,便于开展国际上的贸易、金融业务和计算机数据通信,1970 年联合国经济委员会率先提出要制定一项国际贸易单证和信息交换使用的货币代码。1973 年,国际标准化组织第 68 技术委员会在其他国际组织的通力合作下,制定了一项适用于贸易、商业和银行使用的货币和资金代码,即国际标准 ISO—4217 三字符货币代码(见表 2 - 1)。

表 2 - 1　　　　常用国家和地区的货币名称符号代码表

| 货币名称 | ISO 国际标准三字符货币代码 | 货币名称 | ISO 国际标准三字符货币代码 |
| --- | --- | --- | --- |
| 人民币 | CNY | 比利时法郎* | BEF |

续表

| 货币名称 | ISO 国际标准三字符货币代码 | 货币名称 | ISO 国际标准三字符货币代码 |
| --- | --- | --- | --- |
| 美元 | USD | 新西兰 | NZD |
| 日元 | JPY | 卢森堡法郎* | LUF |
| 欧元 | EUR | 澳门元 | MOP |
| 英镑 | GBP | 芬兰马克* | FIM |
| 港元 | HKD | 西班牙比塞塔* | ESP |
| 德国马克* | DEM | 葡萄牙埃斯库多 | PIE |
| 瑞士法郎 | CHF | 爱尔兰镑* | IEP |
| 法国法郎* | FRF | 菲律宾比索 | PHP |
| 新加坡元 | SGD | 韩国元 | KRW |
| 荷兰盾* | NLG | 泰国铢 | THB |
| 澳大利亚元 | AUD | 缅甸元 | BUK |
| 挪威克朗 | NOK | 马来西亚林吉特 | MYR |
| 瑞典克朗 | SEK | 巴基斯坦卢比 | PKR |
| 丹麦克朗 | DKK | 俄罗斯卢布 | SUR |
| 奥地利先令* | ATS | 印度卢比 | INR |
| 加拿大元 | CAD | 越南盾 | VND |

注：*表示该国目前已加入欧元区。

## 第二节 汇率与外汇市场

### 一、汇率的含义

汇率（exchange rate）又称汇价、外汇行市或外汇牌价，是一国货币折算为另一国货币的比率或比价，或两国货币之间兑换的比率或一国货币用另一国货币表示的相对价格。各个国家使用的货币是不同的，当一种商品或劳务参与国际交换时，就需要把一国的商品与劳务以该国货币表示的价格换算成以外国货币表示的国际价格，从而产生了换算比率——汇率。

### 二、汇率的标价方法

折算两个国家货币的汇率，首先要确定是以哪一种货币为基准，一国的汇率，是以外国货币表示本国货币的价格，还是用本国货币表示外国货币的价格,这称为汇率的标价方法(quotation)。目前国际上常见的汇率标价方法主要有直接标价法、间接标价法和美元标价法。

## (一)直接标价法

直接标价法(direct quotation)又称应付标价法,是指以一定单位(1、100、1万、10万)的外国货币为基准,折算为若干数量的本国货币来表示汇率的方法。在直接标价法下,外国货币为基准货币,本国货币为标价货币。目前大多数国家都采用这种标价法,我国人民币的牌价也采用直接标价法。

这种标价法的特点是外币的数额不变,折合本币的数额随着外国货币或本国货币币值的变化而改变。通俗地讲,是外币不动、本币动的标价法。

在直接标价法下,由于是以外币为基准,因而外汇汇率的升降同本币对外价值增减的方向相反。若一定单位的外币折算成本币的数额比原来多,则说明外汇汇率上升(外币升值),本币汇率下跌(本币贬值);反之,如果一定单位的外币折算成本币的数额比原来少,则说明外汇汇率下跌,本币汇率上升,本币升值。以我国人民币汇率为例,2023年4月1日公布的外汇牌价中的基准价格为:USD100 = 687.17;2023年5月1日公布的外汇牌价中的基准价格为:USD100 = 692.40。说明这段时间美元汇率上升,小幅升值,人民币汇率下跌,小幅贬值。

## (二)间接标价法

间接标价法(indirect quotation)又称应收标价法,是以一定单位的本币为基准,来计算应收若干单位的外国货币。

在间接标价法下,本国货币为基准货币,其数额不变,而标价货币(外国货币)的数额则随本国货币或外国货币币值的变化而改变,通俗地讲是本币不动、外币动的标价法。

英国、美国都是采用间接标价法的国家。英国一直采用间接标价法,因为英镑曾经是国际贸易计价标准。如某日伦敦外汇市场英镑对美元的汇率是:GBP1 = USD1.4616,在伦敦市场英镑是基准货币,美元是标价货币。

美国从1978年9月1日起,除对英镑采用直接标价法外,对其他货币均改用间接标价法,以便与国际外汇市场对美元的报价一致,例如,USD1 = JPY110.50。此外,欧元区、新西兰、加拿大、澳大利亚和爱尔兰等国家或地区也采用间接标价法。

间接标价法下,直接表示的不是外币的价格,而是本币的对外价格,如果一定单位的本币折算外币的数量比原来多,说明本币汇率上升,外汇汇率下跌;相反,如果一定单位的本币折算外币的数量比原来少,则说明本币汇率下跌,外汇汇率上升。

虽然以上两种汇率标价法基准货币不同,但表示的一国货币对外汇率的升降意义并无不同,两者互为倒数。

### (三) 美元标价法

第二次世界大战后,特别是欧洲货币市场兴起以来,国际金融市场之间外汇交易量迅速增长,为了便于在国际上进行外汇业务交易,银行间的报价都以美元为标准来表示各国货币的价格,至今已形成习惯。

美元标价法(US dollar quotation)又称纽约标价法,在美元标价法下,各国均以美元为基准来衡量各国货币的价值(即以一定单位的美元为标准来计算应该汇兑多少他国货币的表示方法),而非美元外汇买卖时,则是根据各自对美元的比率套算出买卖双方货币的汇价。这里注意,除英镑、欧元、澳元和新西兰元外,美元标价法基本已在国际外汇市场上通行。

美元标价法的目的是简化报价并广泛地比较各种货币的汇价。例如瑞士苏黎世某银行面对其他银行的询价,报出的货币汇价为:USD1 = CHF1.1860。人们将各种标价法下数量固定不变的货币叫作基准货币(base currency),把数量变化的货币叫作标价货币(quoted currency)。显然,在直接标价法下,基准货币为外币,标价货币为本币;在间接标价法下,基准货币为本币,标价货币为外币;在美元标价法下,基准货币是美元,标价货币是其他各国货币。

目前世界各大国际金融中心的货币汇率都以美元的比价为准,世界各大银行的外汇牌价,也都是公布美元对其他主要货币的汇率。

## 三、汇率的分类

### (一) 基本汇率和套算汇率

1. 基本汇率(basic rate)是指一国货币对关键货币的汇率。关键货币是指在国际经济交易中各国所能普遍接受的,在国际收支中使用最多的,在外汇储备中所占比重最大的,可自由兑换的货币。目前国际上一般将美元作为关键货币。

2. 套算汇率(cross rate)也称交叉汇率,是指两种货币通过各自对第三种货币的汇率推算出的汇率,换言之,是通过基本汇率套算出来的汇率。

## (二) 买入汇率、卖出汇率和中间汇率

1. 买入汇率（buying rate）也称买入价或买价，是指银行向同业或客户买入外汇时所使用的汇率。

2. 卖出汇率（selling rate）也称卖出价或卖价，是指银行向同业或客户卖出外汇时所使用的汇率。买入价和卖出价都是从银行买卖外汇的角度出发的，买卖差价一般为1‰~5‰，作为银行买卖外汇的收益。

3. 中间汇率（middle rate）是指买入价和银行卖出价的算术平均数，即两者之和的一半，主要用于新闻报道和经济分析。

## (三) 官方汇率、单一汇率和复汇率

1. 官方汇率（official exchange rate）是指一国货币金融当局确定并公布的汇率，一切外汇交易都应以该汇率为准。

2. 单一汇率（single exchange rate）是指一国政府对本币兑换另一国货币只规定一种汇率。IMF、WTO都要求会员国只能实行单一汇率。

3. 复汇率（multiple exchange rate）是指一国政府根据不同的交易对象公布两种或两种以上的汇率。常见的有贸易汇率和金融汇率。

## (四) 电汇汇率、信汇汇率和票汇汇率

1. 电汇汇率（telegraphic transfer rate，T/T rate）是指经营外汇业务的银行以电讯方式买卖外汇时所使用的汇率。如银行卖出外汇后以电报、电传或电信网络等方式委托其国外分支行或代理行付款时所使用的汇率就是电汇汇率。电汇汇率是外汇市场的基础汇率，信汇和票汇汇率都是以其为基础计算出来的。

2. 信汇汇率（mail transfer rate，M/T rate）是指银行以信函方式通知收付款时采用的汇率。如银行开具付款委托书，以信函方式通过航邮寄给付款地银行，由其转付给收款人所使用的汇率，就是信汇汇率。在邮程期间，银行可利用汇款资金，另外信函成本比电汇低，所以信汇汇率比电汇汇率低。

3. 票汇汇率（demand draft rate，D/D rate）是指银行在买卖外汇汇票时使用的汇率。例如，当银行卖出外汇时，开立汇票，交给汇款人，由其自带或邮寄国外，交给收款人，在出票银行的国外分支行或代理行取款。票汇汇率分为即期票汇汇率和远期票汇汇率，票汇汇率比信汇汇率低。

## (五) 即期汇率和远期汇率

1. 即期汇率（spot exchange rate）是适于即期外汇交易的汇率。

即期外汇交易（spot exchange transaction）指外汇买卖成交后在两个营业日内办理交割的交易。

2. 远期汇率（forward exchange rate）是适用于远期外汇交易的汇率。远期外汇交易（forward exchange transaction）又称期汇交易，指外汇买卖成交后并不立即办理交割，而是根据合同的规定，在约定的日期按约定的汇率办理交割的外汇交易。最常见的远期外汇交易交割期限一般有1个月、2个月、3个月、6个月，最长可达12个月。

### （六）固定汇率和浮动汇率

1. 固定汇率（fixed exchange rate）是指外汇汇率基本固定，汇率的波动局限于一个较小的范围内。其特点是该汇率在规定幅度内相对固定，具有相对稳定性。历史上存在过两种典型的固定汇率：一是金本位制下的固定汇率；二是布雷顿森林国际货币体系下的固定汇率。

2. 浮动汇率（floating exchange rate），是指各国货币之间的汇率波动不受限制，而主要根据市场供求关系自由涨落的汇率。按浮动方式，可分为自由浮动和管理浮动。

### （七）有效汇率、实际汇率及有效实际汇率

1. 双边汇率与有效汇率。我们平时接触的汇率一般都是双边性质的，即一种货币对另一种货币的比价，这称为双边汇率（bilateral exchange rate）。然而，在某一段时间内，一国货币对某些货币的汇率可能发生上升，对另一些货币则出现下跌，而且对不同货币的涨跌幅度也往往是不一样的。这就需要有一个综合性的指标来揭示或反映一国货币对外价值发生变化的总趋向。于是，有效汇率（effective exchange rate，EER）便应运而生。

有效汇率的计算公式为：

$$EER = \sum_{i=1}^{n} EI_i W_i$$

式中，$EER$ 为有效汇率，$EI_i$ 为汇率指数，$W_i$ 为贸易权重。

2. 名义汇率与实际汇率。由各国政府制订并挂牌公布的或者在外汇市场上按一些比价进行交易的汇率都是名义汇率（nominal exchange rate）。如同货币市场与资本市场的名义利率一样，名义汇率未对两个有关国家在某一段时期出现的通货膨胀率差异进行过调整，所以，它往往偏离货币汇率本应反映的购买力平价关系。

例如，当本国或（和）贸易伙伴国的商品及劳务价格都出现了不同幅度的涨跌，那么，仅仅通过分析名义汇率的变动就不能准确地了解贸易商品和劳务的相对价格变化，这容易造成在作出有关经济决策时忽略了对本国和外国新的物价水平的考虑。例如，人民币对美元

的汇率发生了10%的贬值,但与此同时,美国的物价水平相对于中国国内的物价也降低了10%,这对中国的贸易流量不会产生什么影响。因为从中国进口的角度来看,美国商品和劳务的价格维持不变;同样,从出口的角度来看,中国的商品在美国市场上并没有获得额外的价格优势。在这种情况下,并不能指望人民币的贬值会使中国的贸易收支或经常项目差额得到改善。

同样,实际汇率(real exchange rate)与实际利率相似,它将两个国家物价指数发生相对变化的影响从名义汇率中剔除,因此能反映两国货币实际价值(或实际购买力)所出现的增减变化。实际汇率可定义为本国产生相对于外国产出的购买力,它可用来衡量和比较一国的实际生活成本情况。

若用公式来表示,实际汇率就是两国货币的名义汇率(以直接标价法表示)除以两国符合PPP关系的物价指数比率,即:

$$R = \frac{E \times PI_f}{PI_h}$$

上式中,$R$为实际汇率,$E$为名义汇率,$PI_f$为外国的物价指数,$PI_h$为本国的物价指数。

3. 双边实际汇率与有效实际汇率。上面所分析的实际汇率是以两国货币为基础而计算出来的,因此它具有双边性质。然而,在某一段时间内,一国货币对若干种货币的实际汇率可能升值或上浮,而对另几种货币的实际汇率则可能贬值或下浮,所以,也同样需要一个能综合反映一国货币实际汇率变动趋势的指标,这个指标就是有效实际汇率(real effective exchange rate,REER)。

有效实际汇率又称实际有效汇率,它是一个涉及多种货币的实际汇率形式。有效实际汇率使得原来的名义汇率发生了双重指数化,因为它是在实际汇率(而不是名义汇率)的基础上再计算有效汇率,即先根据有关国家的物价指数算出同这些国家货币的双边实际汇率,然后再按这些国家在本国对外贸易总额中所占的比重进行加权平均。

## 四、外汇市场

### (一) 外汇市场的含义和分类

1. 外汇市场的含义。外汇市场(foreign exchange market),是指进行外汇买卖的场所或网络。在外汇市场上,外汇买卖有两种类型:一类是本币与外币之间的买卖,即需要外汇者用本币购买外汇,或持有外汇者卖出外汇换取本币;另一类是不同币种外汇之间的买卖。例如在纽约外汇市场上,美元与各种外汇之间的交易属于前一类型,欧元与日元的兑换属于后一类型。

2. 外汇市场的分类。

(1) 根据有无固定场所，外汇市场可分为有形市场与无形市场。有形市场 (visible market) 是指有具体交易场所的市场。外汇市场的出现与证券市场相关。外汇市场产生之初，多在证券市场交易所营业大厅的一角设立外汇交易区域。外汇买卖各方在每个营业日的约定时间集中在此从事外汇交易。早期的外汇市场以有形市场为主，因该类市场最早出现在欧洲大陆，故又称"大陆式市场"；无形市场 (invisible market) 是指没有固定交易场所，所有外汇买卖均通过连接于市场参与者之间的电话、电传、电报及其他通信工具进行的抽象交易网络。目前，无形市场是外汇市场的主要组织形式，因其最早产生于英国、美国，故又称"英美式市场"。

与有形市场相比，无形市场具有以下优势：①市场运作成本低。有形市场的建立与运作，依赖于相应的投入与费用支出，如交易场地的购置费（租金）、设备的购置费、员工的薪金等；无形市场则无须此类投入。②市场交易效率高。无形市场的交易双方不必直接见面，仅凭交易网络便可达成交易，从而使外汇买卖时效性大大增强。③有利于市场一体化。在无形市场，外汇交易不受空间限制，通过网络将各区域的外汇买卖连成一体，有助于市场的统一。

(2) 根据外汇交易主体的不同，外汇市场可分为银行间市场和客户市场。银行间市场 (inter-bank market) 也称"同业市场"，由银行之间相互买卖外汇而形成的市场。银行同业市场是现今外汇市场的主体，其交易量占整个外汇市场交易量的90%以上，又称"外汇批发市场"。

客户市场 (customer market) 是指外汇银行与一般顾客（进出口商、个人等）进行交易的市场。客户市场的交易量占外汇市场交易总量的比重不足10%，又称"外汇零售市场"。

### (二) 外汇市场的结构与特征

1. 外汇市场的结构。在外汇市场上，外汇交易的参与者主要有四类：外汇银行、外汇经纪人、顾客和中央银行。

(1) 外汇银行。外汇银行 (foreign exchange bank) 一般包括经中央银行指定或授权的专营或兼营外汇业务的本国商业银行和开设在本国的外国商业银行分支机构，它们是外汇市场的主体。

(2) 外汇经纪人。外汇经纪人 (foreign exchange broker) 即介于外汇银行之间或外汇银行与顾客之间，为买卖双方接洽交易而收取佣金的汇兑商，其主要功能是联络作用。严格意义上的外汇经纪人并不以自有资金在外汇市场上买卖外汇，而只是代客买卖。电信网络技术的发展使得外汇经纪人之间的竞争日益激烈，现在越来越多的外汇经纪人也纷纷开始自营业务，同时还通过替顾客与银行间联络安排创新的外汇业务而收取佣金。

（3）顾客。顾客指外汇银行的顾客。包括：交易性的外汇买卖者，如进出口商、国际投资者、旅游者等；保值性的外汇买卖者，如套期保值者；投机性外汇买卖者，如外汇投机商。

（4）中央银行。中央银行在外汇市场上除了担任传统市场监督者的作用外，还必须干预市场，以实现其控制货币供应量、平稳利率和汇率的政策目的。

外汇市场的交易可分为两个层面：银行间的批发业务和银行与顾客之间的零售业务。上述四类市场参与者之间的相互交易，形成了整个外汇市场的交易。外汇市场的交易范围，包括外汇银行与顾客或外汇经纪人之间，同一市场的外汇银行之间，不同市场的外汇银行之间，中央银行与外汇银行之间，各中央银行之间的交易。

2. 外汇市场的特征。现代外汇市场表现为以下特征：

（1）外汇市场全球一体化。首先，外汇市场分布呈全球化格局，以全球最主要的外汇市场为例，美洲有纽约、多伦多；欧洲有伦敦、巴黎、法兰克福、苏黎世、米兰、布鲁塞尔、阿姆斯特丹；亚洲有东京、香港、新加坡。其次，外汇市场高度一体化，全球市场连成一体，各市场在交易规则、方式上趋同，具有较大同质性（homogeneity）。各市场在交易价格上相互影响，如西欧外汇市场每日的开盘价格都参照香港和新加坡外汇市场的价格来确定，一个市场发生动荡，往往会影响到其他市场，引起连锁反应，市场汇率表现为价格均等化（equalization）。

（2）外汇市场全天候运行。时差使得世界各主要外汇市场交易或顺承相接或相互交错，从全球范围看，外汇市场是一个24小时全天候运行的昼夜市场。每天的交易，澳洲的惠灵顿、悉尼最先开盘，接着是亚洲的东京、香港、新加坡，然后是欧洲的法兰克福、苏黎世、巴黎和伦敦，到欧洲时间下午2点，美洲的纽约开盘，当纽约收市时，惠灵顿又开始了新一天的交易。

欧洲时间的下午1点到3点，是世界外汇市场交易量最大、最活跃、最繁忙的时间，因为此时世界几大交易中心如伦敦、法兰克福、纽约、芝加哥均在营业，是顺利成交、巨额成交的最佳时间段，大的外汇交易商和各国的中央银行一般选择在这一时间段进行交易。

现代国际外汇市场一般分布于世界各国的主要中心城市，如伦敦、纽约、巴黎、法兰克福、苏黎世、米兰、惠灵顿、多伦多、巴林、东京、香港、新加坡等都是全球著名的金融中心和外汇中心，这些中心的相互联系和影响形成覆盖全球的外汇市场网络。其中伦敦、纽约、东京、香港等外汇中心最具有代表性。

### (三) 外汇市场交易基础——美元标价法解读

1. 美元标价法的特点。在表2-2中外汇行情的标价方法采用的是外汇市场上的惯例——"美元标价法"（dollar quotation）。美元标价法的特点是：所有在外汇市场上交易的货币均对美元报价，且除英镑、欧元、澳元和新西兰元外的其他货币均采用以美元为外币的直接标价法。因此，在表2-2中除英镑和欧元外，其他各行数字均表示1美元等于若干数量该种货币，而英镑、欧元则表示1单位英镑、欧元等于若干数量的美元。

表2-2　　　　　　　　　美元标价法示例

| Apr 15 | Closing Mid-point | Change On day | Bid/offer Spread | Day's Mid high | Day's Mid low | One month Rate | One month % pa |
|---|---|---|---|---|---|---|---|
| 瑞士法郎（SFr） | 1.2005 | -0.0143 | 001-008 | 1.2168 | 1.1994 | 1.1982 | 2.2 |
| 英国英镑（0.5282）*（£） | 1.8933 | +0.0119 | 930-935 | 1.8949 | 1.8773 | 1.8905 | 1.8 |
| 欧元（0.7733）* | 1.2931 | +0.0123 | 929-932 | 1.2937 | 1.2778 | 1.294 | -0.8 |
| 特别提款权（SDR） | 0.6626 | — | — | — | — | — | — |
| 加拿大元（C$） | 1.2406 | -0.0016 | 403-409 | 1.2450 | 1.2403 | 1.2401 | 0.4 |
| 墨西哥比索（New Peso） | 11.1019 | +0.0072 | 995-043 | 11.1565 | 11.0995 | 11.1673 | 7.1 |
| 澳大利亚元（A$） | 1.2969 | +0.0016 | 965-974 | 1.3068 | 1.29957 | — | — |
| 港元（中国）（HK$） | 7.7985 | -0.0006 | 983-988 | 7.7990 | 7.7983 | 7.7969 | 0.3 |
| 日元（Y） | 107.540 | -0.7050 | 520-560 | 108.550 | 107.480 | 107.275 | 3.0 |
| 新西兰元（NZ$） | 1.3934 | +0.0081 | 930-939 | 1.4035 | 1.3887 | — | — |
| 新加坡元（S$） | 1.6557 | — | 553-560 | 1.6615 | 1.6543 | 1.6543 | 1.0 |
| 台币（中国）（T$） | 31.6960 | -0.0290 | 930-990 | 31.7280 | 31.5800 | 31.641 | 2.1 |

2. 美元标价法外汇行情表的基本构成。如表2-2所示，在该汇率行情表中，主要栏目有"货币名称及符号""收盘价（中间价）""日涨跌幅度""买入/卖出价""日最高、最低价（中间价）""一个月汇率及年率"等。此外汇行情简表包含了国际汇市交易的所有主要货币币种，其中主要有瑞士法郎（SFr）、英国英镑（£）、欧元（EUR）、特别提款权（SDR）、加拿大元（C$）、墨西哥比索（New Peso）、美元（$）、澳大利亚元（A$）、港元（HK$）、新加坡元（S$）、新西兰元（NZ$）等。

3. 美元标价法外汇行情表的解读。下面以美元对日元的汇率行情为例进行解读。按照上述行情表栏目分布安排，在美元对日元的那行数字中，第一个项目表示的是该交易日收市时美元对日元的中间价，第二个项目为该交易日美元对日元的涨跌幅度，第三个项目为银行进行外汇买卖时所报出的买卖价,第四个项目为该交易日美元对日元的最高价和最低价。在外汇市场上,银行报价采用双向报价法,即同时报出外汇的买入价(bid rate)和卖出价(offer rate)。如果以美元为外币,日元为本币,那么该行买卖双向报价即表示所报出的两个汇率为直接标价法下的买卖价,前者较小为买价(520),后者较大为卖价(560),因为银行总是按照贱买贵卖的原则,并且银行报价省去了"大数"(107),而只报出"小数"(520)。520表示银行买入1美元需要用去107.520日元,560表示银行卖出1美元可得到107.560日元,贱买贵卖使得银行得到了40个点的买卖差价。中间价(mid point)为买卖价的平均值,一般情况下所说的某一货币的汇率往往就是指其中间价。

在美元对日元那行数字中,最后一组数字代表1个月远期外汇交易所使用的汇率。我们在前面介绍的汇率,实际上是即期交易的汇率。即期交易是指买卖双方成交后,在两个营业日内办理交割的交易,其对应的汇率称为即期汇率。而远期交易是指买卖双方事先约定的,据以在未来一定日期进行外汇交割的交易。在远期交易中,事先约定的未来交割日的汇率称为远期汇率。

在表2-2中,远期交易的期限为1个月。换言之,在第一组数字中107.275表示1个月美元对日元期汇汇率,即1美元等于107.275日元,3.0表示报价币日元1个月期汇汇率的升贴水率的年率。也就是说,1个月日元期汇汇率为107.275,而在现汇汇率为107.54的情况下,1个月远期日元升值、美元贬值,升贴水点数为265,亦即如果按1个月日元升水265点的速度发展下去的话,日元的年升水率将为3%。其计算过程为:

$$\frac{107.54 - 107.275}{107.275} \times 12 = 0.02964$$

在这里,0.02964代表远期日元升值,日元的年升水率约为3%。

## 第三节 汇率变动的经济影响

汇率变动从根本上说取决于一国国际收支和经济发展的状况。但实际上,汇率的变动在很大程度上受到该国汇率政策的影响,即出于一定的目的,该国政府有意识地促使本国货币贬值或升值。汇率的变动会对一国经济产生广泛的影响,一国决策层往往为了某些方面的目标,而促使汇率朝有利的方向移动。

## 一、汇率的变动

汇率既然是一种价格,当然就存在变动的可能性,用来描述汇率变动的概念有两组:法定升值和法定贬值,升值和贬值。

前一组概念主要针对处于固定汇率制度下的汇率,这时汇率的变动主要出自政策当局。法定升值(Revaluation)是指政府有关当局明文规定提高本国货币的对外价值,如二战后德国马克和瑞士法郎都曾经历过法定升值。法定贬值(Devaluation)是指政府有关当局明文规定降低本国货币的对外价值,如美国政府在1971年和1973年曾两次降低美元的对外价值。

第二组概念则针对实行浮动汇率制度下的汇率,这时汇率的变化主要是由市场供求的变化所引起的。升值(Appreciation)是由于外汇市场上供求关系的变化造成的某国货币对外价值的增加;贬值(Depreciation)是由于外汇市场上供求关系的变化造成的某国货币对外价值的下降。

一国货币升值或贬值相对于另一国货币就是贬值或升值,不过两种货币升值或贬值幅度是不尽相同的,这是因为计算公式的分母不同或者说分析某种货币升值或贬值的角度不同所致。升值或贬值的幅度可以通过变化后的两个汇率计算出来。

一般规律:不管是直接标价还是间接标价,都有:

$$基准货币的汇率变动率 = (新汇率/旧汇率 - 1) \times 100\%$$
$$报价货币的汇率变动率 = (旧汇率/新汇率 - 1) \times 100\%$$

计算结果若为正数,则为升值幅度,计算结果若为负数则为贬值幅度,参见表2-3中亚洲金融危机期间美元与各亚洲国家货币的变动幅度。

表2-3　　　1997年东南亚金融危机爆发后有关亚洲国家的货币对美元汇率的变动幅度

| 货币名称 | 7月初汇率 | 年底汇率 | 亚洲国家货币对美元的贬值幅度(%)(原汇率/新汇率-1) | 美元对亚洲国家货币的升值幅度(%)(新汇率/原汇率-1) |
|---|---|---|---|---|
| 泰国铢 | 24.35 | 46.6 | -47.75 | +91.38 |
| 菲律宾比索 | 26.35 | 40 | -34.13 | +51.8 |
| 马来西亚林吉特 | 2.524 | 3.88 | -34.95 | +53.72 |
| 印尼盾 | 2 431 | 5 400 | -54.98 | 122.13 |
| 韩元 | 886 | 1 695 | -47.73 | 91.31 |

## 二、影响汇率变动的主要因素

所有外汇交易均涉及一种货币兑换另一种货币，在任何时候，外汇市场上实际的汇率将主要由相应货币的供给与需求决定。对于某种货币的需求意味着另一种货币的供给，同样，当你提供某种货币时也意味着对另一种货币的需求。从理论上说，外汇供给是由国际收支平衡表中的贷方项目构成的，即它主要来源于：（1）本国的商品劳务出口；（2）外国对本国的单方金融资产转移；（3）外国居民购买本国的金融资产或对本国进行直接投资；（4）本国居民出售所持有的国外资产。外汇需求是由借方项目构成的，它主要来源于：（1）本国的商品劳务进口；（2）本国对外国的单方金融资产转移；（3）本国居民购买外国的金融资产或对外国进行直接投资；（4）外国居民出售所持有的本国资产。因此，一国国际收支逆差就意味着在外汇市场上外汇供不应求，本币供过于求，结果是外汇汇率上升；反之，一国国际收支顺差则意味着外汇供过于求，本币供不应求，结果是外汇汇率下跌。

进一步来看，一国的国际收支包括经常项目收支和资本项目收支，前者反映商品市场的国内外联系，后者反映金融市场（包括货币市场和证券市场）的国内外联系。因此，任何影响国内外商品市场和金融市场供求状况的因素变动都会反映在汇率的变动上。根据纸币流通条件下的几十年，特别是实行浮动汇率制以来汇率变动的实际情况来看，有如下因素影响货币的供给与需求，从而对汇率产生影响。

### （一）国际收支

国际收支包括经常项目收支和资本项目收支，涉及商品市场和金融市场，国际收支对汇率的影响具有决定性作用。一般地，本国国际收支出现赤字会促使外汇汇率上升，本币贬值；本国国际收支顺差则促使外汇汇率下跌，本币升值。

### （二）通货膨胀率差异

在纸币流通条件下，两国货币之间的比率，从根本上来说是由各自所代表的价值量决定的。物价是一国货币价值在商品市场的体现，通货膨胀就意味着该国货币代表的价值量的下降。因此，国内外通货膨胀率差异就是决定汇率长期趋势中的主导因素。在国内外商品市场密切联系的情况下，一国较高的通货膨胀率就必然反映在经常项目收支上。具体来看，高通货膨胀率会削弱本国商品在国际市场上的竞争能力，引起出口的减少，同时，提高外国商品在本国市场上的竞争能力,造成进口增加。另外,通货膨胀率差异还会通过影响人们对汇率的预期,作用于资本项目收支。如果一国通货膨胀率高,人们就会预期该国货币的汇率将趋于疲软,由此进行货币替换,即把手中持有的该国货币转化为其他货币,造成该国货币在外汇市场上的现实下跌。总而言之,如果一国通货膨胀率高于他国,该国货币在外汇市场上就会趋于贬值;反之,则会趋于升值。

### (三) 利率差异

价格水平的变动影响着一国的商品输出和输入,而利率作为金融市场上的"价格",其变动则会影响一国的资金输出/输入。如果一国的利率水平相对于他国提高,就会刺激国外资金流入增加,本国资金流出减少,由此改善资本项目收支,提高本国货币的汇价;反之,如果一国的利率水平相对于他国下降,则会恶化资本项目收支。在国际资本流动规模远远超过国际贸易额的今天,利率差异对汇率变动的影响比过去更为显著了。

### (四) 经济增长率差异

国内外经济增长率差异对汇率变动的影响是多方面的。首先,一国经济增长率高,意味着收入上升,由此会造成进口支出的大幅度增长;其次,一国经济增长率高,往往也意味着生产率提高很快,由此通过生产成本的降低改善本国产品的竞争地位而有利于增加出口,抑制进口;最后,经济增长势头好,一国的利润率也往往较高,由此吸引国外资金流入本国,进行直接投资,从而改善资本项目收支。

一般来说,高经济增长率在短期内不利于本国货币在外汇市场的行市,但长期来看,却可以有力地支持着本国货币的升值。

### (五) 中央银行对外汇市场的干预

各国货币当局为保持汇率稳定,会有意识地操纵汇率的变动以服务于某种经济政策目的,进而对外汇市场进行直接干预。这种通过干预直接影响外汇市场供求的情况,虽无法从根本上改变汇率的长期走势,但对汇率的短期走向会有一定的影响。各国货币当局在第二次世界大战后通过直接干预抵消了市场供求因素对汇率的影响,将固定汇率制度维持了25年之久,这足以说明直接干预的成效。特别是20世纪80年代以来,西方国家的管理浮动汇率制走上了各国货币当局联合干预的阶段,直接干预成为当前影响汇率的一个不可忽视的重要因素。

### (六) 市场预期

市场预期因素是影响国际资本流动的另一个重要因素。在国际金融市场上，短期性资金，即游资达到十分庞大的数字。这些巨额资金对世界各国的政治、经济、军事等因素都具有高度的敏感性，一旦出现风吹草动，就到处流窜，或为保值，或为攫取高额投机利润。这就常常给外汇市场带来巨大的冲击，成为各国货币汇率频繁起伏的重要根源。可以说，预期因素是短期内影响汇率变动的最主要因素。只要市场上预期某国货币不久会下跌，那么市场上立即就可能出现抛售该国货币的状况，造成该国货币的市场价格迅速下降。有时据以形成市场预期的甚至不需要是真实的政治、经济形势和政策动向。

### （七）政治因素

如果全球形势趋于紧张，则会导致外汇市场的不稳定，一些货币的非正常流入或流出将发生，最后可能的结果是汇率的大幅波动。政治形势的稳定与否关系着货币的稳定与否，通常意义上，一国的政治形势越稳定，则该国的货币汇率越稳定。

政治因素对汇率的影响我们可以通过一些实例加以说明。例如，1987年底，由于美元的持续贬值，为了维持美元汇率的基本稳定，1987年12月23日西方七国财长和中央银行总裁发表联合声明，并于1988年1月4日开始在外汇市场实施大规模的联合干预行动，大量抛售日元和德国马克，购进美元，从而使美元汇率回升，维持了美元汇率的基本稳定。另一个例子是，如果你关注卢布，你一定注意到了在2022年2月24日俄乌战争期间，卢布对美元汇率一度跌至1∶86，卢布对欧元汇率跌至1∶99.99，原因之一是俄乌战局对卢布形成下跌趋势。

### （八）投机行为

市场主要参与者的投机行为同样是影响汇率的一个重要因素。在外汇市场上直接与国际贸易相关联的交易相对来说所占比例是不高的。大多数交易从实质上讲是投机行为，这种投机行为将导致不同货币的流动，从而对汇率产生影响。当人们分析了影响汇率变动的因素后得出某种货币汇率将上涨，竞相抢购，遂将该货币升值变为现实。反之，当人们预期某种货币将下跌，就会竞相抛售，从而使汇率下浮。

以上所谈到的几种因素是在纸币流通条件下影响外汇市场供求及汇率变动的主要因素。当然，影响汇率变动的还有许多其他因素，如各国的宏观政策等，但这些因素大都是通过以上各种因素对汇率发生作用的。在不同时期，各种因素对汇率变动的影响作用有轻重缓急之分，它们的影响有时相互抵消，有时相互促进。因此，只有对各种因素进行综合全面的考察，对具体情况作具体分析，才能对汇率变动的分析作出较为正确的结论。

## 三、汇率变动对经济的影响

汇率是联结国内外商品市场和金融市场的一条重要纽带。一方面，汇率的变动受一系列经济因素的制约；另一方面，汇率的变动又会对经济方面产生广泛的影响，它们之间的作用是相互的。下面我们就从国际收支、国内经济和国际经济等方面分析汇率变动的影响。

### (一) 汇率变动的贸易效应

在其他条件不变的前提下，本国货币汇率下跌（贬值）通过降低本国商品相对外国产品的价格，使国外消费者增加对本国产品的需求，本国居民减少对外国产品的需求，从而有利于本国的出口，减少进口。

货币贬值要起到刺激出口和限制进口的双重作用，需要以下条件：

条件一："马歇尔—勒纳条件"和"J曲线效应"。

"马歇尔—勒纳条件"是指在进出口商品供给弹性无穷大的前提下，若进口需求弹性与出口需求弹性之和大于1，该国货币汇率下降，可以引起贸易顺差或减少原来存在的贸易逆差。

用货币贬值鼓励出口，限制进口，存在"时滞"问题，即贬值的传导过程受时效的制约。由于合同的制约以及信息传递需要时间，一国出口商品的外币价格下跌后，其商品在国外的需求量不会马上增加，进口量也不会马上大幅度减少。只有经过一段时间，贬值国的进出口需求弹性才会逐渐增加，其贸易差额状况才会得到改善。这种变化用曲线描述，呈"J"字形，即贬值的"J曲线效应"，而且货币贬值的正效应时间不是持久的，一般情况下，只能维持1~2年。

条件二：国内物价上涨程度小于货币贬值程度。

条件三：其他国家不同时实行同等程度的货币贬值和采取其他报复性措施。

用货币贬值刺激出口抑制进口，对西方国家的影响程度较大，因为西方国家出口贸易以制成品为主，汇率机制作用明显，而且制成品的价格需求弹性和供给弹性普遍比初级产品大，世界市场在这方面的收入弹性也较大。而发展中国家出口贸易以初级产品为主，汇率机制作用较小。

### (二) 汇率变动的资本流动效应

对长期资本流动的效应。在其他条件不变的情况下，如果预期一国货币贬值是短暂的，那么，它可能吸引长期资本流入该国。因为它能够使一定量的外汇兑换更多的该国货币，等量的外资可以支配更多的实际资源，从而在该国投资可以获取更高的投资收益。如果人们认为一国货币贬值是长期趋势，则它对长期资本流动会起到相反的作用。从长期看，汇率上下波动可以部分地相互抵消，所以，贬值一般对长期资本流动影响较小。

对短期资本流动的效应。货币贬值会导致短期资本外流。当一国货币汇率开始下跌时，以该国货币计值的金融资产价格相对价值下降，人们会用该国货币兑换他国货币，资本会大量流出国外，引起大量资本外流。同时，贬值还会造成通货膨胀预期，引起资本外流。

### （三）汇率变动对国内物价的效应

货币贬值对本国物价的影响包括两个方面。第一，通过贸易收支改善的乘数效应，引起需求拉动的物价上升；第二，通过提高国内生产成本，推动物价上升。首先，本币贬值后，进口商品以本币表示的价格会上涨，其中进口消费品价格上升会直接预期国内消费物价的某种程度的上升，进口原材料、中间品和机器设备等的价格上升，国内使用这些进口投入品的商品的生产成本就会提高，推动这类商品价格上升；其次，本币贬值后，出口品和进口替代品价格上升，也会造成使用这些产品作为投入品的非贸易品生产成本上升，从而推动非贸易品价格上升。这样，本币贬值对物价的影响就会逐渐扩展到所有商品。

### （四）汇率变动与民族工业、劳动生产率和经济结构

货币贬值无论从理论上还是在实践中，都可以看成是一种税赋行为。它是对出口的一种补贴，对进口的一种征税。在单一汇率制度下，货币贬值的税赋效应，具有统一性的特点。它不甄别单个企业或单项进出口商品的具体情况，对所有出口进行补贴，对所有进口进行征税。其优点是操作简便，没有歧视性；其缺点是过于简单，会导致各种问题。

货币贬值，具有明显的保护本国工业的作用。货币贬值通过提高进口商品的价格，削弱了进口商品的竞争力，从而为本国进口替代品留下了生存和发展的空间。

但货币的过度贬值，使以高成本、低效益生产出口产品和进口替代品的那些企业也得到鼓励，因此，它具有保护落后的作用，不利于企业竞争力的提高，同时也使社会资源的配置得不到优化。

货币的过度贬值，使本该进口的那些商品尤其是高科技产品或因国内价格变得过于昂贵而进不来，或进来了，但增加了进口企业的成本。它不利于我国劳动生产率的提高和经济结构的调整。

### (五）汇率变动对国际经济关系的影响

在国际经济交往中所使用的外汇主要是发达国家的货币。汇率的变动是双向的，本币汇率下降，就意味着他国货币汇率上升，会导致他国贸易逆差，经济增长减缓，由此招致其他国家的抵制和报复。

一国货币对外贬值，只有在适度的范围内，才可能产生正面的效应。如果一国货币贬值幅度过大，反而会使投资者失去信心，从而产生负面效应，甚至引发货币危机。

汇率变动对各国经济的影响程度取决于以下几方面因素：

第一，进出口占国内生产总值（GDP）的比重。其比重越大，汇率对国内经济的影响越大。

第二，货币可自由兑换性。若该国货币可自由兑换，在国际支付中使用率越高，则汇率变动对该国经济的影响越大。

第三，参与国际金融市场的程度。一国对外开放程度越高，汇率变动对该国经济的影响越大。

第四，经济发达程度。若国家经济发达，各种市场机制较完善，汇率变动对该国经济的影响就大；若不发达，政府会对汇率和经济进行管制，汇率的作用就小。政府对经济运行的干预会改变市场机制的运作过程，使汇率变动对经济的影响复杂化。

### （六）汇率变动对外汇储备的影响

就储备货币的汇率变动来看，汇率变动会改变储备货币的实际价值。如果某种储备货币升值，那么持有这种储备货币的国家就会增加收益；如果某种储备货币贬值，则持有这种储备货币的国家就会遭受损失。

从长期来看，储备货币汇率的变动可以改变外汇储备资产的结构。汇率看涨的币种，在外汇储备中的比重会提高；汇率看跌的币种，在外汇储备中的比重会下降。

以上我们简单分析了汇率变动的经济影响。可以看出，汇率这一变量深刻地影响着开放经济的运行，它所发挥的效力并不局限于国际收支领域，而是对内外均衡目标中的各个层次都发生着影响。

## 本 章 案 例

### 人民币跨境支付系统（CIPS）

随着跨境人民币业务各项政策相继出台，跨境人民币业务规模不断扩大，人民币已成为中国第二大跨境支付货币和全球第四大支付货币。人民币跨境支付结算需求迅速增长，对金融基础设施的要求越来越高。① 为满足人民币跨境使用的需求，进一步整合现有人民币跨境支付结算渠道和资源，提高人民币跨境支付结算效率，2012年4月，人民银行决定组织建设人民币跨境支付系统（Cross-Border Interbank Payment System，CIPS），进一步整合现有人民币跨境支付结算渠道和资源，提高跨境清算效率，满足各主要时区的人民币业务发展需要，提高交易的安全性，构建公平的市场竞争环境。②

CIPS分为两期建设：一期主要采用实施全额结算方式，为跨境贸易、跨境投融资和其他跨境人民币业务提供清算、结算服务；二期将采用更为节约流动性的混合结算方式，提供人民币跨境和离岸资金的清算、结算效率。

2015年10月8日，CIPS系统第一期正式启动。系统上线运行后，大大提高了跨境清算效率，标志着人民币国内支付和国际支付统筹兼顾的现代化支付体系取得重要进展。CIPS一期有五大特点：一是，采用实时全额结算方式处理客户汇款和金融机构汇款两类业务；二是，直接参与者一点介入，集中清算业务，缩短清算路径，提高清算效率；三是，采用国际通用ISO20022报文标准，便于参与者跨境业务直通处理；四是，运行时间覆盖亚洲、欧洲、非洲、大洋洲等人民币业务主要时区；五是，为境内直接参与者提供专线接入方式。③

2018年3月26日，CIPS系统第二期成功投产试运行，实现对全球各时区金融市场的全覆盖，支持全球的支付与金融市场业务，以满足全球用户的人民币业务需求。

## 本章小结

1. 外汇是指以外国货币表示的、能用来清算国际收支差额的资产。一种外币资产能否成为外汇需要三个条件：自由兑换性、普遍接受性、可偿付性。

2. 汇率是指以一种货币表示的另一种货币的相对价格。汇率的标价法主要是指直接标价法与间接标价法。在国际金融市场上常用的标价方法是美元标价法。根据不同角度，汇率可分为多种类型，其中实际汇率与有效汇率的概念最为重要。

3. 外汇市场是进行外汇交易的场所，它可以分为两个层次：银行同业市场、客户与银行间交易市场。银行同业市场是外汇市场的主体，它是一个无形的市场。外汇市场上的基本交易类型是即期交易与

---

① 林薇：《人民币国际化的现状、问题与推进措施》，载《亚太经济》2021年第5期，第32~36页。
② 陈伟光、明元鹏：《国家金融安全视角下SWIFT系统与央行数字货币：发展路径与逻辑关系》，载《经济学家》2023年第2期，第56~66页。
③ 高蓓、盛文军、张明：《跨境清算体系：国际比较及中国进展》，载《上海金融》2016年第8期，第76~80、92页。

远期交易。外汇市场是一个高度一体化的市场。

4. 汇率变动对经济的影响主要体现为：汇率变动的贸易效应、资本流动效应、国内物价效应，以及对民族工业、劳动生产率、经济结构、国际经济关系和对外汇储备的影响等方面。

## 本章重要概念

外汇　汇率　直接标价法　间接标价法　美元标价法　即期汇率　远期汇率　升水　贴水　名义汇率　实际汇率　有效汇率　基本汇率　套算汇率

## 本章思考题

1. 外汇的动态与静态含义分别是什么？广义与狭义的含义分别是什么？
2. 什么是汇率？汇率的基本分类有哪些？什么是实际汇率与有效汇率？
3. 完整地理解实际汇率的各种含义。
4. 理解美元标价法，准确地解读外汇交易行情表。
5. 汇率变动对一国经济会产生什么样的影响？

# 第三章
# 汇率决定理论

**学习目标**
- 掌握一价定律、购买力平价、利率平价的概念，了解汇率理论的发展阶段；
- 理解掌握购买力平价说、利率平价说、国际收支说的主要思想；
- 理解掌握汇率决定的资产市场说及其主要模型；
- 了解汇率理论的最新发展。

## 第一节 汇率与价格水平的关系：购买力平价说

购买力平价说（theory of purchasing power parity, PPP）是一种历史非常悠久的汇率决定理论，早在16世纪就出现了它的萌芽。16世纪中叶，西班牙萨拉蒙卡学派研究了货币供给与价格的关系，并提出国内价格上涨是由于一国货币供给量增加所引起的，货币贬值则是由国内价格上涨导致的。1802年，英国经济学家桑顿（H. Thornton）最早提出了购买力平价的思想。瑞典经济学家卡塞尔（G. Cassel）在其1922年出版的《一九一四年以后的货币与外汇》一书中系统地提出了购买力平价理论。购买力平价的基本思想是：货币的价值在于其具有购买力，因此不同货币之间的兑换比率取决于它们各自具有的购买力的对比，也就是汇率与各国的价格水平之间具有直接的联系。

### 一、开放经济下的一价定律

为说明问题，我们首先分析某一商品在一国内部不同地区的价格之间的关系。我们的分析建立在两个前提之上：

第一，位于不同地区的该商品是同质的，不存在任何的商品质量及其他方面的差别。

第二，该商品的价格能够灵活地进行调整，不存在任何价格上的黏性。

一国内部的商品可分成两种类型：区域间的价格差异可以通过套利活动予以消除的，我们称为可贸易商品（tradable goods）；区域间的价格差异不能通过套利活动消除的，我们称为不可贸易商品（non-tradable goods）。不可贸易商品一般主要包括不动产与个人劳务项目。

当我们研究的对象是封闭经济时，则有：

第一，某一商品在不同地区的价格存在差异时，就有可能引起套利活动的发生。套利活动是否存在则取决于商品本身的性质及交易成本的高低。

第二，对于不可移动的商品及套利活动交易成本无限高的商品，我们称为不可贸易商品，它在不同地区间的价格差异不可能通过套利活动消除。

第三，对于可贸易商品，套利活动将它的地区间价格差异保持在较小范围内。如果不考虑交易成本等因素，则同种可贸易商品在各地的价格都是一致的，我们将可贸易商品在不同地区之间存在的这种关系称为"一价定律"（law of one price）。

当我们研究的对象是开放经济时，某一可贸易商品在不同国家的价格之间的联系与上述分析存在区别：

第一，首先，不同的国家使用不同的货币，因此商品价格的比较必须折算成统一的货币再进行。其次，在进行套利活动时，除商品的买卖外，还必须进行不同货币间的买卖活动。

第二，跨国间的套利活动还存在着许多特殊的障碍。与一国内部情况相比，各国间的套利活动更加困难，套利的交易成本也更为高昂。

同样，如果我们不考虑交易成本等因素，则以同一货币衡量不同国家的某种可贸易商品的价格应是一致的，即：

$$p_i = e \times p_i^*  \qquad 3.1.1$$

上式即为开放经济下的一价定律，$e$ 表示直接标价法下的汇率。

## 二、购买力平价的基本形式

购买力平价理论在长期的发展过程中出现了多种形式，但主要是绝对购买力平价和弱购买力平价与相对购买力平价，下面分别予以介绍。

### （一）绝对购买力平价

绝对购买力平价的前提包括：

对于任何一种可贸易商品，一价定律都成立。

在两国物价指数的编制中，各种可贸易商品所占的权重相等。

这样，两国由可贸易商品构成的物价水平之间存在着下列关系：

$$\sum_{i=1}^{n} a_i P_i = e \times \sum_{i=1}^{n} a_i P_i^* \qquad 3.1.2$$

式（3.1.2）中，$a$ 项表示权数。如果将这一物价指数分别用 $P$，$P^*$ 表示，则有

$$P = e \times P^* \qquad 3.1.3$$

式（3.1.3）的含义是：不同国家的可贸易商品的物价水平以同一种货币计量时是相等的。

将上式变形，即：

$$e = \frac{P}{P^*} \qquad 3.1.4$$

这就是绝对购买力平价的一般形式，它意味着汇率取决于不同货币衡量的可贸易商品的价格水平之比，即取决于不同货币对可贸易商品的购买力之比。

在现代分析中，有的学者认为一国的不可贸易商品与可贸易商品之间、各国不可贸易商品之间存在着种种联系，这些联系使得一价定律对于不可贸易商品也成立。因此，式（3.1.4）中的物价指数应包括一国经济中的所有商品，也就是所有国家的一般物价水平以同一种货币计算时是相等的，汇率取决于货币的价值（一般物价水平的倒数）之比。这种观点由于比较符合汇率是不同货币之间的比价的这一性质，因此运用得更加广泛。

## （二）弱购买力平价与相对购买力平价

弱购买力平价是对绝对购买力平价假定的放松而得出的。它认为交易成本的存在使一价定律并不能完全成立，同时各国一般价格水平的计算中商品及其相应权数都是存在差异的，因此各国的一般物价水平以同一种货币计算时并不完全相等，而是存在着一定的、较为稳定的偏离（只要这些因素不发生变动）。

$$e = \frac{\theta \times P}{P^*} \quad (\theta \text{ 为常数}) \qquad 3.1.5$$

将式（3.1.5）写成对数形式，再取变动率，即得下式：

$$\Delta e = \Delta P - \Delta P^* \qquad 3.1.6$$

公式（3.1.6）即为相对购买力平价的一般形式。相对购买力平价意味着汇率的升值与贬值是由两国的通货膨胀率的差异决定的。如果本国通货膨胀率超过外国，则本币将贬值。与绝对购买力平价相比，相对购买力平价更具有应用价值，这是因为它避开了前者过于脱

离实际的假定，并且通货膨胀率的数据更加易于得到。

## 三、对购买力平价理论的分析、检验与评价

### （一）分析

在对购买力平价进行实证检验前，我们不妨先对之进行分析，看看哪些因素可能导致购买力平价难以在检验中成立。

首先，购买力平价在计量检验中存在着技术上的困难。从技术上讲，主要的问题包括：第一，物价指数的选择不同，可以导致不同的购买力平价。比如国内生产总值消胀指数（GDP deflator），是覆盖面最广的物价指数；批发物价指数（wholesale price index），则是偏重覆盖内外贸易商品价格的指数；而消费物价指数（consumer price index），是仅仅覆盖消费品价格的一种物价指数。采用何种指数最为恰当，是个悬而未决的问题。不同国家的不同经济学家，对此存有争议。第二，商品分类上的主观性可以扭曲购买力平价。运用购买力平价来计算汇率，要求不同国家在商品的分类上做到一致和可操作性，否则，就会缺乏可比性。商品分类包括进口、出口、贸易、非贸易等。不同国家由于价格体系、经济体制、统计口径上的差异，人们的知识、信息和主观解释上都存在差异，使商品分类的一致性很难做到。第三，在计算相对购买力平价时，基期年的选择至关重要。因为相对购买力平价说实际上隐含地假定了基年的汇率 $e_0$ 是均衡的汇率。因此，准确选择一个汇率达于均衡或基本均衡的基年，是保证以后一系列计算结果正确的必要前提。研究人员一般很难做到这一点，或因主观判断，或因观察能力和技术，或因数据不足，或因各取所需，使基年的正确选择变得十分困难。

其次，从短期看，汇率会因为各种原因而暂时偏离购买力平价。例如，我们的分析是以物价水平可以灵活调整作为前提的，如果存在价格黏性导致其不能在短期内及时调整，则汇率就会暂时偏离购买力平价。再如，我们在分析中还假定只存在经常账户交易，如果资本与金融账户交易尤其是这一资本与金融账户交易在短期内主导了汇率的变动时，现实中汇率很难通过商品套购机制使之满足购买力平价。

最后，从长期看，实际经济因素的变动会使名义汇率与购买力平价产生永久性的偏离。在购买力平价的分析中，它把汇率的变动完全看成一种货币现象：反映一国产品的国际竞争力的实际汇率不会发生变动，名义汇率的调整完全是由通货膨胀引起的。在现实生活中，不仅货币性因素对名义汇率有影响，一系列实际因素的变动也会引起实

际汇率以及相应的名义汇率的调整，这导致了购买力平价在理论上也难以成立。这些实际因素包括：生产率的变动、消费偏好的变动、自然资源的发现、本国对外国资产的积累、对国际贸易的管制措施的变动等。

### （二）检验

在实证研究中，一般只有在高通货膨胀时期（如 20 世纪 20 年代），购买力平价理论才能较好成立。而对战后尤其是 70 年代以来工业化国家汇率的分析，一般的结论是：

第一，在短期内，高于或低于正常的购买力平价的偏差经常发生，并且偏离幅度很大；

第二，从长期看，没有明显的迹象表明购买力平价理论成立；

第三，汇率变动非常剧烈，这一变动幅度远远超过价格变动的幅度。一般两国间的相对通胀率在一年中可能会达到 4%～5%，而汇率在一天的变化就可能达到 10%甚至更多。

以上的分析可归结到一点，即购买力平价一般并不能得到实证检验的支持。

### （三）评价

在本节的最后，我们对购买力平价理论作一个简单的评价。

第一，在所有的汇率理论中，购买力平价是最有影响的，这是因为它是从货币的基本功能（具有购买力）角度分析货币的交换问题，这非常符合逻辑，易于理解，同时它的表达形式也最为简单，对汇率决定这样一个复杂问题给出了最为简洁的描述。购买力平价理论的这一特点使得它对政府的汇率政策产生了特别的影响，被广泛运用于对汇率水平的分析，成为许多经济学家和政府计算均衡汇率的常用方法。我国经济学者就将购买力平价与我国情况相结合，提出了一种汇率决定理论——换汇成本说。另外，购买力平价理论中所牵涉的一系列问题都是汇率决定中的非常基本的问题，因此对购买力平价理论的争论最为激烈，它正是在这种争论中得到发展的，可以说始终处于汇率理论中的核心位置，是全部汇率理论的基础。购买力平价理论在现代的发展体现在三个方面：首先是计量检验方法的进一步发展，研究者试图更为科学地回答购买力平价是否成立这一基本问题；其次是购买力平价理论本身的发展，例如国际资金流动条件下购买力平价的成立机制，导致汇率对购买力平价的短期与长期偏离的具体原因及经济后果，实际汇率的决定问题等；最后也是最为重要的，购买力平价被普遍作为汇率的长期均衡标准而被应用于其他汇率理论的分析之中，尽管这些理论已脱离了购买力平价的范畴，但这无疑都使购买力平价产生了更大的影响。

第二，相当多的经济学家认为，购买力平价并不是一个完整的汇率决定理论。购买力平价作为汇率理论的不完整性体现在多个方面。例如，对于汇率与价格水平之间存在着的这种关系，究竟是相对价格水平决定了汇率，还是汇率决定了相对价格水平，还是两者同时被其他变量所外生决定，这一因果关系并没有在购买力平价理论中阐述清楚，直至今天还是存在着很大争论的。从这个意义上讲，购买力平价是更为复杂的汇率决定理论的基础，我们在下一章中对汇率的资产市场分析基本上都是以购买力平价的成立或在长期内的成立为分析前提的。

第三，购买力平价在理论上的意义还在于，它开辟了从货币数量角度对汇率进行分析之先河。汇率作为一国货币的对外价格，它既受到各种货币层面的因素的作用，同时也不能不对宏观经济与实际经济的各种变化作出反应，这就产生了对汇率进行分析的两种最为主要的研究角度，绝大部分汇率决定理论都可以根据一定标准而将之归入上述两者的范畴。购买力平价是前者的代表，对汇率的货币数量角度的分析始终是汇率理论的主流。

## 第二节 汇率与利率的关系：利率平价说

在上一节中，我们介绍了开放经济下一国与外国商品市场间存在的联系所带来的汇率与商品价格水平间的关系。而在现实生活中，开放经济下一国与外国的金融市场之间的联系更为紧密，国际资金流动的发展使汇率与金融市场上的价格——利率之间也存在着密切的关系。从金融市场角度分析汇率与利率所存在的关系，就是汇率的利率平价说（theory of interest rate parity）。与购买力平价说相比，利率平价说是一种短期内的分析。

利率平价说的基本思想可追溯到19世纪下半叶，19世纪90年代，研究远期外汇理论的德国经济学家沃尔塞·洛茨（W. Lotz）提出了利差与远期汇率的关系问题。凯恩斯（J. M. Keynes）于1923年在《货币改革论》一书中，在洛茨的研究基础上，总结出了完整的利率平价理论。利率平价说突破了传统的国际收支和物价水平的范畴，从资本流动的角度研究汇率的变化，奠定了现代汇率理论的基础。利率平价理论可分为两种：抛补的利率平价（covered interest-rate parity，CIP）和非抛补的利率平价（uncovered interest-rate parity，UIP）。

## 一、抛补的利率平价

与购买力平价关系的机制类似,利率平价关系的机制也是一价定律。因此,利率平价关系也是产生于寻求收益的套利活动。为了清楚地描述这一过程,我们分析一个案例。假设本国的一年期存款利率水平为 $i$,外国的同种利率为 $i^*$,即期汇率为 $e$(直接标价法)。

若投资者手中持有一笔可自由支配的资金,计划进行为期一年的储蓄投资。假设资金在国际上流动不存在限制与交易成本。如果投资于本国金融市场,则每 1 单位本国货币到期可增值为:

$$1+(1\times i)=1+i \qquad 3.2.1$$

投资于外国金融市场,每单位本国货币到期时的本利和为(以外币表示):

$$\frac{1}{e}+\frac{1}{e}\times i^* = \frac{1}{e}(1+i^*) \qquad 3.2.2$$

假定 1 年期满时的汇率为 $e_f$,则投资于国外的本利和(以本币表示)为:

$$\frac{e_f}{e}(1+i^*) \qquad 3.2.3$$

由于 1 年后的即期汇率 $e_f$ 是不确定的,这种投资方式的最终收益很难确定,具有较大的汇率风险。为消除不确定性,可以购买 1 年期远期合约,卖出远期外币,买入远期本币。假设 1 年期远期汇率为 $f$,则 1 年后投资于国外的本利和(以本币表示)为:

$$\frac{f}{e}(1+i^*) \qquad 3.2.4$$

投资者选择哪种方式投资,取决于二者的收益率大小。假设 $1+i < \frac{f}{e}(1+i^*)$,则众多投资者将资金投入外国金融市场,导致外汇市场上即期购买外币、远期卖出外币,从而本币即期贬值($e$ 增大),远期升值($f$ 减小),投资于外国的收益率下降。只有当这两种投资方式的收益率完全相同时(套利的结果),市场上才处于平衡状态,利率和汇率间形成下列关系:

$$1+i = \frac{f}{e}(1+i^*) \qquad 3.2.5$$

整理得:

$$\frac{f}{e} = \frac{1+i}{1+i^*} \qquad 3.2.6$$

我们记即期汇率与远期汇率之间的升(贴)水率为 $\rho$,$\rho = \frac{f-e}{e}$,

再将式（3.2.6）代入，即：$\rho = \dfrac{f-e}{e} = \dfrac{1+i-(1+i^*)}{1+i^*} = \dfrac{i-i^*}{1+i}$，即：$\rho + \rho i = i - i^*$。由于 $\rho$ 与 $i$ 都是很小的数值，所以它们的求积 $\rho i$ 可以省略，即：

$$\rho = i - i^* \qquad 3.2.7$$

式（3.2.7）为抛补的利率平价的一般形式。其经济含义是：汇率的远期升贴水率是由两国间的利率差决定的。高利率货币在现汇市场上升水，在期汇市场上贴水；低利率货币在现汇市场上贴水，在期汇市场上升水。

抛补的利率平价具有很高的实践价值。根据对市场交易者的实际调查，抛补的利率平价被作为指导公式广泛应用于交易中，在外汇交易中处于市场创造者地位的大银行基本上就是根据各国间的利率差异来确定远期汇率的升贴水额。在实证检验中，除了外汇市场激烈动荡的时期，抛补的利率平价基本上都能比较好的成立。当然，实际汇率变动与抛补的利率平价间也存在着一定的偏离，这一偏离常被认为反映了交易成本、外汇管制以及各种风险因素。

## 二、非抛补的利率平价

我们在上面的分析中，假定投资者的投资策略是进行远期交易以规避风险。实际上，还存在另外一种交易策略，即根据自己对未来汇率变动的预期而计算预期的收益，在承担一定的汇率风险情况下进行投资活动。在我们以下的分析中，假定投资者为风险中立者。

在不进行远期交易时，投资者是通过对未来汇率的预期来计算投资活动的收益的。如果投资者预期 1 年后的汇率为 $E_{e_f}$，则在外国金融市场投资活动的最终收入为：$\dfrac{E_{e_f}}{e}(1+i^*)$。如果这一收入与投资本国金融市场的收入存在差异，则投资者会在市场上进行相应的操作以使两者相同。这样，在市场处于平衡状态时，有下式成立：

$$1+i = \dfrac{E_{e_f}}{e}(1+i^*) \qquad 3.2.8$$

我们对之进行类似上面的整理，可得：

$$E_\rho = i - i^* \qquad 3.2.9$$

式（3.2.9）中，$E_\rho$ 表示预期的未来汇率变动率。上式即为非抛补的利率平价的一般形式，它的经济含义是：预期的未来汇率变动率等于两国货币利率之差。在非抛补利率平价成立时，如果本国利率高于外国利率，则意味着市场预期本币在远期将贬值。

值得指出的是，随着远期外汇市场的发展，根据对汇率的预期进行非抛补套利活动已越来越少,更多的是抛补套利。

## 三、非抛补套利与抛补套利的联系

在前面的分析中,抛补的与非抛补的利率平价的成立分别是由两种类型的套利活动来实现的。在外汇市场上,还存在着另外一种交易者——投机者,他们的投机活动使以上两种利率平价统一起来,对远期汇率的形成起到了决定性的作用。

投机者总是试图在汇率的变动中谋利,当预期的未来汇率与相应的远期汇率不一致时,投机者就认为有利可图了。我们假定 $E_{ef} > f$,这意味着投机者认为远期汇率对未来的本币价值高估了,因此他将购买远期外汇,这样在期满后,汇率变动到预期水平时,将远期合约进行交割时获得的外币以这一预期汇率水平卖出,从而获得这一差价所形成的利润。投机者在远期市场的交易将会使 $f$ 值增大,直到与预期的未来汇率相等时为止。可见,投机者的活动将使远期汇率完全由预期的未来汇率所确定,此时抛补的利率平价与非抛补的利率平价同时成立,即:

$$f = E_{ef}, \quad \rho = E_\rho = i - i^* \qquad 3.2.10$$

人们可以将远期汇率作为相对应的未来即期汇率预测值的替代物,此即命题:远期汇率是对未来即期汇率的无偏预测(unbiased predictor)。该公式的经济含义是:外汇市场对未来即期汇率的预测值是一个主观指标,人们往往不易直接察觉到。但远期汇率却是一个客观指标,人们可以将远期汇率作为相对应的未来即期汇率预测值的替代物。

## 四、对利率平价理论的评价

### (一) 特点

1. 利率平价说把汇率决定的因素扩展到资产市场领域。利率平价理论阐明了外汇市场上即期汇率、远期汇率以及相关国家利率变动之间的相互关系,把汇率决定的因素扩展到资产市场领域,从而填补了 20 世纪 30 年代以来传统的购买力平价理论衰退后汇率决定理论的空白,反映了 70 年代以后货币资产因素在国际金融领域内起着日益重要的作用这一重大变化。利率平价理论在西方汇率理论发展过程中,起着承前启后的作用,可以说为后来的货币模型和资产组合模型作了理论上的铺垫。与其他的汇率决定理论的成立条件不同,资金流动是非常迅速而频繁的,这使得利率平价(主要是抛补的利率平价)能够较好的始终成立,从而在分析中运用得特别广泛。

2. 利率平价说并不是一个独立的汇率决定理论,而只是描述出了汇率与利率之间存在的关系。汇率与利率之间是相互作用的，不仅利率的差异会影响到汇率的变动，汇率的改变也会通过资金流动而影响不同市场上的资金供求关系进而影响利率。更为重要的是，利率和汇率可能同时受更为基本的因素的作用而发生变化，利率平价只是在这一变化过程中表现出来的利率与汇率两者间的联系。因此，利率平价理论与其他汇率决定理论之间是相互补充而不是相互对立的，它常常被作为一种基本的关系式而运用在其他汇率决定理论的分析中。

3. 利率平价说具有特别的实践价值。由于利率与汇率间存在的这一关系，而且利率的变动是非常迅速的，同时利率又可对汇率产生立竿见影的影响，这就为中央银行对外汇市场进行灵活的调节提供了有效的途径，即培育一个发达的、有效率的货币市场，在货币市场上利用利率尤其是短期利率的变动来对汇率进行调节。

### （二）局限性

这一理论存在一些缺陷，主要表现在：

1. 利率平价说没有考虑交易成本。在实际交易中，交易成本是很重要的因素。如果各种交易过高，就会影响套利收益，从而影响汇率与利率的关系。如果考虑交易成本，国际上的抛补套利活动在达到利率平价之前就会停止。

2. 利率平价说假定不存在资本流动障碍。实际上，资金在国际上流动会受到外汇管制和外汇市场不发达等因素的阻碍。目前，只有在少数国际金融中心才存在完善的期汇市场，资金流动所受限制也少。

3. 利率平价说假定套利资金是无限的。即假定套利资金规模是无限的，故套利者能不断进行抛补套利，直到利率平价成立。

## 第三节　汇率与国际收支的关系：国际收支说

利率平价说利用资金市场上汇率与利率之间的关系讨论了汇率的决定理论，但在分析时忽略了国际贸易在汇率决定中的作用。国际收支说则考虑了国际收支对汇率的影响，认为国际收支状况决定着外汇供求，进而决定汇率。国际收支说（balance of payment theory of exchange rate）是从国际收支角度分析汇率决定的一种理论，它的理论渊源可追溯到14世纪。1861年英国学者葛逊（G. L. Goschen）较为完整地阐述了汇率与国际收支的关系，他的理论被称为国际借贷说（theory of International indebtedness）。在第二次世界大战后，随着凯恩斯主义的宏观经济分析被广泛运用，很多学者应用凯恩斯模型来说明影响国际收支的主要因素，进而分析了这些因素如何通过国际收支作用到汇率，从而形成了国际收支说的现代形式。

## 一、国际收支说的早期形式：国际借贷说

国际收支说的早期形式是国际借贷说。1861年英国学者葛逊出版了《外汇理论》一书，较为完整地阐述了汇率与国际收支之间的关系。国际借贷说的主要观点是，一国货币汇率的变动，由外汇的供求决定，而外汇的供求取决于该国对外流动借贷的状况。一国的对外流动借贷，是指该国处于实际收支阶段的对外债务和债权。当一国处于支出阶段的外汇支出大于处在收入阶段的外汇收入时，外汇需求大于外汇供给，外汇汇率上升；反之，外汇汇率下跌。当进入收支阶段的外汇供求相等时，汇率便处于均衡状态。

国际借贷说的缺陷是，没有说清楚哪些因素具体影响外汇供求，限制了这一理论的应用价值。这一缺陷在现代国际收支说中得到了弥补。

## 二、现代国际收支说

实行浮动汇率制后，一些学者很自然地将凯恩斯主义国际收支平衡条件的分析应用于供求流量分析，形成国际收支说。到1981年，美国学者阿尔盖（V. Argy）系统总结了这一理论。现代国际收支说的倡导者认为，在分析汇率决定时，可以从两个方面对国际借贷说加以修正和改进。一是将国际资本流动纳入汇率决定的分析中；二是进一步应用贸易收支和国际资本流动的有关理论来探讨深层的汇率决定因素。现代国际收支说形成于布雷顿森林体系崩溃之后，是凯恩斯主义的汇率理论。其主要观点是外汇汇率取决于外汇供求，而国际收支状况决定着外汇供求，因而汇率实际上取决于国际收支。

国际收支均衡的条件是经常账户（$CA$）和资本与金融账户（$KA$）之和等于零，即：

$$BP = CA + KA = 0 \qquad 3.3.1$$

经常账户差额主要是商品和服务的进出口，进出口是由本国国民收入水平（$Y$）、外国国民收入水平（$Y^*$）和实际汇率$\left(q = \dfrac{ep^*}{p}\right)$决定的。这样，影响经常账户收支的主要因素可表示为：

$$CA = f(Y, Y^*, p, p^*, e) \qquad 3.3.2$$

为简单起见，假定资本与金融账户的收支取决于本国利率（$i$）、外国利率（$i^*$），还有对未来汇率水平变化的预期$\left(\dfrac{E_{ef} - e}{e}\right)$。将此与

式（3.3.2）结合，可得到影响国际收支的主要因素为：
$$BP = f(Y, Y^*, p, p^*, i, i^*, e, E_{e_f}) = 0 \quad 3.3.3$$

如果将除汇率外的其他变量均视为给定的外生变量，则汇率将在这些因素的共同作用下变化至某一水平，以平衡国际收支，即：
$$e = g(Y, Y^*, p, p^*, i, i^*, E_{e_f}) \quad 3.3.4$$

式（3.3.4）表明影响汇率变化的主要因素有国内外的国民收入、国内外价格水平、国内外利率水平以及人们对未来汇率的预期，这些因素通过影响外汇供求来决定汇率的水平。

上述各变量对汇率的影响机制及效果如下：

第一，国民收入的变动。当其他条件不变时（下同），本国国民收入的增加将通过边际进口倾向而带来进口的上升，这导致对外汇需求的增加，本币贬值。外国国民收入的增加将带来本国出口的上升，本币升值。

第二，价格水平的变动。本国价格水平的上升将带来实际汇率的升值，本国产品竞争力下降，经常账户恶化，从而本币贬值（此时实际汇率恢复原状）。外国价格水平的上升将带来实际汇率的贬值，本国经常账户改善，本币升值。

第三，利率的变动。本国利率的提高将吸引更多的资本流入，本币升值。外国利率的提高将造成本币贬值。

第四，对未来汇率预期的变动。如果预期本币在未来贬值，资本将会流出以避免汇率损失，这带来本币即期的贬值。如果预期本币在未来将升值，则本币在即期就将升值。

进一步地，一国的收入水平、国内价格和利率都会受到财政政策和货币政策的影响。由此财政政策、货币政策的变化都会影响汇率的变化。扩张性财政政策一方面通过总需求的扩大使收入和物价上升，因此不利于本国经常账户收支而产生本币贬值的压力；但另一方面，又通过提高利息率而有利于资本账户收支，带来本币升值的压力；故总的影响如何要视具体情况而定。而扩张性的货币政策通过总需求的扩大和本国利息率的下降，对经常账户和资本账户都会产生不利影响，造成外汇市场上对外汇的超额需求，引起外汇汇率上升和本币贬值。

## 三、对国际收支说的简单评价

1. 国际收支说是带有浓厚的凯恩斯主义色彩的汇率决定理论。它是凯恩斯主义的国际收支理论在浮动汇率制下的变形。国际收支说在运用供求分析的基础上，将影响国际收支的各种重要因素纳入汇率均衡的分析，对于短期外汇市场的分析尤其具有意义，为人们所广泛运用。

2. 国际收支说不能被视为完整的汇率决定理论。与购买力平价说及利率平价说一样，国际收支说不能被视为完整的汇率决定理论，只是进行更深入的分析时可利用的一种重要工具。其主要特点是具有浓厚的凯恩斯主义色彩，是从宏观经济角度（国民收入、国内吸收、储蓄、投资等），而不是从货币数量角度（价格、利率等）研究汇率，是现代汇率理论的一个重要分支。

3. 国际收支说是关于汇率决定的流量理论。这一流量特性体现在它认为国际收支引起的外汇供求流量决定了汇率水平及其变动。但是，在国际资金流动迅速发展的背景下，决定汇率的主要因素是金融资产的存量变化，而不是实物资产的流量变动。而且，国际收支说并没有进一步分析哪些因素决定了外汇供求流量，也没有对汇率与各变量之间的关系进行深入分析，得出具有明确因素关系的结论。

在分析方法上，它只是简单地运用了类似于普通商品市场上价格与供求之间的关系来对外汇市场进行分析，导致对现实生活中的一些经济现象很难作出解释。例如，利率上升在很多情况下并不能持续吸引资本流入而引起汇率相应变动；再如，外汇市场常在交易流量变动很小的情况下使汇率发生大幅度变动。国际收支说的这一缺陷带来了新的汇率理论的出现，即汇率决定的资产市场说。

## 第四节 汇率决定的资产市场说

资产市场说是20世纪70年代中期以后发展起来的一种重要的汇率决定理论。这一理论一经问世，便迅速获得西方经济学界的普遍关注，也获得了宏观和微观决策部门的青睐，成为国际货币基金组织、美国联邦储备体系和一些有条件的跨国公司和跨国银行制定汇率政策或分析预测汇率变化的主要根据之一。

资产市场说是在国际资本流动获得高度发展的背景下产生的，因此特别重视金融资产市场均衡对汇率变动的影响。一国金融市场供求存量失衡后，市场均衡的恢复不仅可以通过国内商品市场的调整来完成，在各国资产具有完全流动性的条件下，还能通过国外资产市场的调整来完成。汇率作为两国资产的相对价格，其变动有助于资产市场恢复均衡，消除资产市场的超额供给或超额需求。均衡汇率是指两国资产市场供求存量保持均衡时的两国货币之间的相对价格。这是资产市场说的基本思想。

随着汇率理论的中心注意力转向资本与金融项目，汇率研究的方法也出现了相应的变革，汇率研究开始转向分析存量调节。与传统理论相比，对汇率的资产市场分析法意味着在分析方法上的两点不同。

首先，决定汇率的是存量因素而不是流量因素。其次，在即期汇率的决定中，预期发挥了十分重要的作用。为简化分析，在以下的分析中，我们假定预期的未来汇率不发生变动。

在本节的资产市场分析中，我们的分析假定有：第一，外汇市场是有效的，也就是市场当前价格反映了所有可能得到的信息。第二，分析对象是一高度开放的小国（假定其为本国），本国无法影响到国际市场上的利率，同时外国居民不持有本国资产，本国居民不持有外国货币。本国居民主要持有三种资产：本国货币、本国发行的金融资产（主要是本国债券）、外国发行的金融资产（主要是外国债券），一国的资产市场由本国货币市场、本国债券市场、外国债券市场构成。第三，资金是完全流动的，抛补的利率平价（CIP）始终成立。

依据对于本币资产与外币资产可替代性的不同假定，资产市场说可分为货币分析法（monetary approach）与资产组合分析法（portfolio approach）。货币分析法假定这两者可完全替代，非抛补的利率平价成立。而后一分析法则反之。在货币分析法内部，又依对价格弹性的假定不同，分为弹性价格货币分析法（flexible-price monetary approach）与黏性价格分析法（sticky-price monetary approach）。

## 一、汇率的弹性价格货币分析法

### （一）弹性价格货币分析法的基本模型

汇率的弹性价格货币分析法可简称为汇率的货币模型。它是由美国经济学家弗兰克（J. Frenkel）和比尔森（J. Bilson）等首先提出的。在这一模型中，由于本外币资产是完全可替代的，因此这两种资产市场是个统一的市场。所以，只要本国与外国的货币市场处于平衡，这一资产市场也必然处于平衡。因此，货币模型将集中分析货币市场上货币供求的变动对汇率的影响。

1. 基本模型的建立。弹性价格货币分析法建立在三个假定基础上：垂直的总供给曲线；稳定的货币需求；购买力平价成立。分析的中心是，汇率可以自由调整以反映各种因素对汇率水平决定的影响。特别需要指出的是，此处的货币供给是政府可以控制的外生变量，利率与实际国民收入都与货币供给无关，货币供给只能引起价格水平的迅速调整，而不能降低利率并进一步影响产出。

在这些假定前提下，货币需求等于货币供给这一本国货币市场平衡的条件可写成：

$$M_s - P - \alpha y - \beta i, \quad \alpha > 0, \quad \beta > 0 \qquad 3.4.1$$

式（3.4.1）中，除利率（$i$）外，其他变量均为对数形式。$\alpha$ 与

$\beta$ 均为某一常数，分别表示货币需求的收入弹性与利率弹性。

调整后，可得本国价格水平表达式：

$$P = M_s - \alpha y + \beta i \quad\quad 3.4.2$$

为简便起见，我们设外国的货币需求函数的形式与本国相同，同样可得外国价格水平的表达式：

$$P^* = M_s^* - \alpha y^* + \beta i^* \quad\quad 3.4.3$$

购买力平价提供了本国价格水平与外国价格水平之间的联系（变量为对数形式），即：

$$e = P - P^* \quad\quad 3.4.4$$

将式（3.4.2）和式（3.4.3）代入式（3.4.4），可得（变量为对数形式）：

$$e = \alpha(y^* - y) + \beta(i - i^*) + (M_s - M_s^*) \quad\quad 3.4.5$$

式（3.4.5）即为弹性价格货币分析法的基本模型。从中可以看出，本国与外国之间的实际国民收入水平、利率水平以及货币供给水平通过影响各自的物价水平，最终决定了汇率水平。这样，弹性货币分析法就将货币市场上的一系列因素引进了汇率水平的决定之中。

2. 基本模型分析。

第一，本国货币供给水平一次性增加。在其他因素不变时，本国货币供给水平的一次性增加，会造成现有价格水平上的超额货币供给，公众将增加支出以减少他们持有的货币余额。由于产出不变，额外的支出将会使价格水平上升，直到实际货币余额恢复正常为止。由于购买力平价成立，本国价格水平的提高将会带来本国货币的相应贬值，如图 3-1 所示。

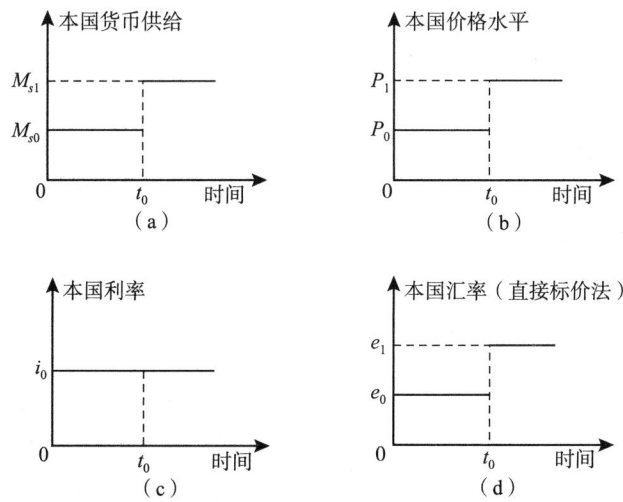

图 3-1　货币模型中本国货币供给一次性增加的影响

结论：在货币模型中，当其他因素不变时，本国货币供给的一次性增加将会带来本国价格水平的同比例上升、本国货币的同比例贬值，本国产出与利率则不发生变动。

第二，本国国民收入增加的影响。当其他因素不变时，本国国民收入的增加，意味着货币需求的增加。在现有价格水平上，由于货币供给没有相应地增加，因此居民持有货币的实际余额降低，支出将减少。这一支出的减少会造成本国价格水平的下降，直到实际货币余额恢复到原有水平为止。本国价格水平的下降，会通过购买力平价关系而造成本国汇率的相应升值。

结论：在货币模型中，当其他因素不变时，本国国民收入的增加将会带来本国价格水平的下降，本国货币升值。

第三，本国利率上升的影响。在货币模型中，本国利率的上升会降低货币需求，同样在原有的价格水平与货币供给水平上，这会造成支出的增加、物价的上升，从而通过购买力平价关系造成本国货币的贬值。

结论：在货币模型中，当其他因素不变时，本国利率水平的上升将会带来本国价格水平的上升，本国货币的贬值。

### （二）对货币模型的评价

1. 重要性。货币模型是建立在购买力平价说这一前提之上的，它是具有诸多创新的独立的汇率决定理论，在现代汇率理论中具有重要地位，这体现在：

（1）货币模型将购买力平价这一形成于商品市场上的汇率决定理论引入资产市场上，将汇率视为一种资产价格，从而抓住了汇率这一变量的特殊性质。这在一定程度上符合资金高度流动这一客观事实，对现实生活中汇率频繁变动提供了一种解释，具有较强的生命力。

（2）货币模型引入了诸如货币供给量、国民收入等经济变量，分析了这些变量的变动对汇率造成的影响，从而使购买力平价在现实分析中得到更广泛的运用。

（3）货币模型是一般均衡分析。在这个模型里，包含了商品市场的平衡、货币市场的平衡、外汇市场的平衡，这使得它与局部均衡模型相区别。

由于理论假定的不同，货币模型是资产市场说中最为简单的一种形式，但它却反映了这一分析方法的基本特点。货币模型的这一简单性使得它在各种分析中被经常使用，同时它也是更为复杂的汇率理论的基础。

2. 局限性。货币模型的主要不足体现在：

（1）它是以购买力平价为理论前提的，如果购买力平价本身在实际中很难成立的话，那么这种理论的可信性是存在问题的。无论在长期还是短期，均没有充分证据证明购买力平价的成立，这使得货币模型对现实的解释大打折扣。

（2）它在货币市场平衡的分析中，假定货币需求是稳定的，这一点至少在实证研究中是存在争议的。

（3）它假定价格水平具有充分弹性，这一点受到众多研究者的批评。大量的研究结果显示，商品市场上的价格调整不同于金融资产市场上价格变动，一般是比较缓慢的，在短期内显示出黏性。坚持这一观点的研究者将黏性价格引入货币模型，即下面介绍的黏性价格货币分析法。

## 二、汇率的黏性价格货币分析法

汇率的黏性价格货币分析法简称为"超调模型"（overshooting model），是由美国经济学家多恩布什（R. Dornbucsh）于1976年在《预期与汇率动态学》一文中提出的。多恩布什认为，货币市场失衡后，商品市场价格具有黏性，而证券市场反应极为灵敏，利息率将立即发生调整，使货币市场恢复均衡。正是由于价格短期黏住不动，货币市场恢复均衡完全由证券市场来承受，利息率在短期内必然出现超调，即调整的幅度要超出其新的长期均衡水平。如果资本在国际上可以自由流动，利息率的变动就会引起大量的套利活动，由此带来汇率的立即变动。与利息率的超调相适应，汇率的变动幅度也会超过新的长期均衡水平，亦即出现超调特征。这是汇率超调模型的基本逻辑和基本结论。

与货币模型相比，这一模型的最大特点在于：它认为商品市场与资产市场的调整速度是不同的，商品市场上价格水平具有黏性的特点，这使得购买力平价在短期内不能成立，经济存在着由短期平衡向长期平衡的过渡过程。这里所说的短期平衡，是指价格还来不及发生变动的经济平衡。由于在一段时期后，价格才开始调整，所以长期平衡就是价格充分调整后经济的平衡。可以看出，货币模型中所得出的结论实际上是超调模型中长期平衡的情况。

### （一）超调模型的基本假定

与货币模型相同，超调模型也认为货币需求是稳定的、非抛补利率平价是成立的。但是它认为商品市场价格存在黏性，这导致它在分析前提上与货币模型存在以下两方面的不同。

1. 购买力平价在短期内不成立。作为一种资产价格，汇率的调整是迅速的，而价格水平的调整是滞后的，这样在短期内不能满足购买力平价的要求，实际汇率会在短期内发生变化。在长期中，价格水平可以充分调整，购买力平价可以较好成立。

2. 总供给曲线在短期内不是垂直的。由于价格黏性的存在，总供给曲线在不同的时期内有着不同的形状，如图3-2所示。

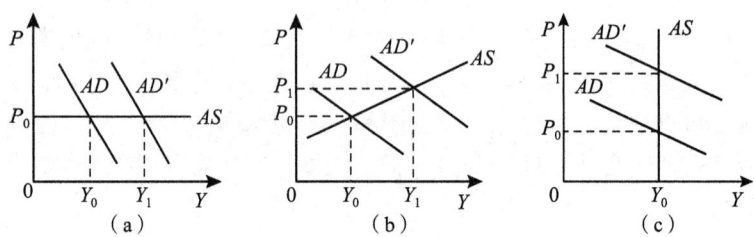

图 3-2　总供给曲线的不同形状

在短期内的情况如图3-2（a）所示，此时价格水平完全不发生变动，总供给曲线是水平的。总需求的上升会引起产出的提高，而不会引起价格的上升。随后的一个时期内的情况如图3-2（b）所示，此时价格开始缓慢调整，总供给曲线呈现出由左下方向右上方倾斜的曲线，总需求的上升在提高产出的同时也会引起价格的上升。在长期内的情况如图3-2（c）所示，此时价格可以对产出水平的变动进行充分调整，总供给曲线是垂直的，总需求的上升只能引起价格水平的上涨，产出不发生变动。

### （二）超调模型中的平衡调整过程

当商品价格在短期内存在黏性而汇率、利率作为资产价格可以自由调整时，为维持经济平衡，汇率在短期内的调整幅度超过长期平衡水平，这一现象被称为汇率的超调。在长期价格水平经过调整，经济会达到长期均衡水平，价格水平发生与货币供给量同比例的上涨，本国货币汇率达到长期平衡水平，购买力平价成立，利率与产出均恢复原状。在超调模型中，货币供给一次性增加造成经济的调整过程可用图3-3表示。

### （三）对超调模型的评价

1. 重要性。超调模型在现代汇率理论中具有极为重要的地位，体现在：

（1）超调模型在货币模型的框架内展开分析，但它又采用了商品价格黏性这一被认为更切合实际生活的分析方法，对开放条件下的宏观经济作了较为全面、系统的描述。从而被研究者广泛接受，它已

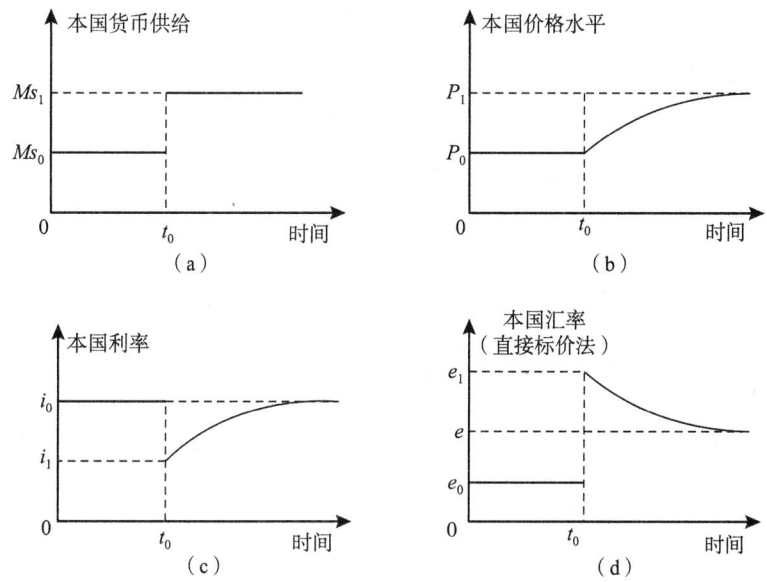

图 3-3 超调模型中本国货币供给一次性增加的影响

成为国际金融学中对开放经济进行宏观分析的最基本的模型。

（2）超调模型首次涉及了汇率的动态调整问题，从而创立了汇率理论的一个重要分支——汇率动态学（exchange rate dynamics）。继超调模型之后，研究者从各个角度将汇率动态调整的研究推向深入。

（3）超调模型的意义不仅在于汇率决定，还在于对内部均衡和外部均衡分析方法的扩展。它在蒙代尔—弗莱明模型的基础上加入了价格调整和理性预期，极大地加强了蒙代尔—弗莱明模型的解释力。在相当长的时间内，蒙代尔—弗莱明—多恩布什模型是西方国际金融学的工作母机（workhorse）。

（4）超调模型具有鲜明的政策含义。既然超调是在资金自由流动条件下汇率自由调整的必然现象，而在这一过程中汇率的过度波动会给金融市场与实际经济带来很大的冲击甚至破坏，那么完全放任资金自由流动、完全自由浮动的汇率制度并不是最合理的，政府有必要对资金流动、汇率乃至于整个经济进行干预与管理。

2. 局限性。超调模型的主要缺点是：

（1）由于建立在货币模型的分析基础上，具有与货币模型相同的一些缺陷。如假定货币需求是稳定的；再如假定国内外资产具有完全的替代性，事实上，由于交易成本、赋税待遇和各种风险的不同，各国资产之间的替代性远远没有达到可视为一种资产的程度。

（2）作为存量理论的超调模型忽略了对国际收支流量的分析。它将汇率波动完全归因于货币市场的失衡，而否认商品市场上的实际冲击对汇率的影响，未免失之偏颇。

## 三、汇率的资产组合分析法

汇率的资产组合分析法（approach of portfolio balance）形成于20世纪70年代，其代表人物是美国经济学家布朗森（W. Branson），他对此进行了最早、最系统和最全面的阐述。

布朗逊、库礼（P. Kouri）等学者认为，汇率的货币论仅仅强调货币市场均衡在汇率决定中的作用，未免过于片面。更重要的是，货币论关于各国资产具有完全替代性的假设过于严格。因此，他们主张用"收益—风险"分析法取代通过资金套利和商品套购机制的分析，来探讨国内外资产市场（包括货币市场和证券市场）的失衡对汇率的影响。他们接受了多恩布什关于短期内价格黏性的前提，在他们的模型中，短期内资产市场的失衡是通过资产市场内部国内外各种资产的迅速调整来加以消除的，而汇率是使资产市场供求存量保持和恢复均衡的关键变量，这是资产组合平衡模型的基本思想。为简便起见，这里仅介绍布朗逊的"小国模型"。

与货币分析法相比，这一理论的特点在于：第一，假定本币资产与外币资产是不完全的替代物，风险等因素使非抛补的利率平价不成立，从而需要对本币资产与外币资产的供求平衡在两个独立的市场上进行考察；第二，将本国资产总量直接引入了分析模型。本国资产总量直接制约对各种资产的持有总量，而经常账户的变动会对这一资产总量造成影响。这一模型将流量因素与存量因素结合起来。

### （一）资产组合分析法的基本模型

1. 分析前提。

（1）分析对象是一个小国，国外的利率是给定的。（2）本国居民持有三种资产：本国货币（$M$）、本国政府发行的以本币为面值的债券（$B$）、外国发行的以外币为面值的债券（$F$）。外币债券的供给在短期内是固定的，其本币价值等于 $F \times e$（$e$ 为直接标价法时的汇率）。

2. 资产组合模型的基本形式。在上述分析前提下，一国资产总量在任何时候由下式构成：

$$W = M + B + F \times e$$

影响一国资产总量（$W$）的原因之一是各种资产供给量的变动（例如 $M$、$B$、$F$ 的变动）；另一个原因是本币汇率的变动，这通过影响既定数量的外国债券资产的本币价值而影响到以本币价值衡量的一国资产总量。可见，这一模型可以将汇率引入分析的原因之一在于短期内（经常账户不发生变动时）汇率与资产总量之间存在的这种财富效应；原因之二在于长期内，汇率可以引起的经常账户调整也作用于资产总量。

一国资产总量分布在本国货币、本国债券、外国债券之上。投资者会根据不同资产的收益率、风险及自身的风险偏好情况确定最优的资产组合。

从货币市场看，货币供给是由政府控制的外生变量，货币需求则是本国利率、外国利率、资产总量的函数。本国利率及外国利率上升时，投资者倾向于减少货币的持有，造成货币需求的降低；而资产总量增加时，投资者倾向于将增加了的资产总量按原有比例分布在每种资产上，因此对货币的需求也会增加。所以，货币需求是本国利率、外国利率的减函数，是资产总量的增函数。

从本国债券市场看，本国债券供给同样是由政府控制的外生变量。本国利率水平提高时，投资者会更倾向于持有本国债券，外国利率水平提高时则反之，因此，对本国债券的需求是本国利率的增函数、外国利率的减函数、资产总量的增函数。

从外国债券市场看，外国债券的供给是通过经常账户的盈余获得的，在短期内我们假定经常账户状况不发生变动，外国债券的供给是外生的固定值。对外国债券的需求，是本国利率的减函数、外国利率的增函数，也是资产总量的增函数。

3. 资产组合模型的图形分析。在以上每个市场中，资产供求的不平衡会带来相应变量的调整，主要是本国利率和汇率的调整。由于各个市场是相互关联的，因此只有当三个市场都有处于平衡状态时，该国的资产市场才处于平衡状态。这样，在短期内，在各种资产的供给量既定的情况下，对各种资产的需求将确定本国的利率与汇率水平。长期中，对于本国既定的货币供给与债券供给，经常账户的失衡会带来本国持有的外国债券总量的变动，这一变动又会引起资产市场的调整。因此，在长期内，还要求经常账户处于平衡状态。

根据三个市场均衡的条件，我们可以在 $i-e$（利率－汇率）空间给出表示三个市场均衡条件的曲线。我们假定各种资产供给量的初始水平是给定的，本国汇率（$e$）采用的是直接标价法。

图 3－4 中 $MM$ 曲线代表货币市场均衡，这一曲线斜率为正。因为随着汇率值增大（本币贬值），对于一定数量的外国债券，以本币衡量的这一资产的价值提高了，这带来资产总量的本币价值提高。其他条件不变，以本币衡量的资产总量的增加将导致对货币需求的上升。在货币供给既定的情况下，需要以本国利率的上升来降低货币需求，维持货币市场的供求平衡。

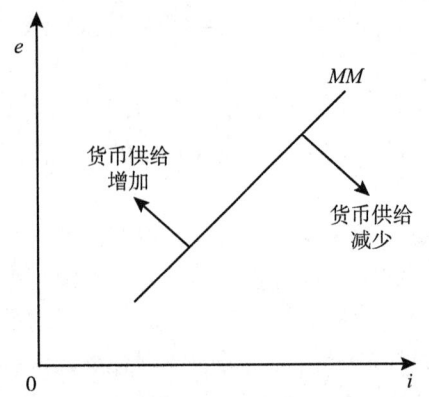

图 3-4 货币市场平衡时本国利率与汇率的组合

图 3-5 中 BB 曲线表示本国债券市场平衡。这一曲线斜率为负，因为本币贬值带来本国资产总量增加，将导致对本国债券的需求上升，这导致本国债券价格上涨，本国利率下降。

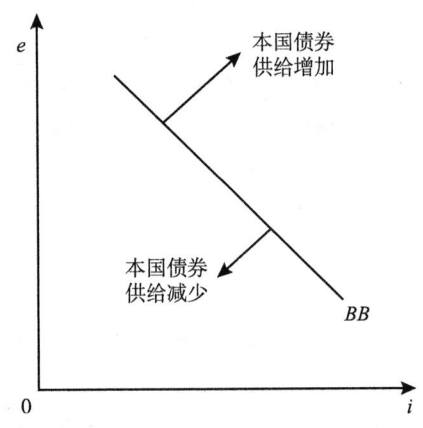

图 3-5 本国债券市场平衡时本国利率与汇率的组合

图 3-6 中 FF 曲线表示外国债券市场平衡。本币贬值使外国债券的本币价值上升，而资产总量价值增加后，这一增加的资产总量只有一部分用于持有外国债券，因此外国债券市场上出现超额供给，需要本国利率下降以提高对外国债券的需求，因此 FF 曲线斜率为负，而且比 BB 曲线更平缓，因为本国债券市场对本国利率的变化更为敏感，同样的汇率变动在本国债券市场上只需要较小的利率调整便能维持平衡。

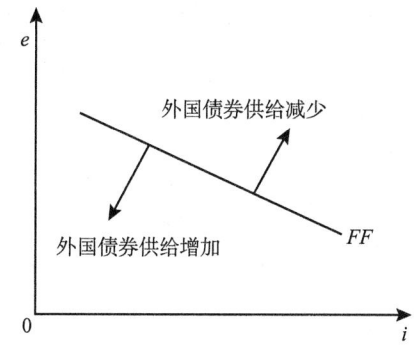

图3-6 外国债券市场平衡时本国利率与汇率的组合

另外,在每个资产市场上,每种资产供给量的增加导致该市场均衡曲线的移动。货币供给增加将导致 MM 曲线向左移动。因为在汇率既定时,货币市场上供给超过需求,为恢复货币市场的平衡,利率必须下降以提高货币需求;本国债券供给增加会使 BB 曲线向右移动。因为在汇率既定时,本国债券市场上供给超过需求,本国债券价格下降,本国利率水平上升;外国债券供给的增加将导致 FF 曲线向下移动。因为在汇率既定时,在外国债券市场上供给大于需求,需要本国利率的降低以消除这一超额供给,维持市场平衡。

当三个市场同时平衡时,短期内经济处于平衡状态,即三条曲线相交于一点,如图3-7所示。

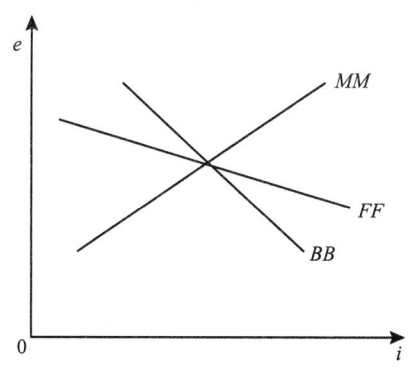

图3-7 资产市场的短期平衡

## (二) 资产组合基本模型内容分析

1. 资产供给变动与资产市场的短期调整。运用此模型,我们可以分析货币政策的短期效应。如果中央银行为融通财政赤字而导致货币供应量增加,这将使资产总量($W$)同时增加。由于投资者倾向于对这一新增加的资产总量按原有比例持有各种资产,而本国债券与外国债券的供给量并没有增加，于是在原有平衡点（A）会出现这两个市场上的超额需求。在本国债券市场上，对于既定的汇率，对本国债券超额需求会导致利率下降，BB 曲线左移。在外国债券市场上，对于既定的汇率，在外国债券的需求上升时，需要本国利率提高以消除市场上的超额需求，因此 FF 曲线右移。此时，MM 曲线将由于货币供给增加而左移。三条曲线最终相交于一点（B），因为当资产总量供求平衡时，若任何两个市场处于平衡状态，则另一个市场也肯定处于平衡状态。B 点即为新的短期平衡点。货币供给增加导致利率下降和本币贬值。汇率的变动通过影响私人部门对财富的重新估价，起着平衡资产供求存量的作用。

在图 3-8 中，B 点并不一定是长期均衡点，因为此时经常账户可能并未处于平衡状态。当经济在短期平衡位置存在经常账户赤字或盈余时，由短期平衡向长期平衡的调整机制就体现为经常账户差额与汇率相互作用的动态反馈机制。如果存在经常账户赤字时，意味着资本与金融账户的顺差，同时又意味着外币资产存量的减少，这反过来又影响到汇率，使本币汇率贬值，而本币贬值又会影响到经常账户的变动。这种反馈过程将会持续进行。长期平衡能否达到，关键在于本币汇率贬值能否增加经常账户盈余，这意味着要符合马歇尔—勒纳条件。当这一条件满足时，经济的动态调整必然会实现经常账户平衡，调整结束，此时经济处于长期平衡状态。

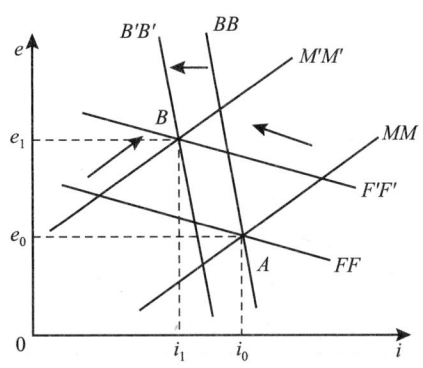

图 3-8 融通赤字带来的货币供应量增加的经济效应

2. 在上述资产组合调整过程中可区分两种不同类型的资产调整：一种是金融资产存量在短期内的迅速调整，从而使汇率在短期内产生较大幅度的波动；另一种是贸易流量在长期中的缓慢调整。当金融资产市场上利率、汇率达到短期均衡时，若存在经常账户赤字或盈余，那么通过经常账户余额与汇率相互作用的动态反馈机制，经济将由短期均衡向长期均衡状态调整。

资产存量的瞬间大幅度调整与贸易流量的缓慢而小幅度的变化形成鲜明对照。金融资产市场上，由于利率等因素的变动对金融资产持有人的成本和收益会造成重要影响，因而刺激资产持有人对各资产存量进行瞬间大幅度的调整，旨在迅速重建资产组合的均衡，这种调整不可避免地引起汇率在短期内产生较大幅度的波动。

资产组合分析法认为，重建资产组合均衡正是汇率短期内大幅度且频繁波动的根本原因。而贸易流量的调整涉及生产结构、资源配置等因素，这些因素不可能在短期内达到调整所需要的目标。从长期看，贸易流量或实物市场的变化在汇率变动中占主导地位；而在短期内，汇率的变动则主要取决于金融资产存量的调整。这种观点可用来揭示短期内汇率变动偏离长期均衡汇率水平的现象。

### （三）对资产组合分析法的评价

1. 重要性。

（1）资产组合分析法具有突出的优点。既区分了本国资产与外国资产的不完全替代性，又将经常账户这一流量因素纳入存量分析中，从而将汇率模型对各种因素的综合程度提高到了前所未有的高度，使原有的各种理论都能较好地被融入这一模型之中。

（2）资产组合分析法具有特殊的政策分析价值，被广泛运用于货币政策的分析中。由于较好地符合现实中本国资产与外国资产不可完全替代的特点，这一分析法对政策效应的研究更为细致，为许多的政府决策提供了全新的依据。

2. 局限性。

（1）该模型过于复杂，这在很大程度上制约了对它的运用，影响了实证检验的效果。该理论存在许多假定条件，如金融市场高度发达、不存在外汇管制、资本具有高度流动性等，这些假定过于严格。并且，这一模型中的某些变量（例如本国资产总量）是极难获得统计数据的，这也使得资产组合模型的实证分析格外困难。

（2）该模型虽然纳入了流量因素（经常账户），但是并没有对流量因素本身作更为专门的分析。一国的经常账户是受各种因素影响的，是在经济发展中不断调整的，并不能简单地以它在长期内必然平衡而回避对其的分析。此外，商品市场失衡如何影响汇率，没有纳入其分析中。从某种意义上讲，资产组合模型仍带有较多的货币主义特征，可以说是一个过渡性的模型。

## 第五节  汇率决定理论的最新发展

20世纪70年代以来，浮动汇率制成为各国汇率制度的主流。由于浮动汇率制本身的特点，外汇市场上的汇率水平跌宕起伏，传统的汇率决定理论显然不能解释汇率的这种易变性。经过20多年的研究，汇率决定理论有了新的发展。这些新理论不仅对传统理论的假定前提进行了质疑和修正，还引进了新的解释变量，并使用了新的分析工具。以下我们以外汇市场行为分析为例来考察汇率理论的新发展。限于篇幅，我们将简要地介绍外汇市场行为分析理论中的有效市场假说和新闻理论等内容。需要指出的是，这些理论仍在不断的修正之中，有待进一步的完善。

### 一、有效市场假说

有效率的外汇市场是传统的资产组合理论的假定前提，对汇率决定分析具有重要意义。有效市场假说（efficiency market hypothesis）就对这个基本前提进行了探讨。

所谓"有效市场"，是指信息完全的市场，即信息是同质的、市场参与者不能通过分析和处理相关信息而得到额外的投机利润。

根据市场参与者能够获得的信息，我们可以把有效市场假说分为三种类型：

第一种是弱式有效市场假说（the weak form of the efficiency market hypothesis）。这一假说认为，现行的市场价格充分反映了包含在过去价格中的所有信息，投资者不可能通过分析过去的价格信息得到额外的利润。

第二种是半强式有效市场假说（the semi-strong form of the efficiency market hypothesis）。这一假说认为，现行的市场价格不仅反映了包含在过去价格中的信息，而且反映了所有公布于众的当前信息，投资者不可能通过分析财务报表、红利分配、货币供给量、收入水平等当前的公开信息得到额外利润。

第三种是强式有效市场假说（the strong form of the efficiency market hypothesis）。这一假说认为，现行的市场价格充分反映了所有的信息，即包括过去的、目前的和内部的信息，任何人都不能通过对信息的垄断得到额外利润。

自诞生以来，有效市场假说经过了广泛的实证检验。大部分检验结果都支持弱式和半强式有效市场假说。在对外汇市场的分析中，有效市场假说得到了广泛的应用。需指出的是，尽管人们对即期和远期外汇市场进行了实证分析，但由于经济学家使用了不同的计量工具和数据，至今不能得出一个明确的结论。同时，由于现实中的汇率变动幅度和频率越来越大，加上外汇市场上仍然存在大量的投机获得机会，有效市场假说受到了有力的挑战。对此，一般的观点认为，对有效市场假说不能进行简单的接受或拒绝，而是应该作为一个过程来研究，即：短期内，市场上充斥着各种不同的封闭信息，使汇率不能充分反映所有的信息，所以短期的外汇市场是无效率的；长期内，由于信息扩散和资金流动，汇率将逐步反映所有可能得到的信息，因此长期的外汇市场将接近有效市场。

## 二、"新闻"理论与汇率变动研究

"新闻"理论在有效市场假说成立的前提下，对信息的作用进行了进一步的分析。在对有效市场假说的介绍中，经济学家曾经得到一个基本的结论，即如果外汇市场是有效率的，那么汇率将反映所有可能得到的信息，在数学上就可以认为远期汇率是将来的即期汇率的无偏误差。在这种情况下，两者之间的差额就是预测误差，这种误差来自未预期到的信息对汇率的影响。根据这种观点，汇率的变动大部分是由预期到的信息引起的。

这些未预期到的信息就是所谓的"新闻"（news）。具体而言，"新闻"是指那些不可预料的事件，包括经济统计数字的发表、政治事件、新的国际货币安排等。需要指出的是，新的信息和"新闻"之间存在很大的差别。新的信息能否成为"新闻"，必须先经过一个剔除过程。

这是因为，外汇市场对信息的反映不取决于它们是"好"的还是"坏"的，而是取决于它们是比预期中"更好"还是"更坏"。新的信息中可能不仅包括未预期到的信息，还包括人们已经预期到的信息。由于预期到的信息已经包含在现有的市场汇率之中，汇率只根据未预期到的信息发生变化。例如，当政府发布货币供给、贸易差额等统计数字后，汇率的变动并不取决于这些数字本身的大小，而是取决于这些统计数字和人们预期之间的差额。所以，只有从"总"信息中减去预期到的信息，剩下的"净"信息才是"新闻"。

实证检验表明，"新闻"分析能够部分地解释汇率波动。但是，现实中的汇率水平比根据"新闻"理论模型回归得到的汇率波动幅度更大、频率更高。"新闻"变量不能完全解释汇率波动的原因是：

1. "新闻"变量不能完全包括所有的未预期信息。影响汇率波动的"新闻"很多,既有经济性的,也有非经济性的,后者一般很难进行量化,如市场传言和政府公告等。所以,此类信息一般被摒弃在"新闻"模型的变量范围之外。但有时恰恰是这种不可量化的"新闻"对汇率的影响超过了可以量化的因素,所以削弱了"新闻"对汇率易变性的解释力。

2. 外汇市场上存在"理性泡沫",这使汇率偏离由基本经济因素所决定的均衡水平之后继续维持这种状态。例如,20世纪80年代中期美元曾过度升值,虽然当时的市场参与者都认为美元高估的情形不会持久,但事实是这种状况持续了两年多。但在这种情况下,尽管美元高估,持有美元也是理性的。因为,只要泡沫能够持续下去,持有美元的收益必然可以补偿泡沫破灭的风险。

3. "比索问题"影响了"新闻"理论对较大的汇率变动(例如金融危机时期一国货币的大幅贬值)的分析和预测能力。所谓"比索问题",是指虽然人们已经预期到决定汇率水平的基本因素将会发生很大的转变,但由于基本因素变化是一个重大事件,立即发生转变的概率很小,所以在一定的时期内并没有发生转变。在这种情况下,预期的汇率变动和实际的汇率波动方向刚好相反。

尽管"新闻"理论并不完善,它仍然反映了汇率作为资产价格的本质特点——新闻的不可预期性导致了汇率的不可预期性和易变性,对汇率波动具有一定的解释力。

## 三、现代汇率决定理论发展的特点

现代汇率决定理论远远不止我们在上面所介绍的两种,还包括多国模型、政策偏好模型等,在此不再赘述。从新汇率理论中,我们可以看出汇率决定理论发展的趋势和特点:

1. 新的汇率决定理论突破了传统的分析框架,引进了新的变量。20世纪80年代初,许多经济学家在检验资产市场分析法的过程中,发现其变量之间存在严重的自相关问题。他们认为,产生这种情况的原因很可能是由于资产市场分析法忽略了一些重要的经济变量,从而不能解释浮动汇率下的汇率波动。因此,经济学家在模型中引进新的解释变量。

这种研究分成两个方向。第一个方向是继续从传统的基本经济因素出发,找寻新的基本因素对传统模型进行扩充,或是对其假定前提进行质疑和修正。第二个方向则突破了传统的基本因素分析的框架,引进了预期、信息等全新的非基本因素的概念,甚至引进了外汇市场上用于实际操作的基本分析和技术分析等手段,并试图将其进行量化。随着研究技术的更新和发展,第二个研究方向有后来居上之势。

2. 新的汇率决定理论与实际更为贴近。例如，汇率决定理论中更多地注重了对外汇市场参与者汇率预期的调查。同时，微观分析（包括外汇市场结构和外汇交易者的行为分析）成为汇率理论的研究重点。此外，由于汇率波动幅度和频率日益增长，所以尽管汇率均衡点的确定仍然是汇率理论的重要研究对象，但是已有越来越多的学者将精力放在对汇率波动的解释上，并提出了许多政策建议。

3. 新的汇率决定理论大量使用计量经济学和统计学工具。许多经济学家认为，传统的模型采用的是单一方程的简化形式，解释力不足。为此，现代汇率模型越来越多地引进了联立方程，从而更好地体现了多种经济变量变动对汇率水平的影响，以及这些变量之间的相互作用，使模型的结果更加符合实际汇率水平的运动。

由以上分析我们不难发现，汇率决定理论的发展并没有达到一个极致，随着经济金融的不断发展，新的分析方法和新的分析工具不断涌现，每一种都有很强的针对性，并提出了各自的政策建议。鉴于实际经济仍然云谲波诡，对汇率的研究势必继续下去，汇率理论必然要继续向前发展，前人的研究成果是发展的坚实基础。

## 本 章 案 例

[案例 1]

### 商品货币（commodity currency）与 2019 年沙特阿拉伯石油设施遭袭

商品货币的概念是由陈玉琴和肯尼思·罗格夫（Yu-chin Chen and Kenneth Rogoff）在 2003 年提出，他们发现大宗商品出口国货币的实际汇率与其出口的大宗商品的国际价格存在正相关关系，并依此将大宗商品出口国货币命名为商品货币。经典的商品货币包括加拿大元（原油）、挪威克朗（原油）、巴西雷亚尔（铁矿）、智利比索（铜矿）、南非兰特（铜矿）等。

2019 年 9 月 14 日，也门胡塞武装组织操纵无人机袭击了沙特阿拉伯腹地的阿布盖格炼油厂（Abqaiq）和库莱斯炼油厂（Khurais），造成沙特原油产能骤减，原油供应量每日减少 570 万桶，占全球原油生产的 5%。当天，美国西得克萨斯州中间基原油（WTI Crude）和布伦特原油（Brent Crude）期货价格增长超过 10%，创下 2008 年以来最大的日内涨幅。①

在此事件冲击下，拉沙德·艾哈迈德（Rashad Ahmed）统计发现，存在大量石油贸易以及石油相关产品贸易的国家货币出现突然大

---

① 资料来源：http://www.xinhuanet.com/world/2019-09/19/c_1125016531.htm。

幅的贬值，包括俄罗斯卢布、挪威克朗、加拿大元、印度卢布和韩元在内。但与此同时日元和瑞士法郎作为全球避险货币出现大幅升值；另外发现，对土耳其和南非，虽然这两个国家不依赖于大规模的能源贸易，但由于本国的金融脆弱性，两国货币也出现显著的贬值。①

拉沙德·艾哈迈德进一步以30个国家的货币为样本，采用30分钟汇率高频数据进行回归分析。结果证实原油的主要出口国和进口国的货币均受到此次事件冲击的显著影响，其中原油的出口国货币显著地升值，而进口国货币显著地贬值，另外原油进口国货币汇率对此次冲击的反应明显地高于原油出口国货币汇率。② 此外，在此次事件冲击中，不同利率水平的国家货币以及处于不同贸易状态（顺差和逆差）的国家货币也表现出差异性的反应。如利率水平高的国家以及处于更大贸易逆差的国家货币表现出更强烈的贬值倾向。这也反映出不同的商品货币，其汇率对商品价格波动的反应存在差异。

[案例2]

## 资本账户开放风险的学术研究

长久以来，学术界与金融业界的一个共识是现实中即期汇率与远期汇率间的关系可以用抛补的利率平价理论得到很好的解释，也就是说现实中即期和远期汇率对抛补的利率平价理论的偏离较小。然而2008年金融危机对全球金融市场产生的巨大冲击，杜文心、亚历山大·泰珀和阿德里安·维尔德汉（Wenxin Du, Alexander Tepper and Adrien Verdelhan）2018年在《金融学期刊》（*Journal of Finance*）上发表论文报告，自2008年开始，现实汇率大幅偏离了抛补的利率平价理论的描述，出现持续的、系统性的套利机会，并说明这种持续的套利机会不能被信用风险和交易成本所解释。这篇论文研究结果迅速引起了学术界和金融业界的关注，许多学者从不同的角度展开对抛补的利率平价理论偏离现象的解释。

其中林智韬、钱兴旺和陈金钊（音译）从我国资本账户管制变化的角度出发，探讨和解释人民币偏离抛补的利率平价的现象。1978年改革开放以来，我国在不同时期对资本账户中的不同类型管制进行了放松；尤其是在2001年我国加入WTO之后，对资本账户开启了新一轮的开放。对资本账户的开放意味着对我国跨境资本流动的管制放松，降低了资本在跨境流动中的摩擦；而资本在跨境流动中，对人民

---

① 姜志豪、钟维琼、韩梅：《主要国家间石油贸易演化博弈分析——以中国、俄罗斯、印度、沙特阿拉伯为例》，载《地球学报》2023年第2期，第387~394页。
② Ahmed, R.. Commodity currencies and causality: Some high-frequency evidence. Economics Letters, 2020, 189, 109016.

币的供给和需求产生了影响，最终作用于人民币汇率的波动。

林智韬等的研究发现，我国资本账户的开放，无论是对资本流出还是对资本流入的开放，对于降低人民币偏离抛补的利率平价有着显著作用，并且资本账户开放的效果随着人民币采用更加自由的汇率制度有所增强。除此之外，林智韬等也发现，资本账户开放能够降低人民币汇率在偏离抛补的利率平价时的波动率。资本账户管制限制了跨境套利资本的自由流动，从而降低了离岸汇率市场的吸引力和流动性，从而推高了离岸金融市场的波动性。另外抛补的利率平价理论中包含两国间利率差和远期升贴水率两部分，针对这两部分的进一步分析发现在正常时期，对资本账户管制的放松能够同时降低两国间利率差和远期升贴水率的波动率；但在美国量化宽松时期，对资本账户管制的放松却增大了两国间利率差的波动率。这一项研究从提高人民币定价效率，降低基于人民币套利机会，稳慎推进人民币国家角度论证了我国不断推进高水平对外开放的必要性。

## 本 章 小 结

1. 汇率决定理论的发展至今经历了四个阶段，汇率决定理论的演变是和货币制度的演进紧密联系在一起的。

2. 某一商品在不同地区的价格存在差异时，就有可能引起套利活动的产生。对于不可移动的商品及套利活动的交易成本无限高的商品，它在不同地区间的价格差异不可能通过套利活动消除，我们称为不可贸易商品。对于可贸易商品，套利活动将使它的地区间价格差异保持在较小范围内。如果不考虑交易成本等因素，同种可贸易商品与在世界各地的价格都是一致的。我们将此称为开放经济下的"一价定律"。

3. 购买力平价说是历史非常悠久的汇率决定理论。它从开放经济下各国商品市场间存在联系的角度对汇率决定问题进行研究。认为货币之间的兑换比率取决于它们各自具有的购买力的对比。购买力平价可分为绝对购买力平价与相对购买力平价。购买力平价的特点是从货币数量角度对汇率进行分析，这一特点使得它在汇率理论中居于非常基础的地位，同时也因各种原因而难以获得实证检验的支持。

4. 利率平价说是从开放经济下各国金融市场之间存在联系的角度对汇率决定问题进行研究，认为汇率的变动是由利率差异决定的。利率平价说可分为抛补的利率平价和非抛补的利率平价。利率平价说对于认识国际资金流动问题非常突出的外汇市场上的汇率形成机制具有非常大的价值。

5. 国际收支说是从外汇市场上供给与需求流量变动的角度认识汇率决定问题的，它认为汇率是由国际收支状况决定的。国际收支说是由国际借贷说发展而来的,它是凯恩斯主义的国际收支理论在浮动汇率制下的变形。同购买力平价说、利率平价说一样,国际收支说也不是一个完整的汇率决定理论。

6. 资产市场说是 20 世纪 70 年代中期以后发展起来的一种重要的汇率理论。这一理论是在国际资本流动迅速发展的背景下产生的,它特别强调金融资产均衡对汇率变动的影响,使资本与金融项目的交易对汇率的影响日益受到重视。依据对本币资产与外币资产可替代性的不同假定,资产市场说可分为货币分析法与资产组合分析法。货币分析法假定这两者可完全替代,非抛补的利率平价成立。而后一方法则反之。在货币分析法内部,又依据对价格弹性的假定不同,分为弹性价格货币分析法与黏性价格货币分析法。

7. 20 世纪 70 年代以来,浮动汇率制成为各国汇率制度的主流。由于浮动汇率制本身的特点,外汇市场上的汇率水平跌宕起伏,传统的汇率理论显然不能解释汇率的这种易变性。经过近几十年的研究,汇率理论又有了新的进展。这些新理论不仅对传统理论的假定前提进行了质疑和修正,还引进了新的解释变量,并使用了新的分析工具。

## 本章重要概念

可贸易商品　不可贸易商品　一价定律　绝对购买力平价　相对购买力平价　抛补的利率平价　非抛补的利率平价　国际借贷说　国际收支说　汇率的货币模型　汇率的超调模型　资产组合分析法

## 本章思考题

1. 什么是开放经济下的一价定律?它的成立条件是什么?
2. 评述购买力平价说的基本内容。
3. 从利率平价角度解释汇率与利率之间存在的关系。
4. 试述国际收支说的主要内容。
5. 简述货币模型的主要内容。
6. 简述超调模型中的汇率动态调整过程。
7. 简述资产组合模型的主要内容。

# 第四章
# 汇率制度

**学习目标**
- 理解固定汇率制度、浮动汇率制度的优点与缺陷;
- 掌握香港联系汇率制度运行机制;
- 了解人民币汇率制度的演变过程;
- 掌握人民币参考一篮子货币汇率制度的特点、作用及局限。

## 第一节 汇率制度比较

汇率制度（exchange rate regime），又称汇率安排，是指一国货币当局对本国汇率水平的确定、汇率变动方式等问题所作的一系列安排或规定。由于汇率的特定水平及其调整对经济有着重大影响，并且不同的汇率制度本身也意味着政府在实现内外均衡目标的过程中需要遵循不同的规则，所以，选择合理的汇率制度是一国乃至于国际货币制度面临的非常重要的问题。

传统上，按照汇率波动有无平价及汇率波动幅度的大小，汇率制度被分为两大类型：固定汇率制（fixed exchange rate system）和浮动汇率制（floating exchange rate system）。除此之外，还有存在于固定汇率制与浮动汇率制之间的中间汇率制度（intermediate exchange rate regimes）。

固定汇率制是指现实汇率受平价的制约，只能围绕平价在小范围内上下波动的汇率制度，说得具体一点，就是在这种汇率制度下，各国货币间保持固定比价，允许市场汇率围绕中心汇率（固定比价）上下自由波动，波动被限制在一定的幅度之内，而且政府有义务采取措施来维持所规定的波幅。

浮动汇率制是指现实汇率不受平价的限制，随外汇市场供求状况变动而波动的汇率制度，在这种汇率制度下，各国货币间不再规定固定比价，汇率决定于外汇市场的供求，同样也不再规定市场汇率的波动幅度，因此，也就没有政府维持汇率波幅的义务。

中间汇率制是指介于完全固定汇率和完全浮动汇率之间的汇率制度。它们包括管理浮动下的实际钉住制、水平调整的钉住、爬行钉住、爬行区间浮动和不事先公布干预方式的管理浮动等。这些汇率制度的共性是：在政府控制下，汇率在一个或大或小的范围之内变化，它们并没有质的区别。

浮动汇率制度与固定汇率制度孰优孰劣是国际金融领域中一个长期争论不休的问题，一大批著名学者均卷入了这场争论。比如，赞成浮动汇率制度的经济学家有弗里德曼（M. Friedman）、约翰逊（H. Johnson）、哈伯勒（G. Haberler）等，赞成固定汇率制度的有纳克斯（Nurkse）、蒙代尔（R. Mundell）和金德尔伯格（C. Kindleberger）等。

这一争论所涉及的问题是极为广泛的，我们可以将之归结为三个方面。

## 一、实现内外均衡的自动调节效率问题

固定汇率制与浮动汇率制最大的区别在于出现国际收支不平衡后经济恢复内外均衡的自动调节机制。在固定汇率制下，货币当局会在固定的汇率水平上通过调整外汇储备来消除外汇市场上的供给与需求的缺口，相应地，通过货币供应量的变动来对经济的不平衡进行调节。而在浮动汇率制下，完全通过外汇市场上的汇率变动来平衡外汇的供求，这一汇率变动进而通过各种机制调节经济运行。以上两种调节方式各有其特点，对于哪种调节方式更有效率的分析便构成了固定汇率制度与浮动汇率制度孰优争论的第一个问题。以下分别介绍支持浮动汇率制的四个理由，并在介绍每个理由的同时说明固定汇率制度支持者的反驳。

### （一）单一性

以本国产品国际竞争力下降（$P > e \cdot P^*$，$e$ 为直接标价法下的汇率）为例，在浮动汇率制下，只需听任汇率这唯一的变量自行调整，让本币贬值即可；而在固定汇率制度下，必须通过货币供应量的变动进而调整本国的价格体系，这就牵涉许多变量的调整。很显然，前者的调整必然时间更快、成本更低。尤其是本国价格调整存在黏性时，浮动汇率制度的优势更为明显。

固定汇率制度的支持者指出，在很多情况下，对本国价格体系的调整是非常必要的，完全通过汇率变动调整是不合理的。例如，本国

产品国际竞争力下降是由于生产出口品的经济部门劳动生产率提高缓慢导致的成本过高所造成时，货币贬值虽可在短期内增加出口，但从长期看不利于本国产品竞争力的提高，不利于本国相关产业的发展。在固定汇率制下，相关产业部门将被迫主动采取措施降低成本，提高技术水平，这一价格调整往往是不可回避的。

### （二）自发性

在浮动汇率制度下，只要一国的国际收支出现失衡，货币就会自动地贬值或升值，从而对国际收支与整个经济进行自发调节，不需要任何专门的政策乃至于强制措施。而在固定汇率制度下，国际收支的失衡一般都需要政府制定出特定的政策组合来加以解决，这一过程中存在的时滞等问题使其效率较低。

固定汇率制的支持者是从以下三个方面进行反驳的。首先，导致汇率变动的因素很多，汇率未必能按照平衡国际收支所需要的方向进行调整。例如，一国经常账户出现较大赤字，如果同时存在大规模的资金流入，则本国货币不但不会贬值反而会升值，这一升值持续较长时间将会给本国出口部门的竞争力带来严重的、不可逆转的损害。经常账户状况是国际收支平衡的基础，当再次出现大规模的资金流出时，货币的贬值很难迅速发挥效力，在整个过程中汇率变动并不能说是合理或合时的。其次，汇率只能通过价格因素影响到国际收支，而国际收支是受多种因素共同决定的，这就带来很多情况下汇率调整的乏力。例如，一国产品具有较高质量且很少有其他国家产品可以替代时，汇率的升值并不能降低对该产品的需求。一国产品质量低下时，同样会出现马歇尔—勒纳条件不能满足的情况，货币的贬值不能带来国际收支的改善。最后，汇率对国际收支的调整往往需要国内政策的支持，例如，贬值刺激出口时，必须有国内相应的紧缩性政策才可以避免通货膨胀抵销贬值的作用，没有相应政策配合的汇率变动往往是难以发挥效力的。

### （三）微调性

在浮动汇率制下，汇率可以根据一国国际收支的变动情况进行连续的微调而避免经济的急剧波动。而在固定汇率制下，一国对国际收支的调整往往是问题已经积累到相当程度时才进行的，这一调整一般幅度较大，对经济的震动也比较剧烈。

固定汇率制度的支持者不否认固定汇率制度下的调整较为僵硬，但是他们同时指出，固定汇率制度可以避免许多无谓的汇率调整，尤其是当这些调整是货币性干扰所造成的时候。例如，在资产市场上需求与供给的暂时性变化（例如本国货币需求暂时下降），在固定汇率制度下可以通过储备变动予以消除，避免其造成汇率的频繁调整。另外，固定汇率制度的支持者还指出，在资金流动对汇率形成产生决定性影响时，浮动汇率的无谓调整是很剧烈的，对经济的冲击也是非常大的。

### （四）稳定性

浮动汇率制度的倡导者认为以下两个原因使浮动汇率制具有稳定性。首先，浮动汇率制下的投机主要是一种稳定性投机（stabilizing speculation），因为投机者只有在汇率低于均衡水平时（低估）买入，在汇率高于均衡水平时（高估）卖出，才能持续获利。当投机者采取这一投机策略时，对市场价格的影响是稳定性的，倾向于降低市场价格的波幅。其次，在浮动汇率制度下，由于汇率随时都在进行调整，政府也不承诺维持某一汇率水平，因此投机性资金不易找到汇率明显高估（低估）的机会，同时在进行投机活动时还得承担汇率反向变动时的风险。而在固定汇率制下，政府对汇率的调整是很少见的，这便会给投机性资金找到汇率错误定值的时机。并且，在政府承诺对特定汇率水平进行维持时，投机性资金的投机活动就演变为和政府进行的较量。在国际投机性资金实力非常强大的情况下，它们可以从政府的失败干预中获得高额利润。尤其是固定汇率制度下的投机活动可以不承担任何风险，投机失败时可以按原有的汇率水平进行抵补性交易，这大大刺激了投机活动的发生。所以，资金高度流动与固定汇率制度之间可能是一种最不稳定的组合。

固定汇率制的拥护者对此进行针锋相对的反驳。首先，浮动汇率制下盛行的不是稳定性投机，而是非稳定性投机（destabilizing speculation）。因为市场投机者的心理往往是非理性的，表现之一就是"羊群效应"，交易者往往在价格上涨时争相买进，价格下跌时纷纷卖出，结果是扩大了而不是缩小了市场价格的波幅。并且，实力较强的投机者还会故意制造价格的大幅波动以从中获利。相比较而言，固定汇率制下的投机行为一般是稳定性的，因为投机者预期汇率将会向固定水平调整，从而在现实汇率水平与平价存在差异时通过缩小这一差异获利。其次，固定汇率制下政府的介入至少使市场中交易者的心理上存在"名义驻锚"（nominal anchor），可以通过改变投机者的预期对汇率稳定施加影响，消除不确定性。而在浮动汇率制度下，对未来汇率变动的预期完全没有任何客观依据，这种高度的不确定性使得外汇市场完全成为投机者的乐园，依靠一国政府的单独力量很难对之制约、与之抗衡。

## 二、实现内外均衡的政策利益问题

汇率制度的不同导致了在实现内外均衡过程中对政策工具（主要是财政、货币政策）的不同运用方式。在固定汇率制下，政府必须将货币政策运用于对汇率水平的维持之上，而在浮动汇率制下则无此限制。针对这一特点，不同汇率制度的拥护者也从政策利益角度提出了各自的理由。

### （一）政策自主性

要求实行浮动汇率制度的重要理由之一就是货币政策可以从对汇率政策的依附中解脱出来，让汇率自发调节实现外部均衡，货币政策与财政政策专注于实现经济的内部均衡。并且，在浮动汇率制下一国可以将外国的通货膨胀隔绝在外，独立制定本国经济稳定与发展的政策。因为如果购买力平价成立（$P = e \cdot P^*$），那么在汇率不变时，外国价格水平的上升会带来本国价格水平的相应上升，一国无法控制本国的通货膨胀水平。

固定汇率制度的支持者则指出，首先，汇率调整必须有相应的国内其他政策的配合才能发挥效力；其次，浮动汇率制不可能真正隔绝外国通货膨胀对本国的影响，本国货币的贬值会通过第二章已介绍的货币工资机制等多种途径对国内物价水平产生影响。

### （二）政策纪律性

浮动汇率制度的拥护者指出，实行浮动汇率制度可以防止货币当局对汇率政策的滥用。例如，一个发展中国家存在大量进口需求时，会故意高估本国货币汇率以减少进口成本，这一做法往往会造成进口过度、外汇短缺、出口衰退、债务状况恶化等严重后果。再如，出口导向型国家往往故意低估本国货币以达到增加出口的目的，这可能会恶化本国贸易条件，不利于经济的长久发展。在浮动汇率制下，对汇率政策的滥用将难以发生，因为汇率已脱离当局控制而由市场供求决定。

与之相应，许多研究者指出，固定汇率制可以防止对货币政策的滥用。例如，扩张性货币政策会引起储备外流，最终对固定汇率的维持构成威胁，而恢复经济的均衡还得通过紧缩性的货币政策。而在浮动汇率制下，一国可以更自主地推行扩张性政策，而不必顾及本国货币的贬值。

### （三）政策放大性

一般来说，浮动汇率制下货币、财政政策对收入等实际变量的影响比固定汇率制下的效应要大,这主要是因为汇率的调整增强了原有政策的效果。而倡导固定汇率制度的研究者则指出,政府在对固定汇率度的维系中,会获得执行政策始终一致的声誉,这样在政府的政策实施过程中,会通过影响人们的心理预期而收到额外的效果。

## 三、对国际经济关系的影响

### (一) 对国际贸易、投资等活动的影响

浮动汇率制的拥护者是从两个方面论证浮动汇率制度有利于国际上经济交往的。首先,汇率可以自由浮动,这使得固定汇率制度下政府为维持一个固定的汇率而采取的种种直接管制措施失去必要,浮动汇率制度可以推动经济自由化,而这会极大地促进国际上经济交往的发展;其次,汇率浮动固然给国际贸易、投资带来了一定的不确定因素,但这可以通过远期交易等方式规避风险,国际金融创新的飞速发展已使这一问题的严重性大大减轻了。

赞成固定汇率制度的人则认为绝不能低估浮动汇率制对国际贸易与投资的危害。首先,进行各项规避风险的交易本身也是有成本的,有时成本还比较高,这不可避免地对国际经济活动产生影响;其次,许多经济活动是无法规避汇率风险的,例如跨国的长期投资、实物投资、对人力资源的投资,等等。另外,广大发展中国家由于金融市场不发达、缺乏远期交易等规避风险的工具,浮动汇率制对它们是特别不利的。

### (二) 对通货膨胀的国际传播的影响

在固定汇率制度下,两国的货币和商品市场通过固定汇率紧紧地联结在一起。一国的物价上涨必然引起另一国物价的上涨。这是因为,固定汇率制下通货膨胀的国际传递机制是:国外物价上涨,则国内物价相对便宜,导致出口增加,进口减少,本国货币有升值压力。为维护固定汇率制度,货币当局必须在外汇市场上买入外汇,抛出本国货币,结果国内货币供应量上升,物价随之上涨。而在浮动汇率制下,汇率的变动则可抵消这种传递影响,浮动汇率制度因而犹如一堵堤墙,对通货膨胀和经济周期的传播起到一种隔绝作用。

主张实行固定汇率制的学者则指出,浮动汇率制度下同样存在通货膨胀的传递问题,并且这一传递具有不对称性。当本币汇率贬值时,进口成本上升,物价上升;当本币升值时,进口成本则因价格刚性而不容易下降或下降不足,其净效应便是物价的上涨。扩大到两个国家的相互关系来看,一国货币的升值便是另一国货币的贬值。贬值

国家的物价上升幅度要超过升值国家物价下降的幅度。其净效应便是世界物价水平的上升，这称为不对称效应或棘轮效应。

### （三）对国际上政策协调的影响

比较普遍的观点是：在浮动汇率制下，由于缺乏关于汇率的有约束力的协议，各国将本国国内经济目标摆在首位，易于利用汇率的自由波动而推行竞争性贬值这一"以邻为壑"的政策，这会造成国际经济秩序的混乱。

对此，浮动汇率制度的拥护者则指出：首先，汇率本质上是个具有"竞争性"的变量，任何一种汇率制度都不可能完全解决这一问题；其次，在浮动汇率制下，汇率的大幅度波动往往会引起各国的关注，进而形成国际上的磋商协调，这在某种程度上反而会加强各国的政策协调。

以上是固定汇率制度与浮动汇率制度孰优孰劣争论的主要问题。可以看出，两种汇率制度都不是十全十美的，各有其特点。就其本质来说，这两种汇率制度的比较实际上意味着在内外均衡目标的实现中，对"可信性"（credibility）与"灵活性"（flexibility）的权衡，而这两者常常是不可兼得的。因此，从纯粹抽象的讨论是不能简单得出哪种汇率制度更为优越的结论的。这一争论本身也在沿着两个方向发展：一个方向是研究什么条件下固定（或浮动）汇率制度是更合理的；另一个方向是研究什么样的汇率制度可以较好地结合固定汇率制度与浮动汇率制度的优点。前一方向的研究形成了最适度货币区理论，我们将在第十四章对之进行介绍。后一方向的研究则产生了诸如爬行钉住和爬行区间浮动等中间汇率制度。

## 第二节 香港联系汇率制度

### 一、联系汇率制度产生的背景

香港联系汇率制度是货币局制度（Currency Board）的一种形式。最早的货币局是1849年在毛里求斯设立的，后来有70多个国家和地区相继采取了类似的制度，其中多数是英国的殖民地。

综观中国香港的金融发展历程，香港实行过不同类型的汇率制度。1863年港英政府宣布银元为香港的法定货币，1866年香港开始发行银元，实行银本位货币制度，到1935年，由于全球性白银危机，香港被迫放弃了银本位制，转向将港元与英镑挂钩，并规定1英镑兑16港元。自1935年以来，香港共实行过6种汇率制度，每次变动的原因都与当时国际货币体系的变化有关。但联系汇率制的实施，却有着更深层的政治及经济原因。1972年6月，英国宣布英镑自由浮动，为避免英镑自由浮动对港元的不利影响，同年7月，港府取消了港币与英镑的固定汇率，转而实行与美元挂钩，汇率为1美元兑5.65港元。1973年2月改为1美元兑5.085港元。1973～1974年的石油危机使美元的弱势日益恶化，至1974年11月下旬国际外汇市场掀起抛售美元的浪潮。为避免港币伴随美元贬值而造成通货膨胀压力，港府于1974年11月宣布实行港币自由浮动汇率制度。

但是，浮动汇率制度并没有给香港带来货币汇率政策的稳定。从1978年开始，香港出现了连年的巨额贸易收支逆差，港币汇率在多种因素的作用下从几年前的强势转为弱势。香港经济环境不断恶化，贸易赤字增加，通货膨胀高企。1982年9月，中英就香港前途问题正式开始谈判。由于最初谈判进展缓慢，导致谣言四起，人心浮动，房地产市场崩溃，港元不断贬值。其间，香港各阶层人士多次呼吁港府出面挽救港元，但港英当局以种种理由进行推诿。1983年9月24日，港元在外汇市场上暴跌，对美元汇价逼近1∶10，港汇指数也锐挫至57.2的历史最低水平。在如此严峻的形势下，港英当局不得不放弃其完全不干预货币市场的原则，转而接受经济学家格林伍德的建议——建立一个钉住美元的浮动汇率制。据说，当时有人提议将汇率固定在1∶8的水平，因为它有着象征"发"的吉利谐音。但此建议被当时的财政司长彭励治否定，而将汇率定为1∶7.80。

## 二、联系汇率制度的运行机制

香港没有中央银行，是世界上由商业银行发行钞票的少数地区之一。而港币则是以外汇基金为发行机制的。外汇基金是香港外汇储备的唯一场所，因此是港币发行的准备金。发钞银行在发行钞票时，必须以百分之百的外汇资产向外汇基金缴纳保证金，换取无息的债务证明书，以作为发行钞票的依据。香港自1983年10月起实施联系汇率制度，其核心内容是港元与美元挂钩，维持1美元兑换7.80港元的固定汇率。

香港的纸币由3家银行汇丰、渣打和中银共同发行，法例规定发钞银行发钞时须按1美元兑换7.80港元的固定汇率向金融管理局提交等值美元，并记入外汇基金账目，以购买债务证明书作为发钞的支持。因此，港元发行得到外汇基金持有美元的十足支持。相反，回收港币时，金融管理局会赎回债务证明书，发钞银行则自外汇基金收回等值美元。这一机制也被引入了同业现钞市场,即当其他持牌银行向发钞银行取得港币现钞时,也要以百分之百的美元向发钞银行进行兑换,而其他持牌银行用港币向发钞银行兑换美元时,发钞银行也要以等值的美元付给它们。

上述两个联系方式对港元的币值和汇率起到了重要的稳定作用。例如,当港元的市场汇率低于官方汇率(如7.85)时,持牌银行会进行套汇活动,即在同业现钞市场以1∶7.80的官方固定汇率用港币向发钞银行兑换美元,然后在公开外汇市场上以1∶7.85的市场汇率抛售,从中赚取差价;同时,发钞银行也会主动在公开外汇市场抛售美元套汇。这样,市场上美元的供给就会增加,港元的供给会逐渐减少,结果美元汇率下降,港元汇率逐渐上升,最终导致港元市场汇率回升到接近1∶7.80的官方汇率水平。当港元的市场汇率高于官方汇率(如7.75)时,持牌银行则会在同业现钞市场以1∶7.80的官方固定汇率向发钞银行用美元兑换港元,然后在公开外汇市场以1∶7.75的市场汇率抛售港元,从中赚取差价;同时,发钞银行也会用获得的美元向外汇基金换得债务证明书,发行更多的港元,并在公开外汇市场上抛售获利。这样,市场上美元的供给会减少,港元的供给会增加,结果港元汇率下降,美元汇率上升,最终导致港元的市场汇率下降到1∶7.80的官方汇率水平。

利率机制也是保持香港联系汇率制度正常运行的重要条件。当港元的市场汇率低于官方固定汇率时,持牌银行和发钞银行在公开外汇市场对美元的抛售,会减少同业现钞市场上港元的货币供应量,紧缩银根,促使港元短期利率上升,引发套利活动,增加港元的需求,导致港元的市场汇率上浮,最终使市场汇率趋向官方汇率水平。反之,港元短期利率的下降,会导致港元市场汇率的下浮,并最终使市场汇率趋向官方汇率水平。这是一个完全自动的机制,香港金融管理局无须行使酌情权。

需要指出的是,在香港的公开外汇市场上,港币的汇率是自由浮动的。港币联系汇率只适用于发钞银行与外汇基金之间,以及发钞银行与其他持牌银行之间的港元现钞交易,而发钞银行与其他银行以及银行同业之间、银行与客户之间的一切均按市场汇率进行,由市场的供求状况来决定。联系汇率与市场汇率、固定汇率与浮动汇率并存,是香港联系汇率制度最重要的机理。

根据香港现行的联系汇率制度,美元/港元区间在7.75~7.85港元,一旦汇价触及7.85港元的弱方保证时,持牌银行会进行套汇活动,金管局则会买进港元、卖出美元,推升港元汇率。反之,当触及7.75港元,持牌银行也会进行套汇活动,金管局则会买进美元,抛出港元,令银行体系水位上升、利率下滑,减少"热钱"对港元资产的兴趣。持牌银行的套汇活动及金管局的干预会使强弱双向的兑换保证能以联系汇率 7.80 港元为中心点对称地运作。

## 三、联系汇率制度的作用与局限

香港联系汇率制度属于货币局制度，是指在法律中明确规定本国货币与某一外国可兑换货币保持固定的交换率，并且对本国货币的发行作特殊限制以保证履行这一法定义务的汇率制度。实践证明，联系汇率制度是保证香港 20 多年来繁荣和稳定的重要因素。香港联系汇率制度的优点主要表现在：

（1）联系汇率内在的套汇和套利机制，可使市场汇率自动地趋向官方固定汇率。例如，当港币市场汇率低于联系汇率时，持牌银行会以联系汇价将多余的港币现钞向发钞银行兑换美元，然后用换得的美元以市场汇率在市场上抛出，赚取差价；发钞银行也会主动在公开外汇市场抛售港元套汇。这样，市场上的美元供给大于需求，结果美元汇率下降，港元汇率逐渐上升，市场汇率逐渐趋向官方固定汇率。同时，港元供给量的减少，会导致港币短期利率上升，引发套利活动，这也会促使港元的市场汇率向官方固定汇率回拢。

（2）联系汇率内在的稳定性，有助于促进香港国际资本的流动和国际贸易的发展。联系汇率的运作机制，使市场汇率自动趋向官方固定汇率，从而使联系汇率具有了内在的稳定性。联系汇率的这一特点减少了因投机而引起的汇率波动，减少了经济活动中的不确定性，便于成本核算、盈利估计和结算，从而有利于促进国际贸易的发展和国际资本的流动。实践证明，联系汇率制度所提供的稳定的汇率环境，是多年来香港地区国际贸易迅速发展的关键，是香港股市吸引外资的根本条件。

（3）抑制通货膨胀的效应。联系汇率制度对货币创造作了严格的法律限制。在发行新钞时，发钞行必须以等值美元支付外汇基金，换取债务证明书，然后才可以发行货币。这一规则也可称为"后备规则"（backing rule）。这一规则可避免信用发行制度下滥发钞票行为的发生，从而使联系汇率制度具有抑制通货膨胀的效应。

（4）可避免通过发行货币弥补财政赤字情况的发生。政府各项政策效力的大小，在相当程度上取决于长期以来政府在公众中所建立起的声誉。如果政府在历史上曾有较强的通货膨胀倾向的记录，那么政府政策的效力将在相当程度上因为公众的预期因素而抵消。在联系汇率制度下，由于严格限制发钞行为融通政府赤字发行货币，因此，可以向公众清楚地表明政府的意向，从而调整公众的预期，使政府的政策发挥作用。

（5）管理与操作非常简便。联系汇率制度属于货币局制度，是一种高度规则化了的金融制度，它的运行可以为普通公众所监督。联系汇率制的日常操作很少需要审时度势进行政策，并且它还不需要承担许多中央银行的职能，这些都大大地简化了它的管理难度。联系汇率制度的这一特点也是香港金管局多年来极力维持联系汇率制度的重要因素。

无论哪种汇率制度都会有其局限性，香港的联系汇率制度也不例外，香港联系汇率制度的缺陷主要表现在：

（1）在香港经济与美国经济周期不一致时，联系汇率制度会使香港货币当局在选择货币政策时处于两难境地。例如，当美国经济衰退，而香港经济过热时，为抑制通货膨胀，香港利率应提高，但提高利率，会吸引投机资金大量进入香港金融市场，促使港元升值，从而危及联系汇率制度的稳定。如果香港货币当局追随美联储，实施低利率政策，则会进一步加剧香港经济的过热程度，导致严重的通货膨胀，从而对香港经济产生严重的负面影响。

（2）在联系汇率制度下，货币当局不能通过汇率变动来调节国际收支情况。在浮动汇率制度下，当国际收支出现逆差时，在外汇市场上外汇的供给小于需求，本币就会贬值，出口会增加，进口会减少，从而改善国际收支状况；反之，当国际收支出现顺差时，本币会升值，出口会减少，进口会增加，从而会减少顺差，使国际收支趋向平衡。但在联系汇率制度下，当国际收支出现不平衡时，就无法通过汇率来调节国际收支，而只能借助价格的调整。由于价格具有黏性的特点，因此，价格对国际收支的调节较汇率调节来得缓慢，从而会使经济的失调状态存在较大的时期。

## 四、对联系汇率制度的简要评论

联系汇率制的最大优点在于有利于香港金融的稳定，而市场汇率围绕联系汇率窄幅波动的运行也有助于香港作为国际金融中心和国际贸易中心地位的巩固和加强。但是，这一汇率制度也存在一些缺点。它使香港的经济行为及利率、货币供应量指标过分依赖和受制于美国，从而严重削弱了运用利率和货币供应量杠杆调节本地区经济的能力。同时，联系汇率制也使通过汇率调节国际收支的功能无从发挥。目前联系汇率制的改革已成为理论界十分关心的一个问题。

# 第三节 人民币参考一篮子货币汇率制度

## 一、人民币汇率制度演变

按国内外经济环境、经济体制的特点、政府政策目标及汇率市场化程度等因素,可将人民币汇率制度的演变划分为两大时期、七个阶段。

### (一)改革开放前人民币汇率制度的演变

第一阶段(1949~1952年),没有真正的汇率制度。从国际经济环境来看,新中国刚刚成立,我国尚未得到西方资本主义国家的承认,处于被封锁状态,也就谈不上和这些国家进行正常的经贸往来。从国内经济环境来看,我国尚处于国民经济恢复时期,经济运行很不稳定,物价起伏较大,对外经贸工作刚刚起步,尚未步入正轨,侨汇是当时我国外汇收入的重要来源。由此,从1949年到1950年3月,我国实行"奖出限入、照顾侨汇"的政策方针,人民币汇率频繁下调,且国内通货膨胀非常严重。从1950年3月到1952年底,我国财政经济工作才开始步入正轨,国内物价水平开始下降,而同期外国物价水平却在不断上升,并且,当时我国实行了"鼓励出口、兼顾进口、照顾侨汇"的政策方针,结果人民币汇率逐步上调。到1952年12月,1美元兑换26 170元旧人民币。这一阶段,人民币汇率政策目标主要是维护国内经济和政治稳定,顺应经济发展和侨汇需要,并没有形成真正的汇率制度。

第二阶段(1953~1973年),可调整固定汇率制。从国际经济环境来看,1944年7月至1973年3月,国际汇率制度处于布雷顿森林体系下,IMF成员方实行可调整的固定汇率制度。从国内经济环境来看,1953~1956年我国成功地完成了社会主义经济改造,过渡到社会主义经济建设时期。而且,1955年中国人民银行发行了新人民币,形成了全国统一的人民币汇率,克服了旧人民币面额过大、汇率混乱不统一、不利于对外贸易发展等内在的缺陷。但是,这一阶段,我国借鉴苏联模式,建立了高度集中的中央计划经济体制。受计划经济模式的影响,政府当局否定了社会主义经济的商品属性,排斥市场机制的作用。结果,人民币汇率与市场严重脱离,仅作为一种计划手段和记账单位,汇率已丧失了其应有的经济意义。这一阶段,人民币汇率制度的主要特点是：(1) 实行可调整的固定汇率制，保持汇率高度稳定；(2) 人民币汇率不仅与市场供求无关，而且也与对外贸易调节作用无关，仅作为一种计划手段和记账单位，汇率已丧失应有的经济杠杆作用。

第三阶段（1973~1979年），钉住一篮子货币汇率制度。从国际经济环境来看，由于美元危机和石油危机的双重打击，布雷顿森林体系下可调整固定汇率制度已经崩溃，资本主义国家普遍实行了浮动汇率制。从国内经济环境来看，我国仍实行高度集中的计划经济，但是我国政府已开始意识到人民币汇率在经济和对外贸易发展中的重要性，因而对人民币汇率的调整原则作了新的规定。主要有：(1) 坚持人民币汇率相对稳定的方针，在一定的幅度内，人民币汇率不随西方国家货币浮动；(2) 人民币汇率的确定要有利于对外贸易的发展；(3) 参照外汇市场行情适当调整人民币汇率，特别是当西方国家主要货币汇率浮动幅度达到一定程度时应适当调整人民币汇率。可见，这一阶段，政府目标函数中已朦胧地出现了两难，即稳定与效率如何权衡。人民币汇率政策目标虽说是"名义锚"，但已开始考虑到实际目标。为此，人民币钉住一篮子货币汇率制度。

### (二) 改革开放后人民币汇率制度的演变

第一阶段（1979~1985年），官方汇率与贸易内部结算汇率并存的双重汇率制度。1980年我国正式恢复了在国际货币基金组织中的合法地位。按照 IMF 的有关规定，其会员可以实行多种汇率，但必须尽量缩短向单一汇率过渡的时间。从国内经济环境来看，70年代末期发起的总体经济改革激发了众多学者对人民币汇率政策的热烈争论，1979年8月国务院决定改革外汇管理体制，除官方汇率外，决定从1981年1月1日起开始试行贸易内部结算汇率，从而形成了人民币双重汇率。

第二阶段（1985~1993年），官方汇率与外汇调剂市场汇率并存的双重汇率制度。这一阶段，又可分为两个分阶段：

1985~1991年为有限灵活汇率制度。从国际经济环境来看，主要社会主义国家都在进行经济体制改革。这种国际经济环境对我国既有推力也有压力。从国内经济环境来看1985年1月1日我国取消了贸易内部结算汇率，恢复单一汇率，该汇率以贸易汇价为基础。虽然在名义上实行了单一汇率，但由于外汇调剂市场汇率的存在，形成了官方汇率与外汇调剂汇率并存的局面，实际上又形成了新的双重汇率。虽然官方汇率被钉住，但是由于外汇调剂市场汇率被逐渐地放开，因而汇率波动暗含着有效汇率实际上是灵活的。所以，这一阶段可称为有限灵活汇率制度。

1991～1993年为外汇调剂市场汇率主导的浮动汇率制度。1991年4月，中国政府正式宣布采用浮动汇率制度。据统计，到1993年末，中国外汇交易中近乎80%都是通过外汇调剂市场来进行的。外汇调剂市场已被证实对于人民币汇率市场化是一种十分有用的过渡机制。然而，作为过渡机制，外汇调剂市场也引发了许多问题，诸如市场因为准入资格、价格限制等易遭受随机性影响；地方政府总是通过行政手段来频繁地阻滞区域间外汇流动；更严重的是，多重汇率导致难以预见的歧视、寻租活动和腐败等。而且，官方汇率与外汇调剂汇率并存的汇率双轨制不符合国际惯例，常常成为西方国家对我国实行经济制裁的借口，不利于我国对外正常的经贸往来，并且对于我国加入WTO也是非常不利的。因此，进行外汇管理体制改革，尽快结束汇率双轨制，实行单一汇率制度势在必行。

第三阶段（1994年至2005年6月），有管理的浮动汇率制度。从国际经济环境来看，市场经济已经在全球范围内得到了极大限度的扩展，特别是信息技术和互联网的迅猛发展，更使得世界经济呈现出一体化的发展态势。我国要想加入WTO、融入全球经济一体化、发展市场经济，就必须按照国际惯例改革我国外汇管理体制，尽早结束人民币汇率双轨制现象。从国内经济环境来看，我国社会主义市场经济体制已初步建立，官方汇率与外汇调剂汇率并存的汇率双轨制引发的问题愈发显著。在此情况下我国于1994年初对外汇管理体制进行了重大改革。决定从1994年1月1日起，实现人民币官方汇率与外汇调剂市场汇率并轨，并轨后的人民币汇率实行以市场供求为基础的、单一的、有管理的浮动汇率制度。此次外汇管理体制改革的创新之处在于确立了统一的以市场为基础的管理浮动汇率制度和经常账户下有条件可兑换。但是，由于实行银行结售汇制，人民币汇率并未实现完全意义上的汇率市场化。

第四阶段（2005年7月至2015年7月），人民币参考一篮子货币汇率制度。尽管我国宣布自1994年1月1日起，人民币汇率实行以市场供求为基础的、单一的有管理的浮动汇率制度，但1997年以后人民币汇率变动的事实说明，我国名义上的"有管理的浮动汇率制度"事实上是一种钉住美元的固定汇率制度。人民币兑美元的汇率除1994年汇率并轨初期略有波动外，基本上维持在1美元兑8.28元人民币的水平。长期以来人民币钉住美元汇率制度促进了我国对外贸易和投资的迅速发展，但是当我国主要贸易伙伴国之间的货币发生波动时，这种钉住单一货币的汇率制度将汇率波动传导到人民币有效汇率，增加了我国进出口贸易和宏观经济的内在不稳定性。在人民币存在贬值预期的情况下，人民币钉住美元汇率制度，不仅会增加我国通货膨胀的压力，丧失货币政策的独立性，而且可能会危及我国的金融稳定。为此，2005年7月21日我国宣布，放弃人民币钉住美元汇率制度，实行以市场供求为基础、参考一篮子货币进行调节、有管理的浮动汇率制度，并让人民币兑美元汇率升值2%。这标志着我国汇率制度改革和经济增长战略调整正在进入一个新的阶段。

第五阶段（2015年8月至今）：人民币汇率中间价定价机制。"8·11汇改"后，中国央行开始将汇率制度由"类爬行安排"过渡到浮动汇率制。2015年8月11日，中国央行强调中间价报价要参考前一日收盘价，开始实施"中间价=收盘价"的单因子定价机制，组织中间价报价行改进人民币兑美元汇率的中间价形成机制。"8·11汇改"后，人民币兑美元汇率的贬值预期增强，一度形成了人民币贬值预期与短期资本外流相互交织、相互强化的不利局面。2015年12月11日，中国外汇交易中心发布人民币对一篮子货币的汇率指数，即CFETS货币篮汇率指数。自2016年初，中国央行开始实施"中间价=收盘价+一篮子货币汇率变化"的双因子定价机制。双因子定价机制意味着人民币兑美元汇率的中间价制定要同时参考前一日收盘价，以及相对于一篮子货币的汇率变化。引入双因子定价机制后，人民币汇率贬值预期有所缓解。2017年5月，中国央行宣布实施"中间价=收盘价+一篮子货币汇率变化+逆周期因子"的三因子定价机制，以遏制市场单边贬值预期。在逆周期因子引入之后，人民币兑美元汇率的单边贬值预期显著削弱并最终消失，人民币兑美元汇率进入双向波动时期。

## 二、选择人民币参考一篮子货币汇率制度的理论依据

根据汇率制度选择理论，在固定汇率制度、自由资本流动和独立货币政策之间存在三难选择。如要想选择独立货币政策和固定汇率制度的政策组合就必须放弃资本自由流动，实行资本管制。这是我国改革开放前选择的一种政策组合，在当今世界经济一体化和金融自由化背景下，我国再选择这种政策组合已不合时宜。要想选择固定汇率制度和资本自由流动的政策组合就必须放弃独立的货币政策。20世纪90年代发生的一系列货币金融危机说明，这种政策组合的危害绝非货币政策无效这样一个温和的负面影响，固定汇率制度在开放的资本账户下往往伴随着货币冲击和货币危机，从而给经济带来巨大的动荡，使经济时时处于不稳定的威胁之中，从长期来看，我国也不宜选择这种政策组合。要想选择独立货币政策和自由资本流动的政策组合就必须放弃固定汇率制度，实行浮动汇率制度，这是我国应当选择的一种政策组合。这种政策组合符合我国的实际，我国是一个经济大

国，保持独立的货币政策必然是我国的现实选择；另外，在世界经济全球化和金融自由化的背景下，我国开放资本账户，实现资本自由流动也是大势所趋。据此，从长期来看，人民币汇率制度改革的长期目标应是浮动汇率制度。

尽管从长期来看，我国应实行人民币自由浮动汇率制度。但从国际金融经验来看，汇率急剧变动和不稳定往往伴随着金融市场的不发达和微观经济主体的不完善。当前我国不仅商业银行依然拥有大量不良资产，而且国内金融市场尚欠成熟和完善，人们对金融避险工具的认识还需要有一个过程，金融监管水平也有待提高。另外，正处于改革过程中的国有企业也面临着很多困难，还没有建立完善的现代企业制度，防范汇率风险的意识还有待进一步加强。可见，目前我国尚不具备实施浮动汇率制度所需要的条件和环境，如果实行浮动汇率制度，可能会导致人民币汇率频繁波动，不仅无助于金融部门和金融市场的建设和发展，而且还将大大增加经济发展和社会稳定的成本。为此，我国应采取较为缓和的参考一篮子货币进行调节、有管理的浮动汇率制度。

另外，在很长的一段时间里，由于美国在世界经济中的地位和美元的相对稳定性，美元确实在世界范围内起到了各国货币标尺的作用。但是随着欧元的诞生及其在国际储备货币中地位的上升，美元的地位也在减弱。因此，我国政府根据整个国际经济形势和美元地位的变化，于2005年7月21日宣布放弃了钉住美元汇率制度，选择采用参考一篮子货币汇率制度。这可以削弱长期以来美元对人民币汇率的过度影响，更好地保持人民币有效汇率的相对稳定性。面对"8·11汇改"引发的市场剧烈波动，央行在此后及时调整汇率中间价形成机制以稳定市场。央行于2016年2月正式发布新的人民币汇率中间价的定价公式，要求做市商在对中间价报价时，适度调整人民币兑美元汇率，以维持人民币对一篮子货币汇率的基本稳定。2016年下半年开始，人民币面临的贬值压力再度抬升，央行宣布在人民币汇率中间价定价机制中引入"逆周期因子"，逆周期因子由反映市场供需情况的汇率变动经过逆周期系数调整后得到，至此形成了现行的"上一交易日收盘价＋一篮子货币汇率变化＋逆周期因子"的汇率中间价形成机制。此后，人民币汇率的单边贬值预期逐步化解并逆转，人民币汇率企稳回升，开启双边浮动模式，人民币汇率波动的弹性也在逐步加大。

## 三、人民币参考一篮子货币汇率制度的特点

从汇率形成机制来看，人民币参考一篮子货币汇率制度不同于人

民币钉住美元汇率制度和人民币钉住一篮子货币汇率制度。

在人民币钉住美元汇率制度下,外汇市场上美元对人民币供求变化并不影响人民币对美元的汇率。在钉住美元汇率制度下,外汇市场上美元的供给大于需求,美元对人民币的汇率会下跌,人民银行就会买进美元卖出人民币,从而使美元对人民币汇率保持不变。反之,人民银行会卖出美元买入人民币,以使美元对人民币汇率保持稳定。另外,在人民币钉住美元汇率制度下,美元对非美元货币汇率的变化也不影响人民币对美元的汇率。人民币对非美元货币的汇率是由人民币对美元的汇率和美元对非美元货币的汇率套算而得。如果美元对非美元货币升值,人民币对美元的汇率仍会维持不变,而对非美元货币会升值;反之,如果美元对非美元货币贬值,人民币对美元的汇率同样会维持不变,而对非美元货币会贬值。

人民币钉住一篮子货币汇率制度是使人民币相对于几种货币(或一篮子货币)的加权平均汇率保持不变的一种汇率制度。为更好地理解钉住一篮子货币汇率制度的内涵,我们假设人民币货币篮中只有美元和英镑两种货币,$w_\$$ 为货币篮中美元的数量,$w_£$ 为货币篮中英镑的数量,$E^{R/\$}$ 和 $E^{R/£}$ 分别表示人民币对美元和英镑的汇率,人民币与美元和英镑的加权平均汇率为 $E^R$,则:

$$E^R = w_\$ \cdot E^{R/\$} + w_£ \cdot E^{R/£} \qquad 4.3.1$$

其中,$E^R$ 是以人民币表示的一篮子货币的价格。所谓人民币钉住一篮子货币汇率制度是指保持 $E^R$ 不变,即 $E^R$ 为常数。

从公式(4.3.1)可以看出,与人民币钉住美元汇率制度不同,在人民币钉住一篮子货币汇率制度下,尽管人民币对美元的汇率同外汇市场上美元对人民币的供求关系同样无关,但篮子中美元对非美元货币汇率的变动,不仅会引起人民币对非美元货币汇率的波动,而且会引起人民币对美元汇率的波动。例如,在上述以美元和英镑构成的虚拟货币篮中,由于以人民币表示的一篮子货币的价格钉住不变,因此,当美元对英镑升值时,人民币对英镑汇率会升值,而人民币对美元汇率则会贬值;当美元对英镑贬值时,人民币对英镑汇率会贬值,而人民币对美元汇率则会升值。可见,在人民币钉住一篮子货币汇率制度下,美元对人民币汇率升值或贬值的可能性皆有。

与人民币钉住一篮子货币汇率制度相比,在人民币参考一篮子货币汇率制度下,人民币对美元汇率不仅受货币篮中美元对非美元货币汇率变动的影响,而且与外汇市场上美元对人民币的供求有关。例如,钉住一篮子货币汇率制下,当美元对其他货币升值时,人民币对美元应该贬值。但在参考一篮子货币汇率制度下,考虑到外汇市场上存在人民币对美元升值的压力,人民银行可能不是根据钉住一篮子货币汇率制度的要求,通过干预外汇市场,使人民币对美元贬值。相

反，人民银行可能不干预外汇市场或仅进行小幅度的干预，而听任人民币在市场供求作用下升值。"参考"意味着人民银行有了决定汇率水平的较大灵活性。

## 四、人民币参考一篮子货币汇率制度的作用

### （一）有助于稳定人民币实际有效汇率

对国际贸易和国际投资产生影响的是实际有效汇率。人民币钉住单一美元汇率制度，尽管可以稳定人民币对美元的双边名义汇率，但在美元对世界主要货币之间的汇率发生较大波动时，由于人民币对美元汇率保持不变，因此，美元对非美元货币汇率的波动完全由人民币对非美元货币汇率波动吸收，从而可能会导致人民币对非美元货币汇率的大幅波动，进而引起人民币名义有效汇率的较大不稳定。因此，在人民币钉住美元汇率制度下，人民币对美元双边名义汇率的稳定，不仅不能稳定人民币名义有效汇率，反而可能会造成人民币名义有效汇率的更大不稳定。

人民币钉住一篮子货币汇率制度是使人民币相对于几种货币（或一篮子货币）的加权平均汇率保持不变的一种汇率制度。人民币钉住一篮子货币汇率制度是一种比较稳定的汇率制度，因为人民币对货币篮中任何一种货币双边汇率的变动，经过权数（小于1）化后传导给以人民币表示的一篮子货币价格的影响大大缩小了。例如，在上述以美元和英镑构成的虚拟货币篮中，如果美元在货币篮中的权重是50%，那么美元对人民币汇率变动10%，只对以人民币表示的一篮子货币价格影响5%。此外，由于货币篮中各种货币的双边汇率的变动，向上的变动与向下的变动对以人民币表示的一篮子货币价格的影响可能会相互抵消，从而使以人民币表示的一篮子货币价格相对稳定。可见，人民币钉住一篮子货币汇率制度可以有效克服钉住单一美元的弊端，保持人民币名义有效汇率的相对稳定性。

与人民币钉住一篮子货币汇率制度相比，在人民币参考一篮子货币汇率制度下，由于允许以人民币表示的一篮子货币价格可以在一定范围内浮动，进而引起人民币名义有效汇率会有适度波动。但与人民币钉住美元汇率制度相比，正是由于在参考一篮子货币汇率制度下限定了以人民币表示的一篮子货币价格的浮动范围，从而使人民币参考一篮子货币汇率制度下人民币名义有效汇率的波幅会较小。由于实际有效汇率是名义有效汇率扣除物价因素后的有效汇率，因此，人民币名义有效汇率保持相对稳定也有助于稳定人民币实际有效汇率。可见，与人民币钉住单一美元汇率制度相比，人民币参考一篮子货币汇

率制度有助于稳定人民币名义有效汇率和实际有效汇率，从而有助于促进我国国际贸易和国际投资的健康发展。

### （二）可以有效配置资源

微观经济学最重要的一个理论就是均衡价格是对供需双方最有利的价格。尽管单纯从供应方看价格愈高愈好，单纯从需求方看价格越低越好；但是从整个经济来看，一定是供需均衡的价格最好，因为它能最优配置资源。人民币汇率也是一种价格，从全球的角度来看，也是均衡汇率最佳。人民币汇率低估或高估（相对于均衡汇率）都不利于我国经济及世界经济的发展。

一般认为，人民币汇率低估（相对于均衡汇率）会促进出口，但人民币汇率低估也会提高进口成本，从而不利于进口。我国经济的发展需要进口大量外国先进技术和设备，人民币汇率长期低估，也会对经济增长产生消极影响。人民币汇率低估尽管有助于出口，但人民币汇率长期低估，可能会扭曲价格机制，使人民币汇率丧失在资源配置的积极作用，造成资源浪费。另外，人民币汇率长期低估，会减少贸易伙伴国的市场占有份额，引起贸易伙伴国的报复，这不仅会抵消人民币汇率低估的积极效应，而且还会损害国际协调机制的建立，从而可能会对我国经济及世界经济带来新的问题。

同样，人民币汇率高估对贸易双方国家也都是不利的。首先，人民币汇率高估会抑制出口；其次，人民币汇率高估尽管有助于降低进口成本，促进进口，但人民币汇率长期高估也会扭曲价格机制，从而降低外汇资源的使用效率，造成外汇资源的浪费。另外，如果我国出口产品是贸易伙伴国消费者欢迎的商品，那么人民币汇率高估也会损害贸易伙伴国消费者的利益。如果人民币汇率长期过度高估严重影响了我国经济的发展，需求大幅下降，那么贸易伙伴国对我国的出口不仅不会增加，反而会下降。

可见，人民币汇率是把"双刃剑"，人民币汇率低估或高估对我国和贸易伙伴国经济都会产生不利影响。人民币均衡汇率是一个双赢的汇率，对我国和贸易伙伴国经济都会产生积极的作用。

由于人民币均衡汇率的准确测算非常困难，因此，与人民币钉住美元汇率制度和钉住一篮子货币汇率制度相比，人民币参考一篮子货币汇率制度因允许以人民币表示的一篮子货币价格可以在一定范围内浮动，从而可以更好地让市场自动纠正人民币汇率对均衡汇率的偏离，及时反映基本经济面的变化，避免人民币汇率的人为扭曲，更好地发挥人民币汇率在资源配置中的积极作用，促进我国经济及世界经济的健康发展。

### (三) 有助于增强货币政策独立性

在开放经济条件下，如果实行钉住单一货币汇率制度，则本国货币政策将依附于钉住货币国的货币政策。当钉住货币国提高利率时，本国中央银行就必须提高利率，否则就会产生套利，资金就会外流，本币就会贬值，为维持钉住汇率制度央行就需要对外汇市场进行干预，即抛出外币，回购本币，这会减少货币供应量，最终会导致本国利率上升；反之，当钉住货币国降低利率时，本国中央银行也必须降低利率，否则投机资金就会大量流入境内，冲击国内金融市场，本币升值的压力就会增大，为维持钉住汇率制度央行就需要对外汇市场进行干预，即抛出本币，购买外币，这会增加货币供应量，最终会导致本国利率下降。同样，在开放经济条件下，如果我国继续实行钉住美元的汇率制度，那么当美国调整货币政策时，我国货币政策也必须作出一致的调整，否则人民币钉住美元汇率制度将难以为继。

人民币钉住一篮子货币汇率制度是使人民币相对于几种货币（或一篮子货币）的加权平均汇率保持不变的一种汇率制度，它具有较好的稳定性。与人民币钉住美元汇率制度相比，在人民币钉住一篮子货币汇率制度下，即使我国货币政策与美国货币政策出现了偏离，以人民币表示的一篮货币价格仍会保持相对稳定，从而减轻了人民银行干预外汇市场的负担，增强了我国货币政策的独立性。与人民币钉住一篮子货币汇率制度相比，在人民币参考一篮子货币汇率制度下，由于允许以人民币表示的一篮子货币价格可以在一定范围内浮动，从而使我国货币政策获得了较大的独立性。

### (四) 会增加市场预期的不确定性

在人民币参考一篮子货币汇率制度下，货币篮中各种货币汇率的变动会影响人民币汇率，但参考一篮子货币不等于钉住一篮子货币，它还要将市场供求作为另一重要依据，并据此形成有管理的浮动汇率。这种缺乏明确汇率形成规则的汇率制度会增加市场预期的不确定性，从而产生一些消极作用。(1) 不确定的汇率形成规则会损害企业的投资行为。汇率形成规则的不明确会导致汇率变动的不确定性，进出口价格随之不确定，这直接影响到利润的不确定，增加企业选择投资的难度。(2) 不确定的汇率形成规则，会增强人们对人民币汇率随意猜测的想象空间，刺激投机资金频繁流入流出，对国民经济产生消极影响。

## 五、简要评论

人民币汇率制度改革的长期目标应是浮动汇率制度，但鉴于当前我国金融市场、微观经济主体和金融监管等方面存在的问题，我国选择了较为缓和的参考一篮子货币进行调节、有管理的浮动汇率制度。人民币参考一篮子货币汇率制度和钉住一篮子货币汇率制度，对稳定实际有效汇率、有效配置资源和增强货币政策独立性都有积极作用，但前者在有效配置资源和增强货币政策独立性方面效果更好。另外，人民币参考一篮子货币汇率制度也增加了市场预期的不确定性，对宏观经济产生了一些消极影响。事实上，人民币参考一篮子货币汇率制度基本上是国际上所说的 BBC（Basket，Band and Crawl）汇率制度。BBC 汇率制度使新加坡实现了低通胀下的持续经济增长。但我国的国情毕竟和新加坡不同，人民币参考一篮子货币汇率制度能否成为适合我国国情的较理想的汇率制度还有待时间检验。

## 本 章 案 例

[案例1]

### 2015 年"8·11"人民币汇改

2008 年全球金融危机中断了人民币自 2005 年以来的汇率市场化进程，为应对金融危机造成的人民币贬值预期，中国人民银行收紧了人民币汇率波动区间，在 2008～2010 年，人民币对美元汇率基本维持在 8.8100～8.8400 间波动。① 直到 2010 年 6 月 19 日，中国人民银行宣布进一步推进人民币汇率形成机制改革，重申提高人民币汇率弹性，人民币再次进入升值通道。

到 2013 年，美联储宣布削减量化宽松，全球流动性进入紧缩通道，美元开始走强。在此背景下，我国资本流入的趋势开始逆转，人民币开始形成贬值预期。然而，在国际外汇市场上，人民币依然处于缓慢的升值中，人民币贬值压力逐渐累积。

2015 年 8 月 11 日，中国人民银行发表《中国人民银行关于完善人民币兑美元汇率中间价报价的声明》②，宣布"自 2015 年 8 月 11 日起，做市商在每日银行间外汇市场开盘前，参考上日银行间外汇市场收盘汇率，综合考虑外汇供求情况以及国际主要货币汇率变化向中

---

① 资料来源：国家外汇管理局。
② 资料来源：http://www.pbc.gov.cn/goutongjiaoliu/113456/113469/2927054/index.html。

国外汇交易中心提供中间价报价"。8月11日当天,人民币兑美元中间汇率由8.1162贬值到8.2298,并于8月13日贬值到8.4010。自此,人民币进入贬值通道,此次贬值一直持续到2017年1月。

"8·11"汇改使人民币贬值压力得到极大缓解,缓和了经济失衡,生产者价格指数终于扭转了下降趋势,实际利率大幅下降,通货紧缩压力得到缓解;资本外流趋势明显放缓,外汇储备得以稳定;股市波动减小,房价则进入回升通道。

为了加大参考一篮子货币的力度,以更好地保持人民币对一篮子货币基本稳定,中国外汇交易中心于2015年12月11日开始发布显示人民币对由13个国家和地区货币构成的货币篮子的价值"CFETS人民币汇率指数",以此作为一种"一篮子货币汇率"。

"8·11"汇改后,人民币汇率的双向波动成为常态,中国人民银行发布的《2021年第二季度中国货币政策执行报告》中强调,"未来人民币汇率双向波动将是常态。下一步要继续坚持以市场供求为基础、参考一篮子货币进行调节、有管理的浮动汇率制度"。

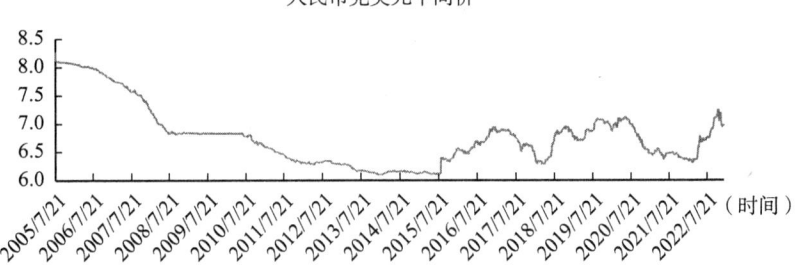

[案例2]

## 货币锚与汇率制度安排

根据国际货币基金组织(IMF)2022年发布的《2021年汇率安排和汇率限制年报(Annual Report on Exchange Arrangements and Exchange Restrictions 2021)》,IMF对全球190个国家和地区的汇率制度安排划分为4大类10小类。自2013~2021年,约有1/3的国家和地区采用浮动汇率制度,其中有一半国家和地区采用自由浮动汇率制度。① 然而,根据伊尔泽特斯、莱因哈特和罗格夫(Ilzetzki, Reinhart and Rogoff)在2019年对全球194个国家和地区的实际汇率制度的分

---

① Peng, Hongfeng and Wang, Wenhao and Liu, Yanzhen and Xiao, Zumian and Yin, Zhichao, Global Capital Controls in the Twenty-First Century: A Hierarchical Measure of Capital Controls, workingpaper, SSRN, January 10, 2023.

析研究，发现在 2019 年底，全球仅有 7 个国家采用自由浮动的汇率制度，分别是澳大利亚、加拿大、日本、墨西哥、南非、英国和美国。他们将全球国家和地区的汇率制度安排划分为 6 大类和 14 小类，发现在 2019 年大多数采用固定汇率制度（104 个国家和地区）或者爬行钉住制度（43 个国家和地区）。[①]

基于各国的汇率制度安排，伊尔泽特斯等又针对性地讨论了锚货币（anchor currency）的识别和成因，发现在布雷顿森林体系崩溃之前，锚定美元和锚定英镑的国家和地区的数量相差不多，分别有 20%~30% 的国家和地区锚定美元或英镑；然而在布雷顿森林体系崩溃之后，锚定美元的国家和地区增多，20 世纪 90 年代至今有超过 50% 的国家和地区锚定美元。

在 20 世纪末，我国有学者提出了人民币国际化的构想。经过数年的积累，中国人民银行与香港金管局签署的《清算协议》并发布联合公告，人民币自 2010 年 7 月 19 日起可在香港交割，标志着在香港成立人民币离岸市场，人民币开启国际化新征程。2013 年，中国国家主席习近平提出建设"新丝绸之路经济带"和"21 世纪海上丝绸之路"的合作倡议；截至 2022 年 12 月，中国已与 150 个国家、32 个国际组织签署 200 余份共建"一带一路"合作文件。2020 年 11 月，东盟 10 国和中国、日本、韩国、澳大利亚、新西兰共 15 个亚太国家正式签署了《区域全面经济伙伴关系协定（RECP）》，标志着当前世界上人口最多、经贸规模最大、最具发展潜力的自由贸易区正式启航。[②]"一带一路"和 RECP 经济带的建设，使人民币在区域范围内影响力迅速提高，丁剑平等（2018）发现人民币在"一带一路"沿线国家正在发挥货币锚定的作用，陶士贵和胡静怡（2021）认为人民币影响力在汇改之后得到提升。

## 本 章 小 结

1. 汇率制度是一国货币当局对本国汇率水平的确定、汇率变动方式等问题所作的一系列安排或规定。汇率制度最基本的两种类型是固定汇率制与浮动汇率制度。这两种汇率制度在实现内外均衡的自动调节机制、政策利益、对国际经济关系的影响方面具有不同的特点，各有其优劣之处，它们之间的比较实际上是对灵活性与可信性的权衡。另外，还存在介于固定汇率制度与浮动汇率制度之间的中间汇率

---

[①] Ilzetzki, E., Reinhart, C. M., & Rogoff, K. S.. Exchange Arrangements Entering the Twenty-first Century: Which Anchor Will Hold? . *The Quarterly Journal of Economics*, 2019, 134 (2): 599–646.

[②] 陶士贵、胡静怡：《人民币何以成为货币锚？——基于汇改视角的直接形成渠道分析》，载《国际金融研究》2021 年第 1 期，第 76~86 页。

制度。

2. 综观中国香港的金融发展历程，香港先后实行过不同类型的汇率制度，如港币与英镑挂钩的汇率制度、港币与美元挂钩的汇率制度、自由浮动汇率制度，最终于1983年10月实行联系汇率制度。联系汇率制度属于货币局制度，是指在法律中明确规定本国货币与某一外国可兑换货币保持固定的交换率，并且对本国货币的发行作特殊限制以保证履行这一法定义务的汇率制度。香港联系汇率制度的核心内容是港元与美元挂钩，维持1美元兑换7.80港元的固定汇率，港元现钞的发行有百分之百的美元储备支持。联系汇率与市场汇率、固定汇率与浮动汇率并存，是香港联系汇率制度最重要的机理。联系汇率制度的最大优点在于有利于香港金融的稳定，而市场汇率围绕联系汇率窄幅波动的运行也有助于香港作为国际金融中心和国际贸易中心地位的巩固和加强。但是，这一汇率制度也存在一些缺点。它使香港的经济行为及利率、货币供应量指标过分依赖和受制于美国，从而严重削弱了金融管理局运用利率和货币供应量杠杆调节香港经济的能力。同时，联系汇率制度也使通过汇率调节国际收支的功能无从发挥。

3. 按国内外经济环境、经济体制的特点、政府政策目标及汇率市场化程度等因素，可将人民币汇率制度的演变划分为两大时期、七个阶段。改革开放前人民币汇率制度的演变可划分为三个阶段：第一阶段（1949~1952年），没有形成真正的汇率制度。第二阶段（1953~1973年），实行可调整固定汇率制度。第三阶段（1973~1979年），实行钉住一篮子货币汇率制度。改革开放后人民币汇率制度的演变可划分为五个阶段：第一阶段（1979~1985年），官方汇率与贸易内部结算汇率并存的双重汇率制度。第二阶段（1985~1993年），官方汇率与外汇调剂市场汇率并存的双重汇率制度。第三阶段（1994年至2005年6月），实行有管理的浮动汇率制度。第四阶段（2005年7月至2015年7月），实行人民币参考一篮子货币汇率制度。第五阶段（2015年8月至今），以市场供求为基础、参考一篮子货币进行调节、有管理的浮动汇率制度。

4. 人民币汇率制度改革的长期目标应是浮动汇率制度，但鉴于当前我国金融市场、微观经济主体和金融监管等方面存在的问题，我国选择了较为缓和的参考一篮子货币进行调节、有管理的浮动汇率制度。人民币参考一篮子货币汇率制度和钉住一篮子货币汇率制度，对稳定实际有效汇率、有效配置资源和增强货币政策独立性都有积极作用，但前者在有效配置资源和增强货币政策独立性方面效果更好。另外，人民币参考一篮子货币汇率制度也增加了市场预期的不确定性，给宏观经济带来了一些负面影响。

## 本章重要概念

汇率制度　固定汇率制度　浮动汇率制度　稳定性投机　非稳定性投机　棘轮效应　联系汇率制度　利率机制　后备规则　钉住美元汇率制度　人民币钉住一篮子货币汇率制度

## 本章思考题

1. 为什么说选择固定汇率制度还是浮动汇率制度实际上是对可信性与灵活性进行权衡？
2. 香港联系汇率制度有何特点？
3. 如何评价香港联系汇率制度？
4. 我国选择人民币参考一篮子货币汇率制度的依据是什么？
5. 钉住单一货币汇率制度、钉住一篮子货币汇率制度与参考一篮子货币汇率制度有何异同？
6. 如何评价人民币参考一篮子货币汇率制度？

# 第五章 国际资本流动

**学习目标**
- 掌握国际资本流动的类型与经济效应分析；
- 了解各种国际资本流动理论的基本内容；
- 掌握国际资本流动管理的方法；
- 掌握国际债务、债务危机、货币危机的内涵与主要理论。

## 第一节 国际资本流动类型与经济效应

国际资本大规模、全球化的快速流动是当代国际金融领域的突出现象，作为经济要素资源全球范围配置的国际平台，国际资本流动在促进国际经济贸易增长和国际金融一体化的同时，也引发国际债务危机和国际货币危机。20世纪90年代以来，随着国际金融危机的不断爆发和加剧，国际资本流动再次引起了世人的高度重视。

### 一、国际资本流动的概念与分类

国际资本流动（international capital flow）亦称国际资本移动，是指资本从一个国家或地区转移到另一个国家或地区。它与商品贸易或劳动力输出入所引起的货币流通有着本质的区别。后者在商品或劳动力的交换中发生货币所有权的转移，而国际资本在其流动中不产生所有权的转移，发生转移的仅仅是它的使用权。

国际资本流动从流向上看主要包括资本的流出和流入。资本流入（capital inflow）是指外国资本流入本国，即外国资本输入，主要表现为：（1）外国在本国的资产增加；（2）外国对本国负债减少；（3）本国对外国的债务增加；（4）本国在外国的资产减少；资本流出（capital outflow），指本国支出外汇，是本国资本流到外国，即本国资本输出。主要表现为：（1）外国在本国的资产减少；（2）外国对本国债务增加；（3）本国对外国的债务减少；（4）本国在外国的资产增加。

国际资本流动从期限上看主要包括长期资本流动与短期资本流动。长期资本流动是指使用期限在1年以上，或者未规定使用期限的国际资本流动。它主要包括三种类型：国际直接投资、国际证券投资和国际贷款。国际直接投资（international direct investment）是指一个国家的企业或个人对另一国企业部门进行投资可以取得某一企业的全部或部分管理和控制权。国际直接投资一般有以下方式：（1）在国外创办新企业，包括创办独资企业、设立跨国公司分支机构及子公司；（2）与东道国或其他国家共同投资，合作建立合营企业；（3）投资者直接收购现有的外国企业；（4）购买外国企业股票，拥有达到一定比例以上的股权；（5）以投资者在国外企业投资所获利润作为资本，对该企业进行再投资；国际证券投资（international portfolio investment）。也称为间接投资，是指通过在国际债券市场上购买外国政府、银行或工商企业发行的中长期债券，或在国际股票市场上购买外国公司股票而进行的对外投资。证券投资与直接投资存在区别，主要表现在：证券投资者只能获取债券、股票回报的股息和红利，对所投资企业无实际控制和管理权。而直接投资者则持有足够的股权来承担被投资企业的盈亏，并享有部分或全部管理控制权；国际贷款（international loans），是指一国政府、国际金融组织或国际银行对非居民（包括外国政府、银行、企业等）所进行的期限为1年以上的放款活动。主要包括政府贷款、国际金融机构贷款、国际银行贷款。

短期资本流动是指期限在1年或1年以内的国际资本流动。它主要包括如下四类。

1. 贸易资本流动。贸易资本流动是指由国际贸易引起的货币资金在国际上的融通和结算，是最为传统的国际资本流动形式。国际贸易活动的进行必然伴随着国际结算，引起资本从一国或地区流向另一国或地区。各国出口贸易资金的结算，导致出口国或代收国的资本流入；各国进口贸易资金的结算，则导致进口国或代付国的资本流出。

2. 银行资金调拨。银行资本流动，是指各国外汇专业银行之间由于调拨资金而引起的资本国际转移。各国外汇专业银行在经营外汇业务过程中，由于外汇业务或谋取利润的需要，经常不断地进行套汇、套利、掉期、外汇头寸的抛补和调拨、短期外汇资金的拆进拆出、国际上银行同业往来的收付和结算等，都要产生频繁的国际短期资本流动。

3. 保值性资本流动。又称为"资本外逃"（capital flight），是指短期资本的持有者为了使资本不遭受损失而在国与国之间调动资本所引起的资本国际转移。保值性资本流动产生的原因主要有国内政治动荡、经济状况恶化、加强外汇管制和颁布新的税法、国际收支发生持续性的逆差,从而导致资本外逃到币值相对稳定的国家,以期保值,免遭损失。

4. 投机性资本流动。投机性资本流动是指投机者利用国际金融市场上利率差别或汇率差别来谋取利润所引起的资本国际流动。具体形式主要有:对暂时性汇率变动的投机;对永久性汇率变动的投机;与贸易有关的投机性资本流动;对各国利率差别作出反应的资本流动。由于金融开放与金融创新,国际上投机资本的规模越来越庞大,投机活动也越来越盛行。

国际资本流动从实际生产、交换角度看主要包括产业性资本流动与金融性资本流动。产业性资本的流动是指与实际生产、交换发生直接联系的资本流动,例如发生在国际上兴办特定企业、控制或介入企业的实际经营管理的产业性资本流动——国际直接投资;作为商品在国际上流动的对应物、在国际贸易支付中发生的各种贸易性资本流动;金融性资本的流动是指与实际生产、交换没有直接联系的国际性资本流动。如国际银行存贷市场上与国际贸易支付不发生直接联系的银行存贷活动;国际证券市场上不以获取企业控制权为目的的证券买卖;外汇市场上与商品进出口没有直接联系的外汇买卖;国际衍生工具市场上与商品贸易套期保值无关的交易等。金融性资本的流动具有更为明显的货币金融性质,近年来它的规模越来越大,而且发展非常迅速,形式日益复杂,特别是越来越脱离实物经济,表现出自身相对独立的运动形式。西方学者用国际资金流动、国际金融性资本流动(international financial capital flow)等术语对之描述。因此,我们在国际金融学的研究中,应加以特别的关注。

## 二、国际资本流动的成因及经济效应

### (一)国际资本流动的成因

国际资本流动的形成,是一种供给与需求关系产生的结果。正因为存在这样的一种供求关系,才从根本上导致了国际资本流动。

1. 从资本供给看——谋利与规避风险的权衡。在国际资本流动中,长期资本与短期资本流动的具体原因各不相同,但从总体上看,其动因都不外乎两个:其一是追求利润;其二是规避风险。第二次世界大战后,由于世界经济发展的不平衡,各国资本的预期收益率必然会形成差异。资本追逐利润最大化的本性驱使它从一国流向另一国。

若一国资本的预期收益率高于他国，在其他因素相同的情况下，他国资本便会流入该国；反之，若一国资本的预期收益率低于他国，或者在相同收益率下风险高于他国，不仅外国资本会从该国抽走，而且本国资本也会存在外逃现象。

在国际资本流动中，追逐利润并非单纯的唯一动机。对投资者来说，还要考虑资本的相对安全性。在某国或地区风险因素超过投资者所能承受的范围时，资本外流也就产生了。因此，任何国际资本的流入流出，都是追求利润和规避风险的权衡结果。而也正是因为这两个原因的存在，使谋求流动的国际资本始终存在，产生资本供给。

2. 从资本需求看——弥补资金缺口。资本需求是多方面的，但发展中国家的资本需求是最为明显的。在发展中国家，由于国内储蓄不足以支持经济发展或起飞阶段所需要的投资需求，收入不足以支付进出口所需要的资金，为了开发本国资源、本国新产品、扩大生产能力以及引进先进技术和先进的管理经验，需要利用外资弥补经济发展的资金缺口，从而形成了对国际资本持续的需求。同时，国际投机者，尤其是以对冲基金为代表的机构投机者，在进行投机交易时，需要动用巨额资金，从而产生对国际资本的投机性需求。

### （二）国际资本流动的一般经济效应分析

西方新古典学派理论认为，资本流入一个国家增加了东道国的资本存量，而母国的资本存量则相应减少。在其他条件不变的情况下，会对两国都带来利益，从而实现资源的合理配置，对世界经济增长起推动作用，这就是麦克杜格尔于1960年提出，后经肯普发展而形成的资本移动促进国民收入学说。麦克杜格尔假定：（1）资本在国际上可以自由流动，不存在限制资本流动的因素；（2）存在A、B两类国家，其中，A国是资本丰富的国家，而B国是劳动力丰富的国家；（3）存在完全竞争的要素市场，即要素的价格等于要素的边际生产力。

1. 资本流动对国民收入的影响。如图5-1所示，假定在一个A、B两国构成的世界中，世界资本存量为既定的$OO'$，但两国拥有的资本不一样；A国拥有$OA$量的资本，B国拥有$O'A$量的资本。

在没有资本流动的条件下，A国资本收益率为$OC$时，在国内投入的全部资本总量为$OA$，因此，总产量可用边际产品价值曲线下的面积测算，为$OFGA$。其中，$OCGA$由A国资本所有者创造，剩下的$CFG$由其他合作要素所有者，比如劳动力和土地所有者创造。同样，在禁止资本流动条件下，B国资本收益率为$O'H$时，投入国内的全部资本存量为$O'A$，总产量是$O'JMA$。其中，$O'HMA$由B国资本所有者创造，剩下的$HJM$由其他合作要素所有者创造。

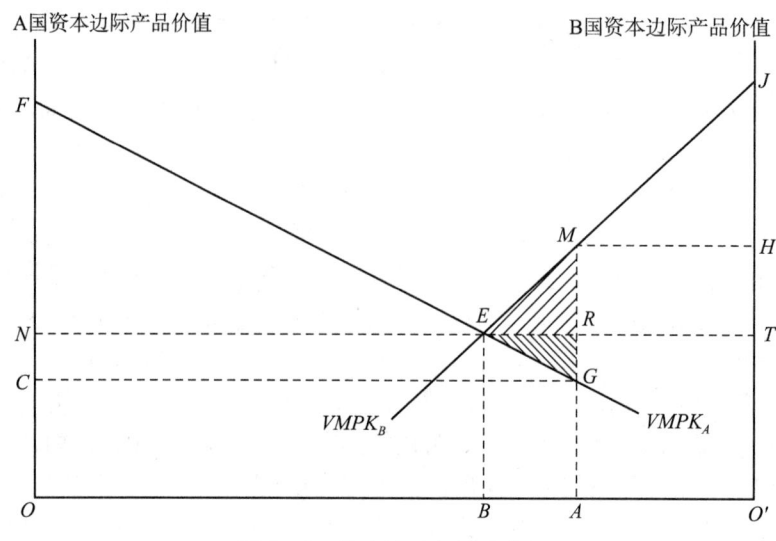

图 5-1 资本流动与国民收入

资本从 A 国流入 B 国，直至达到 BE 的水平（BE = ON = O'T），两国的资本收益率相等。A 国国内总产量现在是 OFEB，加上对外投资的总收益 ABER，得出国民收入总量为 OFERA，增加了 ERG。随着国际资本的自由流动，A 国资本总收益增加到 ONRA，而其他合作要素总收益减少到 NFE。

随着外国资本 AB 量流入 B 国，B 国的资本收益的比率从 O'H 降低到 O'T。表面上看来，B 国国内总产量从 O'JMA 增长到 O'JEB。在所增加的总产量 ABEM 中，ABER 由外国投资者创造。在总产量增加部分中仍有 ERM 留给 B 国作为净收益。国内资本所有者总收益从 O'HMA 下降到 O'TRA，而其他合作要素所有者总收益从 HJM 上升到 TJE。

从整个世界范围看，总产量从（OFGA + O'JMA）增加到（OFEB + O'JEB），增加了 EGM。因此，国际资本流动提高了国际资源配置的效率，提高了生产力，从而增加了国民收入。$VMPK_A$ 和 $VMPK_B$ 曲线越陡，则从国际资本流动中获得的总收益越大。

2. 资本流动对国民收入分配的影响。

（1）对于投资国国民收入分配的影响。流动之后，A 国的总产出虽然减少了 BEGA 部分，但其国民收入并没有下降。因为 BA 量的对外投资，按 EB 水平的资本价格，给 A 国带来了 EBAR 量的海外投资收益。显然，A 国的国民收入不仅没有减少，反而比流动之前增加了 GER 部分。

但是，A 国国民收入的增加，对国内的资本要素和劳动力要素的收入分配却有着不同的影响：对资本要素收入的分配较之资本流出前增加了 CGRN 部分；而对劳动力要素收入的分配较之资本流动前相比减少了 CGEN 部分。可见，资本流动之后，使流动前劳动力要素所有者的一部分收入 CGEN 再分配给了资本要素所有者，从而产生了有利于资本要素所有者的收入分配效应。

（2）对于投资接受国国民收入分配的影响。B 国在接受了 BA 部分的外资后，使总产出由流动前的 $O'JMA$ 增加为 $O'JEB$，增加了 BAME 部分。但这部分中，要将 BARE 部分以投资收益的形式支付给 A 国，对于 B 国而言，仍有三角形 ERM 部分的国民收入净收益。

与 A 国相反，B 国国民收入的增加，在国民收入的分配上，产生了有利于劳动力要素所有者的分配效应。流动之前，B 国资本要素和劳动力要素的收入分别为 $O'HMA$ 和 JHM。流动之后，B 国国内资本要素和劳动力要素的收入增加总额 HTEM 中，HTRM 正好是资本收入减少的部分，即：资本流动后，使原来归资本要素的部分收入再分配给了劳动力要素。综合以上两个方面的分析，我们可以得到如下几点结论：

（1）资本的国际流动，不仅可以增加全世界的生产和福利水平，而且可以同时增加投资国和投资接受国的国民收入；

（2）资本流动对投资国和投资接受国各自的国民收入分配产生了相反的影响。对于投资国而言，产生了有利于资本要素收入的分配而不利于劳动力要素收入的分配；对于投资接受国而言，产生了有利于劳动力要素收入的分配而不利于资本要素收入的分配。

### （三）国际资本流动的负经济效应分析

一般来说，国际资本流动对资本输出国和输入国都有很大影响。在错综复杂的经济活动过程中，其影响既有积极的一面，也有消极的一面。国际资本流动的负效应主要表现为：

1. 长期过度的资本输出、输入会对世界经济的稳定发展产生影响。在货币总额一定的条件下，大量资本输出会使本国的投资下降，从而减少国内的就业机会，降低国内的财政收入，对本国经济发展造成压力。面对长期大量的资本输入，如果资本输入国缺少正确的政策，管理不善，使用不当，不仅会使本国资源遭到掠夺，无法建立自己的优势产业，而且可能会使本国的部分行业甚至国家的经济命脉受到国外垄断资本的控制，国家主权受到侵犯，处于依附发达国家的地位。

2. 加重外债负担，甚至会陷入债务危机。对资本输入国来说，除外国的直接投资以外，流入的所有其他类型的资本都属于外债，是需要还本付息的。如果外债金额过大，超出了本国还本付息的承受能力，将会陷入债务危机的困境之中。如 20 世纪 80 年代初墨西哥就开始吸引大量的证券投资,为其经济发展和繁荣创造了优良的资金环境。但由于国家政策失误,外债结构不合理,未能有效利用外债以及国际利率居高不下等原因,使其经济急剧紧缩并被迫宣布停止偿还债务的本息,引起了外国投资者的恐慌,大量抛售股票、债券,抽回本金,换得美元出逃。由此引起国内投资者的纷纷效仿,发生连锁反应,使得墨西哥证券和外汇市场巨幅振荡。墨西哥货币大幅贬值,也进而影响了周边国家乃至整个国际金融的稳定,造成了巨大的损失,其后在美国和国际金融组织的干预和支持下,才勉强渡过难关。

2001年12月19日,阿根廷爆发大规模骚乱,大批商店被哄抢,造成了30多人死亡,经济部长卡瓦罗、总统德拉鲁阿相继辞职,其后,在10天之中更换4位总统,由经济危机转为政治危机,其中一个原因就是阿根廷对高达1 550亿美元的外债偿还能力不足。

3. 易于造成货币金融混乱。短期资本流动在这方面的消极影响最为明显。各国由于国际收支和利率的差异,导致了投机性的短期资本流动频繁,投资者利用汇率、利率的变动,炒买炒卖外汇,更加剧了各国国际收支的不平衡和汇率的不稳定,尤其是投机性强的国际游资一有风吹草动,就会兴风作浪,大规模地从一些国家流进流出,严重干扰和影响了一些国家正常的经济、金融秩序,造成较大的危害。

1997年最先在泰国引爆的东南亚金融危机就是一个很好的例证。20世纪90年代以来,这些国家纷纷推行金融自由化,但它们未像西方国家那样实行有效的金融监管,使这一区域成了投机的"天堂"。另外,泰国与东南亚国家把发展经济的动力依附在大量的外国资本上,而且是长期过分地依赖,政府没能将社会上闲散资金有效地组织起来,更何况出口结构单一,出口竞争力下降,造成出口增长速度逐年放慢,也就是说出口创汇能力逐渐下降,而国内的许多物品尚需使用外汇去国外进口,因此造成东南亚国家的外汇储备普遍不足,因而成了国际外汇投机者的最佳目标。东南亚金融危机的爆发,固然有它自身的隐患,但与国际游资的投机不无联系。

## 第二节 国际资本流动理论

国际资本流动理论是用以解释国际资本流动原因、动机、方式、变动因素及影响的重要的国际金融学说。它是随着国际经济交往的不断扩大而发展与深化的。历史上看,主要的国际资本流动理论有利率差异理论、国际直接投资理论、国际证券投资理论、"两缺口"模型等。

## 一、利率差异理论

利率差异理论（interest rate theory）是古典的国际资本流动理论，是以借贷资本的国际流动为考察对象的。这种传统理论认为，国际资本流动的主要原因在于各国资本要素的价格（即利率）存在差异，而利率的这种国际差异又是由各国资本要素的相对供给量不同造成的。如果资本要素能在国际上自由流动，那么，当 A 国资本比 B 国更稀缺时，A 国的利率必定高于 B 国，B 国资本必将为高利率所吸引而流向 A 国。一般来说，在完全竞争的条件下，资本总是从供给相对丰富、利率较低的国家流向资本供给相对稀缺、利率较高的国家，这种流动将持续到两国的利率水平相等为止。由于强调各国利率差异是借贷资本跨国流动的决定性原因，所以这一理论被称为利率差异论。

但是，利率差异理论有两个明显的历史局限性。一是把资本流动看得过于抽象，没有具体区分流向、结构和收益都不相同的直接和间接投资，而是只假定了各国市场始终处于完全竞争状态，资本在国际上可以自由流动，这就不能不使其理论停留在过分抽象的理想化状态。事实上，促成国际资本流动的因素不是单一的。除了利率这一基础性因素外，还有相关的汇率和其他经济因素，甚至文化、政治的因素。二是它以国际资本自由流动为前提，这与现实不符，在现实中有些国家对资本的流动是有管制的。

## 二、国际直接投资理论

从 20 世纪 50 年代后期起，以跨国公司为主体的国际直接投资急剧增长，成为资本国际流动的主要形式。一些西方学者从不同角度对这种国际投资行为进行了研究，提出了各种不同的看法，形成了众多的理论派别。

### （一）垄断优势论

垄断优势论（theory of monopolistic advantage）是美国学者海默于 1960 年首先提出的，后来又由约翰逊、凯夫斯、金德尔伯格等学者作了进一步补充完善。

海默认为，企业之所以能对外直接投资，是因为它具备比东道国的同类企业更有利的垄断优势。这种垄断优势又表现在两方面：一方面是包括生产技术、组织成本、人才机制、管理水平、销售战略技能等所有无形资产在内的知识资产优势。另一方面是包括企业规模、产品结构、销售网络、资本实力、规模效益等综合能力在内的有形资产优势。投资者凭借这两方面的垄断优势,在没有或者短期内不可能有这种优势的东道国投资办企业,自然会在没有竞争对手的情况下独占当地市场,轻松地赚取高额利润。

约翰逊从另一个角度论述了企业的垄断优势。他认为,对外直接投资的垄断优势主要来自对知识资产的占有和使用。这是因为,培养积累和形成知识资产的成本很高,而通过直接投资占有和使用这些知识资产的成本都很低。所以,直接投资能利用投资国和东道国的这种知识资产优势,获取综合性效益。

凯夫斯和金德尔伯格认为,直接投资的垄断优势主要体现在它的产品具有因地制宜的适应能力和产品创新能力上。换言之,跨国公司之所以能在海外设厂生产,主要因为它能根据不同地区、不同层次的消费偏好,设计和生产出适合各种消费需求而东道国又无法生产的新产品。同时它能以驰名的国际资信、广泛的销售网络、高超的服务技巧,去迎合消费者现实和潜在的心理需求,进而获取更高的超额利润。

垄断优势论的突破在于,它用不完全竞争和垄断代替了完全竞争,并将国际直接投资同国际证券投资区别开来研究,从而成为跨国公司的理论基础。但是,这一理论也有不足和局限性,缺乏普遍意义,不足以解释生产部门跨国化的地理布局和服务业跨国经营的行为,而且也无法解释发展中国家以及20世纪60年代和70年代日本企业对外直接投资的行为。

### (二) 比较优势理论

20世纪70年代中期,日本一桥大学小岛清教授,根据日本当时对外直接投资的情况,提出了新的理论——比较优势理论。

小岛清认为,对外直接投资应该从本国(投资国)已经处于或即将陷入比较劣势的产业(可称边际产业)依次开始进行,而这些产业是东道国具有明显或潜在比较优势的部门,但如果没有外来资金、技术和管理经验,东道国的这些比较优势就不能被利用。因此,投资国通过对外直接投资就可以充分利用东道国的比较优势。日本的传统工业部门之所以能够比较容易地在海外找到有利的投资场所,就是因为它们向具有比较优势的国家和地区进行投资。

小岛清的比较优势论坚持用国际分工的原则来分析和论述对外直接投资,有其独到的理论见解,但其局限性也是很明显的。比如,该理论否定垄断优势在对外直接投资中的作用,这既不符合历史事实,也不符合跨国公司对外直接投资的一般规律。

### (三) 国际生产折中论

国际生产折中论（eclectic theory of international production），是英国经济学家约翰·邓宁应用折中方法，博采各家之长，于 1976 年提出的一种国际直接投资理论。

邓宁认为，企业之所以能够进行对外直接投资，是因为企业具有所有权优势、内部化优势和区位优势，正是这些优势的综合作用，推动着企业的对外直接投资。所谓所有权优势是指投资企业在生产要素（包括资金、技术、劳动力、自然资源等方面）、经营能力（包括生产工艺、产品开发、专利商标、销售技能等方面）和管理经验方面拥有东道国企业没有或者难以具备的优势。这些优势说明企业为什么能够对外直接投资。所谓内部化优势，是指企业将所拥有的所有权优势在内部使用而带来的优势。企业拥有的所有权优势，既可以转让给外部供其他企业使用，也可以在本企业系统内部使用。在跨国经营的条件下，这些所有权优势将用于国外分、子公司，从而形成内部化优势。所谓区位优势，是指企业在投资区位方面所具有的优势。在拥有所有权优势和内部化优势的情况下，企业要投资生产，还要选择最佳区位，选择那些具有廉价的自然资源，能够享受各种优惠政策的国家和地区。这一优势说明跨国公司为什么非要到特定的国家和地区投资。

按照邓宁的分析，一个企业的对外直接投资行为，应该是由上述三种优势共同决定的。这三种优势中，所有权优势是基础条件。如果一个企业没有任何所有权优势，就缺乏对外直接投资的基础。但如果只有所有权优势而无其他两种优势，企业就会通过许可证安排的方式来获利。如果只有前两种优势而无对外投资的区位优势，企业就会在国内投资生产，通过出口贸易来参加国际经济活动。只有兼具以上三种优势时，企业才会对外直接投资。这三种优势的结合，不仅使对外投资成为可能，而且决定着对外投资的部门结构和地区结构。

### (四) 产品周期论

产品周期论（theory of product cycle）由美国经济学家维农（R. G. Vernon）于 1966 年最先提出，后由威尔等美国经济学家进一步作了补充发展。它的基本观点是，当企业在市场上推出新产品时，产品的生命周期就开始了，并先后经历创新、成熟、衰老三个阶段。对某些产品具有技术创新垄断优势的企业，可以利用产品生命周期不同销售特点的差异，去抢占国内和国外暂时没有竞争对手的市场，从而获得更多的超额利润。这三个阶段是：

（1）产品的创新阶段。这一阶段由于产品的生产集中在国内，而国内市场上需求弹性又很小,尚未出现竞争对手,企业在充分占领国内市场的同时,适当组织出口,其目的是在没有这类产品的国家和地区不仅首先获取该产品的超额利润,同时也为将来在这些国家和地区的直接投资打下基础。

(2) 产品的成熟阶段。这时,产品的生产已经标准化。在国际竞争中,其相对优势已不是技术,而是低成本。但随着产品出口的扩大,一方面,进口国会设置更多的贸易障碍,使出口产品的边际成本逐步超过在国外生产的平均成本;另一方面,原来被创新国企业垄断的技术已逐渐被国外竞争者所掌握,后者结合其本身具有的其他优势,能够大规模地生产出成本低廉的仿制品同进口品竞争。这一切,促使创新国的企业大规模地对外直接投资,把生产基地转移到国外,既发挥企业本身的技术优势,又利用东道国某些生产要素成本低廉的优势,从而使其产品在国际竞争中处于优势。所以,产品成熟阶段是企业大规模对外直接投资的阶段。

(3) 产品的衰老阶段。产品的标准化使原创新者的特殊优势逐渐丧失,有的已被淘汰出市场,有的不得不采取产品差异化或组织卡特尔实行协定价来维持部分市场。当海外分公司生产的产品,其生产成本加上返销母国所需的各种费用低于母国国内生产的平均成本时,就会大量返销国内,从而完成了母国企业的出口转向对外直接投资的过程。

应该说,产品生命周期是市场经济运行中普遍存在的现象,企业凭借技术垄断优势充分把握这种普遍现象,并利用在国内外市场上的时间差和地域差去独占国内外销售市场的制高点,获取最高的超额利润,这正是产品生命周期论的独到之处,同时这一理论也在一定程度上揭示了全球的直接投资迅速增加、跨国公司迅猛发展的内在原因。

## 三、国际证券投资理论

国际证券投资理论又为古典国际证券投资理论和现代国际证券投资理论。

### (一) 古典国际证券投资理论

古典国际证券投资理论认为,国际证券投资的原因是各国间存在利率差异,如果一国利率低于另一国利率,则金融资本就会从利率低的国家向利率高的国家流动,直至两国的利率没有差别为止。进一步说,在国际资本能够自由流动的条件下,如果两国的利率存在差异,则两国能够带来同等收益的有价证券的价格也会产生差别,即高利率国家的有价证券的价格低,低利率国家的有价证券的价格高,这样,低利率国家就会向高利率国家投资购买有价证券。

其有价证券的收益、价格和市场利率的关系可表示如下：

$$p = I/r \qquad 5.2.1$$

式（5.2.1）中，$p$ 表示有价证券的价格，$I$ 表示有价证券的年收益，$r$ 表示资本的市场利率。假设 A、B 两国市场上发行面值为 1 000 美元、附有 6% 息票的债券，A 国市场上的利率为 5%，B 国市场上的利率 5.2%。根据式（5.2.1）计算得出，每一张债券在 A 国的售价为 1 200 美元，在 B 国的售价为 1 154 美元。可见，由于 A 国的市场利率比 B 国的市场利率低，则同一张债券在 A 国的售价比在 B 国的售价要高。这样，A 国的资本就会流向 B 国购买证券，以获取较高的收益或花费更小的成本，直至两国的市场利率相等为止。

### （二）现代国际证券投资理论

现代国际证券投资理论，也被称为资产选择理论或证券投资组合理论，是美国学者马科维茨（H. M. Markovitz）于 20 世纪 50 年代在其《有价证券选择》一书中最先提出的，后来托宾（J. Tobin）又发展了该理论。

这种理论认为，任何证券形式的资产都具有收益与风险并存的两重性，关键是投资者要以资产组合的方法去降低风险，要在各种资产之间进行选择，形成最佳组合，使其在投资收益一定时，风险最小；或投资风险一定时，收益最大。这是对古典的证券投资理论的重要突破。

但在现实生活中，证券发行者往往不能保证投资收益的稳定性，投资者必须同时承担投资风险。那么，由多种证券互相抵补损失的组合投资可以降低风险，提高投资收益的稳定性。基于这种考虑，投资者就会选择不同国家的证券作为投资对象。这样，自然就引起资本在各国之间的双向流动。

可见，现代国际证券投资理论提出并强调了以资产组合方式降低投资风险的思想，不仅揭示出了国际资本双向流动的具体成因，也比仅仅把利率差异作为投资动机的古典证券理论前进了一大步。

## 四、"两缺口"模型理论

"两缺口"模型理论（theory of two-gap model）是 20 世纪 60 年代中期，美国经济学家钱纳里和施特劳斯提出的，认为发展中国家普遍存在着储蓄缺口和外汇缺口，"两缺口"模型理论的思路大致如下：

根据宏观经济分析中的恒等式，已知：

$$Y = C + I + X - M \qquad 5.2.2$$

式 (5.2.2) 中，$Y$ 为总收入；$C$ 为总消费；$I$ 为总投资；$X$ 和 $M$ 分别代表出口总值和进口总值。

式 (5.2.2) 移项后为：
$$Y - C + M = I + X \qquad 5.2.3$$

而
$$Y - C = S\ (s\ 为总储蓄)$$

于是
$$S + M = I + X \qquad 5.2.4$$

再移项
$$I - S = M - X \qquad 5.2.5$$

式 (5.2.5) 中左端表示投资与储蓄之差；右端表示进口和出口之差。左右两端必须平衡，如果投资大于储蓄，则国内储蓄出现缺口，这个缺口要靠进口大于出口即由外汇缺口来平衡；或者说，在一定的核算阶段，储蓄缺口应与外汇缺口相等。倘若国内储蓄缺口大于外汇缺口时，就必须压缩投资或增加储蓄；当外汇缺口大于储蓄缺口时，就必须缩减进口或增加出口。否则就会减缓经济的发展速度。成功地引进外资将会得到双重经济效果：一方面，由于工程项目的建成，可以直接地增加出口，又由于成本的降低（规模经济与先进技术等所引起的结果），可以间接地刺激出口；另一方面，由于外资促进经济发展使收入水平提高，从而提高民间的储蓄能力，又增加政府的国库收入，使整个国民经济的总储蓄水平上升。因此，两个缺口的不平衡，使外资引进成为必要，而恰当地引进外资又可以助长出口能力，提高国内储蓄水平，最终使两个缺口的失衡现象自然而然地转向平衡。但是，利用外资也存在着相应的风险，尤其在放松或取消资本管制的情况下，所以，加强对国际流动资金的监督和控制，使之不危害本国经济的发展，已成为发展中国家开放资本市场的关键问题。

## 第三节　国际资本流动与危机

国际资本流动自 20 世纪 70 年代开始迅猛发展，对各国经济和金融进行了无孔不入的渗透。人们普遍认为，国际金融危机的两种主要形式——债务危机和货币危机都与国际资本的流动有关。因此本节将分析国际资本流动与国际债务的关系。

国际资本流动与国际债务这两者是相互联系的，国际资本的流入流出势必形成各国一定时期的外债。但国际资本流动与国际债务又是有区别的，是完全不同的两个概念。国际资本流动定义前已阐述，现在我们界定一下国际债务的内涵。

## 一、国际债务的内涵

国际货币基金组织、世界银行、经济合作和发展组织及国际清算银行等国际组织认为国际债务即外债，定义是：外债是在任何特定的时间，一国居民对非居民承担的已拨付尚未清偿的具有契约性偿还义务的全部债务，包括需要偿还的本金及需支付的利息。国际金融组织对外债定义的界定具有广泛的应用性和实际意义。世界银行每年第三季度公布的《世界债务表》就是依此定义编制的。理解这个概念要注意四个方面：（1）必须是居民与非居民之间的债务；（2）必须是具有契约性偿还义务的债务；（3）必须是某一时点上的存量；（4）"全部债务"既包括外币表示的债务，又包括本币表示的债务，还可以是以实物形态构成的债务，如补偿贸易下以实物来清偿的债务。

根据我国外汇管理局的定义，外债指中国境内的机关、团体、企业、事业单位、金融机构或者其他机构对中国境外的国际金融组织、外国政府、金融机构、企业或者其他机构用外国货币承担的具有契约性偿还义务的全部债务，包括国际金融组织贷款、外国政府贷款、外国银行和金融机构贷款、买方信贷、外国企业贷款、发行外币债券、国际金融租赁、延期付款、补偿贸易中直接以现汇偿还的债务、其他形式的对外债务。从我国对外债所下定义以及实际操作中可以看到，我国的外债定义，除包含外债的一般特性外，还具有如下特征：（1）借款形式为货币。换句话说，以实物形式构成的债务不算外债；（2）由于目前人民币在国际上不能自由兑换，所以，规定了外债的币种是外币而非本币；（3）对中国境内的外资和中外合资银行的债务视作非居民管理；（4）外汇担保只有在实际履行偿还义务时才构成外债，否则应视为或有债务，不包括在外债统计监测范围内。

由上述可见国际资本比国际债务包括的范围广。国际资本包括需要偿还的借贷资本和一般不采取偿还方式的直接投资；而国际债务只是那些需要还本付息的资本流动。同理，一个国家利用的外资和外债也是两个相互联系但又完全不同的概念。外资比外债的范围广。外资包括直接投资，而外债是外资当中需要还本付息的那一部分。

## 二、国际债务的管理

20世纪80年代以来，国际资本流动规模日益扩大，蕴含的风险也越来越大，尤其是国际债务危机、货币危机频发，凸显出国际资本流动管理的重要性，特别是要加强对国际债务的管理。国际债务的管理包括国际债务的规模管理、国际债务的结构管理、国际债务的投向管理和国际债务的风险管理。

### (一) 国际债务的规模管理

国际债务规模管理是确定一国的中长期和年度合理负债水平。负债过多会超过本国的承受能力和消化吸收能力，造成不必要的风险和浪费；而借款过少又难以满足国内建设的资金需求，造成国民经济发展的迟滞。因此，确定适度的外债规模是发展中国家有效地管理外债的关键，但也是难点之一。

一般而言，国际债务规模主要受三个因素的影响：一是经济建设对外债的需求量；二是国际资本市场的可供量；三是本国对外债的承受能力。对外债的承受能力是确定举借外债规模最重要的因素，因此，加强国际债务规模的控制，必须通过科学的定性、定量分析，寻找最佳规模的数量界限，国际上常用的监控指标包括：

1. 偿债率，它指的是一国还本付息额与同期商品和劳务出口外汇收入总额之比，即：

$$偿债率 = 当期还本付息额/当期商品和劳务出口外汇收入总额 \times 100\%$$

一般认为，一国对外债务当年还本付息总额不能超过该国当年出口收入总额的25%，超过这一界限就可能造成部分债务难以清偿，因此国际上把这一比率称为"警戒线"。这一指标的数值越低，说明一国的偿债能力越强。

偿债率这个指标有两个明显的优点：一是把债务负担即还本付息额与主要清偿资金来源即出口收入直接联系起来，因此基本上反映了负债规模与经济负担能力之间的相互关系；二是这个指标强调了对外还本付息是债务国外汇收入的优先支出项目，反映了债务国国际收支状况的回旋余地及其对出口收入降低的脆弱性。但尽管如此，如果对债务国的对外债务状况都利用上述"警戒线"比率进行"一刀切"式的分析，就很可能得出错误的结论。事实上，有的国家能够比另一些国家承担更大的比值，而有的国家即使这一指标值大大低于25%，也会不堪负担。

2. 负债率。它指的是一国外债余额与同期国民生产总值之比，即：

$$负债率 = 当期外债余额/当期国民生产总值 \times 100\%$$

这个比率用于衡量一个国家对外资的依赖程度或一国总体的债务风险。国际上公认的安全数值是20%，超过这个数值，就有可能过分依赖外资，当金融市场或国内经济发生动荡时，容易出现偿债困难。

3. 债务率。它指的是一国外债余额与同期商品和劳务出口外汇收入总额之比，即：

$$债务率 = 当期外债余额/当期商品和劳务出口外汇收入总额 \times 100\%$$

债务率是表明一国外债偿还能力和风险的指标,该比率以不大于1为界限,即债务率应小于100%。但这也不是绝对的,尽管一国外债余额很大,只要长期和短期债务期限分布合理,当年的还本付息额也可以保持在适当的水平。

4. 短期债务率。短期债务比例表示一国的短期外债占整个外债的比率。即:

短期债务率 = 当期短期外债余额 / 当期外债余额 × 100%

这是衡量一国外债期限结构是否安全合理的指标,它对某一年的债务还本付息额影响很大,国际上公认的安全线为25%以下。

除以上指标外,还有一些参考指标。如:(1)一国当年外债还本付息额占当年GNP的比率。根据经验数据,这个比率控制在5%以下为安全线;(2)外债总额与本国黄金外汇储备额的比率,一般控制在3倍以内。

### (二) 国际债务的结构管理

国际债务结构管理是在确定的总规模范围内,通过对国际资本市场的预测、分析,结合国内建设对资金需求的特点,对构成总量的各个债务要素如来源、币种、期限、利率等进行最优组合,以降低成本,减少风险,保证偿债能力,使外债发挥最大效益。其具体内容包括:

1. 来源结构管理。国际债务来源主要有两大类:一类是来自国际金融组织和国外政府的贷款;另一类是来自国际金融市场的商业银行贷款和国际债券。一般情况下,应当提高前一类借款的比重,严格监测和控制后一类借款的增加。

2. 币种结构管理。管理币种的目的是,尽量避免或减少汇率变化所引起的借款损失。需要遵循的原则是:第一,力求对国际金融市场作出比较有效的预测,使本国的外债中各币种之间保持合适的比例,软、硬搭配;第二,外债币种结构与本国经常项目收汇的币种尽量保持一致;第三,一定时期内需要偿还的币种与国际储备的币种相互搭配;第四,运用最新的技术手段和金融工具,对现有的外债进行币种互换,以改善预期不佳的币种结构。

3. 期限结构管理。期限结构是指1年期以上的中长期外债和1年期以下(含1年)的短期债务的分布状况。对国际债务的期限结构的管理:一是对外债年限的合理布局,按照国际惯例,使短期外债占外债总额的比例控制在25%以下;二是要避免借入大量年限相同的外债,防止还债过于集中;三是避免短期外债的增长长时间超过中长期外债的增长,防止债务短期化;四是防止借短用长,即短期借入,用于长期的建设项目的投资。

4. 利率结构管理。管理利率结构的主要任务是选择利率的最佳搭配，把市场利率的风险控制在最低限度之内。国际上通行的做法有：第一，根据国际金融市场利率变化的趋势，测算出预期的各种借款成本，以期抓住有利时期筹资。比如在利率低时以固定利率借款，在利率高时以浮动利率借款。第二，应用最新金融手段和国际金融市场许可的有利条件，及时调整和转换利率，以避免即期利率与远期利率出现较大差异。

### （三）国际债务的投向管理

国际债务的投向决定了外债的回收和偿还，关系到能否支持国民经济长期、稳定、协调发展，因此，国际债务的投向要与国民经济发展战略和产业政策相一致。按照这一要求，对国际债务的投向管理主要包括如下内容：

1. 要求政府贷款和国际金融组织的贷款主要投向国家重点项目和基础产业，以及优化国民经济结构的行业，如能源、交通、电子、通信等。

2. 商业银行贷款主要投向创汇能力强、回收期短的项目，以增强出口创汇能力，增加偿还能力。

3. 短期借款只能用于流动资金和临时周转，不能用于长期投资，以防止债务短期化。

4. 根据不同行业和不同地区确定不同形式的外债投入，使国民经济均衡发展。

5. 创汇项目、非创汇项目和社会效益项目要保持适度比例和梯形格局，使国民经济既有发展后劲，又能保证对外偿付的来源。

### （四）国际债务的风险管理

国际债务的风险管理在于增强应变能力，适应国际贸易、金融的变化和国民经济政策与结构的调整；加强监督、检查，及时做好利率、汇率的风险调整，使债务合理化；建立偿债风险基金和风险预警机制，以确保按期偿还本息。

如果国际资本流动或外债管理出现问题，将引发债务危机、货币危机、金融危机。所以下面的问题将探讨国际债务危机、国际货币危机等国际金融危机问题。

## 三、国际债务危机及其成因

所谓国际债务危机，是指债务国因缺乏偿还能力，无法如期偿还已经到期的外债本息，从而直接影响到债务国及相关地区的金融市场波动所发生的金融危机。

20世纪80年代初席卷全球的拉美国家的债务危机为典型案例。这场危机始于墨西哥，1982年8月，墨西哥政府宣布不能按期履行偿还外债义务。随后，一系列国家相继宣布其无力清偿外债，就此爆发了世界性的债务危机，并从急性债务危机演变为持续于整个80年代的慢性债务危机。国际社会为此采取了一系列挽救措施，但是到目前，国际债务问题仍没有得到彻底解决，并对国际金融形势产生着深远的影响。

20世纪80年代拉美国家的这场债务危机，是有其特定的形成原因的。具体来讲，可以从内外部两方面来分析。

### (一) 债务危机爆发的内因

1. 债务规模过大。进入20世纪70年代以来，发展中国家的债务不断扩大，从70年代的1 300多亿美元猛增到80年代初的6 000多亿美元，又从80年代末的9 000多亿美元再次攀升到90年代的15 000多亿美元。尤其是拉美、非洲和东南亚的许多债务国家的债务总额累积膨胀，还本付息的负担不断加重，期待国际金融机构提供更多的新贷款以减缓偿债压力，渡过难关。

2. 外债结构不合理。在其他条件相同的情况下，外债结构对债务的变化起着重要作用。外债结构不合理主要表现有：（1）商业贷款比重过大。商业贷款的期限一般较短，在经济较好或各方一致看好经济发展时，国际银行就愿意不断地贷款，因此这些国家就可以不断地通过借新债还旧债来"滚动"发展。但在经济发展中一旦出现某些不稳定因素，如政府的财政赤字、巨额贸易逆差或政局不稳等使市场参与者失去信心，外汇储备不足以偿付到期外债时，汇率就必然大幅度下跌。这时，银行到期再也不愿贷新款了。为偿还到期外债，本来短缺的外汇资金这时反而大规模流出，使危机爆发。（2）外债币种过于集中。如果一国外债集中于一两种币种，汇率风险就会变大，一旦该外币升值，则外债就会增加，增加偿还困难。（3）期限结构不合理。如果短期外债比重过大，超过国际警戒线，或未合理安排偿债期限，都会造成偿债时间集中，若流动性不足以支付到期外债，就会爆发危机。

3. 外债投向不合理。许多债务国在大量举债后，没有根据投资额、偿债期限、项目创汇率以及宏观经济发展速度和目标等因素综合考虑，制定出外债使用走向和偿债战略，不顾国家的财力、物力和人力等因素的限制，盲目从事大工程建设。由于这类项目耗资金、工期长，短期内很难形成生产能力，创造出足够的外汇，造成债务积累加速。同时，不仅外债用到项目上的资金效率低，而且还有相当一部分外债根本没有流入生产领域或用在资本货物的进口方面，而是盲目过量地进口耐用消费品和奢侈品，这必然导致投资率的降低和偿债能力的减弱。而不合理的消费需求又是储蓄率降低的原因，使得内部积累能力跟不上资金的增长，进而促使外债的进一步增长。有些国家则是大量借入短期贷款在国内作长期投资，而投资的方向主要又都是房地产和股票市场，从而形成泡沫经济，一旦泡沫破灭，危机也就来临了。

4. **存在着资本外逃现象**。由于这些发展中国家过分追求国内经济的快速增长，扩张性的财政货币政策加剧了国内的通货膨胀，在维持汇率稳定的情况下，出现了事实上的本币高估，因而，导致了市场上对未来本国货币的贬值预期，在贬值预期下，出现了非常严重的资金外逃，据统计，在1981~1982年，阿根廷、墨西哥、委内瑞拉三国的资金外逃额占同期所借外债总额的比率分别高达64%、40%、137%。这意味着这些发展中国家在借入大量资金的同时，相当数量的资金又以各种途径流入国外。所借大量外债中，只有很少一部分能真正为一国所利用，这必然会产生大量债务偿付问题。

5. **缺乏有效的外债管理**。主要表现在有些国家对借用的外债管理混乱，多头举债，无节制地引进外资，往往使债务规模处于失控状态和债务结构超出非合理化。甚至有些国家外债的统计监督制度不健全，政府不能对债务状况进行及时调整，一旦发现问题，往往债务危机就已经形成了。

### （二）债务危机爆发的外因

1. **世界经济周期变化的影响**。1979年，石油价格第二次上升，不仅使非石油发展中国家的石油进口支出大幅增加；同时，这一次价格上涨还引起了世界经济衰退，以美国为首的经济大国，为转嫁危机实施了严厉的贸易保护政策，使发展中国家原材料商品的出口价格与出口数量都明显下降。例如，非石油发展中国家出口的实际数量在1981年前每年增长速度都在8%左右，而在1982年这一增长额仅为1.8%。从出口价格看，这一价格指数在1982年较1980年下降了约10%。随着发展中国家的出口收入大幅减少，偿债能力随之大幅度降低。据统计，以上外来冲击一共导致发展中国家外债增加约401亿美元，因此，20世纪80年代初发达国家的经济结构发生新一轮的调整，引起世界经济的衰退，是诱发国际债务危机的主要因素之一。

2. **国际市场利率变化的影响**。特别是20世纪80年代以来，美国为支持美元汇率在国际外汇市场的趋势，采取高利率政策。货币和资本市场利率一再提高，吸引大量国际资金流向美国，从而诱使美元汇率大幅提高。由于发展中国家的债务多数是以美元计债且浮动利率计息，美元升值和利率上升对这些国家无异于雪上加霜。发达国家的基准利率的上升随即拉动商业贷款利率攀升，导致债务国的还本付息负担加重。

3. 国际商业银行贷款政策变化的冲击。20世纪70年代，各商业银行普遍出现了资金的大量过剩，急于寻找出路；加之，美国花旗银行瑞斯顿宣扬"国家永不破产"的观点，使得各商业银行在向发展中国家政府贷款时，对风险不加控制，贷款规模大幅增加。到80年代初，发展中国家出现债务危机时，各银行又出于风险的考虑，压缩了向发展中国家的信贷规模，加剧了其债务问题的严重程度，对债务危机的形成和发展起了推波助澜的作用。

### (三) 债务危机的解决方案

债务危机给世界带来了巨大的冲击。因此，对债务危机寻求及时与合理的解决，成为20世纪80年代国际金融领域最重大的事件。自债务危机初现端倪起，债权国和债务国双方通力合作，制定和实施了一系列解决方案。

1. 债务危机的最初解决方案（1982~1984年）——债务重新安排。1982年，债务危机爆发后，美国等债权国与国际货币基金组织普遍认为此次债务危机是发展中国家暂时出现的流动性困难，据此共同制订了重新安排债务的计划，核心是采取措施使债务国克服资金紧缺。

债务重新安排包括两方面的内容：第一，通过债权方和债务方的合作，改变偿债条件，例如延长债务期限和偿债宽限期等；第二，对债务国实行融资，缓解其短期内的偿债压力。

按来源分，各国债务可以分为官方债务和私人债务，因此债务重新安排也通过官方债务重新安排和私人债务重新安排两种形式进行。

官方债务重新安排，一般以多边形式在"官方债权者俱乐部"或主要援助国的国际财团范围内实施。所谓"官方债权者俱乐部"，是指在20世纪50年代末至60年代初形成的债权者集团，主要包括巴黎俱乐部、伦敦俱乐部和海牙俱乐部。其中巴黎俱乐部是官方债务重新安排的主要债权方。

私人债务重新安排，在特殊的银行咨询委员会与债务国之间进行。这些银行咨询委员会通常都由来自金融中心的大银行的谈判代表组成，受许多债权银行的委托与债务国谈判。私人债务重新安排的过程和官方债务重新安排相似。但是，债务国获得私人债务重新安排需要满足以下两个先决条件：（1）债务国必须先签署和实施国际货币基金组织要求的"稳定经济计划"；（2）债务国必须如期支付所有的到期利息。

债务重新安排和 IMF 的 "稳定计划" 实施后，经过近 3 年的调整，并没有起到预期的效果，反而加剧了债务国的负担。例如，在 IMF 稳定计划和债务偿还的双重新压力下，大多数债务国陷入了持续几年之久的经济衰退，普遍出现了投资萎缩、通货膨胀加剧、贫富差距扩大、社会动乱和政府动荡等严重的新的经济和社会问题。

2. 债权国的新战略（1985～1992 年）。债务危机后的第一个阶段实施的债务重新安排失败后，国际社会的各方终于认识到，债务危机并不是由债务国暂时的流动性困难引起的，其真正的原因在于债务国现有的经济状况根本不具有清偿能力，主要债权国提出了债务危机解决的新方案。其中，最主要的方案包括贝克计划、债券换债务和布雷迪计划。

(1) 贝克计划（1985～1988 年）。1985 年 9 月美国财政部部长詹姆斯·贝克在韩国汉城召开的 IMF 和世界银行第 40 届年会上提出了 "美国关于发展中国家持续增长的计划"。主要是通过对债务国新增贷款，将原有债务的期限延长等措施来促进债务国的经济增长，同时要求债务国调整国内政策，这些措施被称为 "贝克计划"。

该计划可以分为以下三个方面的内容：第一，主要的债务国家必须实行 "全面综合的宏观经济和结构政策"，降低通货膨胀率并实现国际收支的平衡，通过恢复经济增长提高偿债能力；第二，在 IMF 的主持下，由世界银行等多边国际性和地区性银行在 3 年内向 15 个主要债务国增加总额为 90 亿美元的贷款，并从 IMF 的信托基金中拨出 27 亿美元，专门提供给经济形势特别恶劣的 15 个债务国（包括墨西哥、阿根廷和秘鲁）；第三，私人商业银行在 3 年内向上述 15 个债务国增加 200 亿美元的贷款。

在美国的极力主持和劝说下，"贝克计划" 得到了各主要债权国的支持，同时也受到了债务国的欢迎。但是，该计划同样收效甚微。其原因在于，尽管国际商业银行、世界银行和有关债权国在口头上支持该计划，但是由于作为倡导者的美国没有承诺其承担什么义务，使这项计划不具有说服力，令应在此次融资行动中挑大梁的各类银行心存疑虑。因此，新贷款远远没有达到预期的数额，主要债务国的债务负担仍然日益沉重。

(2) 债券换债务（1988 年以后）。1987 年，美国摩根保证信托银行提出了 "债券换债务" 计划，得到了美国和墨西哥政府的认可。

所谓 "债券换债务"，是指墨西哥政府将用 20 亿美元储备购买美国财政部发行的 100 亿美元期限为 20 年的特别无息票债券（到期后一次还本付息）。墨西哥政府将以此债券为担保，发行本金 100 亿美元、为期 20 年的债券，并将其在卢森堡证券交易所向国际债权银行出售，债权银行将墨西哥欠它们的债务以 50% 的折扣换取墨西哥的新债券。也就是说，100亿美元的新债券可以换回200亿美元的旧债务。

这一计划能从本质上减轻债务负担，是债务危机解决方案中一种重要的金融创新手段，为今后的债务危机的解决提供了重要的思路。但由于美国政府仅仅担保墨西哥新债券的本金，而不包括利息，使该债券的信用有所下降。同时，各国银行也不愿意接受50%之高的折扣比例。这使墨西哥的债务只被抵销了11亿美元（其总额为780亿美元）。所以，这个计划在实际操作中仍然缺乏力度。

（3）布雷迪计划（1989年以后）。1989年3月10日，美国财长布雷迪提出一项旨在减轻发展中国家债务负担的新计划。布雷迪计划的基本构想是：利用世界银行和国际货币基金组织的现有财源，设立一个基金公库（200亿～250亿美元）为债务国减债后的其余外债还本付息提供担保，同时以日本提供的资金作为补充基金；在"自愿"的基础上，债务国以上述基金作为担保，与债权银行进行债务转换交易，将债务换成低面值债券，或将债务换回同等面值的低利率债券，或将债务换成债务国企业的部分股权。

布雷迪计划主张减轻债务国偿债负担，比"贝克计划"有所进步，但仍未摆脱过去政策的缺陷。第一，债务问题逐个解决，不考虑全面解决；第二，解决债务问题主要依赖市场的力量，由私人银行和债务国在金融市场进行减债交易；第三，被减债或得到新贷款的债务国必须实施IMF认可的紧缩性调整方案。

3. 债务国的偿债战略。在债务危机的解决过程中，债务国不仅要完成偿债任务，还要实现国内的经济复苏。在此过程中，除了努力配合债权国和IMF进行各项计划以及对国民经济进行调整外，它们也在不断努力，"债务资本化"就是其中的代表。

债务资本化是指债权银行按官方汇率将全部债务折合成债务国货币，并在债务国购买等值的股票或直接投资取得当地企业的股权，这一过程也称为"债务—股本互换"。例如，智利政府实行的就是允许国内外投资者在二级市场上公开购买智利的外债，并将债务兑换成本国货币进行生产投资。该计划首先在巴西、阿根廷进行，起先规模很小。从1985年开始，该计划在债务国逐渐铺开。到1988年，通过债务资本化减少的债务额已经从1984年的10亿美元增加到270亿美元，其中巴西、墨西哥和智利最为积极。

## 四、货币危机及主要理论

20世纪80年代以来，随着全球资本市场一体化程度的逐步加深，大量基本不受各国监管当局和国际金融组织监控的私人短期资本，熟练地运用着各种最新的金融工具和交易方式，凭借着高超的交易技术，在国际金融市场上自由移动，致使国际金融市场的动荡经常发生。1997 年爆发的亚洲货币危机便是典型案例，表明：投机性短期资本冲击可造成货币危机，并诱发全球金融危机。

### （一）短期资本流动与货币危机

所谓国际投机性资本或游资，是指那些没有固定的投资领域，为追逐短期高额利润而在各市场间频繁移动的资本。投机性资本以短期资本为主，但并非所有的投机性资本都绝对是短期资本。现代国际投机资本的特点之一是隐蔽性，它们也可能顺应市场周期做中长期投资。另外，并非所有的短期资本都是投机性资本，比如涉及国际贸易资金融通和结算的短期资本，以及银行的短期拆放资金或头寸调拨的业务资金等，都不是投机性资本。

国际投机性资本随着国际资本市场规模的扩大、流动速度的加快以及流动范围的扩大而不断发展。投机者根据对汇率变动、利率变动、证券价格变动、金价或特定商品价格变动等的预期，在较短时间内突然大规模进行买空卖空等交易，大幅度改变资产组合，并通过影响其他资产持有人的信心，导致市场价格的更大不稳定，以创造获取短期高额利润的机会。这种突发性的扰动市场行为即投机性冲击，如对其管理不善有可能导致货币危机。

货币危机有广义、狭义之分。广义货币危机是指一国货币的汇率变动在短期内超过一定幅度。狭义货币危机主要发生于固定汇率制度下，是指固定汇率制度下，当市场参与者对一国的汇率稳定失去信心，在外汇市场集中抛售该国货币，由此导致该国固定汇率制度崩溃、货币大幅度贬值、外汇市场持续动荡等。货币危机可以诱发金融危机，即汇率波动可诱发股票市场和银行体系等国内金融市场上的价格波动和金融机构的经营困难与破产等。当然由国内因素引起的一国金融危机也会导致货币危机的发生。

### （二）20 世纪七八十年代以来的典型国际投机性资本冲击与货币危机回顾

20 世纪七八十年代以来世界上爆发了多次严重的货币危机，如拉美货币危机（1978 年）、欧洲货币危机（1992 年）、墨西哥比索危机（1994 年）、东南亚货币危机（1997 年）、俄罗斯货币危机（1998 年）、巴西货币危机（1999 年）、土耳其货币危机（2018 年）等。

1. 拉美货币危机。1978 年，智利、乌拉圭和阿根廷宣布实行爬行钉住汇率制，货币当局制定了本国货币相对于美元逐步贬值的计划。但在实施中，三国的通货膨胀率大大高于美国，而且货币贬值程度远小于与美国的通货膨胀率之差。于是,这三国都由于本币币值的高估而出现经常账户逆差的不断上升。1981~1982 年,国际金融市场利率达到创纪录的高点,三国的外债负担和经常账户赤字已经难以为继,货币偏离目标汇率的贬值已不可避免。在这一背景下,三国相继经历了投机性冲击、相应的货币贬值以及由此引发的资金外逃和国内金融机构的挤兑危机。

2. 欧洲货币危机。加入欧洲货币体系的欧洲共同体成员方货币之间实行联合浮动汇率机制,创立了欧洲货币单位 ECU,并制定了各成员方货币与 ECU 的法定中心汇率。于是各成员方之间形成固定汇率制度,对外则实行联合浮动。20 世纪 90 年代初,欧洲共同体各国经济出现动荡,成员方之间的宏观经济状态,比如通货膨胀率、失业率、财政赤字和经济增长等出现较大差距。一些成员方货币与 ECU 中心汇率的平价难以维持,于是给国际投机者提供了机会。

投机性冲击出现于 1992 年下半年,最早遭受投机性冲击的货币是芬兰马克和瑞典克朗。芬兰和瑞典当时都不是欧洲货币体系的成员方,但他们都希望加入欧洲货币体系,并将本国货币与 ECU 中心汇率相联系。在投机性冲击下,芬兰迅速放弃了固定汇率,于 9 月 8 日大幅贬值。瑞典政府则坚决保卫克朗,将短期利率提高到年率 500%,最终击退了投机性冲击。

同时,英镑和里拉也持续遭到冲击。英格兰银行为保卫英镑损失了数十亿美元,但在 9 月 16 日还是被迫允许英镑自由浮动。意大利里拉在 9 月 11 日欧洲货币体系同意下贬值 7%,德国中央银行为支持里拉花费了约 240 亿马克,但是 3 天以后,里拉还是退出了欧洲货币体系。与此同时法国法郎也遭受了投机性冲击,但通过法、德两国的共同干预,以及法国大幅提高利率,法郎币值得到回升。

欧洲货币体系的危机从 1992 年持续到 1993 年。其间葡萄牙货币埃斯库多次贬值,西班牙货币比塞塔再次贬值,瑞典克朗和挪威克朗开始浮动,爱尔兰镑贬值,只有法国法郎和丹麦克朗顶住了间断性的投机性冲击。

3. 墨西哥比索危机。1982 年墨西哥发生债务危机以后,在 IMF 的监督下实行了全面的经济调整与改革政策,紧缩经济并大幅度削减财政赤字。1987 年重新固定比索与美元的汇率,1989 年 1 月改为爬行钉住汇率制,1991 年 12 月又变为移动目标区域汇率制,并逐步扩大比索允许波动的范围。这一系列经济改革措施收到一定成效,国民经济稳步回升。

但是到 1994 年,墨西哥经济增长再度陷入停滞,并伴之以政治局势的不稳。于是比索贬值的预期和传闻不断加剧,资金纷纷外逃,中央银行的干预措施使市场利率急剧上升,同时国家外汇储备不断降低。12月30日墨西哥政府最终不得不宣布比索贬值。然而贬值后的新汇率立即受到投机性冲击,墨西哥政府不得不转而实行浮动汇率制。此后的经济状况和政治局势使外国投资者极度恐慌,资金继续外逃,银行受到挤兑,经济陷入危机。在浮动汇率制下比索持续贬值,至1995年底,比索在外汇市场上连创新低。

4. 东南亚货币危机。在20世纪80年代和90年代初,东南亚各国加快金融自由化的步伐,全面开放国内金融市场以吸引外资,从而形成了快速的经济增长,被称为"东南亚奇迹"。

但是进入20世纪90年代中期以后,劳动力成本的上升使产品的国际竞争力有所下降,一些国家出现经常账户的逆差。由于各国没有能够及时地提升产业结构,提高产品竞争力,继续涌入的外部资金及国内投资普遍形成了泡沫经济和房地产投资过热。以泰国为例,1996年的外债余额已达900亿美元,其中短期外债就高达400亿美元,超过1997年初的外汇储备水平。另外,由于投资过热,特别是房地产投资过度,1997年初泰国金融机构的坏账已超过300亿美元。于是公众及外国投资者对泰国的经济状况和金融秩序开始担忧,货币贬值的预期不断凝聚。国际投机者也不断积蓄能量,准备大规模的投机性冲击。1997年2月14日,泰国货币泰铢对美元贬值5%,标志着投机性冲击由隐蔽变为公开。此后泰铢面临更大的贬值压力,泰国中央银行的干预行动使外汇储备不断减少。5月中旬以后,投机性冲击再度发动,泰铢汇率创11年新低。部分东南亚国家联合干预外汇市场购入泰铢,泰国中央银行再度调高短期利率,并抛出50亿美元的外汇储备,但仍不能恢复公众信心和击退投机性冲击。终于在7月2日,泰国中央银行宣布泰铢自由浮动。当天,泰铢兑美元汇率下跌20%。随后,投机性冲击迅速波及周边国家和地区,菲律宾、马来西亚、印度尼西亚、新加坡,以及中国香港和中国台湾都受到了影响,除了港币以外,上述国家和地区的货币都在不同程度上先后对美元贬值。同时,上述国家和地区,除新加坡和我国台湾以外,均陷入了深度的金融和经济危机。10月以后,危机扩散到韩国,韩元对美元大幅度贬值,同时韩国经济也陷入深度经济危机。

5. 俄罗斯货币危机。俄罗斯经济转轨初期,大量国际资本涌入,截至1997年7月1日,累计外国投资额为180亿美元,其中约100亿美元为证券投资和短期资本。在实际经济几乎为零增长的前提下,1997年上半年股市涨势迅猛,金融资产价格出现泡沫性膨胀。当东南亚货币危机爆发并开始向东北亚地区扩散时,市场预期长期处于经济不稳定状态的俄罗斯发生类似货币危机的概率极大。

自1997年11月起,投机者发动了对卢布的冲击,并迅速引起投资者跟风。1997年末到1998年初,俄罗斯政府和中央银行一方面运用外汇储备收购卢布，并扩大卢布浮动幅度；另一方面将利率由21%提高到35%。局面虽然暂时稳定，但外汇储备大量流失。5月后，投机风潮再起，卢布汇率再度动荡，俄政府将利率提至150%，并寻求国际援助，但局面仍不能稳定。8月17日俄政府被迫拓宽"汇率走廊"，即卢布贬值，但情况继续恶化，最终在走投无路的情况下，于9月2日正式宣布放弃支持"汇率走廊"。这意味着放弃了已实行两年多的卢布目标管理浮动机制。

6. 巴西货币危机。东亚和俄罗斯发生的货币危机加重了市场对巴西货币贬值的预期，自1998年9月起，大量资金外流。1998年底，巴西国会没有通过财政调整计划中增加公务员福利税和对退休公务员征收福利税法案，而1998年财政收支赤字、贸易和经常账户逆差均超过了预计水平，于是市场信心更加缺乏，终于引发了投机性冲击，迫使巴西中央银行于1999年1月15日宣布雷亚尔对美元自由浮动。

7. 土耳其货币危机。2017年1~5月，外国投资组合投资者为土耳其175亿美元的经常账户赤字提供了132亿美元的资金。截至2017年底，土耳其的企业外币债务自2009年以来增长了1倍以上，扣除其外汇资产后达到2 140亿美元。截至2017年底，土耳其的公共和私人外债总额为4 532亿美元。截至2018年3月，公共和私人外债1 818亿美元将在一年内到期。3月初非居民持有的国内股票为533亿美元，5月中旬为396亿美元，3月初非居民持有的国内政府债券为320亿美元，5月中旬为247亿美元。截至2018年7月13日，土耳其股票、政府债券和企业债务的总体非居民所有权从2017年8月的920亿美元急剧下降至530亿美元。

### （三）货币危机理论

1. 第一代货币危机理论——克鲁格曼危机理论。克鲁格曼于1979年提出了关于货币危机的第一个比较成熟的理论流派。克鲁格曼认为，在一国货币需求稳定的情况下，国内信贷扩张会带来外汇储备的流失和经济基本面的恶化，导致原有的固定汇率在投机冲击下产生危机。

（1）理论框架。克鲁格曼理论认为，政府过度扩张的财政货币政策会导致经济基础恶化，它是引发对固定汇率的投机攻击并最终引爆危机的基本原因。我们借助国际收支的货币分析法来分析这种货币危机发生的过程，并假设货币分析法的前提假定在此也成立。

假定一国的货币需求非常稳定，而货币供给则由国内信贷及外汇储备两部分构成。在其他条件不变时，该国居民将会通过向外国居民购买或出售商品、劳务、金融资产等国际收支活动引起外汇储备变化，从而使货币供给与货币需求达到平衡。在该国货币供求平衡时，如果政府持续扩张国内信贷来融通财政赤字，就会带来货币供给的增长。由于居民会通过国际收支自动使货币供给与稳定的货币需求保持平衡，根据货币分析法可知，国内信贷扩张必然伴随着外汇储备的减少。

但是，一国的外汇储备总是有限的。在其他条件不变时，国内信贷的持续扩张必然最终导致该国外汇储备持续下降，直至为零。而外汇储备是政府维持固定汇率制的主要工具，当政府不持有任何外汇储备时，势必只能听任外汇市场的汇率自由浮动。所以，一国持续扩张的货币政策导致该国外汇储备下降从而放弃固定汇率制时，由汇率自由浮动确立的汇率水平会较原有的固定汇率水平有大幅度的贬值。

在此基础上，若考虑投机者的心理预期因素，在储备下降到最低限之前，投机者就会发动攻击，以防止因固定汇率的崩溃而可能给他们带来的损失。因为，如果投机者对经济基本面因素有比较正确的预期（即具有完全预期），必然会对未来汇率的大幅贬值提前作出反应。例如，当投机者根据基本面的真实情况预期到固定汇率制的崩溃，往往会提前以当前的固定汇率购入外汇。如果市场上的投机者在某一时刻一致抛售本币、抢购外汇，就形成了对该国固定汇率制的投机冲击。这一投机冲击一般发生在原有的外汇储备下降为零的时刻之前，并将造成本国外汇储备加速耗尽，使政府被迫放弃固定汇率制。

(2) 克鲁格曼危机理论的特点。以上的分析可以看出，克鲁格曼危机理论对货币危机的分析具有如下特点：

第一，在货币危机的成因上，认为货币危机的发生是由于政府宏观政策与固定汇率的维持这两种政策目标之间发生冲突引起的。这一分析将国际收支问题视为货币供求的自动调整过程，国内信贷扩张是储备流失最重要的原因，因此是政府扩张政策将经济推向货币危机之中的。

第二，在危机的发生机制上，强调投机攻击导致储备下降至最低限是货币危机发生的一般过程。在这一过程中，中央银行基本上处于被动的地位，预期只是使货币危机发生的时间提前，储备存量则是决定平价放弃与否的中心变量。

第三，在政策含义上，该理论最主要的结论是：紧缩性财政货币政策是防止货币危机发生的关键。鉴于货币危机的原因在于经济基础，投机性攻击只是外在条件，因此诸如从国外借款、限制资本流动等措施只能暂时性地稳定汇率，如果没有基本经济政策的调整，固定汇率制最终仍将崩溃。

2. 第二代货币危机理论——预期自我实现型模型。第二代货币危机理论认为，投机者之所以对货币发起攻击，并不是由于经济基础的恶化，而是由贬值预期的自我实现所导致的，即如果市场预期某种货币将要贬值，不管是出于投机还是保值目的，人们都会减少这种货币的持有量，在市场上抛售这种货币，其结果是导致市场上该货币供大于求出现贬值。从理论上讲，当投机攻击爆发后，政府通过提高利率以抵销市场的贬值预期，吸引外资获得储备来维持平价。但是，如果提高利率维持平价的成本大大高于维持平价所能获得的收益，政府就会被迫放弃固定汇率制。反之，投机者是否继续攻击也视攻击对投机者带来的成本收益而定。所以，固定汇率制是否能够维持是政府与投机者双方的成本—收益比较分析的结果。

首先看投机者的收益。投机者对一国货币的冲击步骤往往是先在该国国内货币市场上借入本币，再在外汇市场对本币进行抛售。如果这一攻击能取得成功，投机者会在本币贬值后再用外汇购回本币，归还本币借款。这样，预期收益则是持有外汇资产期间外国货币市场上的利率所确定的利息收益以及预期本币贬值幅度所确定的收入（即为 $i_f + \dfrac{E^e - e}{e}$，其中 $i_f$ 为外汇资产存款利率，$E^e$ 为预期汇率，$e$ 为直接标价法的汇率）。其次，再看其投机成本。攻击的成本是由本币市场上的利率（即 $i$）所确定的利息。投机者的策略实际上是比较投机活动的成本和收益。只要预期投机攻击成功后其收益大于成本即：$i_f + \dfrac{E^e - e}{e} > i$，或 $\dfrac{E^e - e}{e} > i - i_f$，即该国货币贬值幅度超过两国利率之间的差幅，投机者就会进行投机攻击。需强调的是，投机冲击的出现有可能与经济基本面因素无关，而是在国际短期资本流动独特的内在运动规律下，主要由心理预期因素导致的。因此，一国可能在没有实施扩张性政策、外汇储备充足的情况下，突然面临投机冲击而发生货币危机。

由上述分析可以看出：在外国利率不变，投机者对本币未来贬值幅度的预期一定的情况下，政府只要将利率提高，使 $\dfrac{E^e - e}{e} = i - i_f$，则投机者预期无利可图，就可以阻止投机行为。因而，从理论上讲，政府总可以将利率提高到一定水平来维持固定汇率制度。问题在于，提高利率不是没有成本的，政府最终决定维持还是放弃固定汇率制，也取决于其成本与收益的对比。当政府被迫放弃固定汇率制时，一定是因为提高利率来维系固定汇率制的成本大大高于收益。在这里，政府的成本和收益冲突就集中表现在维持经济的合理开放性与实现经济的稳定与发展之间的矛盾。

一般来讲，政府维持平价的收益包括：第一，消除汇率自由浮动给国际贸易与投资带来的不利影响，为一国经济创造一个较为稳定的外部环境；第二，发挥固定汇率的"名义锚"（nominal anchor）作用，遏制通货膨胀；第三，政府可以在对汇率的维持中获得政策一致性的名声，这在政府政策对象是具有理性预期的公众时是极为重要的，使政府以后的经济政策容易收到成效。

政府提高利率以维持平价的成本可能是：第一，如果政府债务存量很高，高利率会加大预算赤字；第二，高利率不利于金融稳定。高利率意味着经济紧缩，带来衰退与高失业率。尤其是现代经济中股票市场、房地产市场状况与利率存在着密切联系，如果因为利率过高而导致股市暴跌、房地产价格低迷，将使整个经济陷入萧条乃至于危机的境地。

政府面临投机冲击时，是否提高利率维持固定汇率实际上是对成本和收益的权衡过程。当维持固定汇率的收益超过其成本时，政府就应将其维持下去，反之，则放弃。也就是说，政府只能将利率提高到一定限度，如果为维持固定汇率制度而将利率提高到超过这一限度，则政府宁肯选择放弃对投机攻击的抵御，听任汇率自由浮动。与此同时，如果投机者预期该国货币的贬值幅度足够大，那么在利率提高到该国政府可以承受的上限后，投机者仍可以接受这一利息成本，继续进行投机攻击，则该国的固定汇率制将会被放弃，货币危机将爆发。但是，投机者最终能否取得成功，取决于投机者掌握的投机资本数量、"羊群效应"是否发生、政府态度的坚决性，以及政府之间的国际协调和合作是否及时有效。

由此可见，货币危机是否发生取决于政府与投机者之间的动态博弈过程。预期因素决定了货币危机是否会发生、发生到什么程度，而利率水平则是决定固定汇率制度放弃与否的中心变量。在信息不对称的条件下，市场对政府放弃平价的成本（假定为 $f$）只能推测出大致区间（$[\underline{f}, \overline{f}]$），在此区间内不断进行投机攻击。如果在政府捍卫平价期间有足以改变投机者预期的好消息来临，货币危机将被阻止；否则政府将被迫实行贬值。

3. 第三代货币危机理论。

（1）道德风险论。这一理论的主要代表人物是麦金农和克鲁格曼。

所谓道德风险，是指因当事人的权利和义务不相匹配而可能导致他人的资产或权益受到损失。在金融危机中，"道德风险"表现为政府对存款者所作的担保（无论是明显的还是隐含的）使金融机构进行风险很高的投资行为，造成了巨额的呆坏账，引起公众的信心危机和金融机构的偿付力危机，最终导致金融危机。

该理论认为，若假定市场上有两种成本相同的项目可供金融中介选择：第一个项目为低风险，相应的回报率也较低，而第二种项目具有较高的风险性，但一旦成功，收益率也较高。在没有政府显性或隐性担保的情况下，市场的约束将会使金融中介从安全性出发，选择低风险、低收益项目。因为其资产的风险性过高会使投资者或储户意识到其经营的风险，因而减少向该中介机构的投资，使其资金来源减少，经营难以为继。但如果存在政府担保，即使金融机构进行了扭曲的投资决策，人们仍然放心地将资金贷放给这些机构。对于金融机构而言，这会使其在经营决策中更多地选择高风险、高收益项目。因为一旦成功，它将得到超额收益，但如果失败，损失的并不是其自有资金，而是将资金存放在金融机构的存款者。这样，利润最大化的经营目标会激发金融中介对外的过度借贷，这使各种资产价格迅速上涨，引起了整个经济的"投资"热潮，"金融泡沫"由此产生。在此过程中，资本市场开放会加剧过度投资。因为，如果资本市场不开放，金融机构的资金只能依赖于有限的国内储蓄。因此，金融机构无法满足的资金饥渴只能引起利率上扬。而融资成本的提高在一定程度上能够消除投资欲望。相反，开放资本市场意味着能从国际资本市场上得到资金，使投资（或者投机）需求不断膨胀，并将风险扩散到国际市场。如果在资本市场开放的同时还维持着固定汇率制，居高不下的利率会使外资不可遏制地向国内涌入。

在泡沫经济持续了一段时间之后，金融机构对资产价格上涨而形成的"良好"财务状况开始引起关注和警觉。这种警觉渐渐演变为普遍的金融恐慌，高风险的投资项目出现漏洞，泡沫开始破裂。在此过程中，首当其冲的就是一直扶摇直上的资产价格。资产价格的下降使中介机构的财务状况迅速恶化，出现偿付危机。此时，虽然金融机构的经营状况已岌岌可危，但是人们期待已久的政府援助并没有出现，破灭了的希望很快引起金融市场的动荡，资产价格进一步下降。金融机构的偿付力问题很快蔓延开来，金融体系崩溃，金融危机爆发。

道德风险论对亚洲金融危机具有一定的解释力。但是，道德风险论遗漏了许多重要的方面，从而削弱了它的解释力。首先，道德风险论的结论建立在三个重要的前提下：①在存在政府隐含担保时，金融机构必定会过度投资；②风险性投资行为一定会挤出金融机构和其他经济部门的全部"正当"投资行为；③外资必然会优先考虑具有政府隐含担保的企业或金融机构。但在危机发生之前，亚洲国家所有类型的投资行为（包括外国投资者的直接投资）都有所上升，还有半数以上的国际银行贷款和几乎所有的证券或直接投资（相当于外资总额的3/5）都进入了没有国家担保的非银行企业。其次，没有说明是什么因素促使危机突然爆发，忽略了国际游资的恶意攻击。所以，道德风险论是对金融危机的一个侧写，它虽然具有较高的理论价值，但也有很大的缺陷。

（2）金融恐慌论。金融恐慌论对资本流动恶化危机的作用进行了比较完整的描述。该理论认为，亚洲各国在危机前夕大多经历了一个资金迅速流入的过程，但外资的流入是很脆弱的，极易受到"金融恐慌"的影响而发生逆转，一旦发生大规模逆转，危机就会发生。

所谓"金融恐慌"（financial panic），是指由于某种外在的因素，短期资金的债权人突然大规模地从尚具有清偿能力的债务人那里撤回资金，这是一种集体行为（collective action）。具体而言，造成恐慌的原因有三个：①一国或一个金融机构的短期债务超过了短期资产的数额；②一国或一个金融机构不具备足够的流动资金来偿还其所有的短期债务；③没有一个经济单位能够担负起最后借款人的职责。如果上述现象发生，那么当一个债权人（包括存款者）发现其他债权人已经撤回资金，它就会作出同样的行为；相反，如果债权人发现其他的债权人还在继续借出资金，它同样也会这样做。从经济学意义上讲，这两种行为都是理性的。但是，第一种行为将会演化成大规模的"金融恐慌"，引起严重的经济损失（例如投资项目半途而废和银行挤提等），并引发危机。

1998年美国经济学家瑞得立克和萨克斯（Steven Radelet and Jeffrey Sachs）对金融恐慌论进行了论述和修正，形成了新一代金融恐慌论，其观点可以概括如下：

首先，在危机之前一段较短的时间内突然流入的外资潜伏着巨大的风险。在20世纪90年代受亚洲强劲的经济增长的吸引，国际资本的流入迅猛攀升。但是，这些外资多为短期资金，而且大多投向风险性较强的行业，因此非常容易发生逆转。

其次，危机爆发前后，金融市场上出现了一系列导致"金融恐慌"的触发事件（triggering events）。这些事件包括金融机构和企业的破产、政府违背自己的承诺或是金融市场上投机者的恶意炒作。这些事件引发了信心危机，加上国际游资对各国货币发起了猛烈的攻击，外资纷纷撤出亚洲，危机爆发。

最后，危机爆发后，盲目而短视的防治措施和危机爆发后的诸多经济现象放大了"金融恐慌"，加速了资金外逃，使各国金融市场和经济在一个很短的时间内彻底崩溃。

总之，20世纪90年代以来，伴随着国际资本流动规模的不断扩大，货币危机的爆发也越来越频繁，对货币危机理论的研究将成为国际金融领域的一个重要课题。

# 本章案例

[案例1]

## "一带一路"倡议与中国对外直接投资（OFDI）

2013年9月和10月，中国国家主席习近平分别在哈萨克斯坦和印度尼西亚提出共同建设"丝绸之路经济带"和"21世纪海上丝绸之路"，简称"一带一路"倡议。① 至2023年，中国与151个国家和32个国际组织签署200余份共建"一带一路"合作文件。

2015年3月28日，国家发展改革委、外交部、商务部联合发布了《推动共建丝绸之路经济带和21世纪海上丝绸之路的愿景与行动》，开始推动与"一带一路"沿线国家的合作。② 在"一带一路"倡议下，我国对外直接投资的项目数、流量和存量都有明显提升。

在对外直接投资项目数方面，自2013年起连续3年有显著增长，从2013年的214起增长到2016年的706起。然而，受到中美贸易争端，自2017年起，对外直接投资项目数开始下降。另外，受到新冠疫情的影响，2020年和2021年我国对外直接投资的项目数降低到每年不足100起。

资料来源：中国研究数据服务平台（CNRDS数据库）。

虽然受中美贸易争端以及新冠疫情的影响，我国对外直接投资的项目数有下降，然而我国对外直接投资的流量依然有较大规模。即使是在2019年，中美贸易争端最激烈的时期，我国对外直接投资依然达到1 369.08亿美元，超过2014年的对外直接投资流量。另外，在

---

① 中国国家一带一路网：https://www.yidaiyilu.gov.cn/info/iList.jsp?tm_id=540。
② 中国网：http://www.china.org.cn/chinese/2015-09/15/content_36591064.htm。

2021年,我国对外直接投资依然达到1 788.19亿美元,仅次于2016年。在对各大洲的投资中,我国对亚洲其他国家的投资占对外直接投资的60%以上,在大多数年份在70%以上,这也反映出我国在亚洲各国的影响力较大。在其他大洲的国家中,我国与欧洲各国和拉丁美洲各国的投资往来也非常密切,对这两大洲的对外直接投资超过北美洲、非洲和大洋洲。

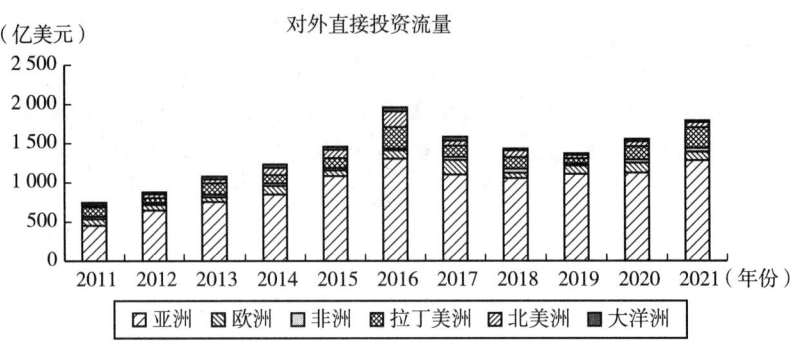

资料来源:中国研究数据服务平台(CNRDS数据库)。

在存量方面,"一带一路"倡议提出以来,对外直接投资连年提高,在2015年超过1万亿美元,并在2019年超过2万亿美元。其中与流量相似,我国对亚洲各国直接投资的存量占据主导地位,占全部对外直接投资存量超过60%。我国对拉丁美洲的投资存量超过欧洲,在各大洲投资中占据第二的地位,在2017年后,占全部对外直接投资存量超过20%。[①]

资料来源:中国研究数据服务平台(CNRDS数据库)。

---

① 中华人民共和国商务部统计数据库:http://www.mofcom.gov.cn/article/tongjiziliao/。

目前,"一带一路"已成为全球最受欢迎的全球公共产品,也是目前前景最好的国际合作平台。

[案例2]

### 新冠疫情与资本急停(sudden stop)

资本急停是指一国的资本流动在短期内突然由净流入变为净流出。发生在新兴市场国家的资本急停对东道国会产生巨大的负面影响,也尤其引起学者们的关注。新兴市场国家资本急停出现的原因有很多,如东道国经济迅速恶化、全球资本流动性骤降等。世界历史上发生过多次资本急停案例,如1992年欧洲货币体系危机、1994年墨西哥比索危机、1999年巴西货币危机。

2020年3月12日,世界卫生组织宣告新冠肺炎为全球大流行病,这引起全球恐慌,各国相继采取封闭措施(lockdown),全球金融市场也随之产生震荡。3月12日当天,美元指数增长1.89%,一周内累计增长5.76%,美元流动性收紧;布兰特原油价格当日跌幅达到9.96%,一周内累计跌幅超过30%;代表股市表现的摩根士丹利资本国际指数中,G7国家股票指数当日下跌-1.51%,新兴市场股票指数当日下跌0.71%。[①]

全球金融市场震荡引起国际投资者的恐慌情绪,资本大规模从新兴市场国家流出,流向避风港资产(safe-haven assets)。根据IMF的统计报告,自2020年2月25日至4月1日,超过1 000亿美元的外国投资从新兴市场国家撤离,大约相当于在这些国家总国际投资的3.5%,相当于新兴市场国家总GDP的0.4%。许多拉丁美洲国家实际上在2020年3月和4月并未受到疫情的太大影响,但资本流出对这些国家的影响远超过疫情的影响。资本的大规模流出首先集中在亚洲股票市场,逐渐扩散到债券市场。其中,在新兴市场国家的债券基金中,主动型基金造成了更大规模的资本流出,3月间有380亿美元流出新兴市场国家,而被动型基金的资本流出则稍显缓和,3月间有100亿美元流出新兴市场国家。[②]

这些资本急停又进一步增大了经济活动的波动。IMF评估了因新冠疫情造成的资本急停对这些国家的影响,认为这次急停对经济造成的负面冲击会持续2年左右时间,但这并不意味着经济在2年后会恢复正常水平,经济衰退将会长期存在(Benigno et al.,2020)。

---

① 美元指数数据来自美联储圣路易斯分行;布兰特原油价格来源于美国能源信息署;摩根士丹利资本国际指数来源于MSCI公司。
② 本部分数据来源于IMF提供的新兴市场资本流动监控(EM Capital Flows Monitor)。

## 本 章 小 结

1. 国际资本流动是指资本从一个国家或地区转移到另一个国家或地区。国际资本流动从流向上看主要包括资本的流出和流入。国际资本流动从期限上看主要包括长期资本流动与短期资本流动。长期资本流动主要包括三种类型：国际直接投资、国际证券投资和国际贷款；短期资本流动主要包括如下四类：贸易资本流动、银行资金调拨、保值性资本流动、投机性资本流动。国际资本流动的形成，从资本供给看是谋利与规避风险的权衡；从资本需求看是弥补资金缺口。国际资本流动既有积极效应也有消极效应。

2. 国际资本流动理论是用以解释国际资本流动原因、动机、方式、变动因素及影响。利率差异理论认为，国际资本流动的主要原因在于各国资本要素的价格（即利率）存在差异；国际直接投资理论包括垄断优势论、产品周期论、国际生产折中论、比较优势理论；国际证券投资理论分为古典国际证券投资理论和现代国际证券投资理论；"两缺口"模型理论认为发展中国家普遍存在着储蓄缺口和外汇缺口。

3. 外债是在任何特定的时间，一国居民对非居民承担的已拨付尚未清偿的具有契约性偿还义务的全部债务，外债规模常用的监控指标包括：偿债率、负债率、债务率、短期债务率。外债管理出现问题将引发债务危机、货币危机，国际债务危机，是指债务国因缺乏偿还能力，无法如期偿还已经到期的外债本息，从而直接引起因债务国及相关地区的金融市场波动所发生的金融危机。货币危机有广义、狭义之分。广义货币危机是指一国货币的汇率变动在短期内超过一定幅度。狭义货币危机是指固定汇率制度下，当市场参与者对一国的汇率稳定失去信心，在外汇市场集中抛售该国货币，由此导致该国固定汇率制度崩溃、货币大幅度贬值、外汇市场持续动荡等。研究货币危机的理论主要有：第一代货币危机理论——克鲁格曼危机理论，认为在一国货币需求稳定的情况下，国内信贷扩张会带来外汇储备的流失和经济基本面的恶化，导致原有的固定汇率在投机冲击下产生危机；第二代货币危机理论——预期自我实现型模型，认为投机者之所以对货币发起攻击，是由贬值预期的自我实现所导致的；第三代货币危机理论包括道德风险论、金融恐慌论等。

## 本章重要概念

国际资本流动　国际直接投资　国际证券投资　国际债务　偿债率　负债率　债务率　短期债务率　国际债务危机　债务危机　货币危机　"两缺口"模型理论　贝克计划　布雷迪计划　债务资本化

克鲁格曼危机理论　预期自我实现型模型　道德风险论　金融恐慌论

## 本章思考题

1. 如何理解国际资本流动的定义?
2. 简述国际资本流动的原因。
3. 分析国际资本流动的经济影响。
4. 引发国际债务危机的原因是什么?
5. 国际上衡量偿债能力的指标主要有哪些?
6. 试述国际债务管理的内容。
7. 分析不同国际资本流动理论的主要观点,并进行简要评价。
8. 试比较三代货币危机理论对货币危机产生原因的不同解释。

# 第二部分 市　场　篇

# 第六章
# 国际金融市场和国际金融机构

**学习目标**
- 掌握国际金融市场的概况和发展趋势;
- 了解国际金融市场的构成;
- 了解主要国际金融机构的基本情况;
- 了解我国与国际金融机构的关系。

## 第一节 国际金融市场

### 一、国际金融市场的概念

国际金融市场（international financial market）是指资金在国际上进行流动或金融产品在国际上进行买卖和交换的活动领域。国际资金通过国际金融市场完成债权债务的清偿及各种投融资活动，为推动世界经济的发展起到重要作用。

国际金融市场的概念有广义和狭义之分。广义的国际金融市场，是指国际上从事各种金融业务活动的场所，包括国际货币市场、国际资本市场、外汇市场、金融衍生品交易市场、国际黄金市场等。狭义的国际金融市场，仅指国际资金借贷或融通的场所，包括国际货币市场和国际资本市场。

### 二、国际金融市场的类型

国际金融市场按照不同的划分依据可以分为不同的类型。

### (一) 按性质不同划分

按性质不同,国际金融市场可以分为传统国际金融市场和离岸金融市场。

传统国际金融市场,又称在岸金融市场(onshore financial market),是指从事市场所在国货币的国际信贷和国际证券交易,交易的主体是市场所在国的居民和非居民,并受市场所在国政府的金融制度管辖。

离岸金融市场(offshore financial market)的交易可涉及所有可自由兑换的货币,大部分交易是在市场所在国的非居民之间进行的,不受任何国家金融制度的管辖。

### (二) 按融资期限不同划分

按融资期限不同,国际金融市场可以分为国际货币市场和国际资本市场。

国际货币市场(international currency market),又称短期资金市场,是指期限在1年或1年以内国际资金交易的场所。

国际资本市场(international capital market),又称长期资金市场,是指期限在1年以上的中长期国际信贷或国际证券交易的场所。

### (三) 按业务种类不同划分

按业务种类不同,国际金融市场可以分为国际资金市场、国际证券市场、外汇市场、国际黄金市场。

国际资金市场(international capital market)是指国际上的资金借贷市场,按照借贷期限长短又可划分为短期信贷市场和中长期信贷市场。

国际证券市场(international securities market)是指国际上有价证券发行和交易的市场,包括国际上股票及各种债券业务,它是金融市场的重要组成部分。

外汇市场(foreign exchange market)是指国际上从事外汇买卖、外汇资金调拨、外汇资金清算等活动的场所。外汇市场的参与者主要有各国的中央银行、外汇银行、非银行金融机构、外汇经纪人、进出口商、跨国企业及个人等。

国际黄金市场(international gold market)是指国际上专门从事黄金交易买卖的场所。黄金交易通常都有固定的交易场所,世界各地的黄金市场就是由存在于各地的黄金交易所构成。

## 三、国际金融市场的发展历程

随着商品生产和商品交换的发展,出现了以货币为媒介的国际商品贸易活动,并且在信用不发达的中世纪产生了铸币兑换业。信用的产生与发展,萌生了最早的国际借贷活动,并迅速扩大集中,形成了早期的国际金融市场。

国际金融市场的发展经历了以下几个阶段。

### (一) 伦敦国际金融中心的建立

伦敦是历史最悠久也是目前最大的国际金融中心。英国于19世纪30年代最早完成工业革命,成为世界经济强国,通过对外扩张,从殖民地掠夺了巨额利润,资金实力雄厚,使英镑成为世界主要结算货币和储备货币。第一次世界大战爆发前,伦敦已发展成为世界最早的国际金融中心。

### (二) 传统国际金融市场的发展

第二次世界大战后初期,英国受战争的影响,经济力量大为削弱,加之许多殖民地国家独立,使英镑的国际货币地位大大降低。而美国受战争的影响较小,且发了战争财,使美元逐步取代英镑成为重要的国际结算货币和储备货币。瑞士作为中立国,经济、货币都比较稳定,瑞士法郎的外汇交易和黄金交易非常活跃,加速了苏黎世金融市场的发展。随着第二次世界大战后西欧及日本经济的复苏和快速发展,形成了法兰克福、卢森堡、东京等国际金融中心,特别是日本的迅速崛起,东京一举成为继伦敦、纽约之后的第三大国际金融中心。但这种国际金融市场实质上是国内市场的延伸,表现为国内资本的对外输出,称为传统国际金融市场,也称在岸金融市场 (onshore financial market)。

### (三) 欧洲货币市场的形成

20世纪50年代后期,美国国际收支出现持续的巨额赤字,为维护美元汇率的稳定,从60年代开始,美国政府对资本输出输入的限制措施导致大量美元外流,形成欧洲美元市场。此后,西德马克、法国法郎、瑞士法郎、日元、意大利里拉、荷兰盾等主要货币也相继走出国界,在伦敦等国际金融中心进行交易,最终形成了欧洲货币市场,也称离岸金融市场 (offshore financial market)。

## 四、国际金融市场的功能

### (一) 促进世界经济及贸易的发展

第二次世界大战后，世界贸易年平均增长速度超过了世界国民生产总值的年平均增长速度，其中国际金融市场发挥了国际结算和国际信贷的中心作用，从而促进了国际贸易和世界经济的快速发展。

### (二) 提供广泛的国际投融资渠道

在国际金融市场上，银行和非银行金融机构能够广泛组织和吸收国际社会资金，通过多种渠道为资金需求者提供间接融资，资金需求者也可以通过发行股票或债券直接向社会公众筹资，同时国际金融市场为资金供应者寻找到满意的投资渠道，使国际投融资渠道畅通，增强资金的流动性，调剂国际上的资金余缺，提高资源在国际上的运作效率。

### (三) 有助于调节国际收支

国际收支顺差的国家将其盈余的外汇存放到国际金融市场上，可以通过国际银行以贷款的方式提供给国际收支出现逆差的国家，用以调节其暂时性的国际收支不平衡。

### (四) 加大了国际金融风险

随着全球金融市场的一体化发展，通信手段日益便利快捷，金融产品不断创新，国际资本流动更加活跃。越来越多的金融市场放松了利率、汇率、信贷等管制，95%的国际资金交易脱离了实际业务基础，大量游资在各国间频繁转移，为投机活动提供了便利，加大了开放国家或地区的金融风险，严重时甚至引发国际金融危机。

## 五、国际金融市场的发展趋势

1973年2月，布雷顿森林体系解体，主要国家的货币开始自由浮动。随着电子计算机技术和信息技术在国际金融领域的广泛应用，国际银行业的竞争加剧了。各主要国家为了增强本国金融机构的竞争能力，自20世纪70年代以来纷纷采取放松金融管制的措施，诸如，取消或放宽各类金融机构业务的经营限制，允许混业经营；取消金融机构的存贷款利率限制；批准外资银行进入本国，放宽外资银行的业务经营范围；放松对本国证券市场的控制，准许外资自由进出本国证券交易市场等。

随着国际竞争的不断加剧,金融风险增加了,国际金融市场开始发生结构性的变化,并呈现出一系列新的发展趋势。

## (一) 国际金融市场的全球化、一体化趋势

国际金融市场全球化、一体化已成为金融全球化、一体化发展的重要组成部分。目前的国际金融市场已不再局限于少数发达国家的金融市场,发展中国家和地区也出现了颇具规模的新兴金融市场,有力地推动了经济全球化进程。由于电子技术的广泛运用、通信技术的迅速发展,打破了地域、时差的限制,全球性金融中心、地区性金融中心和大批离岸金融市场构成了全球性的金融网络,使各国的经济和金融活动紧密地联系在一起,金融市场的依赖性和相关性日益密切。

一方面,全球外汇市场和黄金市场已经实现了每天 24 小时连续不间断交易。世界上任何一个角落有关汇率的政治、经济信息,几乎同步显示在世界任何一个角落的银行外汇交易室电脑网络终端的显示器上。远隔重洋的地球两端以亿美元为单位的外汇交易在数秒钟之内就可以完成,使得遍及全球的金融中心和金融机构形成了一个全时区、全方位的一体化国际金融市场。

另一方面,国际金融市场的全球化、一体化还促进了跨国银行的并购及海外扩张。跨国银行在海外设立大量分支机构,广泛运用信息技术,形成了全球范围的经营网络,不仅促进了国际资金流动,同时加速了国际金融市场的一体化。从 1990 年起,跨国银行一改以前在东道国设立分行的单一形式,掀起了国际并购的浪潮,大大地减少了一般银行的数量,涌现出一批巨无霸式的跨国银行。

此外,国际金融市场的全球化、一体化还表现在证券投资的国际化发展。日益证券化的国际资本市场使发达国家的资本供给和发展中国家的投资机会得以连接,形成了资本有效配置的国际机制,同时也有利于新兴经济体国家提高资金运作效率和增强抵御金融风险的能力。通过证券投资的国际化可以使筹资者在国际范围选择投资币种及投资对象,尽可能地降低筹资成本,同时使投资者分散投资风险,获取最大收益。

## (二) 金融自由化趋势

金融自由化也称"金融深化",是"金融抑制"的对称。20 世纪 70 年代,发展中国家普遍存在金融市场不完善、市场价格严重扭曲、政府对金融的干预过多、影响经济发展的状况。在这一大背景下,美国经济学家罗纳德·麦金农(R. J. Mckinnon)和爱德华·肖(E. S. Show)首次提出了金融自由化理论。该理论主张改革金融制度,减少政府对金融的过度干预,放松对金融机构和金融市场的限

制，推进利率和汇率的市场化改革，提高国内储蓄率，最终达到抑制通货膨胀、刺激经济增长的目的。

金融自由化促进了经济增长，但也加剧了金融脆弱性，从而引发危机，促使经济衰退。这是金融自由化的二重性。实践表明，金融自由化的收益大于风险，经济金融全球化必然要求金融自由化。各国在推进金融自由化的过程中，应尽可能地降低风险、增大收益。

20世纪80年代以后，金融自由化浪潮席卷全球，从西方发达国家到一些发展中国家，普遍放松金融管制，使金融市场呈现充分经营、公平竞争的趋势。金融自由化具体表现为以下四个方面。

1. 业务自由化，即放宽对各类金融机构经营范围的限制，允许各类金融机构业务交叉，公平竞争。如金融管制一向较严的美国，1980年3月和1982年10月，先后制定了《1980年废止对存款机构管制及货币控制法》和《1982年存款机构法》，使储蓄机构与商业银行的区别趋于消亡，而《1999年金融服务法案》则使银行与其他金融服务机构的合并合法化；英国1979年通过的《银行法》，消除了商人银行和清算银行的差别，1986年通过的《金融服务法》，使银行可以直接进入证券交易所进行交易，英国金融业进入混业经营的新时代；日本1981年制定《银行法》，商业银行、证券公司等开始了相互间的业务渗透，1997年日本金融当局又通过了以消除分业限制、取消金融服务定价管制、实行对外开放为主要内容的大爆炸式（Big Bang Plan）金融改革计划。

2. 资本流动自由化，即取消外汇管制，放宽外国资本、外国金融机构进入本国金融市场的限制。如1973年美国率先取消资本流入限制，1981年12月，又允许欧洲货币在美国境内通过国际银行设施（IBF）进行交易；英国1979年10月取消外汇管制，1986年10月的伦敦城"大爆炸"后，外国银行、证券公司、保险公司也可以申请成为伦敦证券交易所的会员，也允许外国公司收购交易所会员公司；1980年6月，日本修订了《外汇与外贸管理法》，取消了外汇管制，1984年6月，《金融自由化及日元国际化的现状及展望》颁布，废除了外汇不能完全自由兑换成日元的限制。

3. 价格自由化，即取消利率管制，放开汇率，取消证券交易中的固定佣金，同时放宽本国资本和金融机构进入外国市场的限制，让金融商品的价格发挥市场调节作用。如1975年，美国改革固定佣金制度，采取新的协议佣金制，1983年底，美国基本实现利率自由化；日本的短期拆借市场利率、票据利率和大额存款利率分别于1978年及1985年实现了自由化，到1987年完全解除了利率限制；原联邦德国于1976年2月通过了废除利率限制的法案，全面放松利率管制；英国于1986年10月27日取消了传统的股票交易所固定佣金比率规定,出现了所谓的"金融大爆炸"。

4. 市场自由化,即放松各类金融机构进入金融市场的限制,完善金融市场的融资工具和技术。一方面,持续不断的金融变革,使各国金融市场间的壁垒逐步消失,任何金融机构都可以更方便地进出各金融市场;另一方面,金融机构可以自由地推出满足人们不同需要的金融产品,极大地促进了金融市场的不断发展。

### (三)国际金融市场创新化趋势

20 世纪 80 年代以来,金融创新的浪潮已经成为国际金融市场发展的重要特征。金融创新一般包括:金融工具创新、金融技术创新和金融市场创新。

1. 金融工具创新。金融工具已由传统的现金、存款、股票、债券、商业票据等演变为名目繁多的各类金融工具:包括:(1)为转移风险而创新的金融工具,如浮动利率贷款、远期利率协议、金融期货、金融期权、互换交易等;(2)为扩大产业投资机会而创新的金融工具,如可转换债券、附认股权证书债券等;(3)为提高资产流动性而创新的金融工具,如大额可转让定期存单($CD_S$)、股权贷款等;(4)为增加信用资金来源渠道而创新的金融工具,如票据发行便利($NIF_S$)。

2. 金融技术创新。技术创新有力地推动了金融创新,为金融创新提供更多的利润空间,但发达的金融技术仍然无法完全脱离人的有限理性,无法规避金融运行中可能存在的巨大风险。以工程设计的思路构建起来的金融衍生产品体系最终成为加剧风险的导火索,例如2008 年以来的国际金融危机就是典型的例子。但是金融技术创新也体现出一种能力,它可以将市场机会与技术机会相结合,通过技术变革培育新的投资热点,促进经济发展。

金融技术创新离不开资产证券化的发展。20 世纪 80 年代中期以来,国际金融市场融资结构发生了巨大的变化,传统的银行信贷等间接融资的比重不断下降,而证券融资等直接融资方式的比重不断上升,这就是所谓的资产证券化。资产证券化产生于 70 年代的美国,在美国资产证券化市场上占主导地位的是住房抵押贷款支持债券(MBS),它已成为仅次于联邦债券市场的第二大市场。资产证券化作为一项金融创新,改变了银行传统的"资金出借者"的角色,使银行同时具有了"资产出售者"的职能,对商业银行的竞争发展起到了非常重要的作用。在金融发达国家,资产证券化已成为金融机构尤其是商业银行一项非常重要的业务。

3. 金融市场创新。金融市场创新是指通过对金融交易方法进行技术改进或创设,从而形成新的市场架构的创新,它是金融创新的重要组成部分。对于发展中国家来说，金融市场创新在本质上又是一个制度变迁的过程，应逐步放松金融管制，特别是利率管制，改革金融监管体制，逐步引进国际金融市场已有的创新成果，使本国金融体制尽可能与国际接轨。

国际金融市场的创新主要包括两个方面：一是欧洲货币市场的形成；二是金融衍生品交易市场的发展。

## 第二节 国际金融市场构成

### 一、国际货币市场

#### （一）国际货币市场概述

国际货币市场（international currency market），又称短期资金市场，是指期限在 1 年或 1 年以内国际资金交易的场所。它是国际金融市场的重要组成部分。

1976 年 1 月牙买加体系建立，黄金实行非货币化，美元、英镑、马克、日元、瑞士法郎等作为国际货币的地位进一步巩固，发挥着计价、结算和储备等各项功能。国际货币市场上发行和流通都是 1 年期以内（包括 1 年）的短期证券或票据，一些大的商业银行和证券投资机构是国际货币市场交易的主体，众多的跨国银行和证券投资机构利用先进的电子通信技术，将各个国际金融中心的短期金融工具连成一体，形成统一的国际货币市场。

#### （二）国际货币市场的主要金融工具

1. 短期信贷。在国际货币市场上，短期信贷包括银行同业拆放和银行对工商企业的短期信贷。其中，银行同业拆放在短期信贷业务中占主导地位。银行同业拆放是银行一项经常业务，以隔夜拆放为多，绝大部分是 1 天期到 3 个月期。银行同业拆放的手续简便，通过电话或电传就可以完成，可以在银行等金融机构之间调剂资金余缺。最典型的是伦敦银行同业拆放市场，在这个市场形成的伦敦银行同业拆放利率（LIBOR）是国际金融市场上最常见的基准利率。此外，银行也通过货币市场向国外工商企业提供短期信贷，解决企业临时性资金周转的困难，贷款利率在基准利率基础上，根据企业信用附加一定的加息率。

2. 商业票据。商业票据也称公司票据,它是大企业或非银行金融机构为筹集短期资金而发行的无抵押品的短期票据。商业票据是建立在商业信用基础上产生的,所发行的商业票据通常为商业本票,期限一般为1~6个月。多数商业票据要通过银行等金融中介机构采用贴现方式发行。商业票据的持有者可以拿商业票据到银行作抵押或到市场上去贴现,提前取得资金。

3. 国库券。国库券是一国为弥补财政收支不平衡而发行的一种政府债券。由于国库券是国家发行的,它是金融市场风险最小的信用工具。在主要发达国家,国库券的期限通常在1年以内,多为3个月和6个月。国库券采用不记名形式,可以在二级市场流通转让。由于国库券期限短、风险小、流动性强,因此国库券利率一般低于银行存款或其他债券利率,但可获得免交利息所得税的好处。在目前的各类短期金融工具中,国库券的数量是相当大的,比如在美国,联邦政府的国库券约占美国各类短期债务的80%。

4. 大额可转让定期存单。大额可转让定期存单(certificates of deposits,简称$CD_S$)是银行发行的具有可转让性质的定期存款凭证。$CD_S$为不记名存单,持有人可以在二级市场自由转让。$CD_S$上载有金额、存款利率和存款期限,持有人也可持有$CD_S$等待到期还本付息。$CD_S$的面额很大,在美国货币市场通常以100万美元为单位,$CD_S$的期限一般为1~3个月。$CD_S$的利率介于活期存款和定期存款之间,一般高于同期国库券的利率水平。

5. 银行承兑汇票。银行承兑汇票是指以银行为付款人并经银行承兑的远期汇票。一旦银行在汇票上加盖"承兑"字样的章,此汇票就成为银行承兑汇票,承兑银行将负有于汇票到期日支付票面金额给持票人的义务。银行承兑汇票的发行是以银行信用为基础的,它可以为一些信誉稍差的中小企业进入货币市场提供融资的便利。银行承兑汇票的期限一般在30~180天,最长可达270天,票据持有人可以通过贴现或二级市场转让提前取得资金。

## 二、国际资本市场

国际资本市场(international capital market),又称长期资金市场,是指期限在1年以上的中长期国际信贷或国际证券交易的场所。它是国际金融市场的重要组成部分,是国际上资本流动的重要途径。

国际资本市场主要由以下三部分组成。

### (一)国际银行中长期信贷市场

国际银行中长期信贷是指由一国的一家商业银行,或者一国

(多国）的多家商业银行组成的贷款银团，向另一国银行、政府、企业、国际组织等提供的期限在 1 年以上的贷款，它是国际资本市场的重要组成部分。借贷双方需签订书面贷款协议，多采用浮动利率，即基准利率加上加息率，贷款往往需要借款国政府或主要金融机构提供担保。目前，国际银团贷款由于具备筹集巨额资金和分散贷款银行风险的好处，已成为国际中长期信贷的主要方式。

### （二）国际债券市场

国际债券（international bond）指一国政府、金融机构、工商企业以及国际机构，为了筹措资金，在国际市场上发行的以某种外币为面值的债券。它是一国吸收和利用外国资本的重要国际融资形式之一。根据债券发行的面值货币不同，国际债券通常可分为外国债券和欧洲债券。

1. 外国债券。外国债券是指某国举债人通过国外某金融市场的银行或金融组织，发行以该市场所在国货币为面值的债券。外国债券的特点是：（1）债券的面值货币是市场所在国货币；（2）债券的购买人主要是发行国的本国居民；（3）债券的发行必须遵守发行国的法规，管制比较严格。

例如，在美国发行的外国债券称为扬基债券（yankee bonds），在日本发行的外国债券称为武士债券（samurai bonds），在英国发行的外国债券称为猛犬债券（bulldog bonds）。

2. 欧洲债券。欧洲债券是指某国举债人通过国外的银行或金融组织在另一个或几个外国的金融市场上发行的以欧洲货币（境外货币）为面值的债券。欧洲债券的特点是：（1）债券的面值货币为欧洲货币，如欧洲美元债券、欧洲英镑债券、欧洲日元债券等；（2）债券可以同时在几个金融市场上发行，可以筹集到巨额资金；（3）没有官方机构管制，发行手续简便，发行成本较低。

20 世纪 80 年代以来，随着金融创新活动的迅速开展，又出现了许多新型的国际债券工具，如浮动利率债券、可转换债券、附认股权债券、双重货币债券等。浮动利率债券指债券息票率根据国际市场利率变化而变化的债券；可转换债券指可以转换为发行企业股票的债券；附认股权债券指能获得购买发行债券企业股票权利的债券；双重货币债券指用一种货币购买债券与支付息票，用另一种货币偿付本金的债券。

国际债券的投资者不仅有银行、保险公司、信托投资公司、养老基金等，还有其他众多企业、机构和个人投资者，因而，资金来源相当广泛。国际债券具有大多数投资者所要求的安全性、流动性、盈利性的优点。国际债券的发行有大承销集团的参与，有良好的资信评级，具有安全性，并可随时在二级市场出售，变现能力强。债券利率一般高于银行同期存款利率。但发行国际债券筹资也有不利的方面，如发行国际债券的准备工作时间长、审查严格、涉及的当事人较多、手续繁杂、发行费用较高。

### （三）国际股票市场

国际股票（international stock）是指在国际范围内发行和交易的股票。国际股票市场包括股票发行市场和流通市场两部分。股票交易所和场外交易市场是股票流通的两大市场，其中股票交易所是交易所会员、证券自营商或证券经纪人在证券市场内集中买卖上市股票的场所，它是二级市场的主体。场外交易市场（over the counter，OTC）又称店头市场或柜台市场，它没有固定的场所，没有规定的成员资格，没有严格的组织形式，主要是交易对手通过私下协商进行的交易。它与股票交易所共同构成一个完整的证券交易市场体系。

根据发行与上市结构不同，国际股票可分为以下四种类型。

1. 境外上市外资股。境外上市外资股是指在外国发行的直接以当地货币为面值并在当地上市交易的股票。此类募股通常采取公开发售与配售相结合的方式。如我国在香港发行上市交易的H股、在新加坡发行上市的S股、在纽约发行上市的N股。

2. 境内上市外资股。境内上市外资股是指以本国货币为面值，在国内上市流通的，以供境内外国投资者以外币交易买卖的股票。如我国境内发行上市的B股就是这类股票。

3. 间接境外上市外资股。间接境外上市外资股是指一国的境内企业通过其在境外的控股公司向境外投资人发行和上市交易的股票。间接境外上市又可分为通过境外控股公司申请募集上市和通过收购境外上市公司后增募股份两种类型。

4. 存托凭证。存托证（depositary receipt，DR）又称"存股证"，它是由一国存托银行向该国投资者发行的一种代表对外国公司证券所有权的可转让证券。存托证所代替的基础证券通常为外国公司的上市股票或债券。最常见的存托证主要为美国存托证（ADR）及欧洲存托证（EDR）。

## 三、外汇市场

### （一）外汇市场概述

外汇市场（foreign exchange market）是国际金融市场的重要组成部分，在世界主要的国际金融中心都存在外汇市场，其中最大的外汇市场在伦敦和纽约。外汇市场的含义、分类及结构等问题已在第二章中加以说明，本章不再赘述。

外汇市场是一个极其敏感的市场，需要外汇交易人员拥有广泛而快捷的信息，并能迅速作出反应，才有可能赢得胜机。目前，外汇市场上常用的通信与交易工具有：路透交易系统、德励财经终端、美联社终端、环球银行间金融电讯协会（SWIFT）、美国银行间清算支付系统（CHIPS）、电话、电传等。

### （二）外汇市场的交易工具

1. 即期外汇交易。即期外汇交易（spot exchange transaction），又称现汇交易或现货交易，即买卖双方按照外汇市场上的即时价格成交后，在两个营业日内办理交割的交易。即期外汇交易是外汇市场上最常见、最普遍的外汇买卖形式。由于交割时间较短，所受的外汇风险较小。

2. 远期外汇交易。远期外汇交易（forward exchange transaction）指外汇买卖成交后，按签订的远期合同，在成交日起3个营业日之后按照约定日期办理交割的外汇交易。

3. 掉期交易。掉期交易（swap），又称掉期交易或时间套汇，是互换交易的一种，指交易者在买进或卖出一种货币的同时，卖出或买进交割期不同的、相同金额的同一种货币的交易。掉期交易实际上是由两笔外汇交易组成的，它改变的不是交易者手中持有的外汇数额，只是改变交易者持有的货币期限，即为"掉期"。进行掉期交易的主要目的是在于避免汇率波动的风险。

此外，外汇市场上还进行着其他金融衍生品交易，如外汇期货交易、外汇期权交易等，关于金融衍生品交易市场的内容将在第八章中加以详细阐述。

## 四、国际黄金市场

### （一）国际黄金市场概述

黄金市场指集中进行黄金买卖的交易场所。黄金交易与证券交易一样，都有一个固定的交易场所，世界各地的黄金市场就是由存在于各地的黄金交易所构成。黄金交易所一般都设在各大国际金融中心，是国际金融市场的重要组成部分。

目前，国际黄金交易市场主要分布在欧洲、亚洲和北美洲三个区域。其中，欧洲主要以伦敦、苏黎世黄金市场为代表；亚洲以香港黄金市场为代表；北美洲主要以美国的纽约和芝加哥黄金市场为代表，各大市场以伦敦市场交易时间为基准，几乎形成全天24小时不间断的国际黄金交易。

在黄金市场上买卖的黄金形式多种多样，主要有各种成色和重量的金条、金币、金丝和金叶等，其中最重要的是金条。大金条量重价高，是专业金商和中央银行买卖的对象，小金条量轻价低，是私人和企业买卖、收藏的对象。金价按纯金的重量计算，即以金条的重量乘以金条的成色。

### （二）国际黄金市场的发展

黄金自古以来就是货币，国际金本位制度建立后，黄金充当了国际货币。1976年牙买加体系确立后，废除黄金官价，实行黄金非货币化。目前，黄金仍然被世界上绝大多数国家作为国际储备资产。在通货膨胀加剧、政治经济危机时期，黄金的价值会增加。

20世纪70年代后，国际黄金市场的规模进一步扩大。一些国家和地区相继开放黄金市场，放松对黄金输出入的管制。例如，加拿大温尼伯期货交易所于1972年11月开业进行黄金买卖；美国于1975年宣布允许居民持有和买卖黄金；中国香港在1974年也撤销了对黄金输出输入的管制；澳大利亚、新加坡也先后于1978年4月和11月设立了黄金期货市场。这样，加上原有的伦敦、巴黎和苏黎世黄金市场等，黄金市场几乎遍布世界各地，而且黄金交易量也迅猛增加，最终导致巨大的国际黄金市场的形成。目前，它们对黄金的吸收量已占到世界总吸收量的25%左右，对国际金价的动向起着越来越重要的作用。布雷顿森林体系崩溃以来，国际黄金市场的金价一直动荡不定。如1980年1月黄金价格曾达到850美元/盎司的破纪录的高峰，然而仅到当年3月，又迅速下跌至470美元/盎司。波动幅度高达近80%。2012年7月，受欧洲债务危机的影响，欧元区金融动荡不定，国际黄金价格一直在1 600美元/盎司下方徘徊。与此紧密相连，国际黄金市场中"买空卖空"的投机活动日益盛行，而这种投机活动又进一步加剧了金价的波动。2013年，黄金价格在1 200美元/盎司附近反复振荡。2015年下半年国际金价持续走跌，全年下跌10%，逼近1 000美元/盎司关口。2016年以来，受全球经济继续下滑、股市不景气等的影响，投资者开始寻找安全的避风港，国际金价触底反弹。2023年4月初，国际金价一度超过2 000美元/盎司。

### （三）国际黄金市场的构成

1. **金商**。最典型的就是伦敦黄金市场上的五大金行，其自身就是一个黄金交易商，五大金商会根据自身掌握的情况不断报出黄金的买价和卖价。当然，金商要负责金价波动的风险。伦敦黄金市场上现有四大定价金行分别为：洛希尔国际投资银行、加拿大丰业银行、德意志银行、美国汇丰银行。瑞士信贷第一波士顿银行已于2004年10

月 12 日退出伦敦黄金定价委员会。伦敦黄金市场价格是世界上最主要的黄金价格,许多国家和地区的黄金市场价格均以伦敦金价为基准,再根据各自的供需情况上下波动。

2. 银行。银行又可以分两类:一种是仅仅为客户代行买卖和结算,自身并不参加黄金买卖,以苏黎世市场为例,苏黎世黄金市场没有正式的组织结构,由瑞士三大银行:瑞士银行、瑞士信贷银行和瑞士联合银行负责清算结账,黄金交易也是这三家银行本身的主要业务,它们可为客户代理黄金交易,充当生产者和投资者之间的经纪人,在市场上起到中介作用。也有一些银行可做自营黄金业务,如在新加坡黄金交易所里,就有多家自营商会员是银行。

3. 经纪公司。经纪公司是专门从事代理非交易所会员进行黄金交易,并收取佣金的经纪组织。他们本身并不拥有黄金,只是安排场内代表在交易大厅里为客户代理黄金买卖,收取客户的佣金。

4. 各类机构及个人。包括专门出售黄金的公司,如各大金矿、黄金生产商、黄金制品商、首饰行以及私人购金收藏者等,也包括专门从事黄金买卖业务的投资公司、对冲基金、个人投资者等。此外,一些国际金融机构,如国际清算银行、国际货币基金组织等也参与黄金市场的买卖活动。

5. 交易所。黄金交易一般都有一个固定的交易场所,目前世界上共有五大黄金交易所,分别是英国伦敦黄金交易所、瑞士苏黎世黄金交易所、新加坡黄金交易所、香港黄金交易所和东京黄金交易所。我国上海黄金交易所于 2002 年 10 月 30 日正式开业,位于上海外滩的中国外汇交易中心内。现有会员 162 家,分布在全国 26 个省、自治区、直辖市。

## 第三节 国际金融机构

### 一、国际金融机构概述

国际金融机构(international financial institution)又称国际金融组织,是指世界多数国家的政府之间通过签署国际条约或协定而建立的、协调国际金融关系、从事国际融资业务、维持国际货币及信用体系正常运转的超国家机构。国际金融机构在维护国际货币关系和促进世界经济的发展过程中发挥着不可替代的重要作用,它们能够在重大的国际经济金融事件中协调各国的行动、提供短期资金缓解国际收支逆差、稳定汇率、提供长期资金以促进各国经济发展。几乎所有的国家、地区都同这类金融组织建立了密切的联系。

国际金融机构可分为全球性的国际金融机构和区域性的国际金融机构两种。全球性的国际金融机构主要有国际货币基金组织（International Monetary Fund，IMF）、世界银行集团（World Bank Group，WBG）。区域性的国际金融机构主要有国际清算银行、亚洲开发银行、泛美开发银行、非洲开发银行、阿拉伯货币基金组织、欧洲投资银行等。此外，由中国倡议并发起成立的、总部设在北京的亚洲基础设施投资银行（Asian Infrastructure Investment Bank，简称亚投行，AIIB）是一个政府间性质的亚洲区域多边开发机构，亦属于区域性的国际金融机构。

国际金融机构具有以下主要特点：

1. 国际金融机构是政府间的金融组织。国际金融机构通常是以国家为参与单位，由各国共同组成全球性或区域性的联合组织，虽然其建立的时间和背景不同，但主要目的都是为了加强各国的经济合作，协调处理经济、金融领域共同面对的问题，促使成员方以对话方式解决相互间的冲突和矛盾，并致力于形成一系列成员方共同遵守的惯例、规则等。通过确立并维护国际货币金融制度，稳定汇率，促进国际贸易的发展，并为成员方提供各种形式的资金支持及技术援助，解决发展中国家经济建设中的资金需求，在寻求本地区及全球债务危机、金融危机的有效解决方案方面发挥着重要作用。

2. 国际金融机构通常采用股份制的组织形式。国际金融机构是由成员方共同出资、共同管理，按照股份制形式经营的经济实体，在组织结构、入股方式和资金来源等方面与股份制企业十分相似，一些国际金融机构向成员方政府提供贷款的限额与该成员方出资数额成正比。

3. 国际金融机构的活动多带有浓厚的政治色彩。国际金融机构是成员方政府间进行经济合作与交流的重要场所，成员方在组织内的发言权是以其经济实力和影响为基础的，经济实力越强的国家在组织内所分配的股份越多，其在组织内的投票权也就越多，这就注定了全球性国际金融机构的领导权掌握在少数发达国家手中，发展中国家没有足够的话语权，这是国际金融机构亟待改革的主要问题之一。

本节主要介绍国际货币基金组织、世界银行集团和国际清算银行三个主要的国际金融机构，关于亚洲基础设施投资银行（简称亚投行）的内容将在本章第四节中加以阐述。

## 二、国际货币基金组织

### (一) 国际货币基金组织的建立

国际货币基金组织（International Monetary Fund，简称 IMF）是全球性的国际金融组织，是处理国际货币关系的核心机构。它是根据 1944 年 7 月在美国新罕布什尔州布雷顿森林召开的国际货币金融会议上通过的《国际货币基金协定》而建立起来的。1945 年 12 月 27 日正式成立，总部在美国首都华盛顿，创始会员国 39 个。1947 年 3 月 1 日开始办理业务，1947 年 11 月 15 日成为联合国的一个专门机构，但在经营上有其独立性。国际货币基金组织每年与世界银行共同举行年会。目前，IMF 已有 190 个会员国。我国是 IMF 创始会员国之一，于 1980 年 4 月恢复在该组织的合法席位。

### (二) 国际货币基金组织的宗旨

1. 通过设置一常设机构，便于国际货币问题的商讨与协作，以促进国际货币合作；

2. 便利国际贸易的扩大与平衡发展，以促进和维护高水平的就业和实际收入，以及所有会员国生产资源的发展，作为经济政策的首要目标；

3. 促进汇价的稳定，维持会员国间有秩序的外汇安排，并避免竞争性的外汇贬值；

4. 协助建立会员国间经常性交易的多边支付制度，并消除妨碍世界贸易发展的外汇管制；

5. 在充分保障下，将基金的资金暂时供给会员国，使其有信心利用此机会调整其国际收支的不平衡，而不至于采取有害于本国或国际繁荣的措施；

6. 依据以上目标，缩短会员国国际收支不平衡的时间，并减轻其程度。

### (三) 国际货币基金组织的组织机构

国际货币基金组织由理事会、执行董事会、总裁、国际货币和金融委员会、发展委员会及常设职能部门等组成。

1. 理事会。理事会是国际货币基金组织的最高权力机构，由各成员方委派一名理事和一名副理事组成，任期 5 年。理事通常由该成员方的财政部长或中央银行行长担任，有投票表决权。副理事在理事缺席时才有投票权。理事会推选 1 名理事为理事会主席。

理事会的主要职责是：（1）批准接纳新的成员方以及决定成员方的退出；（2）批准 IMF 的份额规模、特别提款权的分配以及成员方货币平价的普遍调查；（3）讨论有关国际货币制度的重大问题等。理事会通常每年召开一次年会，一般同世界银行理事会年会联合举行。

2. 执行董事会。执行董事会是国际货币基金组织负责处理日常业务的常设机构，由 24 名执行董事组成，任期 2 年，由总裁任主席。执行董事包括指定与选派两种。其中，8 名指定董事由持有基金份额最多的国家委派，包括美国、英国、德国、法国、日本、中国、沙特阿拉伯、俄罗斯各委派 1 名指定董事，其余 16 名选派董事由其他成员方按选区组成 16 个选举团轮流选举产生。

执行董事会的主要职责是：（1）接受理事会委托定期处理各种政策和行政事务；（2）向理事会提交年度报告；（3）对成员方经济及国际金融方面的重要问题进行全面研究探讨。执行董事会每星期至少召开三次正式会议，当董事会需要就有关问题进行投票表决时，执行董事按其所代表的国家或选区的投票权进行投票。

3. 总裁。总裁是国际货币基金组织的最高行政长官，其下设副总裁协助工作。总裁负责管理 IMF 的日常事务，并在执行董事会的监督下负责有关工作人员的组织、任命和辞退。总裁由执行董事会推选，并兼任执行董事会主席，任期 5 年。按惯例，总裁应是欧洲人，或至少是非美国人（世界银行行长一般是美国人），理事或执行董事不得兼任总裁。总裁可以出席理事会和执行董事会，但平时没有投票权，只有在执行董事会表决双方票数相等时，才可以投决定性的一票。

4. 国际货币和金融委员会。其前身是 1974 年 6 月成立的临时委员会，1999 年 9 月改名为国际货币和金融委员会，它被看作国际货币基金组织的决策和指导机构。该委员会在政策合作与协调，特别是在制定中期战略方面充分发挥作用。委员会由 24 名执行董事组成，就国际货币制度的管理和运作、国际货币基金组织协定的修改以及应付对国际货币制度造成威胁的动荡局势等问题向理事会提出建议。

5. 发展委员会。与国际货币和金融委员会一样，发展委员会也由 24 名执行董事组成。它的主要任务是就实际资源向发展中国家转移以促进其经济发展向国际货币基金组织和世界银行的理事会提出报告和建议。这两个委员会每年开会 2~4 次，讨论国际货币体系与开发援助等重大问题，其通过的决议最后往往就是理事会的决议。

基金组织除理事会、执行董事会、国际货币和金融委员会以及发展委员会外，其内部还有两大利益集团，即"七国集团"（代表发达国家利益）和"二十四国集团"（代表发展中国家利益）。

6. 常设职能部门。国际货币基金组织设有 16 个职能部门，负责经营业务活动。此外，IMF还有2个永久性的海外业务机构，即欧洲办事处（设在巴黎）和日内瓦办事处，并在联合国总部派遣1名特别代表。

### （四）国际货币基金组织的资金来源

1. 各成员方缴纳的基金份额（Quota）。份额制度是基金组织的主要特点之一。份额是指成员方参加基金组织时认缴的一定数额的资金，性质上相当于股份公司的入股金。它既是IMF最大的资金来源，也是决定成员方投票权、借款权的最主要因素。份额计算单位1969年以前为美元，1969年后改为特别提款权（$SDR_S$）表示。在牙买加协议之前，成员方份额的25%以黄金缴纳，其余75%以成员方本币缴纳。牙买加协议之后，25%的黄金份额改用特别提款权或可兑换货币缴纳，其余75%不变。2005年8月基金组织份额共计2 130亿$SDR_S$（约合3 120亿美元）。2010年IMF改革方案于2016年1月生效后，基金组织份额将增加1倍，从2 385亿$SDR_S$增至4 770亿$SDR_S$。

份额的大小主要取决于成员方的国民收入、黄金和外汇储备、进出口贸易及其他经济指标，各成员方份额的具体分配由理事会决定。理事会每隔五年对成员方的份额重新审定一次，并对部分成员方的份额进行调整。

基金组织成员方的投票权与认缴份额成正比。成员方在基金组织认缴的份额决定了其在基金组织的地位和权力的大小。认缴份额越大，在基金组织的投票权、借款数量和分配到的特别提款权额度就越大。按基金组织规定，每个成员方有250票基本投票权，在此基础上，按其认缴份额每10万特别提款权可增加一票。按基金组织协定规定，重大问题须经全体成员方总投票权的85%通过才能生效。美国所占份额最多，投票权也最大，当前美国一国即拥有全部投票权的16.5%，因此美国拥有事实上的否决权。国际货币基金组织的份额及投票权分配方案是有利于发达国家的，有待进一步加以改革。

2. 向会员国借款。基金组织可以向会员国的官方机构（财政部、中央银行等）借款，以满足其信贷资金不断增长的需要，基金组织可以根据其需要借入任一会员国的货币。如果基金组织借入的货币是从该货币发行国以外的国家借入，就必须得到该货币发行国的同意后才能借入。例如，1962年10月24日生效的"十国集团"的"借款总安排"借入170亿美元，是基金组织第一次借款资金安排，目的是稳定美元汇率；1974~1976年，为了解决非产油国家的石油进口和国际收支困难，IMF成立了"石油贷款"，其资金来源也是通过借款筹得；1997年1月，IMF与25个成员方和地区达成了"新借款安排"协议，使参加的成员方和地区可使用基金 340 亿 SDR$_s$，以解决那些"重债穷国"越来越重的债务问题。

3. 出售黄金的收入。1976 年基金组织决定将其 1/6 的黄金储备即 2 500 万盎司的黄金，分 4 年按市价出售，所获收入的一部分用来作为建立"信托基金"的资金来源，用以向最贫穷的成员方提供信贷。

### （五）国际货币基金组织的业务活动

1. 汇率监督与政策协调。为了维持国际货币体系的正常运行，保持国际金融秩序的稳定和世界经济的增长，国际货币基金组织对成员方有着严格的要求。基金组织实行汇率监督的根本目的，在于保证有秩序的汇兑安排和汇率体系的稳定。基金组织的汇率监督主要体现在三个方面：

（1）对成员方的宏观经济政策进行监督。即通过监督一国的财政、货币政策，防止成员方利用宏观经济政策、补贴或任何其他手段操纵汇率以取得对其他成员方的不公平的竞争优势；

（2）对汇率制度进行监督。基金组织原则上反对复汇率制度或任何其他形式的差别汇率政策；

（3）对货币的自由兑换进行监督。基金组织要求成员方在经常项目下实行货币的自由兑换，通过"稀缺货币条款"，对国际收支持续、大量盈余国家的货币进行兑换限制，促使盈余国采取措施减少其盈余。

基金组织对成员方提交的有关经济运行和经济政策的材料进行分析，在此基础上与成员方进行定期或不定期的磋商，对成员方的经济金融形势及有关政策进行评估，并对其提出政策建议。从多年运作的实践看，基金组织对国际金融秩序的稳定及各国政策的协调发挥着不可替代的作用。

2. 提供贷款。基金组织贷款的主要目的是帮助成员方解决暂时性的国际收支逆差，其贷款特点如下：

（1）贷款对象有严格的局限性，只对成员方的政府、财政部、中央银行、外汇平准基金部门或其他类似的国家财政金融机构发放贷款；

（2）贷款用途限于解决成员方暂时性国际收支不平衡，即用来弥补成员方经常项目中贸易和非贸易逆差；

（3）贷款额度取决于成员方所缴份额，与份额成正比；

（4）贷款期限一般为 3～5 年，故属于中期贷款，贷款利率一般低于国际金融市场利率；

（5）贷款方式独特，采用"购买"和"购回"的方式。即成员方需要借款时,要用本国货币向基金组织换取其他成员方的货币(即外汇)或特别提款权,这种行为称为"购买"或"提款";还款时,借款国须用原来借款的外汇或特别提款权换回本国货币,这种行为称为"购回"。贷款无论以何种货币提供,都以特别提款权计值。

国际货币基金组织自成立以来先后发放了如下类型的贷款:(1)普通贷款;(2)补偿与应急贷款;(3)缓冲库存贷款;(4)石油贷款;(5)中期贷款;(6)信托基金贷款;(7)补充贷款;(8)扩大贷款;(9)结构调整贷款;(10)体制转换贷款。

## 三、世界银行集团

世界银行集团是最具影响力的全球性国际金融组织之一,它由五个机构组成,分别是国际复兴开发银行、国际开发协会、国际金融公司、多边投资担保机构和国际投资争端解决中心。习惯上,我们把国际复兴开发银行称为"世界银行"。

### (一)国际复兴开发银行

国际复兴开发银行(International Bank for Reconstruction and Development,IBRD),以下简称"世界银行"(World Bank,WB),是根据 1944 年 7 月布雷顿森林会议通过的《国际复兴开发银行协定》于 1945 年 12 月 27 日宣告成立的,总部设在美国华盛顿。1946 年 6 月 25 日开始营业,自 1947 年 11 月 5 日起成为联合国专门机构之一,是世界上最大的政府间金融机构之一。世界银行在巴黎、纽约、伦敦、东京、日内瓦等地设有办事处,此外还在 20 多个发展中成员方设立了办事处。目前为止,世界银行的成员方有 189 个,它同 IMF 有紧密的联系,只有 IMF 的成员方才有资格申请加入世界银行。

世界银行在成立之初,主要是资助西欧国家战后经济的恢复,但在 1948 年后,欧洲各国主要依赖美国的"马歇尔计划"来恢复战后的经济,于是世界银行主要转向向发展中国家提供中长期贷款与投资,特别是帮助亚非拉发展中国家,促进发展中国家经济和社会发展。此外,世界银行还向成员方提供技术援助,派遣专家,提供咨询服务,帮助会员国中、高级官员进行经济管理,特别是项目管理方面的培训。

1. 世界银行的宗旨。按照《国际复兴开发银行协定》的有关规定,世界银行的宗旨是:

(1)通过对生产事业的投资,协助成员方经济的复兴与建设,鼓励不发达国家对资源的开发;

(2)通过担保或参加私人贷款及其他私人投资的方式,促进私人对外投资。当成员方不能在合理条件下获得私人资本时，可运用该行自有资本或筹集的资金来补充私人投资的不足；

（3）鼓励国际投资，协助成员方提高生产能力，促进成员方国际贸易的平衡发展和国际收支状况的改善；

（4）在提供贷款保证时，应与其他方面的国际贷款配合。

2. 世界银行的组织机构。世界银行的组织机构包括理事会、执行董事会、行长和各业务机构组成。

（1）理事会。理事会是世界银行的最高权力机构，由每一成员方选派理事和副理事各一人组成。理事一般由成员方的财政部部长、中央银行行长或级别相当的官员担任。理事在世界银行行使最终决策权，任期5年，可以连任。副理事在理事缺席时才有投票权。理事会每年与国际货币基金组织联合召开年会，必要时可召开临时会议。理事会的主要职责是：决定世界银行的重要政策问题，接收或中止国家成员资格，决定核定股本的变化，确定世界银行净收入的分配，批准财务报表和预算。

（2）执行董事会。执行董事会由理事会授权，负责处理世界银行的日常事务。世界银行新一阶段投票权改革完成后，其执行董事会由25名执董组成，其中6名由掌握股份最多的国家美国、日本、中国、德国、法国、英国直接派任，不参加选举。其余执行董事由其他成员方的理事按地区组成选区，每两年选举一次，其中沙特阿拉伯、俄罗斯为单独选区。世界银行集团各机构的投票权重分布各不相同。通常，执行董事每周至少召开两次会议，对世行业务进行监督，其职责还包括审批贷款和赠款、新政策、管理预算、国别援助战略以及借款和财务决策。

（3）行长及工作人员。世界银行行政管理机构由行长、若干副行长、局长、处长、工作人员组成。执行董事会选举产生执行董事会主席，并兼任世界银行行长，主持日常事务。行长是银行行政管理机构的首脑，他在执行董事会的有关方针政策指导下，负责银行的日常行政管理工作，任免银行高级职员和工作人员，行长同时兼任执行董事会主席，但没有投票权。只有在执行董事会表决中双方的票数相等时，可以投关键性的一票。行长任期5年，可连任。世界银行行长一般由美国总统提名，均为美国人。美国是世行的最大股东，自1945年成立以来，世行行长一直由美国人担任。现任行长为戴维·马尔帕斯，2019年7月5日上任，成为世行第13任行长。

3. 世界银行的资金来源。世界银行的资金来源渠道主要有：成员方的实缴股金、发行国际债券、债权转让和业务净收益。

（1）成员方的实缴股金。世界银行的成员方根据各自的经济实力，并参照向IMF缴纳的份额大小，向世界银行认缴股金，成员方在世界银行享有的投票权也与认缴股金的多少成正比。根据世界银行的规定，每个成员方都享有基本投票权 250 票，每认缴股金 10 万美元即可增加一票。其中美国所占投票权最多。与 IMF 不同，世界银行并不根据其成员方认缴股金的多少来确定向它们提供贷款的数额。

世界银行刚成立时，法定资本确定为 100 亿美元，由各成员方认缴股金总额为 76 亿美元，实缴金额为 15.2 亿美元，实缴股金为认缴股金的 20%（其中 2% 为黄金或美元，18% 为本国货币），其余 80% 为待缴股金，只有在世界银行需要资金向成员方催交时，成员方才交给世界银行。目前，世界银行的法定股本金为 2 010 亿美元。各成员方实缴股金占认缴股金的比例已由 20% 下降到 10% 以下，其余为待缴股金，美国约占世界银行认缴股本的 17%。

由此可见，世界银行实有资本的数额并不大，与世界银行贷款相比，是十分有限的，故成员方的实缴股金并未构成世界银行最主要的资金来源。

(2) 发行国际债券。随着世界银行发放贷款额的迅速增加，平均每年发放贷款 200 多亿美元，依靠成员方实缴股金是远远不能满足贷款资金增长的需要。世界银行主要依靠向国际金融市场借款和发行债券等方式。其中发行国际债券借入的资金，满足了发放贷款所需资金的 70%，可见，发行国际债券是世界银行信贷资金的主要来源。

世界银行发行债券采取两种方式：一种是直接向成员方政府、中央银行出售中、短期债券；另一种是通过投资银行、商业银行等承销商向养老基金、保险公司、其他企业及个人等私人投资市场出售债券。债券期限通常在 2~25 年。由于世界银行贷款支持的项目一般效益良好，并能按时偿还贷款，因此世界银行享有 AAA 级信用评级，债券发行成本较低，导致发行债券成为世界银行筹集低成本信贷资金的主要渠道。

(3) 债权转让。世界银行为了加速与扩大信贷资金的周转和使用，将其贷出资金的债权转让给商业银行等私人投资者，提前收回一部分信贷资金，这也成为世界银行信贷资金的来源之一。这种形式的资金来源近年来在世界银行业务中的比重不断上升。

(4) 业务净收益。世界银行的经营管理水平和信誉不断提高，除了个别年份外，历年都赚得相当可观的利润。世界银行来自投资和贷款等业务活动的利润即业务净收益，除拨付一部分给国际开发协会作为向贫穷的发展中国家发放贷款的资金外，其余部分也成为信贷资金的来源之一。

4. 世界银行的资金运用。向成员方尤其发展中国家提供贷款是世界银行最主要的业务。世界银行贷款多属于项目贷款，贷款条件及程序较为严格。

(1) 世界银行的贷款条件。

第一,世界银行的贷款对象只限于会员国的政府、政府机构或国营和私营企业。借款人除政府外,都必须提供担保。

第二,贷款一般用于世界银行审定、批准的特定项目,重点是农业和农村发展、能源、交通及公用工程、教育、卫生、环境保护等项目。这些项目在经济和技术上都必须是可行的,对本国经济发展来说是应优先发展的项目。只有在特殊情况下,世界银行才考虑发放非项目贷款。

第三,成员方确实不能以合理的条件从其他方面取得资金来源时,世界银行才考虑提供贷款。例如,投资金额较大的项目、技术要求比较高并需要长期技术指导或监督的项目、长远看能获得巨额利润,但近期内无利可图的项目等。

第四,贷款只发放给有偿还能力,且能有效运用资金的成员方。世行主要依靠在国际市场借入资金向成员方提供贷款,因而它只贷给有偿还能力的成员方。

第五,贷款必须专款专用,并接受世界银行的监督。世界银行不仅在使用款项方面,而且在工程的进度、物资的保管、工程管理等方面都可进行监督。

(2) 世界银行贷款的特点。

第一,贷款期限较长。与国际开发协会贷款不同,世界银行贷款属于硬贷款,贷款期限最长达 30 年,平均 17 年,宽限期 3~5 年。

第二,贷款利率低于市场利率,采用浮动利率,利率按平均借款成本加 0.25% 制定,每半年调整一次。

第三,贷款必须与特定的工程项目相联系,实行专款专用。只有在特殊情况下,才发放非项目贷款。

第四,世界银行的贷款额,不受成员方认缴股本额的限制,而是根据成员方的实际需要发放贷款。

第五,贷款手续严密,从项目提出到取得贷款,一般需要 1.5~2 年时间,贷款必须按期偿还。

第六,贷款按美元计值。世界银行可以提供其他货币贷款,但必须折合成一定数量的美元,还款时按市场汇率折合成所借货币偿还,由借款国承担汇率变动的风险。

(3) 世界银行贷款的种类。世界银行自成立以来提供的贷款主要有以下几种:

①项目贷款。又称特定投资贷款,用于资助成员方的某个具体的发展项目,它是世行对成员方工农业生产、交通、通信以及市政、文教卫生等具体项目所提供的贷款,是世行传统的、最主要的贷款方式。

②部门贷款。具体可分为部门投资贷款、部门调整贷款及金融中介贷款。部门投资贷款用于改善部门政策和投资重点,以及加强借款国制定和执行投资计划的能力,贷款期一般 3~5 年;部门调整贷款用于为某一具体部门的体制改革提供支持,贷款期一般为 1~4 年;金融中介贷款是指世界银行贷给借款国金融机构,由其再转贷给本国私营企业,贷款期一般为 3~7 年。

③结构调整贷款。贷款主要用于帮助借款国进行经济政策、发展布局、结构体制方面的调整和改革,特别是在国际收支不平衡时使用较为广泛。此类贷款条件比较苛刻,借款国必须承担相应的义务,迅速采取有效措施改善本国经济状况,否则立即停止贷款。贷款期一般为 1~2 年。

④技术援助贷款。除向成员方提供项目建设的资金支持外,世行还向有困难的成员方提供技术援助贷款,包括在贷款项目中用于可行性研究、管理或计划的咨询,以及专门培训人员的资金,还包括独立的技术援助贷款。

⑤第三窗口贷款。该类贷款条件介于世界银行的一般性贷款与国际开发协会的优惠贷款之间,它是世行为解决 20 世纪 70 年代世界经济危机和通货膨胀的双重打击,于 1975 年 6 月开办的一项贷款。该项贷款利率(4.5%)比一般贷款利率(8.5%)要低,但比国际开发协会的优惠贷款(免收利息、只收手续费)要高。利差部分由较富裕的工业国和石油生产国自愿捐献"利息补贴基金"来补偿。贷款期限为 25 年,贷款规模为 10 亿美元,贷款对象仅限于低收入的成员方,此项贷款 1977 年底宣告结束。

⑥联合贷款。指世界银行与借款国以外的其他贷款机构联合起来,共同为某项目融资。包括世行与政府贷款、出口信贷、商业银行贷款的联合。不仅扩大了信贷资金来源,还减轻了世行的资金负担。联合贷款有两种形式:一种是平行贷款,即由若干个相对独立的贷款组合而成;另一种是共同贷款,即各个贷款人按商定的比例,各自提供贷款资金合成一笔贷款,对同一工程项目贷款。贷款风险按提供贷款的比例共同承担。

### (二)国际开发协会

国际开发协会(International Development Association,IDA)是世界银行的一个附属机构,是专门向低收入发展中国家发放长期无息贷款的国际金融组织。国际开发协议会成立于 1960 年 9 月 24 日,1960 年 11 月开始营业,总部设在华盛顿,现有会员国 184 个。

国际开发协会的宗旨是帮助世界上欠发达地区的会员国促进经济发展,提高生产力和生活水平。作为世界银行活动的补充,它向欠发达地区的会员国提供条件较宽、期限较长、无息并可用部分本国货币偿还的贷款资金，以解决这些国家在重要发展方面的需要，推动世界银行目标的实现。

1. 国际开发协会的组织机构。国际开发协会的组织机构同世界银行相似，最高权力机构是理事会。世界银行理事会主席同时也是国际开发协会理事会主席。理事会每年召开年会一次，出席会议的法定人数应为过半数理事，并持有不少于2/3的总投票权。

国际开发协会下设执行董事会，负责处理协会的日常业务。执行董事缺席会议时，由其指派的副董事代行其全部职权。当执行董事出席时，副董事可参加会议，但无投票权。执行董事会议的法定人数应是过半数并行使至少1/2总投票权方为有效。

2. 国际开发协会的资金来源。

（1）成员方认缴的股本。国际开发协会规定，每个创始会员国首次认股的10%，应以黄金或可自由兑换的货币缴付。其余90%的部分，如其属于贷款国，则应以黄金或可自由兑换的货币缴付；如其属于借款国，则可用本国货币缴付。国际开发协会可随时检查其资金是否充足，如认为有必要时，可批准普遍增加认股额，成员方认缴股本多少与投票权成正比，但成员方并无必须认股的义务。

（2）成员方和其他国家提供的捐赠资金。由于认缴的股金有限，国际开发协会必须依靠成员方和其他捐助国定期提供一定的补充资金，以维持不断增长的资金需求。约有40个富裕国家每四年以捐款的形式为协会提供资金。除此以外，美、英、法、德、意、日六国在必要时还向协会提供特别基金捐助。

（3）世界银行的拨款（捐赠）。指世界银行从净收入中拨付给协会的款项。一般也是每四年为1周期。

（4）协会本身业务经营的净收入。这部分资金数量较少。

从上面可以看出，国际开发协会的资金主要来自富裕国家和世界银行的捐赠。

3. 国际开发协会的资金运用。国际开发协会的主要业务活动是向贫穷的低收入国家提供长期的优惠贷款。国际开发协会的贷款对象是成员方政府，贷款的特点是条件非常优惠，被称为开发贷款，又称软贷款，以区别于世界银行的硬贷款。贷款具有明显的援助性质，主要投向农业、能源、交通运输、环境保护、教育及艾滋病的防治等领域，贷款免收利息，借款国只需向国际开发协会支付借款总额0.75%的手续费和0.5%的承诺费即可使用贷款，期限可长达35年（1987年7月以前期限最长者为50年），宽限期10年。近年来，国际开发协会加大了向低收入国家无偿捐赠的力度，以配合联合国新千年发展目标的实现。

### (三) 国际金融公司

国际金融公司（International Finance Corporation，IFC）也是世界银行附属机构之一。1956年7月25日正式成立，总部设在华盛顿，现有会员国184个。

世界银行的贷款以成员方政府为对象，如果向企业等部门贷款，须有政府担保，而且世界银行只能经营贷款业务，不能参与股权投资或为成员方的私人企业提供其他种类的风险投资，这在一定程度上限制了世界银行业务的发展。为了促进对成员方私人企业的国际贷款，在美国国际开发咨询局的提议下，经世界银行成员方协商，于1954年决定建立国际金融公司。

国际金融公司成立的宗旨是配合世界银行的业务活动，向成员方特别是发展中国家的重点私人企业提供无须政府担保的贷款或投资，鼓励国际私人资本流向发展中国家，以推动这些国家的私人企业的成长，促进其经济发展。

1. 国际金融公司的组织机构。国际金融公司的组织机构和管理办法与世界银行相同，其最高权力机构是理事会。理事会下设执行董事会，理事会将大部分权力下放给由24位董事组成的执行董事会，负责处理日常事务，正副理事、正副执行董事也就是世界银行的正副理事和正副执行董事。公司的经理由世界银行行长兼任，内部机构及人员也由世界银行的相应机构和人员兼管、兼任。只有世界银行的成员方才能成为国际金融公司的成员。

2. 国际金融公司的资金来源。

（1）成员方认缴的股本。公司法定资本最初为1亿美元，经过几次增资，目前认缴股本已达24亿美元。

（2）借款。这是公司主要的资金来源，目前这类资金占到公司所有资金来源的80%以上。借款主要来自债券发行、国际信贷及世界银行和成员方政府的贷款。

（3）公司的投资收益和转让股权所获的资金。

3. 国际金融公司的业务活动。国际金融公司的业务活动，是为成员方的私人企业提供资本，主要采取两种方式：

（1）直接向私人企业提供贷款，且不需要成员方政府提供担保；

（2）对私人企业直接投资，并参与其收益的分配。

国际金融公司的业务主要面向生产性私人企业，这类企业规模较小，贷款额度一般在200万~400万美元，最高不超过3 000万美元；公司提供资金时往往采取贷款与资本投资相结合的方式，但不参与投资企业的经营管理，通常与私人投资者共同投资，促进发达国家对发展中国家私人企业的投资。

国际金融公司的投资范围比较广，在世界许多发展中国家的私营企业都有投资。国际金融公司的贷款和投资对象主要集中在制造业、加工业、采掘业、公用事业及旅游等领域，贷款期限一般为 7~15 年，利率高于世界银行利率。国际金融公司向客户提供一系列金融产品和服务并不断开发新的金融工具，帮助公司管理风险，拓宽它们在国内外资本市场的融资渠道。同时，国际金融公司还推出一系列技术援助与咨询服务，用于支持发展中国家私营部门的发展。

### (四) 多边投资担保机构

多边投资担保机构（Multinational Investment Guarantee Agency，MIGA）成立于 1988 年，是世界银行集团里成立时间最短的机构，1990 年签署第一笔担保合同。目前有成员方 181 个。

多边投资担保机构的宗旨是向外国私人投资者提供政治风险担保（包括征收风险、货币转移限制、违约、战争和内乱风险担保），并向成员方政府提供投资促进服务，加强成员方吸引外资的能力，从而推动外商直接投资流入发展中国家。多边投资担保机构还帮助各国制定和实施吸引和保持外国直接投资的战略，并以在线服务的形式免费提供有关投资商机、商业运营环境和政治风险担保的信息。

多边投资担保机构提供的投资担保，期限一般为 15 年，保额为投资额的 90%，目前的最高限额为 5 000 万美元。

### (五) 国际投资争端解决中心

国际投资争端解决中心（International Center for Settlement of Investment Disputes，ICSID）是世界银行集团里仲裁投资争端的国际性机构，成立于 1966 年 10 月，总部设在华盛顿。

国际投资争端解决中心的宗旨是制定调解或仲裁投资争端规则，受理调解或仲裁投资纠纷的请求，处理投资争端等问题，为解决会员国和外国投资者之间争端提供便利，促进投资者与东道国之间的互相信任，从而鼓励国际私人资本向发展中国家流动。该中心解决争端的程序分为调停和仲裁两种。

国际投资争端解决中心组织机构有：（1）理事会，其为最高权力机构，由各成员方派 1 名代表组成，每年举行一次会议，世界银行行长为理事会主席；（2）秘书处，由秘书长负责，处理日常事务。

国际投资争端解决中心的成员方包括世界银行成员和其他被邀请国。此外，许多国际投资协议都援引中心的仲裁条款。

## 四、国际清算银行

国际清算银行（Bank for International Settlements，BIS）是致力于国际货币政策和财政政策合作的区域性国际组织，由 54 个国家（主要是工业国家和一些东欧国家）的中央银行组成，总部位于瑞士巴塞尔，在中国香港和墨西哥城设有两个办事处。它是根据 1930 年 1 月 20 日签订的海牙国际协定，由美国摩根银行、纽约和芝加哥的花旗银行组成的银行团，与英、法、意、德、比、日 6 国的中央银行共同投资设立，于 1930 年 5 月 17 日在瑞士的巴塞尔联合成立，它是世界上最早的国际金融组织。

国际清算银行成立的最初目的是方便处理第一次世界大战后德国战争赔款问题而形成的。随着战争赔款问题的解决，国际清算银行的职能逐步转变为促进各国中央银行的合作，为国际金融活动提供更多便利。世界多数国家的中央银行都是其客户，被人们称为"中央银行的银行"。

### （一）国际清算银行的宗旨

国际清算银行的宗旨是促进各国中央银行之间的合作，为国际金融运作提供便利，并作为国际清算的受让人或代理人。因此，国际清算银行便成为各国中央银行家的会晤场所，接受各中央银行的委托开展各种业务。

### （二）国际清算银行的组织机构

国际清算银行是股份制性质的企业性金融机构，其组织机构包括股东大会、董事会、办事机构。最高权力机构是股东大会，股东大会每年 6 月在巴塞尔召开一次，只有各成员方中央银行的代表参加表决。选票按有关银行认购的股份比例分配。

股东大会下设的董事会负责处理日常工作，现有席位 21 个，其中英国、法国、比利时、意大利、德国和美国的中央银行行长是董事会的固定成员，他们可各自选择一名本国工商金融界人士出任另一董事。此外，加拿大、日本、荷兰、瑞典、瑞士的中央银行行长也是固定董事。董事会成员选举董事会主席，董事会主席和银行行长由 1 人担任。董事会根据主席建议任命 1 名总经理和 1 名副总经理，就银行的业务经营向银行负责。

国际清算银行下设银行部、货币经济部、法律处、秘书处等办事机构。

### (三) 国际清算银行的资金来源

国际清算银行的资金来源主要有股本金、央行存款及借款。该行法定股本为15亿金法郎（gold francs），共分为面值相等的60万股，每股面值2 500金法郎。股份中80%为各国中央银行持有，其余20%为私人持有，但无权参加股东大会，也没有投票权，投票权和代表权始终属于中央银行。国际清算银行还接受各国中央银行的黄金存款和商业银行的存款作为其资金来源的一部分。当自有资金不足时，该行还可向成员方中央银行借款来补充其资金。

### (四) 国际清算银行的主要任务

国际清算银行的主要任务是促进各国中央银行间的合作，为各国中央银行和国际金融监管当局提供促进交流和便利决策的论坛，维护金融市场的稳定，作为中央银行金融交易的主要交易对手，并在国际金融交易中发挥代理人和受托人的作用，为国际金融业务的顺利发展创造条件。具体表现在以下几个方面：

第一，定期召开各种会议，探讨如何解决国际经济与金融问题。

国际清算银行于每月的第一个周末定期在巴塞尔举行西方主要国家中央银行的行长会议，每年召开的年会和全球经济会议是国际清算银行的最高级别活动。各国中央银行行长利用这些会议，讨论全球经济及金融发展的最新形势和其他各方关注的问题，探讨如何协调宏观政策，彼此交换看法。

国际清算银行每两个月还召集"十国集团"召开一次会议，及时商讨世界经济、金融领域遇到的新情况、新问题，协调相互间的立场，探讨共同的对策。另外，国际清算银行还定期举办高级别的专门委员会会议，如巴塞尔银行监管委员会、支付和清算系统委员会、欧洲货币常设委员会等，协调、解决相关领域所面临的问题。

第二，为成员方中央银行管理国际资产开办各种金融服务。

目前，全球国际储备约有1/10存放在国际清算银行。对于成员方存放的外汇储备，外汇币种可以自由转换，为成员方调整外汇储备币种结构提供了很好的途径。成员方存放黄金储备是免费的，而且可以用作抵押，从国际清算银行取得黄金价值85%的现汇贷款。同时，国际清算银行还代理各国中央银行办理黄金购销业务，并负责保密。目前，约有120个国家的中央银行和国际金融机构在国际清算银行开立了账户，总资产超过1 000亿美元。近年来，国际清算银行还向成员方的中央银行提供投资、信贷、风险控制等方面的服务，以提高中央银行持有外汇储备资产的收益，使其对储备流动性的管理更为有效。

第三，在国际金融形势研判、收集并处理各类信息方面有很高的权威性。

国际清算银行专门设立的各个委员会所提出的建议、有关分析报告，对人们准确把握世界经济、金融发展趋势，制定相应对策，提供了有益的帮助。国际清算银行主持的巴塞尔委员会（The Basel Committee on Banking Supervision）统一制定并不断修订了《巴塞尔协议》，协议的实质是为了完善与补充单个国家对商业银行监管体制的不足，减轻银行倒闭的风险，为国际银行业的统一监管提供一个划时代的重要文件，对国际商业银行加强联合监管和稳定国际金融秩序起到了积极作用。

## 第四节　中国与国际金融机构

### 一、中国与国际货币基金组织

国际货币基金组织成立于1945年12月27日，中国是39个创始会员国之一，由于历史原因，中国的席位长期被台湾当局非法占据。1980年4月17日，IMF恢复了我国在基金组织的合法席位，并获得了单独选区的地位，从而有权选举自己的执行董事。

基金组织成立之初，中国在其中的份额是5.5亿美元，仅次于美国和英国，名列第三。1980年我国的合法席位恢复后，在基金组织的份额是12亿特别提款权，排名第八。后来，由于沙特阿拉伯特别增资和独联体国家加入基金组织，中国在基金组织的份额逐渐退居第11位，这与中国的经济实力极不相称。2001年2月，经过特别增资，基金组织将中国的份额由原来的46.872亿特别提款权提高到63.692亿特别提款权（占总额的2.98%），与加拿大并列第八位。

中国同基金组织一直保持着良好的合作关系。中国曾于20世纪80年代分两次从基金组织取得贷款13.85亿特别提款权，约合16.5亿美元，用于弥补国际收支逆差，90年代已全部偿清。随着经济实力的不断提高，我国也为基金组织的发展做出了巨大的贡献。1994年、1999年两次分别向基金组织提供了1亿特别提款权、1 313万特别提款权的贷款，以帮助重债国进行债务调整；1997年亚洲金融危机爆发后，我国应基金组织和当事国的请求，参与了基金组织发起的援助计划，向泰国提供了10亿美元的贷款。另外，还向基金组织业务预算提供了超过20亿美元的资金，支持其贷款活动。

1996年12月1日，中国宣布接受《国际货币基金协定》第八条，实现了经常项目下的人民币自由兑换，这是中国认真履行基金组织成员方义务的重要举措。中国与基金组织就《国际货币基金协定》的第四条款进行磋商，除涉及汇率安排外，还涉及中国经济发展和宏观政策问题。通过磋商，基金组织可以了解我国的经济发展情况及维持经济持续发展的宏观政策，并对包括金融部门、对外经济交往部门和国有企业的结构改革等方面发表自己的观点和建议。

近年来，中国与基金组织间的技术援助与合作也有了较大发展。自1990年以来，基金组织以代表团访问、研讨班、专家访问的形式对中国提供技术援助。技术援助侧重的宏观经济领域包括：财政政策和税收征管、商业银行和中央银行立法、货币工具和同业市场的建立、对外经常项目可兑换和统一的外汇市场，以及经济和金融统计等。此外，基金组织还就金融分析与规划、国际收支、公共财政、政府财政、货币与银行、对外资本项目可兑换以及金融统计的编制方法等为中国官员提供培训。

2010年10月22~23日，G20财长与央行行长会议在韩国庆州召开，各国就国际货币基金组织的份额改革达成共识，欧洲同意放弃两个席位并将6%的投票权转让给新兴经济体国家，"金砖四国"将晋升该组织十大股东行列，而中国所占份额将从第六位升至第三位。

2010年11月12日，G20在首尔峰会通过了《首尔峰会宣言》，确认了此前在G20财长和央行行长会议上通过的国际货币基金组织（IMF）份额改革方案：第一，发达国家将向新兴市场和发展中国家转移超过6%的IMF份额；第二，份额被严重低估且经济富有活力的"金砖四国"（中国、印度、俄罗斯和巴西）全部进入前十名；第三，中国所持有份额从目前的3.72%上升至6.39%，投票权也将从3.65%上升至6.07%，中国在IMF份额跃居全球第三，超越德、法、英，位列美国和日本之后。不过，改革后拥有17.67%份额的美国依旧拥有"否决权"。

目前，IMF的总资本为3 280亿美元，近年内将提高到约7 000亿美元。此次增资将是11年来的首次，也可能是规模最大的一次，是对2008年以来国际金融危机的后续反应。中国在2012年G20峰会上宣布向国际货币基金组织（IMF）增资430亿美元，这一金额占到此前IMF成员方计划增资额的1/10。2012年6月19日，IMF成员方已承诺增资总额4 560亿美元应对危机，超额完成了计划目标。

根据在2010年IMF通过的份额改革方案，2012年，中国在IMF的基金份额将上升至6.39%，投票权也将从目前的3.65%上升至6.07%，仅次于美国和日本。执行份额改革决议主要阻力来自美国政府。IMF章程规定此类改革不仅需要得到IMF董事会批准，还需要至少 113 个成员方政府批准。由于美国在机构中持有 16.75% 的投票权，这项改革也就必须得到美国点头。

2015 年 12 月 18 日，美国国会通过了 IMF 2010 年份额和治理改革方案，这标志着 2010 年改革方案在拖延 5 年后将正式生效。

2016 年 1 月 27 日，IMF 份额改革正式生效，排名前六位的国家依次是美国 17.398%、日本 6.461%、中国 6.390%、德国 5.583%、法国 4.225%、英国 4.225%。

## 二、中国与世界银行集团

中国是世界银行的创始会员国之一，1980 年 5 月 15 日，中国在世界银行、国际开发协会和国际金融公司中的合法席位得以恢复。目前，中国在世界银行的股份为 6 200 股，每股 10 万美元占该行法定股本总额的 6.2%。我国在该行的投票权占总投票数的 4.42%，居第三位。中国自 1980 年恢复在世界银行的合法席位后，单独组成一个选区，并自行委任一名执行董事。

1981 年 6 月，世界银行与我国政府商定将"大学发展项目"作为我国第一个世界银行贷款项目。总投资 2.95 亿美元，世界银行贷款 2 亿美元，国内配套资金 1.45 亿元人民币。我国第一笔世行贷款幸运地用在了高等教育上，用在了 28 所全国重点大学上。从此，我国与世界银行的关系不断加强，日趋密切，世界银行对我国的改革开放和经济建设提供了有力的资金支持。截至 2021 年 12 月 31 日，我国与世行在资金、知识人才以及国际发展等方面的合作取得了丰硕的成果，引进世行贷款承诺额累计达到 656.7 亿美元，支持建设 450 个项目，覆盖我国几乎所有省、自治区、直辖市。我国利用世行贷款建设了一批直接关系国计民生的重点项目，其中，交通、农村发展、能源、城建环保是世行对华援助规模最大的四个领域。目前，70% 的世行对华贷款项目都将促进环境可持续发展作为目标。此外，我国还推动世行实施了一批工业、教育、卫生、社会保障等领域的项目，加快了我国企业的技术改造与重组，为改善民生和促进经济社会协调发展做出了积极贡献。

中国是世行最大的借款国，但也是实施世行项目最好的国家，我国通过财政部与世界银行签订贷款协议，然后通过国内金融机构转贷国内企业、机构。

除了贷款等金融服务外，世界银行还以分析报告、政策咨询、研讨会和培训等方式向我国提供帮助。这些帮助主要体现在：（1）通过对如何保持有效的宏观经济管理、减少金融系统的系统性风险、改善私营部门的经营发展环境等的分析调研，世界银行向中国的宏观经济管理部门提供相应的分析报告;(2)协助有关部门就投资环境、财政转移制度、提供社会服务、社会保障制度、城市化等领域制约西部和东北部地区经济增长的因素进行评估;(3)对进一步提高自然资源利用的效率和可持续性提供分析和政策咨询;(4)与中国政府一起,寻找帮助未能从经济发展中受益的贫困人口的方式等。

经过改革开放后20多年经济的高速发展,中国经济实力和综合国力显著增强。鉴于此,国际开发协会自1997年7月1日起,不再向中国提供其发放的软贷款(无息贷款)。截至1999年7月,协会共向中国提供了102亿美元的软贷款,有力地支持了我国能源、交通、教育及农村扶贫项目的发展。

国际金融公司从1987年开始向我国中外合资企业提供融资,援助的范围不断扩大,现已涉及包括中外合资企业、集体企业(含乡镇)、私营企业及实行股份制的企业等,为我国这些企业竞争能力的提高及多种所有制经济成分的发展,做出了一定的贡献。仅1999~2009年的10年间,我国企业获得的授标合同金额就达202亿美元,为加快实施企业"走出去"战略创造了一些更有利的条件。

国际金融公司在中国投资的重点是:(1)通过有限追索权项目融资的方式,帮助项目融通资金;(2)鼓励包括中小企业在内的中国本土私营部门的发展;(3)投资金融行业,发展具有竞争力的金融机构,使其能达到国际通行的公司治理机制和运营的标准;(4)支持中国西部和内陆省份的发展;(5)促进基础设施、社会服务和环境产业的私人投资。

中国是多边投资担保机构的创始国之一。长期以来,MIGA与我国财政部、商务部、中国进出口银行、中国出口信用保险公司、中非发展基金及其他部门加强合作,尤其是协助中国企业到海外投资,特别是到非洲和亚洲地区投资,为中国对外投资开展共同营销和提供共同保险,并在中国举办了投资保险业务培训班、政治风险保险研讨会等,同时提供技术援助、信息服务等多种形式的支持。

## 三、中国与国际清算银行

1984年12月,经国务院批准,中国人民银行与国际清算银行正式建立了业务关系,在该行存放黄金和外汇,成为该行的客户。自1985年起,我国每年都以客户身份参加国际清算银行的年会。1996年9月9日,国际清算银行同意接纳中国人民银行为该行的新成员。同年11月,中国人民银行正式加入国际清算银行,认购了3 000股的股本,实缴金额为3 879万美元,并成为该行亚洲顾问委员会的成员。香港金融管理局与中国人民银行同时加入国际清算银行,回归之后在国际清算银行的地位保持不变，继续享有其独立的股份与投票权。

中国人民银行与国际清算银行之间业务联系密切。一方面，中国人民银行定期参加该行的例会、年会，同时还积极参与国际清算银行金融市场委员会、"十国集团"市场委员会和全球金融系统委员会等重要会议的讨论，并发挥了积极的作用；另一方面，国际清算银行定期向中国人民银行提供各种资料和研究报告，每星期发送国际金融市场上黄金和各种货币的汇率、利率及其变化和预测分析，使我国货币当局能够及时掌握国际金融市场上的变化情况和动向，有助于加强宏观经济金融决策。2004年，中国人民银行正式加入国际清算银行数据库，利用清算银行的研究资源，可以为中国人民银行的政策制定和研究工作提供帮助。

我国中央银行加入国际清算银行后，充分利用其业务和经验为我国金融改革服务，有助于增进我国中央银行与国际清算银行及世界主要国家中央银行之间的了解，加强货币合作，提高金融监管水平。

## 四、中国与亚洲基础设施投资银行

亚洲基础设施投资银行（Asian Infrastructure Investment Bank，AIIB，简称亚投行）是一个政府间性质的亚洲区域多边开发机构，重点支持基础设施建设，法定资本1 000亿美元，总部设在北京。亚投行成立的宗旨是促进亚洲区域的建设互联互通化和经济一体化的进程，并且加强中国及其他亚洲国家和地区的合作。

2013年10月2日，习近平主席提出筹建亚投行倡议。2014年10月24日，包括中国、印度、新加坡等在内的21个首批意向创始成员方的财长或授权代表在北京签约，共同决定成立亚洲基础设施投资银行。2015年4月15日，亚投行意向创始成员方确定为57个，其中域内国家37个、域外国家20个。2015年6月29日，《亚洲基础设施投资银行协定》签署仪式在北京举行，亚投行57个意向创始成员方财长或授权代表出席了签署仪式。

2015年12月25日，包括缅甸、新加坡、文莱、澳大利亚、中国、蒙古国、奥地利、英国、新西兰、卢森堡、韩国、格鲁吉亚、荷兰、德国、挪威、巴基斯坦、约旦在内的17个意向创始成员方（股份总和占比50.1%）已批准《亚洲基础设施投资银行协定》（以下简称《协定》）并提交批准书，从而达到《协定》规定的生效条件，即至少有10个签署方批准且签署方初始认缴股本总额不少于总认缴股本的50%，亚洲基础设施投资银行正式宣告成立，全球迎来首个由中国倡议设立的多边金融机构。

2016年1月16~18日，亚投行开业仪式暨理事会和董事会成立大会在北京举行，金立群当选亚投行首任行长。2016年2月5日，亚投行正式宣布任命5位副行长，这5位副行长分别来自英国、德国、印度、韩国、印度尼西亚。

亚投行的治理结构分理事会、董事会、管理层三层。理事会是最高决策机构，每个成员在亚投行有正副理事各一名。董事会有12名董事，其中域内9名，域外3名；管理层由行长和5位副行长组成。

作为区域性的国际金融机构，亚投行在借鉴现有多边开发银行的经验和避免其缺陷的基础上，坚持国际性、规范性和高标准，确保专业运营、高效运作、透明廉洁，运用一系列支持方式（包括贷款、股权投资以及提供担保等），通过公共部门与私人部门的合作，为亚洲各国的基础设施项目提供融资支持，以振兴包括交通、能源、电信、农业和城市发展在内的各个行业的投资，有效弥补亚洲地区基础设施建设的资金缺口，推进亚洲区域经济一体化建设，支持世界经济复苏。

亚投行成立后的第一个项目就是投入资金支持"丝绸之路经济带"的建设，以基础设施建设为核心的"一带一路"需要大量资金投入，单个国家很难完成，设立亚投行可以推动"一带一路"战略目标的顺利实现，同时体现出中国尝试在外交战略中发挥资本在国际金融中的力量，这是提升中国在国际金融体系中的地位之重要举措，是实现人民币国际化的制度保障。

自2016年1月亚投行顺利开业以来，成员国增至104个，得到国际社会广泛认可与好评，正在吸引越来越多的国家参与。亚投行有望成为仅次于世界银行的全球第二大多边开发机构。

## 本 章 案 例

［案例1］

### 美联储加息引发国际外汇市场动荡

2022年3月16日，美国联邦储备委员会宣布将联邦基金利率目标区间上调25个基点到0.25%~0.5%。这是美联储自2018年12月以来首次加息。美联储在当月为期两天的货币政策例会后发表声明指出，美国的经济活动和就业指标继续走强，但通货膨胀依然高企，反映出与新冠疫情、能源价格上涨以及更广泛的物价压力有关的供需失衡。声明指出，俄乌冲突对美国经济的影响高度不确定，但在短期内，有关局势和事件可能会加剧通胀上行压力并抑制经济活动。声明称，美联储寻求实现充分就业和2%较长期通胀率的目标的方法。为支持这些目标，美联储预期继续上调联邦基金利率目标区间是合适的。

2022年12月，美国联邦储备委员会宣布上调联邦基金利率目标区间50个基点到4.25%~4.50%。这是2022年内美联储连续第七次加息,该年成为美国自冷战结束以来总体加息幅度最大的年份。2023年5月3日,美国联邦储备委员会宣布再次将联邦基金利率目标区间上调25个基点到5%~5.25%。这是美联储2021年3月以来第十次加息,累计加息幅度已达500个基点。①

国际观察人士认为,在美国激进持续加息的紧缩货币政策推动下,美元对其他货币汇率持续走高,美联储通过外汇市场将压力传递给其他央行,引发国际金融市场动荡。据美《华尔街日报》报道,2022年,衡量美国与主要贸易伙伴汇率的洲际交易所美元指数已上涨14%,是该指数自1985年推出以来美元最强势的一年。欧元、日元和英镑对美元汇率均跌至数十年低点,新兴市场货币也遭受重创。在遏制通胀方面,强势美元给美国带来了顺风,但让世界其他地区承受压力。②为应对通胀加剧、本币贬值等的压力,不少经济体的央行被动跟随美联储加息步伐,上调利率。彭博社统计显示,2022年以来,截至当年9月,约有90个经济体的央行提高了利率,其中一半有过单次上调至少75个基点的记录,这创下了15年来全球货币政策最广泛的紧缩纪录。

[案例2]

## 世界银行集团应对新冠肺炎疫情和实现更好重建

世界银行集团(简称世界银行)目前有189个成员国,员工来自170多个国家,在130多个地方设有办事处。世界银行集团是一个独特的全球性合作伙伴,所属五家机构共同致力于寻求在发展中国家减少贫困和建立共享繁荣的可持续之道。其宗旨之一是通过对生产事业的投资,协助成员国经济的复兴与建设,鼓励不发达国家对资源的开发。

世界银行在2022年《世界发展报告》中指出,2019新型冠状病毒病(COVID-19)大流行给世界经济造成重大冲击,引发了上百年来最大的全球经济危机。这场危机导致国家内部和国家之间的不平等急剧上升。根据世界银行官方网址统计,世界银行集团在四大关键领域:拯救生命、保护穷人和弱势群体、支持企业增长和创造就业,以及实现更好重建,采取了其历史上规模最大的危机应对措施,帮助100多个中低收入国家应对新冠肺炎疫情在卫生、经济和社会方面产

---

① 张伟:《美联储加息的影响机制与前景展望》,载《清华金融评论》2023年第1期,第49~54页。
② 王晋斌:《美联储加息对世界经济的影响》,载《人民论坛》2022年第21期,第90~93页。

生的影响。自 2020 年 4 月起的 15 个月间，世界银行已部署超过 1 570 亿美元来帮助发展中国家的政府和私营部门。其中，国际开发协会承诺向最贫穷国家政府提供 533 亿美元；国际复兴银行承诺向中低收入国家政府提供 456 亿美元；国际金融公司向私营公司和金融机构提供 427 亿美元；多边投资担保机构签发担保合同总额 76 亿美元。[①]

疫情期间，世界银行向 100 多个紧急卫生需求的项目提供了资金。这些项目重点包括检测、病例跟踪和治疗；购买医疗和实验室用品；以及培训医务人员。新冠肺炎疫情的影响导致近 1 亿人面临陷入极端贫困的境地，世界银行通过向贫困家庭一次性现金转移支付、赠款、投资远程学习项目、与联合国农粮组织合作、动用应急资金帮助小农场购买生产资粮等方式保护穷人和弱势群体。为缓解疫情对私营企业造成的严重影响，国际金融公司推出新冠肺炎疫情快速通道基金，为现有客户提供流动性，到 2021 年 6 月，近一半基金提供给最贫穷国家、脆弱国家和受冲突影响的国家；另外，多边投资担保机构的 65 亿美元新冠肺炎疫情应对计划帮助投资者和贷款机构减轻了新兴市场和发展中经济体危机产生的影响。[②] 为实现更好重建，世界银行协助各国建设更具韧性的基础设施、做好应对自然灾害的准备工作，以及适应快速变化的气候。

## 本 章 小 结

1. 国际金融市场有利于保持国际融资渠道的畅通，为世界各国提供一个充分利用闲置资本和筹集发展经济所需资金的重要场所。国际资金通过国际金融市场完成债权债务的清偿及各种投融资活动，为推动世界经济的发展起到重要作用。广义的国际金融市场，是指国际上从事各种金融业务活动的场所，包括国际货币市场、国际资本市场、外汇市场、金融衍生品交易市场、国际黄金市场等。狭义的国际金融市场，仅指国际资金借贷或融通的场所，包括国际货币市场和国际资本市场。

2. 国际金融机构的建立是历史发展的必然，在国际货币关系和世界经济的发展过程中发挥着不可替代的重要作用，它们能够在重大的国际经济金融事件中协调各国的行动、提供短期资金缓解国际收支逆差、稳定汇率、提供长期资金以促进各国经济发展。几乎所有的国家、地区都同这类金融组织建立了密切的联系。国际金融机构可分为

---

① 黄梅波、段秋韵：《开发性金融在公共卫生防疫中的作用——以世界银行和国家开发银行为例》，载《东南大学学报（哲学社会科学版）》2021 年第 1 期，第 64~76 页，第 147 页。

② 石果平、杜谦：《世界银行"流行病债券"经验与启示》，载《中国金融》2020 年第 13 期，第 87~88 页。

全球性的国际金融机构和区域性的国际金融机构两种。

3. 改革开放以来，中国经济的快速发展，离不开国际金融机构的支持与帮助。中国与国际金融机构合作的根本目的是引进新机制、试验新方式、开拓新领域，国际金融机构向我国提供了经济建设所需要的资金，也带来了先进的管理经验和经营理念、完善国内金融市场的方法和建议以及成熟的运作经验。

## 本章重要概念

国际货币市场　国际资本市场　资产证券化　特别提款权　项目融资　份额

## 本章思考题

1. 离岸金融市场与在岸金融市场有何区别？
2. 如何理解国际金融市场的证券化趋势？
3. 国际货币基金组织是如何进行汇率监督的？
4. 世界银行的资金来源是什么？
5. 如何理解我国与国际货币基金组织的关系？
6. 如何理解构建亚洲基础设施投资银行的重要意义？

# 第七章
# 离岸金融市场

**学习目标**
- 了解离岸金融市场演变过程及其经济影响；
- 熟悉离岸银行信贷业务和离岸债券业务；
- 了解离岸金融市场的风险，掌握离岸金融市场的监管。

## 第一节 离岸金融市场概述

### 一、离岸金融市场的概念与形成

离岸金融市场（offshore financial market），是指非本地居民之间，在某种货币发行国境外，从事该种货币交易的市场，也有人将它称为欧洲货币市场。之所以称为欧洲货币市场，是因为它是由欧洲美元市场发展而来的。

欧洲货币市场（euro-money market），这一名称极易引起歧义，而且这一概念本身也是不断发展变化的。为了准确理解欧洲货币市场的内涵，我们先从欧洲货币市场的形成发展入手，从它的发展中理解其含义的演变。

欧洲货币市场的前身是欧洲美元市场。在当时，欧洲和美元都是实指。欧洲货币市场首先出现的是欧洲美元业务。早在20世纪50年代初期的朝鲜战争中，美国冻结了我国的在美资金，苏联及东欧国家担心它们在美国的美元资金也会被冻结，便把其持有的美元存款转存到美国境外的银行，多数存于伦敦。而当时英国政府正需要大量资金以恢复英镑的地位和支持国内经济的发展，所以准许伦敦各大商业银行接受境外美元存款和办理美元借贷业务，于是欧洲美元市场便出现了，从而形成了欧洲货币市场的最原始形态。

欧洲美元市场发展到20世纪60年代后，在这一市场上交易的货币不再仅限于美元，德国马克、瑞士法郎等货币也出现在这一市场上。同时，这一市场的地理位置也扩大了，它的分布地区已不仅限于欧洲，很快扩展到亚洲、北美洲和拉丁美洲。欧洲货币市场最大的中心是伦敦，加勒比海地区的巴哈马、欧洲的卢森堡的业务量略逊于伦敦，其他各大金融中心也分散地经营着其他境外货币业务。在新加坡、中国香港、加勒比海等地出现了对美元、德国马克等货币进行借贷的市场。这样，原有的欧洲美元市场便演变为欧洲货币市场。在这里，欧洲不再是一个表示地理位置的概念，而是意味着境外的意思。所谓"欧洲货币"，就是指在货币发行国境外流通的货币，而经营欧洲货币业务的银行以及市场，就可称为欧洲银行及欧洲货币市场。如在美国境外的银行（包括美国银行在国外的分支行）所存贷的美元资金称为欧洲美元（euro-dollar），在英国境外的银行所存贷的英镑资金称为欧洲英镑，此外还有欧洲日元等。"欧洲"不是一个地理概念，而是发行国境外之意。因此，欧洲货币市场就是利用货币发行国境外的该货币进行存贷款活动的银行业市场。经营欧洲货币存贷款业务的银行称为欧洲银行（euro-bank）。欧洲货币市场包括短期资金市场和长期资本市场。它为需要存放资金的存户提供了能储存生息短期存款的场所，同时也向需要借用资金的借款人提供了能获取中长期贷款和发行欧洲债券的场所。

进入20世纪80年代后，欧洲货币市场的意义又发生了变化，1981年，为了提高纽约的国际中心地位以便和其他国际金融中心竞争，美国联邦储备银行批准在纽约设立国际银行便利，它们能接受外国客户的美元或外币的定期存款，而且可以免除储备金的规定和利率的限制，它们也可对外国人提供信贷。显然，国际银行便利具有可以经营非居民业务，不受货币发行国的国内法令管制等特征，也属于欧洲货币市场的范畴。

## 二、欧洲货币市场形成、发展的原因

事实上，欧洲货币市场的形成和发展是与客观条件及这一市场自身的特点有关。促成欧洲货币市场形成和发展的客观原因有以下几方面。

1. 英镑危机。1957年英镑发生危机，英国政府为维持英镑的稳定，加强外汇管制，限制本国银行向英镑区以外的企业发放英镑贷款。于是英国的各大商业银行为了逃避外汇管制和维持其在国际金融领域中的地位，纷纷转向经营美元业务，吸收美元存款并向海外客户放贷，从而一个在美国境外大规模经营美元存款和放款业务的短期资金市场开始在伦敦出现了。这是欧洲货币市场形成的基础。

2. 美国的国际收支赤字。1958年以后，美国的国际收支开始出现赤字，并且规模逐步扩大。于是美元资金不断流向国外，主要积存在西欧国家的商业银行，从而为欧洲美元市场提供了大量的资金，促进了欧洲美元的存储与放贷规模的扩大。另外，自1958年起，西欧一些国家逐步放松外汇管制，恢复其货币的自由兑换和资金的自由流动，这也为欧洲美元和其他欧洲货币市场的顺利发展，提供了不可缺少的条件。

3. 美国的跨国银行与跨国公司逃避美国金融法令的管制。进入20世纪60年代以后，不断增加的国际收支赤字使美国政府被迫采取一系列措施来限制资金的外流，而这些限制性的措施却使美国的商业银行加强其海外分行的经营活动，以逃避政府的金融法令管制。1963年7月，美国政府对购买外国有价证券的美国居民征收利息平衡税，即美国居民购买外国居民在美国发行的有价证券（包括美国商业银行对非本国居民的贷款），所得利息一律要纳税。1965年，美国政府又颁布了"自愿限制对外贷款指导方针"，要求美国的银行和跨国公司自愿限制对外贷款以及直接投资的规模。在1966年，又颁布了"国外直接投资法规"，使上述自愿限制变成了法定规则。这一系列措施实际上把美国的资金市场与外界隔离开来。美国银行和跨国公司为了盈利纷纷把资金调至海外分行，或者把筹资的重点放在欧洲美元市场，来支持其国外分公司的经营活动。这对欧洲美元市场的发展起了很大的推动作用，并为欧洲美元注入了中长期的信贷资金来源。虽然这些法规在1974年均被取消，但在当时对欧洲美元市场的刺激作用却不能低估。

4. 美国政府的放纵态度。到20世纪70年代，美国货币政策的改变和呈螺旋式上升的通货膨胀一起，导致了利率猛涨。投资者将资金从有利率上限的美国银行提出来，存到外国银行中去。欧洲美元在美国境外辗转存储和贷放无须兑换成外国货币，就不会流入到外国的中央银行，从而减轻了外国中央银行向美国兑换黄金的压力（1971年8月15日之前），这对美国日益减少的黄金储备产生了一些缓冲作用。美国政府对"欧洲美元"市场的发展采取了纵容的态度，也使欧洲货币市场得以迅速发展。

5. 20世纪70年代石油的两次提价也大大促进了这一市场的发展。一方面，石油输出国组织（OPEC）国家手中积累了大量的所谓"石油美元"需要寻求出路，这些美元投入到欧洲美元市场使这一市场的资金供给非常充裕；另一方面，发展中国家中的非产油国的国际收支纷纷出现赤字，它们都转向欧洲美元市场上借入资金以弥补赤字、热门的跨国公司不断进入欧洲货币市场获取浮动利率贷款，这使市场上的资金需求也增加了。

6. 欧洲货币市场的利差优势。同时，欧洲美元市场的发展与这一市场自身的优势也是分不开的。西方学者认为："把存款人和借款人都吸引到欧洲美元市场上来的关键因素，过去是现在仍是欧洲美元市场上存款利率与贷款利率之间的利差比美国市场上小。"

## 三、欧洲货币市场利差优势的原因

1. 在国内金融市场上，商业银行会受到存款准备金及利率上限等约束，这增加了它的运营成本，而欧洲美元市场上则无此约束，同时也可以自主地确定利率，不受利率上限等措施的限制，因此在欧洲美元市场上活动的银行便能提供更具竞争力的利率。

2. 欧洲美元市场在很大程度上是一个银行同业市场，交易数额很大，因此手续费及其他各项服务性费用成本较低。

3. 欧洲美元市场上的客户通常都是大公司或政府机构，信誉很高，贷款风险相对较低。

4. 欧洲美元市场上竞争格外激烈，这一竞争因素也会降低交易成本。

5. 欧洲美元市场上因管制少而创新活动发展更快，应用得更广，这也对降低市场参与者的交易成本有明显效果。

## 四、欧洲货币市场的特征

离岸金融市场是在传统国际金融市场的基础上发展起来的，但又突破了交易主体、交易范围、交易对象、所在国政策法规等众多限制。同传统的国际金融市场相比，欧洲货币市场具有以下特征：

1. 独特的利率体系。欧洲货币市场的利率虽然与货币发行国国内利率有密切联系，但又具有相对的独立性。它一般是以伦敦银行同业拆放利率为基准，加上一定的附加利率，一般其存款利率略高于货币发行国国内的存款利率，贷款利率则略低于该国国内的贷款利率，存贷利率差有时甚至低于 0.125%。因此，欧洲货币市场对资金供给者和资金需求者具有较强的吸引力。

2. 银行同业间的交易占主导地位。银行同业间的资金拆借占欧洲货币市场业务总额的比重很大，每笔交易数额一般少则数万美元，多则可达数亿乃至数十亿美元。

3. 先进的交易技术。欧洲银行在经营欧洲货币借贷业务时，其业务可通过电话、电报、电传、计算机等先进的交易手段来完成。

4. 巨大的经营规模。欧洲货币市场资金规模极其庞大，来自世界各地，且币种除了美元和欧元外，还扩展到其他西欧国家货币、日元和加拿大元等十多种货币。

5. 非常自由的经营环境。这种"自由的经营环境"突出表现在：(1) 经营活动不受当地政府金融政策、法令的管辖和外汇管制约束；(2) 借款条件灵活，借款不限制用途；(3) 允许免交存款准备金；(4) 非居民可以自由进行外币资金的交易、自由转移资金。

## 五、欧洲货币市场的类型

欧洲货币市场按其在岸业务与离岸业务的关系可分为三种类型。

1. 一体型：即有本国居民参加交易的在岸业务与非居民间进行交易的离岸业务之间没有严格的分界，在岸资金与离岸资金可以随时相互转换，伦敦和香港即属此类型。以伦敦为例，伦敦居民将一笔美元存入某德国银行属于在岸交易，当该银行将此笔美元转贷给新加坡时，则又属离岸交易。

2. 分离型：即在岸业务与离岸业务分开。分离型的市场有助于隔绝国际金融市场资金流动对本国货币存量和宏观经济的影响。美国纽约离岸金融市场上设立的国际银行设施，日本东京离岸金融市场上设立的海外特别账户，以及新加坡离岸金融市场上设立的亚洲货币账户，均属此类。

3. 避税港型。避税港型离岸金融市场又称"走账型"或"簿记型"离岸金融市场。这种市场不进行实际的金融交易，各银行只是在这个不征税的地区建立"贝壳分行"，通过这种机构在账簿上中介境外与境外交易，故其设立的费用很低。"贝壳分行"也称离岸银行单位（off-shore banking unit），是由非居民银行在一些政局稳定、税负低、银行享有保密权且没有金融管制的国家或地区设立的分支机构，这类银行不进行实际的金融业务，而仅在所在地注册和过账，以便逃避税款。

## 第二节　离岸金融市场业务

### 一、离岸金融市场构成和参与主体

#### （一）离岸金融市场的构成

经过近 50 年的发展，国际离岸金融市场从无到有、从小到大，逐步形成了具有相当范围和深度的、具有鲜明特征的金融市场体系。离岸金融市场的构成是指从业务角度考察的市场组成状况。

1. 按期限划分，离岸金融市场可分为离岸货币市场和离岸资本市场。离岸货币市场或称欧洲资金市场（euro money market）是指期限在1年以内的涉及非居民交易的外汇资金存贷市场，即是离岸短期资金市场，其主要的构成部分是银行间同业拆放市场。离岸资本市场或称欧洲资本市场（euro capital market）是指期限在1年以上涉及非居民交易的外汇资金借贷市场。其中又包含：（1）离岸银行信贷市场或称欧洲银行信贷市场（euro bank credit market），这是指离岸银行向非居民发放的币种为自由兑换货币的中长期贷款市场；（2）离岸银团贷款市场或称国际银团贷款市场（international consortium loans），即由一家或几家银行牵头，联合几家甚至几十家银行共同参与组成银团，向非居民发放的币种为自由兑换货币的长期大额贷款市场，也叫国际辛迪加贷款市场（international syndicated loan）；（3）欧洲债券市场或称离岸债券市场（euro bond market）是在一国或几国同时发行以自由兑换货币为面额的债券。具体包括欧洲票据（euro note）、大额可转让存款单（euro ccurrency negotiable certificates of deposit – CDs）等。

2. 按币种结构划分，离岸金融市场可分为离岸美元市场或称欧洲美元市场（euro dollar market）、离岸欧元市场、离岸英镑市场、离岸日元市场等。鉴于欧洲货币市场最初由欧洲美元市场发展而来，同时美元迄今仍是最主要的国际货币，离岸美元市场是离岸金融市场的主要构成部分。其他国际离岸通货市场加总大致与欧洲美元市场平分秋色。

### （二）离岸金融市场的参与主体

离岸金融市场的参与主体是指在该市场上开展业务活动的经济主体。大致可分为两类，即机构和个人，具体包括商业银行、非银行金融机构、公司、政府部门、国际性组织、中介机构和个人。

1. 商业银行是离岸金融市场上最大的参与主体。这是因为，离岸金融市场主要是个银行间市场，其业务约80%以上是银行间同业往来，大批的商业银行，尤其是发达国家的商业银行在全球各大离岸金融中心开设分支机构，从事离岸业务。商业银行既是资金的需求者，又是资金的供应者。商业银行在国际离岸金融中心设立的分行和独立的商业银行要遵守所在地特殊的法律和管理规定，从事资金的存贷业务以及其他离岸金融业务。离岸商业银行交易的对象主要是银行离岸账户和非居民账户，其业务主要是银行之间的短期资金交易。离岸银行大规模地筹集和运用资金把国际离岸金融市场连为一体，为跨国界筹集资金提供了极大的便利。

2. 非银行金融机构。在离岸金融市场发展初期，非银行金融机构的参与程度很低。随着离岸金融市场规模的扩大和业务的增多，非银行金融机构也逐步进入该市场。这些非银行金融机构包括：信托公司、证券公司和财务公司等。在发达国家的离岸金融市场上，证券公司通常较为活跃，其主要业务是发行欧洲债券，如在卢森堡、巴黎、伦敦、布鲁塞尔和法兰克福等市场；但日本的法律却禁止证券公司进入离岸金融市场；在西亚和加勒比地区的离岸金融中心，信托业是离岸金融市场的重要组成部分，如塞浦路斯、巴哈马等离岸金融中心。这些国家和地区还为离岸信托业制定了专门的法规，如巴哈马的《1989年信托法》、塞浦路斯的《国际信托业法》等。非银行金融机构既是资金的需求者，也是资金的供应者，为离岸金融市场的活跃起了一定的作用。

3. 公司。离岸金融市场形成之初，能够进入离岸市场借入欧洲货币的公司仅限于那些规模和信誉均属一流的大公司。这些大跨国公司随着对外投资的不断扩大，所需资金规模也在增大，其资金来源主要是国际金融市场；同时，在其营运过程中也经常存在闲置资金，遂投入离岸金融市场，因此，跨国公司是离岸金融市场重要的资金提供者和需求者。20世纪80年代以来，由于离岸金融市场的可贷资金增加，以及对国外企业提供的贷款大多由外国商业银行担保，大批不知名的企业也跻身于离岸金融市场，成为银行离岸业务的经常性客户。甚至一些没有国际业务的国内企业在国内银根较紧、利率较高时也常常到离岸金融市场上借款。随着离岸金融市场的扩大，企业参与者呈多样化和向多层次方向发展。

4. 政府部门是离岸金融市场的重要参与者。各国政府部门参与离岸金融市场的程度依据其经济、财政和国际收支状况而有所不同。通常，在一国财政赤字、国际收支逆差情况下，其政府部门会进入离岸金融市场借款。例如，在20世纪70年代几次石油危机时期，各国有关的政府部门从离岸金融市场举借大量资金，当时这些借款的数量超过了私人借款规模。尤其需要指出的是，各国中央银行是离岸金融市场的重要参与者之一。从70年代石油涨价中获得大量盈余的产油国中央银行，通常把闲置的美元储备存入离岸金融市场，以获得较高的收益。80年代以来，随着金融国际化和自由化的发展，金融领域内危机和动荡时有发生，各国中央银行在干预外汇市场时需动用大量外汇资金，不足时常向离岸金融市场借款。

5. 国际组织。国际组织包括全球性的国际金融组织、区域性的国际金融组织以及经常进出离岸金融市场，与经济一体化组织有关的机构。这些国际组织在其运行过程中常有资金需求而一时无法迅速满足,从而转向离岸金融市场寻求资金。世界银行、欧洲投资银行以及欧共体的某些机构等都是离岸金融市场上的重要借款者。1994 年底,美国国际银行业务便利贷款总额的 6.39% 贷给了外国政府和多边性官方机构。当然,国际组织也把它闲置的资金投入离岸金融市场,以获得相对较高的收益。

6. 中介机构。随着离岸金融市场的发展,越来越多的中介机构成为离岸金融市场的市场经济主体。这些中介机构包括:会计师事务所、律师事务所、咨询顾问公司、审计师事务所、资产管理公司和数据处理公司等。伴随着金融深化,商业银行逐渐把与主体业务关系不大但专业性又很强的业务剥离出去,外包给有关中介机构,先是会计和法律事务,之后则发展到统计、数据处理、计算机处理、产品设计和制度设计等。与此同时,银行表外业务发展十分迅速、从而更加大了银行对上述中介机构的依赖。

7. 个人。通常个人很少参与离岸金融市场,在有的国家法律还规定个人不能进入该市场。例如,日本 1986 年颁布的《部分修改外汇及外贸管理法的法律》即规定个人不能参与东京离岸市场,原因是个人的非居民身份较难确认。但在其他一些国家和地区,资产达到相当规模的个人投资者也在积极参与离岸金融市场。近年来,由于离岸金融市场上金融工具的品种日益增多,灵活性增强,个人投资于离岸金融市场的积极性有了较大提高。个人投资的主要品种是欧洲商业票据和伦敦美元可转让定期存单等。

## 二、离岸银行信贷业务

### (一)欧洲银行信贷业务

经营欧洲货币的银行称为欧洲银行,即接受非居民提供自由兑换货币存款,并发放贷款的银行。欧洲银行通常是大型的跨国银行。欧洲银行信贷业务(euro bank redit),是离岸金融业务的重要组成部分,主要由设在欧洲货币市场的西方各国商业银行及分行经营,分欧洲短期信贷业务和欧洲中长期信贷业务两种:

1. 欧洲短期信贷业务。欧洲短期信贷的期限最长不超过 1 年,一般为 1 天、7 天、30 天、90 天居多。其中以隔夜拆款为主要业务,1 年以内的短期拆放占 95% 左右。伦敦银行同业拆放利率(LIBOR)是离岸资金市场利率的基础,不同货币适用不同的伦敦银行同业拆放利率。欧洲短期信贷业务除了期限较短以外,还具有以下特点:(1)欧洲短期信贷的起点较高,大额的交易占了主要的份额,因此就性质来说该项业务是一项金融批发业务。(2)欧洲短期信贷的利差较小，离岸资金市场的存款利率高于在岸市场利率，贷款利率却低于在岸市场利率。这主要是因为，对客户来说离岸市场的风险较大；而对银行来说，该市场的竞争十分激烈，同时因免税和免缴存款准备金，银行的经营成本较低。（3）欧洲短期信贷在借款期限、币种和地点方面都具有较大的灵活性。

2. 欧洲中长期信贷业务。欧洲中长期信贷业务是离岸金融业务的重要组成部分。贷款的期限结构为 2 年、3 年、5 年、7 年、10 年或 10 年以上，最长的可达 20 年。欧洲中长期信贷普遍实行浮动利率，即利率 3~6 个月调整一次，一般为 6 个月。计息基础是伦敦银行同业拆放利率，附加一个加息率。加息率根据贷款金额的多少、期限的长短、市场资金的供求以及借款人的信誉确定。通常离岸中长期信贷规模较大，少则几千万美元，多则几亿美元，甚至 10 亿美元。为避免风险，较大规模的中长期信贷一般不由一家银行出面放贷，而是组成银团，由一批银行共同参与该贷款项目。鉴于中长期信贷规模大、期限长，一般借贷双方要签署合同，有的合同还需经借款国的官方机构或政府担保。

欧洲中长期信贷业务的资金来自多种渠道，主要包括：（1）短期离岸货币存款，它的主要构成部分是石油美元、西方各国中央银行持有的美元以及各类私人机构手中的闲散美元；（2）银行同业拆放资金，这是离岸资金的主要来源，它往往是在几家银行之间转借，流动性相当大；（3）发行中期欧洲票据和大额离岸货币存款单（CDs）。前者以浮动利率发行，利率较伦敦银行同业拆放利率高，且有的票据甚至保证一定的最低限度利率，所以对投资者很有吸引力。后者主要是欧洲美元存单，可以转让，额度大小不一，因而很受市场欢迎。上述渠道为离岸中长期信贷市场提供了充足的资金来源。

**（二）离岸信贷业务工具**

1. 离岸存款工具。离岸存款工具包括通知存款、定期存款和存款单（CD）。通知存款即隔夜至 7 天存款，可随时发通知提取；定期存款分 7 天、1 个月、3 个月，最长可达 5 年，不过以 1 个月和 3 个月存款最常见，每笔存款最低额为 5 万美元；存款单（CD）在离岸市场相当流行。它是由商业银行发行的一种存款证明文件，与定期存款的主要差别在于具有可转让性，可在二级市场上出售。其发行对象主要是银行、保险公司、跨国公司、财务公司等机构投资者。20 世纪 70 年代以来，金融市场的激烈竞争迫使银行争先扩大存款来源，可转让美元存款单由于本身的优点，很快成为一种主要的筹资工具。其特点体现在：（1）不记名，兑现方便；（2）利率浮动，利率比普通银行存款利率高；（3）发行者均是信誉良好的国际性大银行，因而投资安全性高，故而也深受投资者青睐。在亚太地区，新加坡是可转让美元存款单的主要发行中心，这些存单多数属日本银行发行，近年来韩国、中国大陆、中国台湾、泰国等国家和地区的银行也纷纷到新加坡发行这类存款单。但在有些离岸金融中心，所在国当局就禁止发行可转让存款单，如美国就不允许其国际银行业务便利（IBF）发行这类存款单。因为存款单是不记名、可流通转让的，因而无法控制美国居民购买，有关当局担心投资者把境内美元资产换成境外资产享受政策优惠，导致美元资产外流。

2. 离岸放款工具。离岸金融市场主要有三种放款形式：

第一种形式是银行同业短期拆放，期限最短为隔夜，最长不超过1年。这种资金拆放主要是凭信用，一般不事先签订合同。

第二种形式是1~10年中长期放款，其特点是利率每3个月或6个月按市场利率的变化调整一次，即利率是浮动的。这类贷款若金额大、期限长，则往往采用银团贷款（辛迪加贷款）方式，它是目前中长期信贷的主要方式。

第三种形式是新型贷款工具。自20世纪60年代以来，欧洲货币市场还产生了一些新的贷款工具，主要有：（1）多种货币贷款。这种贷款形式允许借款人通过协议的规定，要求贷款银行按自己选择的一种或几种贷款放款，到期时借款人再以相同的币种还本付息。其作用在于抵消各货币头寸的风险，保障贷款价值的稳定性。（2）灵活偿还期贷款。这是为了防止由于利率上升使债务人还本付息困难而产生呆账的一种放款方式。它以偿还期的变动代替利率的变动，即当市场利率上升时，债务偿还的摊提部分下降，而贷款偿还期限相应延长。这样，借款人可以确定其还本付息额，而贷款人则能安排他们的资产。（3）分享股权贷款。在项目贷款中，贷款者愿意接受低于市场的利率，以分享贷款项目的股权作为回报。对借款人来说，可与贷款人分担项目牵涉的风险。（4）多种选择贷款。这是一种灵活的辛迪加贷款，特别是借款人在银行的帮助下可以选择几种融资方式，例如商业票据发行、短期现金预支、承诺贷款等，商业银行和投资银行都可参与多种贷款的安排。（5）票据发行便利（note issuance facilities）。其做法是：借款人通过发行短期票据（期限通常为3个月或6个月），获得包销机构的中期融资（3~5年）。包销机构获得每期票据的行销，并承担售不出去的风险，借款人则向包销机构支付有关费用和借款利息。

## 三、离岸债券业务

### (一) 欧洲债券的概念与种类

1. 欧洲债券的概念。离岸债券即欧洲债券（euro bond），是一国的机构（政府部门、银行和企业）在离岸金融市场上发行的主要面向非居民并以自由兑换货币为面额的借款凭证。欧洲债券于 20 世纪 60 年代初在西欧开始发行，逐步成为欧洲资本市场的重要筹资工具。随着国际筹资证券化趋势的发展，至 80 年代中期，欧洲债券超过欧洲银行借贷，成为中长期筹资的主要方式。

2. 欧洲债券的种类。由于欧洲债券市场的内部和外部竞争激烈，欧洲债券在利率、期限等方面逐渐灵活，出现了多种形式的债券，典型的欧洲债券形式主要有：

(1) 固定利率债券（straight bonds）。也称普通债券。这种债券的利率，在债券发行时确定后不再变更，利息按固定的利率每年支付一次。固定利率债券是传统形式的债券，它在欧洲债券市场上占的比重最大。例如，在 1991～1995 年 5 年间欧洲债券发行总额中，固定利率债券发行额分别占到 77.4%、77.4%、74.7%、65.3% 和 72.7%。固定利率债券的主要优点是预先确定投资者的收益，在利率稳定时期较为流行。

(2) 浮动利率债券（floating-rate notes）。这是一种定期根据市场情况调整利率的债券，于 1970 年开始在欧洲债券市场上出现。这种债券的期限通常为 5～15 年，利率是在市场标准利率的基础上加上一定的利差。标准利率通常指 3 个月期或 6 个月期的伦敦银行间同业拆放利率或美国大银行的优惠利率。定期调整利率是根据债券发行时的约定调整期（一般为 3 个月或 6 个月），在每期到期时，即按当时的标准利率水平，另加一定的利差，结付利息一次。这样，债券的利率就逐期随着市场利率的变化而调整。这种债券在发行时通常都有利率的最低限，如果结息时实际市场利率低于利率最低限，则按利率最低限支付利息，使投资者有一个最低的收益保障。浮动利率债券自 1970 年问世以来，发行量增长很快，目前已成为仅次于固定利率债券的第二大类欧洲债券。

(3) 可转换债券（convertibles），是公司债券的一种。实际上应称为可转换股票的债券。其特点是持有者可以在一定时期内把持有的债券转换成公司的股票。发行转换债券的公司在发行转换债券时，一般都要将可转换债券的转换期限和转换价格预先确定下来。这种债券由于可以转换成公司的股票，所以它的价格随着股票价格的变化而变化。如果公司业务发达，其股价会因此上升，那么债券的价格也会随着上升。可转换债券的优点是：对投资者来说，既有固定利息的收益又有权利分享公司发展的成果。对发行公司来说，首先是这种债券的换股权利对投资者有一定的吸引力，有助于利息、费用的降低；其次是有利于解除公司的债务，当债券转换成公司的股票时，公司只是在增加公司的股份而不发生支出的情况下解除了公司的债务。可转换债券的主要缺点是对公司老股东不公平。因为债券转换成公司的股票，使公司的股份数增加，摊薄了原来股东的权利，也在一定程度上削弱了老股东的收益。

（4）附认购权证债券（bonds with warrants）。这也是一种由公司发行的债券，其特点是附有认购权证，债券持有者可凭该权证按规定价格购买发行公司的股票。这种债券是可兑换债券的一种发展形式，它不同于可转换债券之处是：持有者不能直接用债券兑换股票，而必须另用资金购买，认购权可以与债券分离，在市场上单独分离，单独出售。

（5）选择权债券（option bonds）。这种债券在欧洲债券市场很流行，债券的持有人有权按自己的意愿，在指定的时期内，以事先约定的汇率将债券的面值货币转换成其他货币，但是仍按照原货币的利率收取利息。这种债券大大降低了债券持有人的汇率风险，有的选择权债券有双重或多重的选择，除了选择转换面值货币外，还可以选择同时兑成其他货币并转换成普通股票。此外，还可能有选择转换成普通固定利率债券，或使债券到期后自动延期的权力。

（6）零息债券（zero coupon bonds）。这是欧洲债券市场 20 世纪 80 年代的创新。这种债券没有票面利率，自然也不分期偿付利息，而是到期一次还本，以折价方式出售，类似国库券的发行。但它是长期的债券，由于出售时要打很大的折扣，到期有很大的增值，因此对投资者有较大的吸引力。另外，这种债券的收益不是来自利息，而是债券的增值，并且是到期后实现，所以这可能给把资本增值不作为收入纳税的国家的投资者带来的抵税或逃税的机会。

（7）双重货币债券（dual currency bonds）。这种债券于 1983 年下半年起在瑞士货币市场上推行，是欧洲债券市场上日趋活跃的一种新形式，特点是购买债券以及付息时使用的是同一种货币，而在到期日归还本金时使用的又是另一种货币。由于双重货币债券的两种货币折算的汇率早已确定，可以减少汇率变动的风险。

（8）全球债券（global bonds）。这是国际债券市场出现的一种新型国际债券，它由世界银行于 1989 年 5 月首次发行。全球债券被定义为在全世界各主要资本市场同时大量发行，并且可以在这些市场内部和市场之间自由交易的一种国际债券。它有以下三个特点：一是全球发行。外国债券仅仅局限于一个国家发行，欧洲债券的发行范围实际上也很有限，而全球债券则强调在全球范围内发行，一般是在一个以上主要资本市场发行，往往能覆盖全球的主要资本市场。二是全球交易和高度流动性。三是借款人信用级别高而且多为政府机构。全球债券从1989年首次发行以来，规模增长迅速，发展潜力很大。中国也于1994年初首次叩响全球债券市场大门，发行了1亿美元的全球债券。

### （二）欧洲债券的发行

1. 欧洲债券的发行的当事人。欧洲债券的发行者主要是具有一定国际信誉的跨国公司、跨国银行、国家政府、地方政府、国营企业和国际机构。另外，其他当事人主要包括：

（1）牵头经理人。在债券发行的经理人中，往往有一位牵头经理人，同其他经理人和承销人一起参与债券的发行。债券的发行能否成功很大程度上取决于经理人。发行人对牵头经理人的选择往往要通过其收集到的各种建议的条件，考虑牵头经理人的信誉，他过去承办发行的经历、推销债券的能力以及银行的级别等因素，大部分是选择与发行人往来密切的投资银行作为牵头经理人，或者通过与几家投资银行谈判后再选定，或者通过竞价投标的方式选定。

（2）经理人。牵头经理人收到发行人的委托书后，通常联合几个主要承销人组成共同经理管理集团，或者组成联合牵头经理人，其中一家银行管理账册，负主要责任，其他共同经理人分工，有些主要参与准备销售书，另一些主要准备承销协议，或起草其他文件。经理人是债券的主要承销人，在欧洲债券的发行中，经理人有义务共同购买全部债券，或找到承销人承销全部发行额。每个经理人和其他承销人分别单独负责自己的承销义务。

（3）承销人。承销人在承担支付发售债券金额的义务后，收取承销费用。经理人是主要的承销人，既收取管理费也收取承销费。在欧洲债券市场上，这两种费用是分开的。在美国，由承销人让与部分承销费给经理人。承销人承担了承销义务后，就必须担保支付给发行人协议的金额，不管他们是否能全部售出发行的债券。承销人因而承担市场风险。如果债券不能全部出售出去，承销人有义务购买余下的部分，作为自己的资产，直至以后全部出售。

（4）推销集团。经理人和其他承销人参与推销债券，而且总发行额的主要部分由他们推销，其余的部分通过组织推销集团，由其成员推销。有时经理人和承销人全部包揽销售，就不设立单独的推销集团。

（5）法律顾问。法律顾问是债券发行过程中不可缺少的当事人。

欧洲美元债券的发行在很大程度上没有法规机构和程序的约束，比国内市场的债券发行要简单得多。

（6）担保人。如果发行人是新的或是较小的公司，就要求有发行担保人。担保人一般是有名的大公司或信誉较高的金融机构。

（7）投资者。主要的投资者可以分成两部分，即私人投资者和机构投资者。约50%的欧洲债券被私人投资者所购买。机构投资者，如投资信托公司、保险公司、中央银行、商业银行、公司和养老基金等，购买数量占欧洲债券总量的25%~50%。

（8）调节机构。发行人发行国际债券一般要接受以下机构的调节：发行者所在国当局；债券发行所用货币所属国机构；债券登记上市所在的证券交易所。债券的发行者在向国外发行债券之前必须先获得本国外汇管理当局的批准。本国的外汇管理机构监督国家的债务负担、国际收支情况，保护本国的国际金融地位。银行和其他筹资发行人需要从管理机构获得准许，其债券发行原则、方针和条件也要接受监督。

（9）受托人、财务或支付代理人。发行人根据信托契约委托一家非承销人的银行担任受托人。受托人履行信托契约，保护投资人的权利，免受借款人不履行债务的损失。受托人担负一行政责任，记录已提出支付的债券和息票。信托契约规定了利息和本金支付的方法，并委任支付代理人，支付代理人一般由主要金融中心的商业银行担任。欧洲债券发行的牵头经理人常常代理本金支付人或财务代理人，不另外委派受托人。这时，财务代理人有时代替受托人，按照支付代理人协议，履行支付以及取消或更替票息和债券的行政任务。

2. 欧洲债券的发行方式。

（1）欧洲债券的发行方式。欧洲债券的发行方式一般有两种，即非公开发行和公开发行。

非公开发行是指债券由一定范围的投资者承购，即债券的发行者与投资者直接进行交易。采用这种发行方式，债券不公开出售，也不在市场上流通，而是采用记名方式，由少数金融机构承购，债券发行者只需要公开本公司的少量有关资料和统计数字。

公开发行是指债券发行者先与国际性大银行或证券公司联系，商定发行的条件，选定牵头银行，组成一个银行集团负责包销，然后再向社会投资者推销，债券可在公开市场上流通。采用这种发行方式的发行者，如果是官方机构（中央政府或地方政府），必须提供有关该国或地区的经济政治状况、对外贸易、国际收支、国际储备、对外负债、财政金融等详细的资料和统计数字；如果是企业，必须提供该企业的资产负债表、经营状况等详细资料。公开发行的债券通常发行额比较大，流通范围比较广。

（2）对欧洲债券发行者的要求。不同的债券市场尽管对债券的发行者的要求不同，但大都主要包括：债券发行者的所在国曾经进入过国际资本市场；发行者所进入的市场为该国政府或政府机构发行过债券；发行者是其所在国知名的主要公司；发行者所印发的财务报表是经过国际会计公司或遵守国际会计原则的公司所审计的；发行者的债券管理符合国际规则，愿意在初次发行和后来的发行中定期公布真实可靠的财务状况；发行者的金融地位稳固，有稳定的经济增长和利润率，预期的现金流量足以偿还债务等。

### （三）欧洲债券的流通

1. 欧洲债券市场的证券交易商。欧洲债券流通市场不同于股票交易所，股票交易所的证券交易是集中在场内交易，欧洲债券则无场内交易市场，所有的交易是在交易商之间通过电话进行的。证券交易商是投资者之间交易的沟通者，他们主要不是作为经纪人而是市场的创造者。投资者不是直接面对面交易，他们不知道其他投资者的资产情况，也不想让其他投资者知道自己按哪一种方式进行交易。证券交易商在交易的最终两头为投资者牵线。交易者匿名保密。证券交易商既报出愿意购买债券的投资者愿意支付的价格，即出价，同时也报出愿意卖出债券的投资者的价格，即要价。两种价格之间的差别被称为价差。只有交易商作为经纪人收到两头投资者的买卖单，才能使交易成交，这个价差才能成为交易商所赚取的利润。当然，交易商不一定同时做债券的买卖，常常是分别做单边交易。在找到购买者之前，他可以先从投资者手中购买债券，做多头，或者在从其他投资者购买债券之前，他可以从自己的债券库存中出售部分先给投资者，做空头，以后再从其他投资者手中购回补仓。证券交易商做多头或空头，是二级市场增强流动性的重要因素，可以补充证券市场暂时缺少的需求者或者供应者，而不致使交易中断。

当证券交易商不能平衡他的资产组合时，便面临风险。当他的账户处于多头，在售出过多的债券之前如果市价下跌，便会遭受损失；相反，当账户处于空头时，在购入债券平仓之前，债券价格上升，也会遭受损失。而且，投资者在认为债券价格会上升时才买入债券，此时证券交易商可能正处于空头状态。同样，当投资者认为某种证券价格大约会下跌，才抛出给交易商，这也会增加交易商持有价格下跌债券的可能性。证券交易商对询价人总是报出双向价格，而且是在询价人决定买卖交易之前报出的。也就是说，交易商在报价之前不知道询价人是要买债券还是要卖债券。当投资者明言他要做交易的具体方向时，交易商按市场惯例有义务按照询价人的要求做一定规模的交易。因此，债券交易商不能选择他们所需要的交易，也不能在交易之前通过改变报价来争取获利。但他可以通过采取扩大报价的差价的方法来保护自己。但过分地扩大差价会提高交易成本，抑制投资者市场参与的积极性。同样，交易商在扩大差价时还要考虑市场的竞争，差价过大可能会失去市场的份额。这样，能够使用的方法是调整买价或卖价。如果预料市场疲软，便调低买卖价，以此减少债券的卖出者。市场兴旺时，便调高市场债券的买卖价，以减少债券的买入者。证券交易商是按照特定时间的买卖者数量来调整其报价的。市场的买入者增加时，就提高报价，市场卖出者增加时，就降低报价，直至调整到买卖数量基本达到平衡。

2. 欧洲债券市场的清算。债券的实际交易是由交易商之间通过电话进行的。最初，交易商之间的谈话是交易做成的唯一证据，即遵循"我的话就是合同"的交易规范，如有谁食言反悔，会立即遭到其他交易商的抵制。交易商做成一笔交易，便把这笔交易细节记录在交易卡片上。公司做交易的第一步，是向对方发出确认性电报，告诉其交易详情，声明如果24小时内未从对方听到任何意见，交易便拍板。发电报后，交易情况进入公司的计算机，便开始准备有关文件，发出清算指示，打出合同凭证，邮寄对方。与此同时，对公司会计做出最新纪录。在结束日，编出一张财务表，把公司账目上的所有头寸、实现的利润以及未实现的利润等数字列出。公司计算机还可能同欧洲清算系统联络。现代欧洲债券计算机系统可以将开头每笔交易的投入、到清算指令直接传到欧洲每个清算公司。

1981年由摩根保证信托公司在布鲁塞尔建立了欧洲清算系统（EURO – CLEAR SYSTEM）。1983年由美国城市银行在卢森堡建立了第二个欧洲清算机构塞德尔（CEDEL）。在国际市场上，买方和卖方相距千里，交易公司坐落在不同的国家，若证券交易以实体寄送交割，既速度慢，又费用昂贵。借助清算系统的证券交易，买卖方之间的证券转移通过划账转账实现，大大方便了交易，降低了交易成本。即使债券由许多国家持有，两个清算系统仍可以为它们做会计工作。清算系统中的证券账户是种可替代账户，受托保管人可从债券中剪下息票，将债券的利息转到支付代理人，然后贷记在取得利息的债券持有者的账户上。

清算系统除了清算职能外，它们还为证券交易商提供相当多的融资。这种融资可以用交易商的债券存货价值为担保，或者从其他银行开出的信用证作为取得清算系统给予的信贷额度的担保。这种融资给予交易公司很大的灵活性，证券交易商有可能按债券标价货币的短期银行间利率为基础的利率融通债券存货，直至得到全部信用额度。

欧洲债券市场的通常惯例是从交易日起7天内交割，在7日之后的过期交割要处以罚款。为了改善市场的流动性，清算公司安排了债券借用制度，凡持有清算系统的债券的投资者，若对债券无即时需要，可以将债券贷给有短期需要者。债券贷出者收取费用，借入者支付费用。出售的债券经交割，7日后就收到付款。当利率上升，债券价格和收益有下降倾向时，交易商想减少全面多头风险，售出债券，做空头，以后又以更低的价格购回，便有正的收入。如果对市场的走势预期正确，交易商保持几个月的空头，可能牟取大量利润。

## 四、欧洲票据市场

### （一）商业票据和欧洲票据的概念

商业票据（Commercial Paper，CP）是指信誉良好的大企业为筹措营运资金而通过直接融资的方式发行的、短期无担保的商业期票。商业票据是由商业本票演变而来的。商业本票是双名票据，其关系人包括付款人和收款人两个。只要付款人信誉好、付款有保证，收款人是乐于接受的，而且收款人可以用商业本票向商业银行和贴现公司办理贴现以获得资金融通，从而使其具有流动性。由于商业本票的这一特点，一些大公司开始脱离商品交易过程而只凭自己的信誉来签发商业本票，用以筹措短期资金，这时的商业本票已不再体现商品交易关系，它没有确定的收款人，变成了单名票据，并直接向货币市场的投资者发行并且允许转让。这就是现代意义上的商业票据，并已逐步发展成为重要的货币市场工具。

欧洲票据（Euro Note）是指在欧洲货币市场上，一国政府、银行（尤其是为其他借款人提供银团贷款的银行）和信誉程度较高的大型企业，为筹措所需资金而发行的以短期为主的、仅以发行人信誉为保证的本票。此时，欧洲票据本身构成了对投资人无条件和无抵押的债务责任。

### （二）欧洲票据市场的发展

进入20世纪80年代以后，由于全球性债务危机的影响，通过辛迪加贷款形式安排的贷款数额相对减少，但这并不意味着国际金融市场上借款需求减少，它仅仅反映了国际资本市场正在经历着根本性的变化，即融资形式的变化。

在传统的辛迪加贷款中，欧洲银行一方面接受存款；另一方面又将资金转贷出去。这种资金运动势必影响银行的各项财务比率。20世纪80年代的全球债务危机爆发后，银行的坏账时有发生，发生严重问题的呆账也时有所闻，结果导致银行的自有资本对资产总额的比率急剧下降。在这种情况下，银行为躲避风险，越来越不愿意将它们的资金与向发展中国家的贷款相联系。而负责管理金融领域业务活动的中央银行也据此认为，辛迪加贷款业务已到了过于轻率的地步，因此大大加强了这方面的管理和监督。于是，商业银行又开始寻找不影响其财务比率的盈利途径，如开设"欧洲票据发行便利"等。这类业务活动既能使银行获取有关收入，同时又不影响其资产负债表和损益表原有的各项财务比率。这便是所谓的银行交易"证券化程式"或金融领域里的脱媒（disintermediation）现象。它直接导致了欧洲票据市场的形成和发展。在此背景下，一些银行运用将其银行信用与票据发行人信用相组合来提升整个交易信用的原理，设计出以发行人信用为基础，以银行的循环包销或信贷支持等银行信用为保障的欧洲票据融资工具，从而实现了通过短期资金融通达到长期使用的目的。

### （三）票据发行便利

很显然，通过欧洲票据融通中期资金的关键在于：借款者必须确定在这个市场上总能找到票据的购买者。假如市场上没有足够多的潜在投资者，那么筹措中期资金的计划就会落空，结果他们不得不在短期债务一到期就进行清偿。为了使欧洲票据的融资技巧能够顺利运行，欧洲银行便组成集团，形成发行便利（issuing facility）来加以支持。所谓发行便利，就是由银行做好准备，以短期票据的投资者数量下降或投资额减小时，按事先规定的价格直接购买这类票据或提供必要的信贷帮助。

由银行提供便利的欧洲票据主要是商业票据。这种发行便利的存在使得借款者能在欧洲票据市场上以非常低的利率（传统上只在短期货币市场上才能得到）筹措到中期资金（期限为5~7年）。其具体做法是：由借款人发行短期商业票据，期限为3~6个月，这种短期票据经承兑后与定期存单一样可以流通转让，所以它能成为非银行经济实体的投资对象。当这些票据到期时，借款者再另外发行同样的票据。这样，尽管这类信用工具或债务凭证的持有人随着时间的推移在发生变化，但借款人在短期票据市场上筹措到的资金实际上却是中期性质的。

票据发行便利（Note Issuance Facilities，NIFs）是银行与借款人之间签订的在未来一段时间内由银行以承购连续性短期票据的形式向借款人提供信贷资金的协议，协议具有法律约束力。如果承购的短期票据不能以协议中约定的最高利率成本在二级市场上全部出售，承购银行则必须自己购买这些未能售出的票据，或者向借款人提供等额银行贷款，银行为此每年收取一定的费用。

欧洲票据市场上的主要借款者首先是美国及其他国家的跨国公司；其次是金融机构；最后是一些国家的政府及国际组织。

如同在消费品市场上各大制造商以产品差异来增加自己的竞争力一样，在欧洲票据市场上，一些大银行也竞相以各种不同的包装来吸引客户，从而产生了许多有关欧洲票据发行便利的专用缩写名词，如：（1）循环包销便利。循环包销便利（revolving underwriting facilities，RUFs）于 1982 年出现，它是在上述票据发行便利的基础上，允许融资额度在约定时间内可以循环使用的更为灵活的一种融资工具。例如借款人在一个中等时期（通常为 5~7 年）内，发行一连串的短期票据（通常为 3~6 个月）。这种方式以短接长，变短期资金为中长期资金，是最具有代表性的票据发行便利。对于银行借款人，票据一般为短期存款证；对于非银行借款人，票据一般是以美元计价的本票（通常被称为欧洲票据），最小面额为 50 万美元。（2）多种选择融资便利，是银行允许客户在一定信用额度内以多种可选择的方式进行融资。在信用额度内，借款人可根据自己的需要和市场的情况选择各种最便利的融资方式。例如，一部分资金通过上述的票据发行便利融资，一部分资金通过循环信贷融资，还有一部分资金通过其他方式取得。这种融资工具方式多样，选择灵活，成本较低。

发行便利这项业务的展开，使银行的功能出现了质的变化。除了提供中短期贷款以外，银行现在又通过票据发行便利作出承诺，用其借贷资金来源作为后盾，来保证借款者发行的短期商业票据能不断地顺利展期，从而使借款者能以短期利率的成本筹措到中期资金。值得一提的是，银行实际上并没有运用（或很少运用）其信贷资金，银行提供的只是信用保证。借款人筹得的资金都是由正在市场上为其盈余流动性寻找短期投资对象的非银行投资者提供的，而银行却因其作出承诺每年能赚取到欧洲票据总额 0.5% 左右的收益。

## 第三节 离岸金融市场监管

### 一、离岸金融风险概述

从 20 世纪 80 年代以来发展中国家遭受的金融危机状况来综合分析，一国金融监管当局对离岸金融业制定不当政策和缺乏有效监管通常会带来以下几个方面的风险。

1. 导致外债规模失控，加大一国的经济运行风险。当商业银行从离岸金融市场筹措资金向国内企业放贷且数额不断增长时，所在国的外债数额将趋于增长。在外债规模严重失控的情况下，一旦到期偿债本息额超出其外汇收入和国际储备所能承受的水平,就会引发债务危机并导致本币大幅度贬值乃至于系统性的金融和经济危机。

2. 会加剧国内通货膨胀压力,并导致本币贬值。当商业银行从离岸金融市场筹资向国内企业大量贷放外币款项,而后者则将这些外币资金转成本币时,国内的货币供应则将受到扩张的压力。泰国的情况是,通过曼谷国际银行便利所借的大量外债以及在市场预期看好时,通过该市场流入的外国资本大都要换成泰铢使用,其规模之大曾一度达到了当年 GDP 的一半左右。使国内资金状况变得相当宽松,国内信贷迅速扩张,加剧了国内货币供应膨胀的压力,冲击了国内货币政策的运行,其结果导致严重的通货膨胀和本币贬值。

3. 形成国内银行体系的系统性风险。这主要体现在两个方面。其一,当商业银行举借的外债超过其资本的一定量时,外汇风险敞口过大,外债面临很大的汇率风险;其二,当商业银行把大量的国外贷款投放到房地产,而后者形成泡沫后又破灭时,银行的呆账和坏账将迅速增长。这两方面的风险将产生国内银行体系的系统性风险。

4. 大量短期资本通过离岸市场流入,导致本币资产价格和本币汇率动荡不定。短期资本的大量涌入在市场对经济前景看好时可以促进东道国经济发展。但一旦市场预期发生变化,流入证券市场的外资就会立即抽逃,这一方面会导致境内股市骤挫;另一方面还将促使本币汇率下跌,对经济危害很大。曼谷股票交易所的指数曾随着外国资本的流出流入而急剧上升下滑,直接或间接地引起泰铢汇率的大幅度波动。资本外逃还会引起资本流入国的债务危机。当拥有强大实力的国际投机资金在汇市、股市以掉期、对冲方式冲击体制不健全、资本总量相对较小的新兴市场时,其危险性是巨大的。

## 二、离岸金融市场风险监管

由于离岸金融市场的国际化程度很高,外资金融机构母国的监管当局实施管理难免有些鞭长莫及,而市场所在地管理当局通常为了吸引外来机构,促进市场发展而采取十分宽松甚至是过度宽松的管理模式,经营的风险通常要高于在岸市场。因此,监管稍有不慎,账户之间即可能发生资金转移,从而可能对国内的货币政策和金融管理产生不利影响。20 世纪 80 年代以来,由于政策失当和管理不善,发展中国家金融危机的发生通常与离岸金融业务有关,这一点在 90 年代后期的东南亚金融危机中表现得尤为明显。尽管如此,只要监管当局对经济形势和金融市场有清醒的判断和认识,重视离岸风险和管理,采取切实有效的防范措施,就能大大降低其危害性,充分发挥其积极作用。离岸金融市场风险管理主要应包括以下四方面。

### (一) 监管模式的确定

离岸金融市场模式的不同,其风险程度与管理难度也相应有所区别。一体型的离岸金融市场的风险最大,监管难度也最大。就分离型离岸金融市场来说,严格的内外分离,即离岸账户和在岸账户实施隔离,居民的存款业务与非居民的存款业务分开,在岸交易与离岸交易分开,严格禁止资金在离岸账户与在岸账户间流动。该管理模式监管的难度相对较小。美国国际银行业务便利(IBF)和日本离岸金融市场(JOM)的海外特别账户都属于这种类型。美国国际银行业务便利规定:国际银行业务便利只能接受外国居民、外国银行和公司、美国境外公司的存款,也可以向这些外国居民和其他国际银行业务便利提供贷款。该便利不得接受美国居民存款或向美国居民贷款,不得向居民发行可转让的定期存款单,不得做银行承兑业务或其他可转让票据业务。日本这方面的规定较美国更加严格。日本离岸金融市场规定,即使日本企业的海外分支机构也不能参与日本JOM交易。

与严格的内外分离型相比,以分离为基础的渗透型离岸金融市场监管的难度较大。因为渗透的离岸市场本身具有较多的灵活性,即允许把离岸账户上的资金投放于国内企业,或允许居民投资于离岸账户,或是离岸与在岸账户双向渗透,从而可能会对市场东道国信用规模产生影响,并使外债管理难度加大,稍有不慎或监管不力便很可能对东道国的国际形象乃至整个金融经济活动造成巨大的损害。从审慎管理的原则出发,要确保离岸金融业在健康、有序、规范的环境下运作与成长,有效控制离岸金融风险,较为理想的模式应是严格的内外分离型模式。当然这一模式有违发展中国家建立离岸市场的初衷,但选择渗透型模式必须在其他方面实施相当严格的监管,才可能较为有效地控制离岸金融风险。

### (二) 规范和强化市场准入管理

建立离岸金融市场机构的设立和审批制度,金融监管当局应对申请开办离岸业务和设立离岸分行的银行履行一定的审批手续。根据申请人的要求,按资信状况和资本实力分别颁发离岸业务全面牌照和有限牌照,规定其相应的业务范围,并对持有不同种类牌照的离岸银行进行分类管理。应明确规定离岸银行以分行建制,即它只能是境内外银行的派出机构,总行理所应当成为其最后偿债人,承担离岸业务的经营风险,以避免离岸分行因破产倒闭对东道国金融市场的冲击。

从历史上看,离岸金融市场往往是针对货币发行国利率管制和资本项目管制的逃避而兴起的,因此自然会对货币发行国产生一定的冲击。不过，这种影响是可以控制的。应先对开展这项业务的银行进行筛选，在选择离岸银行时，尤其要重视其总行的资本是否雄厚、信誉是否卓著、经营是否稳健、内部风险管理是否健全、经营管理水平是否先进、融资网络是否畅通等指标。金融监管当局应加强对相关金融机构吸收本币业务活动的监管，以减少其可能带来的冲击，维护本币汇率及其离岸金融市场的稳定。

### （三）加强离岸账户和在岸账户的监管

离岸金融业务向在岸金融业务的渗透而冲击国内经济的金融风险，必须引起管理当局的高度重视。在以分离为基础的渗透型离岸金融市场上，离岸账户虽与在岸账户分开，但离岸业务的存在及其业务活动的展开毕竟与在岸业务时间上和空间上并存，因而就有一个相互影响的问题。例如，离岸金融市场上税收十分优惠，而在岸业务的各项税负较重，在这种情况下若管理不严，就有可能出现在岸业务进入离岸账户以便逃税的状况，何况本来就允许分离部分离岸资金向在岸账户投放。再者，离岸金融市场上的利率和汇率随国际金融市场而变动，而在岸市场上该两项变量则较少变动，且与国际市场的水平有一定的差距。由于两个市场时间上和空间上并存，离岸主要变量的波动必然会影响在岸同类变量，有时可能会产生决定性的影响，从而冲击国内金融市场，对东道国的货币政策的独立性产生较大的消极影响。因此，金融监管当局应采取措施控制风险。如制定有关法律条文，明确界定不法行为；严格管理，严厉打击不法行为，除了违法行为处以罚款、吊销执照、撤换负责人等，还可采取道义劝告手段；主动使利率和汇率逐步向弹性化方向发展；对从离岸账户流向在岸账户的资金的用途作出限制，尤其是严厉禁止其进入证券市场和房地产市场，以免金融资产价格过分膨胀，产生泡沫经济；鼓励资金投放于国家鼓励的和有发展潜力的产业。另外，渗透资金对国内信用扩张的压力应在国内市场和国际市场同时加以分解。

### （四）根据国际惯例，严格监管离岸业务

根据巴塞尔国际委员会 1997 年发布的《有效银行监管的核心原则》，对离岸银行的信用风险、市场风险、利率风险、流动性风险、国家风险、操作风险、法律风险、声誉风险等种种风险实施全方位风险管理，尤其要重视流动性要求和资本充足率要求。

2001 年提出的新资本协议框架延续了《有效银行监管的核心原则》及其在 1999 年提出的监管框架的主要思想。在 1999 年的监管框架中，巴塞尔委员会提出，为了促使银行的资本状况与总体风险相匹配，监管当局可以采用现场和非现场稽核等方法审查银行的资本充足

状况。监管当局应该考虑银行的风险化解情况、风险管理状况、所在的市场性质以及收益的可靠性和有效性等因素。全面判断银行的资本充足率是否达到要求；监管当局有权根据银行的风险状况和外部经营环境，要求银行保持高于最低水平的资本充足率；银行要建立严格的内部评估系统，使其资本水平与风险相匹配；监管当局要及时检查评价银行的内部评价秩序、资本战略以及资本充足状况。在资本水平较低时，监管当局要及时对银行实施必要的干预；如果对银行风险水平来说是必要的话，监管应当要求银行持有超过最低比率的资本。为了确保市场约束的有效实施，银行必须建立信息披露制度，在一定的时间内向公众披露规定的信息，其中主要包括经营状况、资本充足状况，尤其是风险状况等。

## 三、我国离岸金融市场监管

随着我国经济国际化、全球化步伐不断加快，离岸金融风险在我国的表现也日趋明显，离岸金融监管问题不可回避。当前我国对离岸业务的监管应着重以下三点。

1. 银行监管部门应重点加强离岸银行的市场准入监管和离岸银行的风险监管。在市场准入方面，要将所有实际正在开展非居民业务的金融机构一并纳入监管范围，无论是外资银行、中资银行、合资银行，还是其他金融机构，凡是从事非居民业务，就应一并纳入监管，对未获牌照的机构应勒令停止从事离岸业务。在政策执行方面，严禁让内控不健全、盲目扩张规模的经营机构进入。

2. 外汇监管重点应放在对居民外汇管制政策的有效执行方面，不能将监管范围扩大到境外非居民。资本项目应为当前外管重点，同时防止混杂在经常项目下的资本的非法流动。为此，一要严格监控国际离岸短期资本的流入，主要监控好居民收汇账户及其用途的审查；二要管理好资本流出，既要打击非法逃套汇，同时也要鼓励居民合理地对外投资的资本支出；三要严把业务政策关，适时调整离岸金融监管政策。如近期应重点关注国际离岸资金流入国内货币市场冲击人民币汇率，流入房地产市场冲击房地产价格等问题。

3. 税收监管重点为居民对外交易的合法性和合理性。离岸公司享受注册地的相关税收优惠，这不是我国税法所能管理和调控的范围，所以税收监管的重点应该放在在岸公司与离岸公司交易特别是关联交易上。除了审查离岸、在岸交易的真实性与合法性之外，应重点监管交易价格，防止用转移定价的方式进行逃税。同时，应加快税制改革，使我国税收制度向国际税收惯例靠拢。

# 本 章 案 例

[案例1]

## 发展人民币离岸金融市场与海南自由贸易港的建设

人民币离岸金融市场，指在中国大陆之外，能够进行以人民币为交易媒介的借贷、结算、资本流动、信托、保险和期货、证券、衍生工具交易等金融服务，而不受市场所在地和中国金融市场法规和法律限制的市场。目前，主要的人民币离岸市场有中国香港、新加坡及伦敦人民币离岸市场。根据中国人民银行发布的《2022年人民币国际化报告》中各机构提供的数据，截至2021年末，境外主体持有境内人民币股票、债券、贷款及存款等金融资产金额合计为10.83万亿元，同比增长20.5%。离岸人民币市场逐步回暖、交易更加活跃。主要离岸市场人民币存款接近1.50万亿元。[1] 建设和发展人民币离岸金融市场是深化中国金融开放和推动人民币国际化的重要途径。海南自由贸易港的建设将为进一步发展人民币离岸金融市场提供契机。

海南自由贸易港是国家在海南岛全岛设立的自由贸易港，位于海南省境内。2018年4月10日，中共中央总书记、国家主席习近平在博鳌亚洲论坛2018年年会开幕式上发表主旨演讲，提出"探索建设中国特色自由贸易港"；2020年6月1日，中共中央、国务院印发《海南自由贸易港建设总体方案》；同年6月3日，海南自由贸易港11个重点园区同步举行挂牌仪式；截至2023年5月，海南自由贸易港已全面启动全岛封关运作准备，确保2025年底前实现全岛封关运作。全岛封关运作意味着海南自贸港由"境内关内"迈向"境内关外"。

作为在岸金融的重要补充，自由贸易港内金融市场开展离岸金融，是自由贸易港的重要业态。发展离岸金融市场可有力支撑自贸港离岸贸易发展。海南自贸港建设推进以来，相关政策已提出发展离岸金融业务。[2] 2021年3月，中国人民银行等部委发布《关于金融支持海南全面深化改革开放的意见》，允许已取得离岸银行业务资格的中资商业银行总行，授权海南自由贸易港内分行开展离岸银行业务。同年6月公布的《中华人民共和国海南自由贸易港法》明确规定："海南自由贸易港内经批准的金融机构可以通过指定账户或者在特定区域经营离岸金融业务"。通过扩大金融机构功能和区域空间和建立资金

---

[1] 甘露：《对接RCEP、CPTPP、DEPA规则推进海南自由贸易港服务贸易制度型开放》，载《南海学刊》2023年第3期，第32~43页。

[2] 李猛、黄庆平：《论海南自由贸易港金融政策制度体系构建——以金融开放创新与市场监管协调发展为视角》，载《开发性金融研究》2022年第6期，第85~96页。

自由流通的管理体制服务实体经济的同时，海南自由贸易港将为人民币离岸金融市场的建设提供更多经验，推动人民币国际化进程。

[案例2]

## 香港离岸人民币市场的重要性和新进展

中国香港是全球领先的国际金融中心之一，与内地紧密融合，并接通世界各地。香港作为全球最大的离岸人民币业务枢纽，在人民币国际化进程中发挥重要作用。

2004年，香港推出了个人人民币业务。自此之后，香港陆续推出多项人民币离岸业务。2007年，境内金融机构和财政部在港首次发行"点心债"；2009年，人民币跨境贸易结算试点启动，完成首宗人民币跨境贸易结算，香港正式开启人民币离岸中心建设；2011年，推出人民币合格境外机构投资者计划，进一步让国际投资者进入内地资本市场。在离岸中心建设过程中，推出并不断完善各项互联互通机制，包括"股票通"、债券通"北向通"，以及2021年的"债券通""南向通"与"跨境理财通"。①

目前，香港已发展成为全球最大的离岸人民币市场，处理全球约75%的离岸人民币结算业务。根据香港金融管理局统计，2021年上半年香港每天结算量超过1.5万亿元人民币；2021年，香港人民币存款（包括存款证）为9 450亿元人民币，是全球最庞大的离岸人民币资金池；人民币贷款和债券为3 950亿元人民币，具有全方位的人民币服务和产品。②

2021年，《中华人民共和国国民经济和社会发展第十四个五年规划和2035年远景目标纲要》中提出，稳慎推进人民币国际化，支持香港提升国际金融枢纽地位，强化全球离岸人民币业务枢纽等功能。为推动香港离岸人民币市场的持续发展，中国内地当局与香港紧密合作，新近出台了一系列政策措施，包括：（1）2022年7月4日，中国人民银行与香港金融管理局宣布优化现行的货币互换协议为常备协议，协议的规模亦由5 000亿元人民币扩大至8 000亿元人民币。此举使香港有别于其他地区，无须续签有关协议，货币互换规模亦属最大。（2）香港金融管理局在人民币流动资金安排方面提出多项优化措施，比如，扩大日间及隔夜的资金额度以增加可供市场运用的流动资金。（3）在提升流动性的基础上，开发多元化的人民币计价产品，

---

① 应坚：《中国香港离岸人民币业务再出发》，载《中国外汇》2021年第14期，第13~15页。
② 叶亚飞、石建勋：《人民币国际化进程中的货币替代效应研究——以香港地区离岸人民币为例》，载《经济问题》2018年第3期，第28~35页。

持续优化香港与内地的各项互联互通机制。"互换通"于 2023 年 5 月 15 日正式启动，初期先行开通"北向互换通"，即香港及其他国家和地区的境外投资者，通过两地基础设施互联互通，参与内地银行间金融衍生品市场。根据中国人民银行公告，"北向互换通"初期可交易品种为利率互换产品，报价、交易及结算币种为人民币。

## 本 章 小 结

　　离岸金融市场亦称境外金融市场，是相对在岸金融市场而言的，是指在高度自由化和国际化金融管理体制和优惠的税收制度下，以自由兑换货币为工具，由非居民参与进行的资金融通市场。离岸金融市场起源于 20 世纪 50 年代初的欧洲美元存贷业务，其演变的过程可划分为五个阶段：（1）20 世纪 50 年代：欧洲货币市场的萌芽时期；（2）20 世纪 50 年代后期至 60 年代后期：欧洲货币市场在西欧地区迅速成长时期；（3）20 世纪 60 年代末至 70 年代末：欧洲货币市场在发展中国家迅速扩展的时期；（4）20 世纪 80 年代：欧洲货币市场在美国和日本获得突破，同时也是市场模式结构和地理分布发生重大变化的时期；（5）20 世纪 90 年代：世界离岸金融市场在调整中稳步发展的时期。离岸金融市场在推动国际贸易、国际投资、国际收支平衡、金融一体化、金融创新和东道国经济方面都发挥了很大的作用。但离岸金融市场也存在一些消极影响。

　　离岸金融市场的构成是指从业务角度考察的市场组成状况。按期限划分，离岸金融市场分为离岸货币市场和离岸资本市场。按币种结构划分，离岸金融市场分为离岸美元市场或称欧洲美元市场、离岸欧元市场和离岸日元市场等。离岸金融市场的参与主体大致可分为机构和个人两类，具体包括商业银行、非银行金融机构、公司、政府部门、国际性组织、中介机构和个人。欧洲银行信贷业务，是离岸金融业务的重要组成部分，主要由设在欧洲货币市场的西方各国商业银行及分行经营，分为欧洲短期信贷业务和欧洲中长期信贷业务两种。离岸债券即欧洲债券，是一国的机构（政府部门、银行和企业）在离岸金融市场上发行的主要面向非居民并以自由兑换货币为面额的借款凭证。欧洲债券的发行和流通是离岸债券的主要业务。

　　根据离岸金融市场业务经营和管理来看，可以将其监管模式归纳为三大类型：一体型或内外混合型、内外分离型、避税港型或簿记型。离岸金融市场监管模式的不同，其风险程度与管理难度也相应有所区别。一体型的离岸金融市场的风险最大，监管难度也最大。就分离型离岸金融市场来说，又可以根据其分离的程度分为两类：严格的内外分离型和以分离为基础的渗透型。相比之下后者的监管难度相对较大。鉴于离岸金融市场存在的风险，开办离岸金融市场国家应根据国情正确选择离岸金融市场监管模式,规范和强化市场准入管理,加强离岸账户和在岸账户的管理,并根据国际惯例,严格监管离岸业务。我国离岸金融市场起步较晚,但目前已初具规模。随着我国经济国际化、全球化步伐的不断加快,离岸金融监管问题不可回避。我国对离岸业务的监管应着重以下几点:(1)银行监管部门应重点加强离岸银行的市场准入监管和离岸银行的风险监管;(2)外汇监管重点应放在对居民外汇管制政策的有效执行方面,不能将监管范围扩大到境外非居民;(3)税收监管重点为居民对外交易的合法性和合理性。

## 本章重要概念

在岸货币市场  离岸资本市场  欧洲短期信贷业务  欧洲债券  固定利率债券  浮动利率债券  可转换债券  附认购权证债券  选择权债券  零息债券  双重货币债券  全球债券

## 本章思考题

1. 简述离岸金融市场的演变过程。
2. 离岸金融市场对国际经济有何影响?
3. 参与离岸金融市场的经济主体有哪些?
4. 离岸信贷业务工具有哪些?
5. 欧洲债券有哪两种发行方式?
6. 离岸金融市场对欧洲债券发行者有何要求?
7. 金融监管当局应如何加强对离岸金融风险的管理?
8. 如何认识我国离岸金融市场?

# 第八章 金融衍生品交易市场

**学习目标**
- 掌握远期外汇交易的概念、类型及实际应用；
- 掌握外汇期货交易的概念、特点及实际应用；
- 掌握外汇期权交易的概念、特点、类型，了解影响外汇期权价格的因素；
- 理解利率期货、利率互换和货币互换等其他金融衍生品。

## 第一节 远期外汇交易

### 一、远期外汇交易概述

#### （一）远期外汇交易的概念及特点

远期外汇交易（forward exchange transaction），又称期汇交易，是指外汇买卖成交后按签订的远期合同，在未来（成交日起3个营业日之后）的约定日期办理交割的外汇交易。远期合约的期限一般为 1~12 个月，常见的期限有：1个月、3个月、6个月、9个月、12个月，1年以上的为超远期外汇交易。

远期外汇交易的特点是交易双方必须签订远期合约，成交时把远期汇率固定，合约内容包括买进或卖出、交易币种、数量、远期汇率及合约到期日等。

#### （二）远期外汇交易的交割日

远期外汇交易与即期外汇交易的主要区别在于交割日不同。远期

外汇交易的交割日在成交日起3个营业日后,确定远期外汇交易交割日的基本原则是:

1. 远期交割日是在即期交割日基础上加远期期限。例如,远期外汇交易的成交日为2月10日,2月12日为标准即期交割日,则3个月的远期外汇交易的交割日是5月12日。若远期合约是以天数计算的,例如,远期外汇交易的成交日为4月5日,合约天数为3天,则标准即期交割日为4月7日,远期交割日是4月10日。

2. 若计算结果该月没有这一天,则以当月最后一天作为远期交割日。例如,1月31日为标准即期交割日,1个月的远期交易的交割日应为2月28日(或闰年为2月29日)。

3. 远期交割日若不是营业日,则顺延至下一个营业日。若顺延之后,跨月到了下一个月份,则必须提前至当月的最后一个营业日为交割日。例如,3月31日为标准即期交割日,2个月的远期交易的交割日为5月31日。若该日为星期天,则远期交易的交割日应为5月29日。

### (三)远期外汇交易的动机

1. **套期保值**(hedging)。套期保值是指交易者预计在未来有一笔外汇收入或外汇支出,为了避免外汇市场上汇率波动造成的损失,卖出或买入相同数量的远期外汇的交易行为。

若交易者未来有一笔外汇收入(如出口商),当预计外币贬值(即本币升值)时,可预先做卖出同等数量外汇的远期交易,不论未来汇率如何波动,交易者均可根据远期外汇合约所确定的汇率卖出外汇。

例如,某美国出口商向英国出口一批货物,价值1 000万英镑,3个月后收到货款。签订贸易合同时,纽约市场即期汇率为:GBP1 = USD 1.3121。3个月后,市场汇率变为:GBP1 = USD 1.3098,美国出口商可收入1 309.8万美元,比3个月前少收入2.3万美元(1 312.1万美元 - 1 309.8万美元)。该美国出口商为了固定自己的收益,避免汇率风险,可在签订贸易合同时,预测市场汇率的变动趋势,与银行签订3个月卖出1 000万英镑的远期外汇合约,事先确定好远期汇率,无论3个月后市场汇率如何波动,该出口商都能够获得固定的收益,防止汇率波动造成的损失。

相反,若交易者未来有一笔外汇支出(如进口商),当预计外币升值(即本币贬值)时,可预先做买入同等数量外汇的远期交易,不论未来汇率如何波动,交易者均可根据远期外汇合约所确定的汇率买入外汇。

2. **外汇投机**(exchange speculation)。在外汇市场上,投机者根

据对汇率变动的预测，有意持有外汇多头或外汇空头，希望通过汇率变动牟取贱买贵卖的外汇差价收益。例如，投机者预测某种货币的汇率将要下跌，则预先卖出该种货币，称为抛出或做空头，待将来这种货币的汇率果真下降，再行买入以抵补空头。反之，若投机者预测某种货币汇率将上升，则预先买进该种货币，称为购进或做多头，待将来这种货币的汇率果真上升，再行卖出以抛出多头。

外汇投机与套期保值的区别在于：

第一，交易的目的不同。投机交易没有实际的商业或金融业务为基础，其交易的目的只是为了盈利；而套期保值是以实际交易为基础，目的是规避现货市场汇率风险而进行的币种相同、金额相同、方向相反的远期外汇交易。

第二，资金转移不同。投机交易在买进或卖出时，往往并未发生真实资金流转，进行的是买空或卖空交易；而套期保值是为了防范实际交易可能面临的外汇风险而进行的真实资金的转移。

第三，风险大小不同。外汇投机者是主动利用汇率的波动赚取利润，他们能否在投机中获利完全取决于对未来汇率走势的判断，投机风险很大；而套期保值者是利用现汇市场和期汇市场的反向交易，当现汇市场出现盈利（或亏损）时，可由期汇市场的亏损（或盈利）进行冲抵，使外汇风险降至最低。

### （四）远期外汇交易的类型

按照交割日是否固定，远期外汇交易可分为固定交割日的远期外汇交易和择期远期外汇交易。

1. 固定交割日的远期外汇交易。固定交割日的远期外汇交易（fixed forward transaction）是指交易的交割日期是确定的，交易双方必须在约定的交割日期办理外汇的实际交割。这是最常见的远期外汇交易类型，交割日以月份或天数为单位。

在国际贸易活动中，进出口商为了防范从贸易合同签署日到货款实际收付日的外汇风险，一般都是采用固定交割日的远期外汇交易进行套期保值。例如，某加拿大出口商向美国出口一批货物，价值1 000万美元，2个月后付款。签订贸易合同时，外汇市场上的即期汇率为：USD1 = CAD 1.3083。如果2个月后收回货款时，即期汇率变为：USD1 = CAD 1.3052，那么加拿大出口商就将少收入3.1万加元（1 308.3万加元 − 1 305.2万加元），即损失3.1万加元。如果他在签订贸易合同的同时与银行按约定汇率签订一份卖出2个月1 000万美元的期汇合约，那么他就可以规避美元汇价下跌带来的损失了。

2. 择期远期外汇交易。择期远期外汇交易（optional forward transaction），又称选择交割日的远期外汇交易，是指交易没有固定的交割日，交易的一方可以在成交日后的第三天起至约定的期限内的任何一个营业日，要求交易对方按约定的远期汇率进行交割的远期外汇交易。这类交易在交割日期上具有较大的灵活性，通常适用于难以确定收付款日期的对外贸易。

例如，某一出口商在 2022 年 3 月 25 日成交一笔出口交易，预期 3 个月内收到 100 万美元货款。签订贸易合同后，该出口商立即在外汇市场上卖出一笔 3 个月的 100 万美元期汇，并约定择期日期为 3 月 28 日~6 月 27 日。这就意味着该出口商在这段时间内，随时可以将收到的 100 万美元按照约定的汇率卖给银行。

在择期交易中，询价方有权选择交割日，由于报价银行必须承担汇率波动风险和资金调度的成本，因此报价银行必须报出对自己有利的价格。当然，询价方也可以根据对市场的预测，选择交易期限范围内对自身最有利的日期执行期汇合约。

## 二、远期外汇交易的报价

在实际的外汇交易中，银行对于远期汇率也采用双向报价法。根据国际惯例，通常有两种远期汇率报价法：直接报价法和远期差价报价法。

### （一）直接报价法

直接报价法（outright rate）是直接报出各种不同交割期限的远期外汇买入价和卖出价。这种报价方法与即期汇率报价方法相同。

例如：某日伦敦外汇市场英镑兑美元的汇率为：

| 即期汇率 | 1 个月远期汇率 | 3 个月远期汇率 | 6 个月远期汇率 |
| --- | --- | --- | --- |
| 1.3021/31 | 1.3025/38 | 1.3030/47 | 1.3038/58 |

直接报价法的优点是一目了然，通常用于银行对客户的报价。这种方法的缺点是改动汇率比较费事，因此在银行同业间往往采用另一种方法，即远期差价报价法。

### （二）远期差价报价法

远期差价报价法（forward margin）也称点数报价法，是指不直接公布远期汇率，只报出即期汇率和远期差价点数来计算远期汇率的办法。远期差价是指某一时点上远期汇率与即期汇率的差，也称掉期率（swap rate）。远期差价分为升水、贴水和平价三种。其中，升水（premium）表示远期汇率比即期汇率高，或期汇比现汇贵；贴水

(discount) 表示远期汇率比即期汇率低，或期汇比现汇贱；平价 (at par) 表示远期汇率与即期汇率相同。升贴水的幅度一般用点数来表示，通常万分之一为1点。

不同的标价方法，使用远期差价报价法计算远期汇率的原则是不同的。在直接标价法下，远期汇率等于即期汇率加升水额或即期汇率减贴水额；在间接标价法下，远期汇率等于即期汇率减升水额或即期汇率加贴水额。基本的计算原则是：远期差价采用双向报价时，前小后大往上加，前大后小往下减。例如：美元兑瑞士法郎汇率报价为：USD1 = SF 0.9783/0.9802，1个月的远期汇差为 7/13，3个月的远期汇差为 13/6，则 1 个月的远期汇率为：USD1 = CHF (0.9783 + 0.0007)/(0.9802 + 0.0013)，即：USD1 = CHF 0.9790/0.9815，3个月的远期汇率为：USD1 = CHF (0.9783 − 0.0013)/(0.9802 − 0.0006)，即：USD1 = CHF 0.9770/0.9796。

## 三、远期外汇交易的实际应用

### （一）进出口商运用远期外汇交易规避风险

在国际贸易中，进出口商从签订贸易合同到货款的收付通常需要一段时间，在此期间，进出口商可能面临汇率波动造成的损失。因此，进出口商可以运用远期外汇交易规避外汇风险。

【例1】新加坡一家公司向美国出口电器，价值 1 000 万美元，6 个月后收到货款。签订贸易合同时，外汇市场上的即期汇率：USD 1 = SGD 1.3695，6 个月的美元贴水为 50 点。新加坡出口商预计 6 个月后，市场上的即期汇率有可能为：USD 1 = SGD 1.3555，该出口商如何利用远期外汇交易进行套期保值？

解：若新加坡出口商不做远期外汇交易，则 6 个月后将收入：1 000 万 × 1.3555 = 1 355.5 万新加坡元，由于美元贬值、新加坡元升值给该出口商带来的损失是：1 000 万 × (1.3695 − 1.3555) = 14 万新加坡元。

若新加坡出口商做远期外汇交易，远期汇率为：USD 1 = SGD (1.3695 − 0.0050)，即 USD 1 = SGD 1.3645，则新加坡出口商 6 个月后将收入：1 000 万 × 1.3645 = 1 364.5 万新加坡元，比不做远期外汇交易多收入：1 364.5 万 − 1 355.5 万 = 9 万新加坡元，做远期外汇交易的成本是 5 万新加坡元。利用远期外汇交易，出口商"锁定"了远期汇率，从而避免了未来汇率变动的损失。

## (二)资金借贷者运用远期外汇交易规避风险

资金借贷者持有净外汇债权或债务时,汇率的不利变动也会引起以本币计值的收入减少或成本增加。

【例2】美国一家投资公司需要一笔1 000万英镑的现汇进行投资,投资期1年,该公司预计投资收益10%。为了避免1年到期收回投资时英镑汇率下跌的风险,该公司在用美元买进英镑现汇的同时,卖出1年期的英镑1 000万,这样就可以避免英镑汇率下跌的风险。

## (三)外汇银行为平衡外汇头寸进行远期外汇交易

外汇银行每天与客户进行大量远期外汇交易,到一天营业终了时可能持有大量远期外汇头寸(多头或空头),为避免持有外汇头寸可能造成的风险,外汇银行每天要对不同期限、不同币种的外汇头寸进行远期外汇交易,以求平衡这些远期外汇头寸。当存在外汇多头(超买)时,可以出售远期外汇;当存在外汇空头(超卖)时,可以买进远期外汇。

【例3】英国某银行3个月期欧元超买1 000万,上午没有马上卖出,等到下午收盘时才卖出。若该日上午的即期汇率为:GBP 1 = EUR 1.1772,3个月欧元贴水10个点;下午收盘时的即期汇率为:GBP 1 = EUR 1.1810。该银行因卖出超买的1 000万欧元迟了半天,损失多少英镑?如何避免这种损失?(不考虑其他费用)

解:该银行因卖出超买的1 000万欧元延迟半天,所造成的损失是:

1 000万÷1.1782 - 1 000万÷1.1820 = 2.73万英镑(净损失)

为了避免这类损失,银行应及时平盘。若一时无法平盘,就应先卖出1 000万欧元的现汇,买进849.47万(1 000万÷1.1772)英镑现汇,等卖出3个月远期1 000万欧元后,再买进1 000万欧元现汇,卖出846.74万(1 000万÷1.1810)英镑现汇,现汇交易盈利2.73万(849.47万 - 846.74万)英镑,补偿了卖出远期欧元时所遭受的损失。

## (四)投机者利用远期外汇交易进行投机

外汇投机既可以在现汇市场上进行,也可以在期汇市场上进行。二者的区别在于:在现汇市场上进行投机时,由于现汇交易要求立即进行交割,投机者手中必须持有足额的现金或外汇。在远期外汇市场上进行交易,不涉及现金或外汇的收付,只需支付少量的保证金。大多数远期外汇投机在到期日前就已经平仓了。因此,不必持有巨额资金也可作巨额外汇交易。

外汇投机者的基本操作原则是：预计某种外汇的汇率看涨，就预先买进远期外汇；预计某种外汇的汇率看跌，就预先卖出远期外汇。待交割日前做反向对冲，获取低买高卖的差价收益。通常把先买后卖的远期外汇投机叫作"买空"（buy long）或多头，把先卖后买的远期外汇投机叫作"卖空"（sell short）或空头。

**【例4】** 某日苏黎世外汇市场上3个月美元的远期汇率为：USD 1 = CHF 0.9838，某投机者预计3个月后即期汇率将是：USD 1 = CHF 0.9910，不考虑其他费用，该投机者买入3个月远期美元100万，预计可获得多少投机利润？若签订完远期合约2个月后，即期汇率为：USD 1 = CHF 0.9910，且有可能下跌，该投机者应怎样操作？（不考虑其他费用）

解：如果预测准确，3个月后该投机者可获利：

100万 × (0.9910 − 0.9838) = 0.72万瑞士法郎（净收益）

若远期合约签订2个月后，市场汇率变为：USD1 = CHF 0.9910，且有可能下跌，投机者就与银行签订一份与先前的远期合约到期日相同，但方向相反的远期合约，卖出1个月的远期美元100万，到期时两个远期合约相抵，便可提前1个月获利。

## 第二节 外汇期货交易

### 一、外汇期货交易概述

#### （一）外汇期货交易的概念

外汇期货交易（foreign exchange futures transaction），也称货币期货交易，是指交易双方在期货交易所内按约定的价格，在约定的未来时间买卖一定数量外汇的标准化期货合约的外汇交易。

外汇期货是最早产生的一种金融期货。1972年5月16日，美国芝加哥商品交易所（Chicago Mercantile Exchange，CME）成立"国际货币市场"（International Monetary Market，IMM）首次开办了外汇期货交易，把商品期货交易的方法运用于外汇交易。

此后，世界上许多金融交易中心相继开设了外汇期货交易。1982年9月，英国伦敦国际金融期货交易所（London International Financial Future Exchange，LIFFE）成立并正式营业。1984年9月，新加坡国际货币期货交易所（Singapore International Monetary Exchange，SIMEX）开始交易。此后，加拿大的多伦多期货交易所、蒙特利尔商品交易所、温哥华证券交易所也开办了外汇期货交易。荷兰、日本、中国香港、澳大利亚、中国台湾也相继开办了外汇期货市场。

目前，IMM 外汇期货的成交量占全球成交量的 99% 以上，主要经营英镑、欧元、瑞士法郎、加拿大元、日元、澳大利亚元、墨西哥比索等的交易，IMM 已成为一个全球活跃的综合性金融期货市场，绝大多数外汇期货交易不是为了货币在未来某日的实际交割，而是为了达到套期保值和投机获利的目的。

### （二）外汇期货交易的特点

1. 外汇期货交易买卖的是标准化的外汇期货合约，它具有以下主要特点：

（1）交易的标的物是标准化的期货合约。外汇期货合约的币种、数量、交割日期、交割月份、交割地点都是标准化的。

（2）有固定的交易场所。外汇期货交易是在有组织的期货交易所内进行的，可以增加信息的透明度，提高市场的竞争性。

（3）交易采用公开竞价方式。外汇期货交易的价格和信息是公开的，按照"价格优先、时间优先、数量优先"的原则公开竞价成交。

（4）实行保证金制度。交易双方只需向清算所缴纳一定比例的保证金，便可进行大额的外汇期货交易。

（5）实行每日清算制度。当每个营业日结束时，清算所要对每笔交易进行清算，盈利的一方可提取利润，亏损的一方则需补足头寸。

2. 外汇期货交易和远期外汇交易具有许多相同或相似之处，如交易客体相同，都是外汇；交易的目的都是为了防范风险或转移风险，实现套期保值和投机获利的目的等。但是，外汇期货交易与远期外汇交易也存在一些不同之处：

（1）交易的标的物不同。外汇期货交易买卖的是标准化的远期合约，合约中除价格外，在交易币种、交易时间、交易结算日期等方面都有明确、具体的规定。交易数量用合约表示，买卖的最小单位是一份合约，每份合约的金额交易所都有规定。例如，芝加哥国际货币市场（IMM）上，主要西方货币期货合约的标准买卖单位为 6.25 万英镑、10 万加元、12.5 万欧元、12.5 万瑞士法郎、1 250 万日元、10 万澳大利亚元，交易的金额是标准化合约额的整数倍。而远期外汇交易买卖的是一定数量的远期外汇，合约中的金额没有严格的规定，由交易者之间根据需要而定。

（2）交易的场所及方式不同。外汇期货交易有固定的交易场所，是由场内经纪人或场内交易商在交易所内，按规定的时间以公开叫价方式进行的。这种场内交易只限于交易所会员之间，且交易双方不直接接触，买卖的具体执行都由经纪商代理。而远期外汇交易则通常是场外交易，没有固定的交易场所，交易时间也没有限制。交易者通过电报、电传、电话等电信网络进行，也可以有中介参与，但通常仍由买卖双方直接进行交易。

（3）有无保证金不同。外汇期货合约的买卖双方需缴纳一定金额的保证金。而远期外汇交易一般是交易双方凭信用交易，不需存入保证金。

（4）结算方法不同。外汇期货交易实行每日清算，保证金账户余额不足时要及时追加保证金。而远期外汇交易的盈亏一般由双方在合约到期日结算。

（5）交割方式不同。外汇期货合约到期实际交割的很少，不足3%，绝大多数合约在到期日前已经反向对冲了。而远期外汇交易一般要按双方约定的汇率进行实际交割。

（6）风险不同。外汇期货交易信用风险小，价格风险大。而远期外汇交易信用风险大，价格风险小。

### （三）外汇期货交易的程序

外汇期货交易都是在专营或兼营外汇期货的交易所内进行的，任何企业和个人都可通过外汇期货经纪人或交易商买卖外汇期货，其程序是：

1. 选择经纪公司和经纪人。非清算所会员的公司和个人不能直接进入期货交易所交易，只能通过拥有会员资格的经纪公司进行交易。客户向交易所的会员经纪公司开立外汇期货交易账户，授权其代为买卖合约、交付保证金。经纪公司和经纪人充当客户的顾问，对客户能否在期货交易中盈利起到重要的作用。

2. 委托交易。客户向经纪公司下达期货合约的委托指令（也称下单），经纪公司接到委托指令后，立即通过电信设备将有关内容通知场内经纪人，场内经纪人根据客户提出的条件，以公开叫价的方式，代理客户达成交易。

3. 办理登记。合约成交后，场内经纪人一方面把交易结果通知经纪公司和客户，另一方面将成交记录交到清算所进行登记。

4. 逐日清算。清算所根据未平仓的合约，按每日收盘价结算盈亏，特别是当期货价格发生不利变动时，还要通知客户追加保证金。

5. 交割。外汇期货交易极少在到期日交割，客户往往在合约到期日前做另一笔反向期货交易对冲原合约进行平仓。

### (四)外汇期货交易中的保证金制度

期货交易常常具有投机性,通过保证金制度可以用较高的杠杆率控制交易合约的金额。保证金分为初始保证金、维持保证金和追加保证金。

初始保证金(initial margin)是指交易者必须按照其所买卖期货合约价值的一定比例(通常为5%~10%)缴纳少量资金,才能参与期货合约的买卖。维持保证金(maintenance margin)是指当期货价格发生变动时,客户必须在保证金账户内存放的最低保证金数额,一般相当于初始保证金的75%。追加保证金(additional margin)是指清算所规定的为使保证金数额维持在初始保证金水平而要求会员增加缴纳的保证金。当客户出现虚亏,保证金账户余额低于维持保证金时,往往需缴纳追加保证金。

外汇期货交易中的保证金制度运用举例:

某年4月5日(星期一)上午,在IMM市场上,某投资者购买了欧元期货合约10份,每份合约交易单位为12.5万欧元,合约价格为EUR1 = USD1.1209。若初始保证金比率为5%,则投资者需在保证金账户中存入12.5万×1.1209×10×5% = 70 056美元。周一下午收盘时,市场汇率变为EUR1 = USD1.1212,清算所计算该投资者当天获利:12.5万×10×(1.1212 - 1.1209) = 375美元,则保证金账户余额为70 431美元。周二下午收盘时,市场汇率变为EUR1 = USD1.1198,清算所计算该投资者当天亏损:12.5万×10×(1.1198 - 1.1212) = -1 750美元,则保证金账户余额为68 681美元。若维持保证金(即最低保证金)为每份合约5 500美元,即总额为55 000美元,当某一天欧元汇率下跌使该投资者的保证金账户余额低于55 000美元时,经纪人会要求投资者再存入一笔追加保证金,使之达到初始保证金水平(即70 056美元)。

## 二、外汇期货交易的实际应用

### (一)买入套期保值

买入套期保值(long hedge)也称多头套期保值,是指债务人为避免将来支付外汇时汇率上涨的损失,通过先买后卖的交易,利用外汇期货市场与现货市场的盈亏相抵补,实现保值的交易。

在国际经济活动中,进口商和借款人常常利用买入套期保值的方法,使未来将要支付的外汇避免遭受汇率上升的损失,现举例如下:

【例5】美国子公司3月9日在伦敦市场从银行借入10万英镑,

期限半年，借款时即期汇率为：GBP 1 = USD 1.3100。该公司预计半年后英镑汇率将上升，美元贬值，于是买进英镑期货保值，交易如表 8-1 所示。

表 8-1　　　　　　　　　买入套期保值的交易过程

| 时间 | 现货市场 | 期货市场 |
| --- | --- | --- |
| 3月9日 | 卖出 10 万英镑，即期汇率：GBP1 = USD1.3100，得到现汇头寸 13.10 万美元 | 买进 4 份 9 月英镑合约，每份 2.5 万英镑，成交价为 GBP1 = USD1.3120，合约价值 13.12 万美元 |
| 9月9日 | 买进 10 万英镑，即期汇率：GBP1 = USD1.3200，支出现汇头寸 13.20 万美元 | 卖出 4 份 9 月英镑合约，每份 2.5 万英镑，成交价为 GBP1 = USD1.3220，合约价值 13.22 万美元 |
| 盈亏 | 损失 1 000 美元 | 盈利 1 000 美元 |

美国公司若不做保值，将损失 1 000 美元，做了买入套期保值以后，期货市场的盈利抵补了现货市场的亏损。如果美国公司预计不准，英镑汇率不升反跌，期货市场会亏损，现货市场将会盈利，该公司通过买入外汇期货实现套期保值的目的。

### （二）卖出套期保值

卖出套期保值（short hedge）也称空头套期保值，是指债权人为避免将来收入外汇时汇率下跌的损失，通过先卖后买的交易，利用外汇期货市场与现货市场的盈亏相抵补，实现保值的交易。

在国际经济活动中，出口商和投资者常常利用卖出套期保值的方法，使未来将要收入的外汇避免遭受汇率下降的损失，现举例如下：

**【例6】** 美国公司向加拿大出口一批电器，价值 100 万加元，1 月份签订贸易合同时，市场上即期汇率为：USD 1 = CAD 1.3087，货款价值 76.41 万美元，6 月交货结算时，市场上汇率变为：USD 1 = CAD 1.3166，货款折合美元 75.95 万美元。由于加元贬值，使得美国公司损失 0.46 万美元。该出口商为了避免加元贬值的风险，在签订贸易合同时，就在 IMM 卖出 10 份 6 月的加元期货合约，每份 10 万加元。6 月加元果真贬值，美国公司买入 10 份加元期货对冲原期货合约，使其在期货市场获利，其盈利基本上弥补了现货市场的损失。

### （三）外汇期货投机

由于外汇期货交易实行保证金交易，投机者只要投入少量保证金，就可以从事大额的外汇期货交易，用小额的投资获取高额的收益。所以,外汇期货投机体现了"以小博大"的杠杆功能,具有高风险、高收益的特征。比如,保证金比率为5%,可以控制相当于保证金金额20倍的交易量。国际金融市场正是由于有投机者的参与,套期保值者的愿望才便于实现,才使外汇期货市场有了更大的流动性。

【例7】某投机者6月预计半年后加元将贬值,就利用IMM卖出10份加元期货合约,交易过程如下:

第一步:卖出10份加元期货合约,每份10万加元,交割月份为12月,成交价为:CAD1 = USD 0.7671,并存入保证金30 000美元(每份合约3 000美元);

第二步:随后几个月美元持续升值,加元一直贬值,该投机者预测准确,在每日的结算中已经获利,并于12月的第三个星期三之前对冲其加元合约,即买进10份加元合约,当天的收盘价为:CAD1 = USD 0.7567,该投机商获利为:

$(0.7671 - 0.7567) \times 10 万 \times 10 = 1.04 万美元$

保证金宣告解除。该投机商只缴纳30 000美元的保证金,就可获利1.04万美元。

## 第三节 外汇期权交易

### 一、外汇期权交易概述

#### (一) 外汇期权交易的概念

外汇期权交易(foreign exchange option trading)是指买方向卖方支付一定的期权费后,买方即享有在合约期内,可以按协定汇率向卖方买入或卖出一定数量某种外汇的权利的交易。

外汇期权交易是继外汇期货交易以后在20世纪80年代初创新的一种金融工具。1982年12月,美国费城股票交易所率先推出了标准化的货币期权交易合同,随后芝加哥商品交易所、阿姆斯特丹欧洲期权交易所、伦敦国际金融期货交易所等都先后开办了外汇期权交易。目前,世界主要外汇期权市场位于美国的芝加哥、纽约和费城以及英国的伦敦、荷兰的阿姆斯特丹、加拿大的蒙特利尔等。

#### (二) 外汇期权交易的特点

外汇期权的基本功能在于套期保值,与具有相同功能的远期外汇交易相比，外汇期权交易有其独特之处。

1. 交易对象是标准化的期权合约。与外汇期货合约相似，外汇期权合约中的货币数量、到期日等都是标准化的。比如在费城股票交易所（PHLX），每个期权合约的金额分别为 3.125 万英镑、6.25 万瑞士法郎、625 万日元、5 万加元、5 万澳元、6.25 万欧元。期权合约的到期日分别为每年的 3 月、6 月、9 月、12 月。

2. 买卖双方的权利和义务是不对等的。期权的买方获得的是一种权利而不是义务，如果行市对买方不利，他可以不行使期权；期权的卖方承担着在买方行使权利时按照协定价格卖出或买进一定数量某种外汇的义务，不得拒绝接受。

3. 买卖双方的收益和风险是不对称的。对期权的买方而言，其最大损失是期权费，而收益是无限的；对期权的卖方而言，其最大收益是期权费，损失是无限的。

4. 无论买方在有效期内是否行使期权，期权费均不能收回。

5. 外汇期权合约中所有汇率均以美元标价。

### （三）外汇期权交易的类型

1. 按期权的性质划分，可分为看涨期权、看跌期权和双向期权。

看涨期权（call option），也称买权或买入期权，是指期权合约的买方有权在到期日或之前按协定汇率从期权合约的卖方购进一定数量的某种货币。这种期权之所以称为看涨期权，一般是进口商或借款者预测某种货币有上涨趋势，为避免支出增加，按协定汇率买入外汇以规避汇率风险。

看跌期权（put option），也称卖权或卖出期权，是指期权合约的买方有权在到期日或之前按协定汇率向期权合约的卖方卖出一定数量的某种货币。这类期权之所以称为看跌期权，一般是出口商或贷款者预测某种货币有下跌趋势时，为避免收入减少，按协定汇率卖出外汇以规避汇率风险。

双向期权（double option）即买方按同一个汇率同时买进了看涨期权和看跌期权，其期权费高于前者中的任何一种。当期权的买方预计某种货币的汇率将会出现大幅度的波动，但不能确认是上升还是下降，往往购买双向期权。

2. 按行权时间划分，可分为欧式期权、美式期权和百慕大期权。

欧式期权（European option）指期权的买方只能在到期日行使权利。

美式期权（American option）指期权的买方可以在到期日前的任何一天随时履约。美式期权比欧式期权行权更灵活，但期权费比欧式期权高。

百慕大期权（Bermuda option）指期权的买方可以在到期日前所规定的时间行权的期权。比如，期权可以有 3 年的到期时间，但只有在 3 年中每一年的最后一个月才能被执行。百慕大期权可以被视为欧式期权与美式期权的混合体。

3. 按交易地点划分，可分为场内期权和店头交易。

场内期权（exchange traded option）也称交易所期权，指在外汇交易中心和期货交易所内进行的期权交易。

店头交易（over the counter transaction）也称场外期权或柜台式期权，指在外汇交易中心和期货交易所之外进行的期权交易。买卖双方一般通过电话、电传等电信手段完成外汇期权交易。

### （四）期权费及其决定因素

由于期权合约买卖双方的权利与义务是不对等的，期权的买方只有权利而无义务，期权的卖方只有义务而无权利，因此使得期权合约的卖方在卖出期权合约时要向期权合约的买方收取一定的费用，即期权费（premium），亦称权利金或保险费。

对外汇期权的购买者来说，外汇期权既具有远期外汇交易和外汇期货的一般保值和避险功能，又具有更大的灵活性。期权费的确定比较复杂。世界上第一个完整的期权定价模型由费雪·布莱克（Fisher Black）和迈伦·斯克尔斯（Myron Scholes）创立并于 1973 年公之于世，即布莱克—斯克尔斯期权定价模型（Black – Scholes option pricing model，B – S 模型）。此后，默顿（Merton）扩展了原模型的内涵，使之同样运用于许多其他形式的金融交易，默顿与斯克尔斯也因此获得 1997 年诺贝尔经济学奖。目前，国际金融界正在不断寻求更加合理的期权定价模型。

期权费在期权交易中扮演着重要角色。期权费的制定主要依据以下几个因素：

1. 期权合约的到期时间。合约时间越长，期权费越多，这是因为时间越长，汇率波动的可能性就越大，期权卖方遭受损失的可能性也就越大。

2. 协定汇率的高低。对于看涨期权而言，较低的协定汇率对买方有利，买方执行买权的可能性更大，因此卖方要收取较高的期权费；较高的协定汇率对买方不利，买方执行买权的可能性较小，因此卖方收取的期权费可能就会少些。对于美式期权，由于买方执行期权更加灵活自由，需要支付的期权费相对欧式期权要高。看跌期权的情况正好相反。

3. 外汇汇率的波动性。通常来说，汇率较为稳定的外汇收取的期权费比汇率波动大的外汇要低，这是因为前者的风险性相对后者较小。

4. 外汇期权市场的供求状况。外汇期权市场上,如果期权买方多于卖方,期权费自然收得高些;如果期权卖方多于买方,期权费就会便宜一些。

## 二、外汇期权交易的实际应用

### (一) 买入看涨期权

【例8】一个美国进口商要在90天后向英国出口商支付100万英镑的货款,为了避免英镑汇率上涨的风险,该进口商可以利用远期或期货保值,但英镑贬值时,他却无法从中获益。不如利用期权买入100万英镑的美式看涨期权(买权),既可以在英镑升值时获益,又可以在英镑贬值时起到保护作用。

假设购买英镑的期权费为每英镑0.015美元,协定汇率为: GBP1 = USD 1.3027,即美国进口商支付1.5万美元(0.015×100万)期权费购买了一项权利,允许其在今后90天里随时以协定汇率购买100万英镑。不久英镑汇率果然上升,市场汇率变为: GBP1 = USD 1.3187。美国进口商选择执行期权,按1.3027的协定汇率买入100万英镑,花费130.27万美元,比市场价格少支付1.6万美元(131.87万 – 130.27万),再减去1.5万美元的期权费,还节约0.1万美元。

### (二) 买入看跌期权

【例9】某美国公司2个月后从法国公司收入一笔欧元,为了防止2个月后欧元大幅度贬值,美国公司买入欧式看跌期权,协定价格为: EUR1 = USD 1.1200,期权价格为: USD 0.02/EUR。至到期日,美国公司将视到期时的即期汇率与期权协定价格的关系决定是否执行期权。其可能的损益情况如表8-2所示。

表8-2　　　　　　　　买入看跌期权损益情况　　　　　　　单位: USD/EUR

| 即期汇率 | 1.08 | 1.09 | 1.10 | 1.11 | 1.12 | 1.13 |
| --- | --- | --- | --- | --- | --- | --- |
| 是否执行期权 | 执行 | 执行 | 执行 | 执行 | 执行 | 不执行 |
| 损益情况 | 0.02 | 0.01 | 0 | -0.01 | -0.02 | -0.02 |

由表8-2可以看出,美国公司买入看跌期权,其亏损是有限的,而收益却是无限的,这样就为美国公司锁定了汇率风险。当即期汇率下降至1.10时,买方从执行期权中获利0.02,正好抵销了期权费的

损失，1.10 点被称为盈亏平衡点。

## 第四节 其他金融衍生品交易

### 一、利率期货与股票指数期货

#### （一）利率期货

1. 利率期货概述。利率期货（interest rate futures）指以债券等证券为标的物的金融期货交易，它可以避免利率变动对证券价格造成的风险。

20 世纪 70 年代中期以来，西方各国纷纷推行金融自由化政策，以往的利率管制得以放松甚至取消，导致利率波动日益频繁而剧烈。面对日趋严重的利率风险，各类金融商品持有者迫切需要一种管理利率风险的工具。在这一背景下，1975 年 10 月，芝加哥期货交易所推出了政府国民抵押贷款协会（GNMA）抵押凭证期货合约，标志着利率期货这一新的金融期货产品的诞生。1976 年 1 月，推出 90 天短期美国政府国库券期货，1977 年 8 月推出美国政府长期公债期货，随后伦敦、东京、香港等主要金融中心也相继推出各种利率期货合约。2013 年 9 月 6 日，中国金融期货交易所正式推出了国债期货交易。

按照合约期限划分，利率期货分为短期利率期货和长期利率期货两大类。其中，短期利率期货是指期货合约的期限在 1 年内（含 1 年）的各种利率期货，包括各类商业票据期货、短期国库券期货及欧洲美元定期存款期货等。长期利率期货是指期货合约的期限在 1 年以上的各种利率期货，包括中长期国库券期货和公债指数期货等。

以短期国库券期货为例，在芝加哥国际货币市场（IMM）上交易的是 90 天美国国库券期货合约，面值为 100 万美元，合约的交割月份是 3 月、6 月、9 月、12 月。短期国库券通常采用折价发行的方式，其期货合约的价格是以指数为基础进行报价的，指数等于 100 减去年利率。例如，利率为 2% 的 3 个月国库券期货，年利率为 8%，其指数标价是 92（100－8）。可见，市场利率越小，用指数表示的数值越大，债券的合约价值越大。因此，预期利率上升意味着指数下降，交易者将卖出国库券期货，而预期利率下跌的交易者将买入国库券期货。这一标价可用于计算期货合约的实际价格。如指数为 95.00，则期货价格为 98.75 万美元（100 万美元－100 万美元×5%×90/360）。

2. 利率期货的应用。利率期货与外汇期货的作用相似,都包括套期保值和投机两大类。

(1) 利率期货套期保值。利率期货套期保值的原理和外汇期货套期保值原理是一致的,都是通过在期货市场和现货市场的反向操作使收益和损失相互抵补,以实现保值的目的。现举例如下。

【例10】某投资者3个月后将有100万美元的收入存入银行,但据预测3个月后银行存款利率可能下跌,国库券期货价格将上升,于是投资者做利率期货进行套期保值,如表8-3所示。

表8-3　　　　　　利率期货的套期保值交易过程

| 项目 | 现货市场 | 期货市场 |
| --- | --- | --- |
| 交易时 | 3个月银行存款利率2.5% | 买进1份国库券期货合约,指数为92.50,期货价格是98.125万美元 |
| 3个月后 | 将100万美元存入银行,利率2% | 卖出1份国库券期货合约,指数为94.00,期货价格是98.5万美元 |
| 损益 | 100万×(2%-2.5%)×90/360 = -1 250美元(损失) | (98.5-98.125)×1 = 3 750美元(收益) |
| 合计 | 净盈利: 3 750 - 1 250 = 2 500美元 | |

(2) 利率期货投机。利率期货投机与外汇期货投机类似,包括"买空"和"卖空"两种,前者是通过"先低价买进,后高价卖出"来对冲获利,后者是通过"先高价卖出,后低价买进"来对冲获利。

利率期货投机通常有三种形式,即跨月份套利、跨品种套利和跨市场套利。其中,跨月份套利是指在同一交易所进行同一利率期货、但不同交割月份的套利活动;跨品种套利是指同时买进某种利率期货合约和卖出另一种不同种类但相互关联的利率期货;跨市场套利是指同时在两个不同的交易所进行两种类似利率期货,交易方向相反的期货交易。

### (二) 股 票 指 数 期 货

1. 股票指数期货概述。股票指数期货(stock index futures),简称股指期货或指数期货,是以股票价格指数作为标的物的金融期货交易。

股票指数期货交易的对象是股票指数。1982年芝加哥的国际货币市场(IMM)推出了第一个股票指数期货合约,所运用的股票指数是标准·普尔500种股票指数。目前,股票指数期货交易在世界上已很普遍。2010年4月16日,中国金融期货交易所正式推出沪深

300 股指期货合约。

股票指数期货合约的价值是用股票指数乘以事先规定的单位金额来加以计算的,比如标准·普尔指数规定每点代表 500 美元,英国金融时报 100 种股票指数每点为 25 英镑,香港恒生指数每点为 50 港元等。股票指数合约交易一般以 3 月、6 月、9 月、12 月为循环月份,也有全年各月都进行交易的,以现金结算,而不是现实股票的买卖,通常以最后交易日的收盘指数为准进行结算。

2. 股票指数期货的运用。股票指数期货与其他金融期货交易相似,当合约到期时必须履行交割,但在合约到期日之前,绝大多数的股指期货合约已经做了反向对冲的交易。现举例说明之。

【例 11】 某日香港恒生指数为 19 000 点,如果有一个"12 月底到期的指数期货合约",若市场上普遍认为该股指会上涨到 19 500 点,交易者就可以在当天买入香港恒生指数期货。12 月底,股指期货合约到期日前,若香港恒生指数已经上涨到 19 500 点,交易者可做反向交易完成平仓,从而获得了 25 000 港元(50 港元 × 500 点)的差价收益。当然,在该期货合约到期前,其股票指数也有可能下跌,交易者可以继续持有或者平仓割肉。

相反,如果预测股票大盘指数将要下跌,可以先卖出股指期货合约,当股票指数下跌后,再买入相应的股指期货合约,从而获得差价收益。

## 二、互换交易

### (一)互换交易概述

1. 互换的概念。互换(swap)是指当事双方同意在预先约定的时间内,双方直接或通过中间机构来交换一连串付款义务的金融交易。

互换交易曾被誉为 20 世纪 80 年代最重要的金融创新工具,它能够起到资金融通和防范汇率、利率风险的积极作用。互换交易的雏形起源于 20 世纪 70 年代在英国出现的平行贷款(parallel loan)。例如,有两家跨国公司(美国公司和英国公司)各自面临一个困境:美国公司在英国的子公司获取英镑资金较困难,而英国公司在美国的子公司获取美元资金成本较高,于是有些银行或证券经纪人就安排了平行贷款,即英国公司借取英镑给美国公司在英国的子公司,相应的美国公司借取美元给英国公司在美国的子公司,一方面解决了两家子公司所需资金的困难;另一方面也降低了它们在 20 世纪 70 年代资本管制情况下的借款成本。

2. 互换的特点。互换与其他金融衍生工具相比有着自身的优点：

（1）互换是一种综合性的金融创新工具，它既可以融资，又可以运用到金融管理中，有效降低企业海外投资的外汇风险和融资成本；

（2）互换合约非标准化，能够满足交易者的多层次需要；

（3）交易简便，风险转移较快；

（4）期限灵活，最长可达几十年。

但是，互换本身也存在着风险，信用风险是互换交易所面临的主要风险。此外，由于互换期限通常多达数年之久，对于买卖双方来说，还存在着互换的利率风险。

### （二）互换交易的类型

互换交易有多种类型，最主要的是货币互换和利率互换。

1. 货币互换。货币互换（currency swap）是指两个独立的借取不同货币的借款人互换本金，同意在未来的时间内，按约定互相承担对方到期应付的借款本金和利息。

首次货币互换出现于 1981 年 8 月，这次著名的货币互换发生在世界银行与国际商业机器公司（IBM）之间，它是由所罗门兄弟公司安排成交的，世界银行将它的 2.9 亿美元固定利率债务与 IBM 公司的瑞士法郎和德国马克的债务进行了互换。此后，货币互换市场得到了飞速的发展。

货币互换的目的一方面是为了将所借货币变成业务中所需要的货币，以避免因汇率波动所带来的影响；另一方面也可以降低借贷成本。货币互换分三个步骤进行：（1）初期本金互换；（2）利息的定期互换；（3）到期本金的再次互换。互换金额一般是 1 000 万 ~ 1 亿美元，互换期限多为 3 ~ 10 年，互换货币包括美元、欧元、英镑、日元等主要货币。

【例 12】假定某日外汇市场上澳元对美元汇率为：AUD1 = USD 0.7510，A 公司借入 7 年期固定利率为 13% 的 1 亿澳元贷款，按年付息；B 公司借入 7 年期浮动利率为 6 个月 LIBOR + 0.25% 的 1.05 亿美元贷款。

现在 A 公司与 B 公司达成货币互换协议，由 A 公司向 B 公司支付 6 个月 LIBOR + 0.25% 的美元利息，到期时偿还 1.05 亿美元本金；由 B 公司向 A 公司按年支付固定利率 13% 的澳元利息，到期时偿还 1 亿澳元本金。

互换开始时，互换双方的本金部分是按照市场上的即期汇率进行互换。同时，彼此承诺在互换协议期限内偿还对方的利息债务，即 A 公司替 B 公司支付利息，而 B 公司也将向 A 公司支付贷款利息。到期时，互换双方再相互支付对方的债务本金以结束该互换协议。

在国际金融市场上，任何一个贷款人都不是互换的双方，每一个借款者始终有义务对各自的贷款方偿还本金和利息。所以，贷款者不必关心借款者之间的互换事宜，同时互换协议中的每一方都承担了对方不如期支付利息的风险。如例12中，即使A公司不向B公司按期支付6个月LIBOR+0.25%的利息以及到期偿还本金，B公司仍须向自己的贷款方按期支付利息及偿还本金。

货币互换的交易双方可以是资金的最终使用者，也可以是中间商，大多数互换都是由银行或其他金融机构充当两个借款者的互换中介，每一个借款者可单独与互换中介签订互换协议。两个借款者只要各自与互换中介认识即可，它们彼此可以不必认识，这样做大大降低了互换双方的信用风险。

2. 利率互换。利率互换（interest rate swap）是指交易双方达成协议，相互调换相同货币不同利率的债权或债务。

利率互换实际是交易双方根据各自的相对优势，将同一种货币的不同利率的债务进行对双方有利的互换，它不涉及本金的互换而只是利息的交换。货币互换实际上也是利率互换，即不同货币的利率互换。

最著名的首次利率互换发生在1982年8月。当时德意志银行发行了3亿美元的7年期固定利率欧洲债券，并安排与三家银行进行互换，换成以伦敦银行同业拆放利率（London Interbank Offered Rate，LIBOR）为基准的浮动利率。在该项互换中，德意志银行实际按低于LIBOR支付浮动利率，得到了优惠。而其他的三家银行则通过德意志银行的很高资信级别换到了优惠的固定利率美元债券。由于通过利率互换，双方能够互相利用各自在金融市场上的有利条件获得利益。这次利率互换交易的成功，推动了利率互换市场的发展。

利率互换可以有多种形式，它可以是固定利率对浮动利率的互换，也可以是浮动利率对浮动利率的互换，最常见的利率互换是在固定利率与浮动利率之间进行转换。

### （三）货币互换的比较收益分析

货币互换双方一方面可以规避汇率风险，另一方面又可以获得比较收益。现举例说明如下。

【例13】假设美国A公司比德国B公司具有较高的信用评级，两家公司的美元、欧元借款利率如表8-4所示。

表8-4　　A公司与B公司两种货币借款利率比较

| 项目 | 美国A公司 | 德国B公司 | A公司借款优势 |
|---|---|---|---|
| 美元利率 | 6.5% | 8.0% | 1.5% |
| 欧元利率 | 9.5% | 10.0% | 0.5% |

从表8-4可以看出，两家公司在不同币种上的利率差并不相同。B在美元市场比A多付1.5%，而在欧元市场比A只多付0.5%，因此，B在欧元市场、A在美元市场各自有比较优势，这种比较优势的存在导致了互换，如图8-1所示。

```
                USD（6.5%）              USD（7.7%）
美国A公司  ←——————→  中介机构  ←——————→  德国B公司
                EUR（9%）                EUR（10%）
```

图8-1　A、B公司的固定利率货币互换

由图8-1可以计算得出，A公司节约欧元借款成本为：9.5% - 9% = 0.5%，B公司节约美元借款成本为：8.0% - 7.7% = 0.3%，中介机构获利为：(7.7% - 6.5%) + (9% - 10%) = 0.2%（不考虑其他费用）。

货币互换协议要求指明用两种货币形式表示的本金。互换开始时，按照市场上的即期汇率折算的两种货币本金部分价值基本相等，互换结束时本金必须再换回。假定例13中，A公司通过中介机构筹资1亿美元，外汇市场上的即期汇率为：EUR1 = USD1.1159，则B公司互换的本金应为：1亿÷1.1159 = 8961万（欧元）。货币互换中双方用不同币种支付的利息可能面临着汇率风险。在例13中，互换风险完全由中介机构承担。每年中介机构收入120万美元（1亿美元×1.2%），支出89.61万欧元（8961万欧元×1%）。中介机构可以通过做远期外汇交易锁定其收益，防范汇率风险。

### （四）利率互换的比较收益分析

与货币互换相似，通过利率互换也可以使互换双方获利，这同样是因为存在着比较收益，现举例说明。

**【例14】** 假设甲公司的资信等级高于乙公司，表8-5给出两公司筹措同一种货币的成本比较。

表8-5　　甲公司与乙公司借款利率比较

| 项目 | 甲公司 | 乙公司 | 甲公司借款优势 |
|---|---|---|---|
| 固定利率 | 11.75% | 13.0% | 1.25% |
| 浮动利率 | LIBOR + 0.23% | LIBOR + 0.75% | 0.5% |

从表 8-5 可以看出，甲公司筹措固定利率借款的优势要大于筹措浮动利率借款。假定甲公司需要一笔浮动利率资金，为了降低其筹资成本，可先由甲公司筹措固定利率资金，利率为 11.75%。同时由乙公司筹措浮动利率资金，利率为 LIBOR + 0.75%，经过协商，双方利率互换结果如图 8-2 所示。

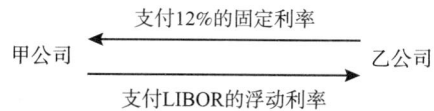

图 8-2 甲、乙公司的固定利率与浮动利率互换

甲公司得到该笔浮动利率资金的成本是：LIBOR - (12% - 11.75%) = LIBOR - 0.25%，乙公司得到该笔固定利率资金的成本是：12% + LIBOR + 0.75% - LIBOR = 12.75%。与双方自己筹资的成本相比，甲公司节约了 0.5%，乙公司节约了 0.25%。

## 三、票据发行便利

### (一) 票据发行便利概述

票据发行便利（note issuance facilities，NIFs）是指银行团承诺在一定期间内以自己的名义连续地循环发行一系列短期票据，为借款人实现融资，未售出的票据由银行团承购，或以贷款方式补足借款人所需资金。

票据发行便利是 1981 年在欧洲货币市场上基于传统的欧洲银行信贷风险分散的要求而产生的一种金融创新工具。发行的票据大多期限为 3 个月或 6 个月，有的期限可长达 1 年，但承诺的期限通常为 3~7 年。票据通常采用本票的形式，这种短期票据一般称为欧洲票据，以美元计值，面额一般都在 50 万美元以上，总金额通常为 2 500 万到 1 亿美元。这种票据的发行对象主要是专业投资者和金融机构，而不是私人投资者。

### (二) 票据发行便利的特点

票据发行便利（NIFs）的特点是：
1. 发行人通过循环发行短期票据，以达到中期融资的效果；
2. 由于票据期限是短期的，比直接的中期信贷的筹资成本要低；
3. 短期票据一般有较发达的二级市场，变现能力强，投资者愿意购买；

4. 由多家发行机构共同分担风险，承购银行可以获取管理费、包销费、承担费等多项发行费用。

### 四、远期利率协议

#### （一）远期利率协议的含义

远期利率协议（forward rate agreement，FRA）指交易双方约定在未来某一日期，交换一定名义本金基础上分别以合约利率和市场利率计算利息差的贴现额的金融合约。

远期利率协议的买卖双方可以是客户与银行或两个银行同业之间，它的基本作用就在于将未来的利率锁定，以防范利率变动的风险。

#### （二）远期利率协议的报价方法

【例15】某日银行报出的美元 FRA 的价格如下：

| | |
|---|---|
| 3×6 | 6.00% ~ 6.15% |
| 6×9 | 6.15% ~ 6.35% |
| 6×12 | 6.20% ~ 6.45% |

上述价格中，3×6（Three Against Six）表示3个月对6个月的FRA，即从交易日起3个月末为起息日，而交易日后的6个月末为FRA的到期日，合约利率的期限为3个月期（6-3），如图8-3所示。

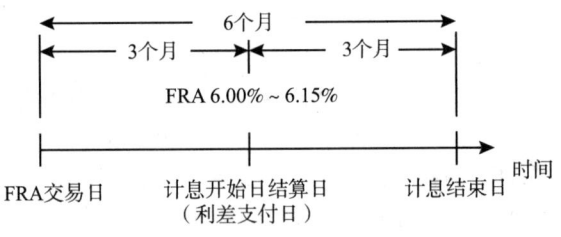

图8-3  3×6的FRA报价

图8-3中，6.00% ~ 6.15%为报价银行当天报出的3×6的FRA价格，前者是报价银行的买入价，后者是报价银行的卖出价，报价银行在3个月后的到期结算日，将按6.00%支付美元合约利率给对方，按6.15%收取美元合约利率。

在结算日，利差支付金额的计算公式如下：

$$利差支付金额 = \frac{本金 \times (市场利率 - 合约利率) \times 计息天数/360}{1 + 市场利率 \times 计息天数/360}$$

假定 A 银行计划在 3 个月后要借入 3 000 万美元 3 个月期的一笔资金。该银行预测年内美元利率会有所上升。为了避免利率上升的风险，A 银行在 3 月 30 日与 B 银行电传成交了一笔 3×6 的远期利率协议，即 A 向 B 购买了一个 6.00% 的远期利率。6 月 30 日，市场利率上升到 6.8%，这样，到了结算日（6 月 30 日）B 银行应支付 0.8% 的利息差额现值给 A 银行。

计算如下：

$$结算金额 = \frac{3\,000\,万 \times (6.8\% - 6.0\%) \times 92/360}{1 + 6.8\% \times 92/360} = 6.0286\,（万美元）$$

计算结果表明，6 月 30 日，B 银行应支付给 A 银行以市场利率折现后的利差现值 6.0286 万美元。

签订 FRA 后的 3 个月（6 月 30 日），由于美元利率上升，A 银行借入 3 个月的美元在 9 月 30 日到期时，需要多支付利息数额为：

$3\,000\,万 \times (6.8\% - 6.0\%) \times 92/360 = 6.1333$（万美元）

将 9 月 30 日 A 银行因美元利率上升多支付的利息折现到 6 月 30 日应为：

$6.1333\,万 \div (1 + 6.8\% \times 92/360) = 6.0286$（万美元）

通过远期利率协议，A 银行把它的远期借款成本固定在 6.0% 上，如果市场利率上升到 6.8%，B 银行支付给 A 银行 0.8% 的利差收益，但 A 银行在现货市场上将遭受 0.8% 的借款利差损失；如果市场利率下降到 5.5%，A 银行支付给 B 银行 0.5% 的利差损失，但 A 银行在现货市场上将获得 0.5% 的借款利差收益。因此，无论市场利率如何变化，A 银行的借款成本均固定在 6.0% 上。

由此得出结论：FRA 的买方希望以此防范利率上升的风险（贷款利率风险），FRA 的卖方希望以此防范利率下降的风险（存款利率风险）。

## 本 章 案 例

[案例 1]

### 全球重大衍生品事件——青山"伦镍"事件

镍是一种银白色金属，常被用于制造不锈钢、合金结构钢、电镀、高镍基合金和电池等领域，广泛用于飞机、雷达等各种军工制造业，民用机械制造业和电镀工业等。2023 年初，伦敦金属交易所（LME）镍期货价格急剧上涨。由于重仓持有 LME 镍期货空头合约，我国青山控股集团（青山集团）面临巨大损失。

2021年底之前,伦敦金属交易所(LME)镍期货价格基本稳定在2万美元/吨以下。2022年初,随着俄乌局势日益紧张,欧美国家对俄罗斯的制裁进一步加强,导致市场担忧作为世界第三大镍产国的俄罗斯镍产品无法出口,LME镍价加速上涨。3月7日,LME镍价急速上涨,从开盘约2.9万美元/吨上升到最高5.5万美元/吨,日内涨幅最高达89%。与此同时,当日LME镍库存降至7.68万吨,同比下降约70%,接近两年来的新低,但镍合约持仓量则高达117.78万吨,持仓库存比明显失衡。3月8日,镍价短暂超过10万美元/吨,导致LME暂停交易,并取消隔夜交易。① 随后,有媒体报道称,作为全球最大的镍生产商之一的我国青山控股集团持有的20万吨LME镍期货空头合约(彭博社报道持仓量逾15万吨)将无法在规定期限内完成现货交割,可能产生数十亿美元的亏损。在衍生品交易中,空头头寸因为损失可能无限而面临极大风险:在多头头寸中,损失最终受到标的价格的限制——它不能(通常)跌破零;然而,空头头寸因价格上涨受到损失,而价格上涨没有相同上限。

为应对镍市场动荡情形,LME紧急暂停镍交易,并宣布3月8日零点之后镍期货交易全部无效,同时允许延期交割,并对镍交易规则进行了调整。3月16日,LME恢复镍交易,镍价连续跌停。截至3月22日收盘,LME镍价下跌至约2.8万美元/吨。为了弥补资金缺口以履行其合约义务,担任青山经纪人的建银国际最终于3月15日从中国建设银行筹集资金。②

在此次青山集团镍期货事件中,LME的行为后来引起了争议,它被广泛认为在其决定中倾向于空头头寸。但重要的是,此次事件说明了衍生品市场中各参与主体根据宏观经济政治环境变化及时调整交易规则或策略的重要性。

[案例2]

## 交叉货币掉期、跨货币基差与美元流动性

近年来,伴随中国经济稳步发展及金融开放,外汇市场业务规模高速增长。但全球贸易紧张局势、不确定的政治政策因素、疫情和战争等因素加剧了汇率波动。越来越多的企业开始运用远期、掉期、期权等多种衍生品管理外汇风险。

当一家公司的收入以外币表示时,它面临由于外汇市场中汇率波

---

① 赵旭、黄匡源:《交叉套期保值能规避市场风险吗?——以青山伦镍逼仓事件为例》,载《中国证券期货》2022年第4期,第44~51页。
② 张学军:《青山控股集团"伦镍事件"的思考与启示》,载《中国期货》2022年第2期,第68~73页。

动引起的外汇风险。为避免外汇风险,该公司可能会在其本国货币和外币之间进行相反的远期合约。为使这一过程更加高效,该公司在约定期间内,可将一种货币的现金流与另一种货币的相应现金流进行直接交换,即交叉货币掉期(Cross-Currency Swap)。合约对方可从银行或其他金融机构据伦敦银行同业拆借利率(LIBOR)获得大宗资金来再融资其互换头寸,在实时汇率下交换当前现金流,而在远期利率下交换未来现金流。

根据一价定律,掉期合约交易双方的头寸完全平衡。但现实中,一价定律通常不成立,导致交易双方头寸失衡,即跨货币基差。跨货币基差可以通过计算两种不同货币之间的即期汇率与远期汇率之间的差异来确定。① 该差异反映了投资者在两种货币之间进行交易时所面临的成本和风险差异。导致跨货币基差的重要原因之一与美元作为跨国公司全球储备货币的重要性有关。这在COVID-19大流行之后变得更加明显:跨国公司面临着在不同货币中运营的复杂的现金管理挑战,为满足短期流动性需求,他们倾向于持有可广泛用于交易并且具有稳定性的美元,导致全球美元流动性短缺,而美元流动性短缺无法通过交叉货币掉期得到缓解。这种一价定律失效的特征表现为跨货币基差处于自雷曼兄弟2007/08年倒闭后最宽水平。关键的问题在于,许多公司(以及银行或其他货币金融机构)急需美元流动性,但无法进入仅向位于美国(或拥有分支机构)的一些机构提供的美元批发市场。

为解决美元流动性短缺问题,美国联邦储备银行与其他几个中央银行通过所谓的掉期协议提供以美元计价的流动性。进而,外国金融机构可以通过其央行直接在当地批发市场上获得美元资金。由于市场的高度波动性,导致衍生品市场无法满足人们对外汇的需求,与美联储的这种掉期协议已成为应对美元资金短缺的常规工具。

## 本 章 小 结

1. 远期外汇交易,又称期汇交易,是指外汇买卖成交后按签订的远期合同,在未来(成交日起3个营业日之后)的约定日期办理交割的外汇交易。远期外汇交易的基本动机:一是避险保值;二是投机获利。根据交割日的不同,远期外汇交易可分为固定交割日的远期外汇交易和择期远期外汇交易。在实际的外汇交易中,银行对于远期汇率也采用双向报价法。根据国际惯例,通常有两种远期汇率报价方法:直接报价法和远期差价报价法。远期外汇交易在实践中有着广泛

---

① 温娴、袁培、林锋:《从人民币货币基差变动看我国外汇市场开放》,载《中国外汇》2021年第20期,第72~73页。

的应用。

2. 外汇期货交易也称货币期货交易,是指交易双方在期货交易所内按约定的价格,在约定的未来时间买卖一定数量外汇的标准化期货合约的外汇交易。外汇期货交易和远期外汇交易具有许多相同或相似之处,但也存在多个方面的不同。外汇期货市场交易的基本目的:一为套期保值;二为投机。

3. 外汇期权交易也称货币期权交易,是指买方向卖方支付一定的期权费后,买方即享有在合约期内,可以按协定汇率向卖方买入或卖出一定数量某种外汇的权利的交易。外汇期权按期权的性质划分,可分为看涨期权、看跌期权和双向期权;按行权时间划分,可分为欧式期权、美式期权和百慕大期权;按履约方式划分,可分为美式期权和欧式期权;按交易地点划分,可分为场内期权和店头交易。期权费是期权合约卖方在卖出期权合约时要向期权合约买方收取获得选择权的费用。期权费在期权交易中扮演着重要角色。期权费的制定主要依据以下几个因素:(1)期权合约的到期时间;(2)协定汇率的高低;(3)外汇汇率的波动性;(4)外汇期权市场的供求状况。

此外,利率期货、股指期货、互换交易、票据发行便利、远期利率协议在实践中亦有着较广泛的应用。

## 本章重要概念

远期外汇交易　外汇期货　外汇期权　看涨期权　看跌期权　利率期货　股指期货　货币互换　利率互换　票据发行便利　远期利率协议

## 本章思考题

1. 什么是远期外汇交易?远期外汇交易的基本动机是什么?
2. 比较远期外汇交易与外汇期货交易的异同。
3. 外汇期权交易的类型主要有哪些?
4. 影响期权费的因素主要有哪些?
5. 举例说明货币互换的比较收益原理。
6. 举例说明利率互换的比较收益原理。

# 第九章
# 外汇风险管理

**学习目标**
- 掌握外汇风险的概念和种类，了解外汇风险的构成要素及经济影响；
- 掌握外汇风险管理的内涵与基本原则，理解外汇风险管理的策略；
- 掌握企业外汇风险管理的技术；
- 掌握银行外汇风险管理的技术。

1973 年 2 月国际货币制度由固定汇率制转变为浮动汇率制以后，西方主要货币的汇率都在频繁、激烈地波动，外汇风险对国民经济的影响已引起世界各国的高度重视。在当前经济金融全球化、一体化的进程中，国际金融市场动荡不安，金融危机不断爆发，且愈演愈烈，各国政府、企业和个人都在研究和预测外汇风险，设法避开或降低风险损失，最大限度地保存收益。

我国加入 WTO 以后，外国企业、银行已逐步进入中国市场，享受国民待遇，而中国的企业也正在走向国际市场。随着我国新一轮外汇体制改革的推进，人民币自由兑换进程加快，银行、企业面临的外汇风险日益增大，加强外汇风险管理成为涉外企业和外汇银行在国际竞争中生存和发展的重要保证。

## 第一节 外汇风险概述

### 一、外汇风险的概念

外汇风险（foreign exchange risk），也称汇率风险或外汇暴露，是指经济实体或个人在国际经济活动中，以外币计价的资产或负债的价值因外汇汇率变动而产生损益的可能性。

对外汇持有者来说，产生外汇风险的可能性只有两个：或是得到收益，或是遭受损失。外汇风险的承担者包括政府、企业、银行、个人及其他部门。通常我们将承受外汇风险的外币金额称为"受险部分"或"外汇敞口"（foreign exchange exposure），即外汇风险被暴露的部分，它包括直接受险部分（direct exposure）和间接受险部分（indirect exposure）。前者是指经济实体或个人参与以外币计价结算的国际经济交易而产生的外汇风险，其金额是确定的；后者是指因汇率变动，经济状况变化及经济结构变化的间接影响，使那些不使用外汇的部门及个人也承担风险，承担风险的金额是不确定的。在当代金融活动中，国际金融市场动荡不安，外汇风险波及的范围已越来越大，几乎影响到所有的经济部门。本章以微观经济主体（企业、银行等）为例，来说明外汇风险的种类及其防范措施。

## 二、外汇风险的种类

外汇风险可以概括为以下三种主要类型。

### （一）交易风险

交易风险（transaction risk）是指在运用外币计价的交易中，由于外币与本币之间以及外币与外币之间汇率的变动，使交易者蒙受损失的可能性。

交易风险具体可分为下述三种情形：

1. 交易结算风险。交易结算风险，又称商业性风险，是指伴随货物进出口或劳务输出入而进行外币结算时所发生的汇率风险。如跨国公司及国内从事进出口贸易、劳务合作、技术贸易等的涉外企业所面临的主要就是这种风险。

以进出口贸易为例，在进出口业务中，交易双方从发盘、接受、签订贸易合同，一直到货物交付、货款偿付的整个环节，一般需要少则3个月、多则1年的时间，在此期间，交易双方所依据的汇率都可能发生变化，使交易结果产生盈利或亏损。

【例1】我国某服装公司向美国出口一批童装，合同以美元计价结算，货价为100万美元，3个月后收到货款。假定签订合同日，美元汇率为：USD1 = CNY6.6000，货款折合人民币为660万元。3个月后，美元汇率变为：USD1 = CNY6.5000，我国出口公司收回100万美元货款，兑换人民币为650万元，比签订合同时实际少收入10万元人民币。

在例1中，出口商承担了从签订合同到收回货款这段时间内外币汇率下降的风险损失。同样，进口商从签订合同到支付货款之间也有一段时间，也可能承担外汇汇率上升的风险损失。相反，外汇汇率朝着有利于进出口企业的方向变动时，也会给企业带来收益。

2. 外汇买卖风险。外汇买卖风险，又称金融性风险，是指以买进（或卖出）外汇、将来又必须卖出（或买进）同种外汇为前提而产生的汇率风险。如外汇银行和其他兼营外汇业务的金融机构所承担的主要就是这种风险。

外汇银行每天都要从事大量的外汇买卖业务，外汇银行在外汇市场上进行的外汇买卖：一种是代客买卖，即银行按照客户的需要从外汇市场上买入客户要求的货币，同时出售客户愿意卖出的货币，银行从代客买卖中赚取差价；另一种是自营买卖，指银行自行买卖外汇，可以是即期的，也可以是远期的。银行把买进某种货币和卖出该种货币的数量对比差额称为"外汇头寸"。如果买进的某种货币与卖出的该种货币的数量相等（不论即期或远期，买卖合并轧抵计算），称"外汇头寸轧平"（square），或称"无头寸"；如果买进的某种外币多于卖出的该种货币，称"多头"（long position）或超买（overbought）；如果某种外币卖出多于买入，称"空头"（short position）或超卖（oversold）。一般来说，外汇头寸轧平不会产生外汇买卖风险，而多头或空头则会产生外汇买卖风险。多头和空头的余额就是外汇买卖的"敞口头寸"（open position）或风险暴露。

【例2】某日伦敦外汇市场上，英镑兑美元的收盘汇率为：GBP1 = USD1.3125~1.3140。一家英国银行当天在代客外汇买卖中，共买入400万美元，卖出500万美元，从而出现100万美元的空头。若该银行当天收盘时买进100万美元，需要支付76.1905万英镑（100万÷1.3125）。第二天开盘后，英镑兑美元的汇率变为：GBP1 = USD1.3097~1.3115，该英国银行买进100万美元轧平头寸时，则需支付76.3534万英镑（100万÷1.3097），比前一天多支付了1 629英镑。

3. 国际借贷风险。国际借贷风险是指在借贷资本输出入中，外币资本因汇率变动而使债权人或债务人蒙受损失的可能性。国际资本借贷的对象可以是政府、银行、企业或国际组织等。

在国际资本借贷活动中，贷款方从贷出外汇到收回其投资往往需要较长的时间，这段时间内可能出现所贷货币汇率发生变动，给贷款者或借款者带来某种程度的汇率风险。

【例3】一家瑞士公司从美国的银行以8%的固定利率借入1 000万美元，期限1年，瑞士公司到期时需偿还本息和为1 080万美元。借款时汇率为：USD1 = CHF0.9750，借款本息折合1 053万瑞士法郎（1 080万×0.9750）。1年后借款到期，汇率变为：USD1 = CHF0.9850，瑞士公司需要支付1 063.8万瑞士法郎（1 080万×0.9850）买入美元偿还贷款本息，使该公司因美元升值损失了10.8万瑞士法郎（1 063.8万瑞士法郎 – 1 053万瑞士法郎）。

在〖例3〗中，瑞士公司作为借款者遭受了所借货币升值的损失，相反，如果1年后，美元没有升值反而贬值了，则该公司将从汇率变动中获得好处。

### （二）折算风险

折算风险（translation risk），又称会计风险（accounting risk）或转换风险，是指企业在编制资产负债表时，将日常经营中所使用的外币转换成记账货币时，由于汇率变动所产生的账面上的损益。

【例4】美国某公司在英国的子公司的往来账户余额为100万英镑。年初时GBP1 = USD1.4000，美国某公司在英国的子公司账户余额是140万美元。年末时美元升值，英镑贬值，GBP1 = USD1.3000，那么年末时，英国子公司账户余额折算美元只有130万美元，英镑余额价值降低了10万美元。根据美国的会计制度规定，这笔损失可记在母公司收益的损失上，或通过一个备抵账户直接冲销股东收益。

同一般的企业相比，跨国公司的海外分公司或子公司所面临的折算风险更为复杂。一方面，当它们以东道国的货币入账或编制会计报表时，需要将所使用的外币转换成东道国的货币，面临折算风险；另一方面，当它们向总公司或母公司上报会计报表时，又要将东道国的货币折算成总公司或母公司所在国的货币，同样也面临折算风险。

在会计处理上，将外币折算成记账货币有不同的折算方法，一般企业只采用其中一种方法，由于所使用的折算汇率不同，折算风险的大小也不同。外币报表的折算方法主要有以下四种：

1. 流动/非流动法（current/noncurrent method），这是最早使用的折算方法。该方法将跨国公司的海外分支机构的资产负债，划分为流动资产、流动负债和非流动资产、非流动负债。根据该方法，在编制资产负债表时，流动资产和流动负债按编表时的现行汇率折算，面临折算风险；非流动资产和非流动负债按资产负债发生时的原始汇率折算，不面临折算风险。

2. 货币/非货币法（monetary/nonmonetary method）。该方法将跨国公司的海外分支机构的资产负债划分为货币性资产、货币性负债和非货币性资产、非货币性负债。货币性资产包括所有金融资产，按现行汇率折算，面临折算风险；非货币性资产则只包括真实资产（如存货、投资、固定资产、股本等），按原始汇率折算，不面临折算风险。一切负债均按现行汇率折算，面临折算风险。

3. 时间量度法（temporal method），又称时态法。该方法是货币/

非货币法的变形。只是对真实资产作了更细致的处理：如果真实资产以现行市场价格表示，则按现行汇率折算，面临折算风险；如果真实资产按原始成本表示，则按原始汇率折算，没有折算风险。当全部真实资产均按原始成本表示时，时态法与货币/非货币法就完全一致。

4. 现行汇率法（current rate method），又称单一汇率法，它是现在西方国家普遍采用的折算方法。该方法将跨国公司的海外分支机构的全部资产和全部负债均按现行汇率来折算，这样一来，海外分支机构的所有资产负债项目，都将面临折算风险。

### （三）经济风险

经济风险（economic risk），又称经营风险，是指由于意料之外的汇率波动引起公司或企业未来一定期间的收益或现金流量变化的一种潜在风险。其中收益指税后利润，现金流量指税后利润加折旧。汇率的变动对生产成本、销售价格以及产销数量的影响，使企业最终收益发生变化。

例如，当一国出现了意料之外的货币贬值，将影响出口企业对外价格下降，带来出口增加，但相对地，因本币贬值会带来进口品的本币价格上升，使用进口原材料生产出口产品的企业的生产成本又会增加，这种意料之外的汇率变动对企业纯收益的影响即为经济风险。

经济风险与交易风险、折算风险不同，交易风险侧重于进出口、借贷款等单笔的、独立的交易，因汇率发生意料不到的变化而引起该笔交易结果的变动；折算风险只是带来企业会计报表内账面上的损益，不构成真实外汇的价值变动；而经济风险则侧重于企业的全局，是从企业的整体预测将来一定时间内所发生的现金流量变化。因此，经济风险的避免与否很大程度上取决于企业的预测能力。预测的准确程度将直接影响该企业在生产、销售和融资等方面的战略决策。因此，经济风险对企业影响最大、最深远，是企业最关心的一种外汇风险。

## 三、外汇风险的构成要素

企业在国际经济活动中，一方面经常要使用外币来进行收付，因而会发生外币与本币（或 A 外币与 B 外币）之间的实际兑换。由于从交易的达成到账款的实际收付，以及借贷本息的最后偿付均有一段期限，兑换时如果汇率在这一期限内发生不利于企业的变化，则企业将单位外币兑换成本币（或单位 A 外币兑换 B 外币）的收入就会减少，或以本币兑换单位外币（或 B 外币兑换单位 A 外币）的成本就会增加，于是就产生了交易风险和经济风险；另一方面由于本币是衡量企业经济效益的共同指标，因此即使企业的外币收付不与本币或另一外币发生实际兑换，也需要在账面上将外币折算成本币，以考核企业的经营成果，而随着时间的推移，汇率发生波动，外币折算成本币的账面余额也会发生变化，于是也就产生了折算风险。

由此可知，外汇风险的构成包括两个要素：外币和时间。只有存在外币与本币或外币与外币折算的情况下，才有外汇风险。只要企业在经营活动中以外币计价结算，且存在时间间隔，就会产生外汇风险。一般来说，未清偿的外币债权债务金额越大，间隔的时间越长，外汇风险也就越大。在浮动汇率制度下，由于汇率的波动更频繁、更剧烈，又没有波动幅度的限制，因此企业所面临的外汇风险比在固定汇率下更经常、更明显、更难以预测。由于外汇风险由外币和时间两个要素构成，且缺一不可，因此防范外汇风险的基本思路有二：一是防范由外币因素引起的风险，其方法或不以外币计价结算，彻底清除外汇风险；或使用同一种外币所表示的资金流向相反且数额相等；或通过选择计价结算的外币种类，以消除或减少外汇风险。二是防范由时间因素引起的外汇风险，其方法或把将来外币与另一货币之间的兑换提前到现在进行，彻底清除外汇风险；或根据对汇率走势的预测，适当调整将来外币收付的时间，以减少外汇风险。

## 四、外汇风险的经济影响

涉外企业（跨国公司、外汇银行等）由于在日常经营活动中涉及两种或两种以上的货币，因此不可避免地处于各种外汇风险之中。这里我们仅讨论外汇风险对涉外企业经济活动的影响。

### （一）对涉外企业经营效益的影响

在汇率频繁波动的今天，企业预期的本币现金流量和以外币计价的各种资产、负债的价值常因汇率变动而发生变化，可能使企业遭受损失，也可能给企业带来收益。事实上，收益与损失是并存的一对互为消长的矛盾，避免了损失便意味着收益，放弃或丧失了可能获取的收益，便是一种损失。涉外企业只有了解和预测外汇风险，提高对外汇风险的管理水平，才有可能承受巨大的外汇风险所带来的收益或损失。

### （二）对涉外企业税收的影响

一般来说，对涉外企业已经发生的外汇损失可享受所得税减免，已经实现的外汇盈利才能构成应纳税收入。因交易风险造成的外汇亏损，往往会降低当年的应纳税收入；因经济风险造成的外汇亏损，往往会降低未来几年的应纳税收入；会计风险由于不是实际的亏损，因此不能减免税收。由于税收政策是由企业所在国决定的，作为一个跨国经营企业，应从大局着眼制定其外汇风险管理战略，设法将外汇风险所造成的税后损失降到最低，使税后收益达到最大。

### (三) 对涉外企业长远经营战略的影响

企业经营战略是指企业人力、物力和财力的合理配置及产供销活动的总体安排。如果汇率变动有利于涉外企业的资金营运，企业就会采取大胆的、开拓性的、冒险的经营战略，如扩张海外投资，扩大生产规模，开辟新产品、新市场。相反，如果汇率变动不利于涉外企业的资金营运，企业就会采取保守的、稳妥的、谨慎的经营战略，尽量避免使用多种外汇，把海外市场、海外融资缩小在一定范围。因此，这一影响在某种程度上关系到企业的兴衰成败。

## 第二节 外汇风险管理的原则及战略

## 一、外汇风险管理的内涵

外汇风险管理（foreign exchange risk management）是指外汇资产持有者通过风险识别、风险衡量、风险控制等方法，预防、规避、转移或消除外汇业务经营中的风险，从而减少或避免可能的经济损失，实现在风险一定条件下的收益最大化或收益一定条件下的风险最小化。

由上述定义可以看出，外汇风险管理由以下几个步骤来完成。

### (一) 识别风险

外汇风险的识别是衡量和控制外汇风险的前提，对于某一经济主体来说，在明确自己所面临的外汇风险的类型和性质的基础上，进一步识别该风险的受险部分，才能制定出相应有效的防范策略。

### (二) 衡量风险

在识别外汇风险种类及受险货币、受险金额和受险时间后，应对汇率走势进行预测，从而测算出外汇风险的大小。外汇敞口额越大、时间越长、汇率波动越大，风险越大。因此，涉外经济主体应测算各时期的外汇敞口额有多少，汇率的预期变化幅度有多大。

### (三) 控制风险

在识别和衡量外汇风险的基础上，涉外经济主体应考虑如何采取措施，针对不同风险的来源及特点，运用相应的风险管理技能和工具，合理控制、降低、转移甚至消除风险，达到损失最小化或收益最大化的目标。

## 二、外汇风险管理的原则

外汇风险是开放经济中客观存在的一种风险，无论政府、企业、银行还是个人都可能在不同程度上蒙受外汇风险的损失，必须高度重视外汇风险管理问题，将之列为日常经济管理中一个不容忽视的内容。在外汇风险管理上应该遵循一些共同的指导思想和原则。

### (一) 全面重视原则

要求对涉外经济交易中出现的外汇风险所有受险部分给予高度的重视，对风险进行准确的测量，及时把握风险额的动态变化情况，避免顾此失彼而造成人为的更大的损失。

### (二) 分类防范原则

对于不同类型和不同经济主体，应选择不同的外汇风险管理方法，进行灵活多样的外汇风险管理，切忌生搬硬套。例如，对于交易结算风险，应以选好计价结算货币为主要防范方法，辅以其他方法；对于国际借贷风险，应采取以保值为主的防范方法；对于外汇买卖风险，应以多元化外汇管理为主，又适时进行外汇抛补。

### (三) 收益最大化原则

要求对外汇风险管理的成本和收益进行精确的计算，以综合收益最大化为出发点，制定具体的风险管理战术。金融市场上应用最广泛的风险管理工具，例如，远期外汇交易、互换、期货和期权等，都需要支付一定的成本和代价，如果规避外汇风险所减少的损失金额小于为此支付的成本，外汇风险管理就是失败的。外汇风险管理中必须注意投入—产出率，力求做到避险效果相等时成本最小，成本相等时避险效果最大。

## 三、外汇风险管理战略

外汇风险管理战略（foreign exchange risk management strategy）是

指经济主体在外汇风险管理中的指导思想和基本态度。

从事对外经济、贸易及金融活动的经济主体在面临外汇风险的情况下，针对是否规避风险以及采取何种措施规避风险，可能会持有不同的方针和态度，这便涉及外汇风险管理战略问题。根据对外汇风险的不同态度，涉外经济主体可以有以下几种选择。

### （一）完全防范的管理战略

完全防范的管理战略是指企业在涉外业务中，千方百计阻止外汇风险的形成，不允许存在外汇风险暴露，或通过各种套期保值手段消除实际业务中发生的一切敞口头寸，以避免汇率波动可能带来的风险损失。

完全防范的管理战略是一种安全第一，不留下任何不稳定因素的战略，即涉外经济主体对其所持有的外汇多头或空头一概予以抛补，以平衡所有外汇头寸。这种战略能够有效防范外汇风险，但不是最经济的战略。因为在防范风险时，不仅要花费高成本，费时费力，而且也不能获得汇率变动带来的收益。

外汇银行就其经营性质来看，应该采取完全防范外汇风险的态度，但现实中，银行在很多情况下持有多种外汇头寸，从而分散了外汇风险。至于涉外企业或跨国公司，采取这种完全防范的态度更为罕见，因为弥补风险需要很多成本，且企业的交易成本比银行要高，此外，企业也不愿意失去不防范风险可能带来的收益。

### （二）完全不防范的管理战略

完全不防范的管理战略是指企业对其业务中的外汇风险采取听之任之的态度，既不否定、排斥风险，也不进行管理，勇于承担一切外汇风险的风险管理战略。如果汇率变动对其有利，它就获取风险报酬，享受"免费午餐"；如果汇率变动对其不利，它就承担风险损失，这是一种消极的战略。

采取这种战略的经济主体一般都相信市场的力量，认为购买力平价和利率平价能够成立，汇率的波动只是暂时性的，且其上升和下降的机会相等，因而对实质经济影响不大。即使在某段时间内会给企业带来风险损失，但在另一段时间内却会给企业带来风险报酬。

这种管理战略的优点是，从长期看，风险报酬和风险损失可以相互抵销，企业因此获得了节约风险管理费用的好处。在外汇业务量较小且防范外汇风险所花的费用可能比遭受的损失要大时，采取这种完全不防范的态度基本是正确的。

但是，在现行的浮动汇率制度下，完全不防范风险的方针实际上是很少见的。由于现实中仍存在着一定程度的外汇、金融交易管制，购买力平价和利率平价并不能完全发挥作用，同时对政治、经济、社会的不稳定估计也会导致汇率敏感波动，外汇市场上的均衡状态几乎难以实现。因此，除特殊情况外，进出口商、跨国公司、外汇银行等一般都不采用这种消极战略。

### （三）部分防范的管理战略

部分防范的管理战略是指企业积极地预测汇率走势，并根据不同预测对不同的涉险项目分别采取不同的措施，运用各种金融工具，达到既避免外汇风险造成的损失，又谋取风险收益的目的。

现实中，涉外经济主体采取上述两种较极端的态度是少见的，大多数情况下他们会选择部分防范的管理战略。只要企业能够在大多数情况下正确判断出汇率的变动方向并以积极的态度对待外汇风险，那么它就可以有效地利用汇率变动带来的盈利机会，同时又可以在相当程度上避免汇率变动给企业带来的消极影响。

采取这种战略的关键是要决定全部受险部分中，哪些需要采取防范措施，哪些不需要采取防范措施。这取决于对汇率走势的准确预测、防范外汇风险的成本、防范外汇风险的难易程度以及经营者的经营作风等。

根据经营者的经营作风，部分防范的管理战略又可以分为以下两种类型。

1. 进攻型。采取这种类型的经济主体，在"高收益"和"低风险"面前，选择的是"高收益"。他们总是力图以最有利的条件进行交易，但有可能面临较大风险。这种战略带有一定的投机性质。一方面，采取措施平衡外汇头寸；另一方面，又在预测汇率的基础上，有意识地持有某些外汇头寸，坐收汇率变动之利。

2. 防守型。采取这种类型的经济主体，以稳健经营为原则，在"高收益"和"低风险"面前，选择的是"低风险"。他们尽可能地对受险部分采取防范措施，极力将外币资产和外币负债相对冲，虽然没有多少风险收益，但也不会有多少风险损失。

总的来看，这两种类型均介于完全防范和完全不防范的战略之间，进攻型更接近于完全不防范战略，防守型更接近于完全防范战略。经济主体如何选择，主要取决于他们精确预测汇率变动的能力。

上述几种外汇风险管理战略各有利弊，各自要求不同的客观条件。各国国情不同，各个企业的情况及所处的环境不同，不同时期的汇率波动情况不同，我们很难判断哪种外汇风险管理战略是最好的，应该根据具体情况进行分析。一般在选择外汇风险管理战略时可遵循如下原则，即根据不同的汇率波动情况和经济主体的汇率预测能力以及抵御风险能力，选择不同的外汇风险管理战略。例如，在汇率相对稳定时期，经济主体可选择完全不防范的战略，以获得节约风险管理成本的利益。在汇率剧烈波动时期选择完全防范的战略，以保证生产和经营的正常进行；汇率预测能力强的经济主体，可以选择完全不防范或"进攻型"战略，较弱的可以选择完全防范或"防守型"战略，力争使损失减至最小；抵御风险能力较强的经济主体，可以选择完全不防范或"进攻型"战略，较弱的可选择完全防范或"防守型"战略。当然，同一经济主体在不同时期应根据不同情况进行调整，如流动资金较多时其抵御风险的能力较强，可以选择"进攻型"战略等。

## 第三节　企业外汇风险管理

企业的外汇风险在签订进出口合同时就已经产生，为了避免外汇风险给企业造成的损失，企业必须采取有效的外汇避险技术和措施。在外汇风险管理上，由于企业的经营方式多种多样，加上它们对外汇市场和其他市场不甚了解，往往会处于被动地位。因此，企业为管理外汇风险所采取的措施及相应的操作办法形式较多，并且比较复杂。企业不仅要对未来的汇率变动趋势进行预测，还应根据具体的实际情况，选用相应的避险措施。

### 一、交易风险的管理

对交易风险进行管理是企业外汇风险中最常用、最普遍的领域，对这类风险进行管理的方法很多，以下就一些常用的方法加以介绍。

#### （一）国际贸易手段

1. 合理选择合同货币。币种选择法是指企业通过选择进出口贸易中的计价结算货币来防范外汇风险的方法。

（1）本币计价法。选择本币计价可使经济主体避开货币兑换问题，从而完全避免外汇风险。但是本币对外国人来说是外币，这意味着该方法的前提是对方能够接受从而不至于使企业丧失贸易机会。

（2）出口用硬币、进口用软币计价结算。所谓硬币（hard money）是指汇率稳定且具有升值趋势的货币；软币（soft money）是指汇率不稳定且具有贬值趋势的货币。出口商以硬币计价，可以使自己得到汇率变动带来的利益；进口商以软币计价，可使自己避免汇率变动可能带来的损失。但是硬币和软币是相对的，因此，此法要求对汇率走势有比较准确的预测，它并不能完全避免外汇风险。

(3) 选用"一篮子"货币计价结算。所谓"一篮子"货币是指由多种货币分别按一定的比重所构成的一组货币。由于"一篮子"货币中既有硬币也有软币,硬币升值所带来的收益或损失,与软币贬值所带来的损失或收益大致相抵,因此"一篮子"货币的币值比较稳定。交易双方都可借此减少外汇风险,但"一篮子"货币的组成及货款的结算较为复杂。

2. 加列货币保值条款。企业在进出口贸易合同中订立适当的保值条款,以防范外汇风险。

(1) 黄金保值条款。即在贸易合同中,规定黄金为保值货币,签订合同时,按当时计价结算货币的含金量,将货款折算成一定数量的黄金,到货款结算时,再按此时的含金量,将黄金折算成计价结算货币进行结算。

(2) 硬币保值条款。即在贸易合同中,规定某种软币为计价结算货币,某种硬币为保值货币,签订合同时,按当时软币与硬币的汇率,将货款折算成一定数量的硬币,到货款结算时,再按此时的汇率,将硬币折回成软币来结算。此方法一般同时规定软币与硬币之间汇率变动的幅度,在规定的波动范围内,货款不作调整;超过规定的波动幅度范围,货款则要作调整。

例如,某出口商未来收汇 750 万港币(软币),可在合同中加列美元保值条款,载明汇率为 USD1 = HKD7.5,货价为 100 万美元;如果到期收汇时汇率变为 USD1 = HKD7.7,则收汇数应从 750 万港币调整到 770 万港币。

(3) "一篮子"货币保值条款。即在贸易合同中,规定某种货币为计价结算货币,并以"一篮子"货币为保值货币。具体做法是:签订合同时,按当时的汇率将货款分别折算成各保值货币,货款支付日,再按此时的汇率将各保值货币折回成计价结算货币来结算。在实际操作中,通常选用特别提款权等"一篮子"货币作为保值货币。

3. 价格调整法。价格调整法是指当出口用软币计价结算、进口用硬币计价结算时,企业通过调整商品的价格来防范外汇风险的方法。它可分为以下两种情况:

(1) 出口加价保值。为出口商所用,实际上是出口商将用软币计价结算所带来的汇价损失摊入出口商品价格中,以转嫁外汇风险。加价的幅度相当于软币的预期贬值幅度。

$$加价后的单价 = 原单价 \times (1 + 货币的预期贬值率)$$

(2) 进口压价保值。为进口商所用,实际上是进口商将用硬币计价结算所带来的汇价损失从进口商品价格中剔除,以转嫁外汇风险。压价的幅度相当于硬币的预期升值幅度。

$$压价后的单价 = 原单价 \times (1 - 货币的预期升值率)$$

4. 期限调整法。期限调整法是指进出口商根据对计价结算货币汇率走势的预测，将贸易合同中所规定的货款收付日期提前或延期，以防范外汇风险，获取汇率变动的收益的方法。按照"出口用硬币计价结算，进口用软币计价结算"的原则，当预测计价结算货币将升值时，出口商应争取对方的同意，延期收进外汇，以获得所收进的外汇能够兑换更多的本币的好处；而进口商则应争取对方的同意，提前支付外汇，以避免日后需要用更多的本币才能兑换到同样数量的外汇。当预测计价结算货币将贬值时，做法则与上述过程相反。

严格地说，期限调整法中只有提前结清外汇才能彻底消除外汇风险，延期结清外汇具有投机性质，一旦企业汇率预测失误，采用延期结清外汇会蒙受更大的损失。

5. 对销贸易法。对销贸易法是指进出口商利用易货贸易、配对、签订清算协定等进出口相结合的方式，来防范外汇风险的方法。

（1）易货贸易。即贸易双方直接、同步地进行等值货物的交换。这种交易双方均无须收付外汇，故不存在外汇风险。

（2）配对。即进出口商在一笔交易发生时或发生之后，再进行一笔与该笔交易在币种、金额、货款收付日期完全相同，但资金流向正好相反的交易，使两笔交易所面临的外汇风险相互抵销。

（3）签订清算协定。即双方约定在一定时期内，所有的经济往来都用同一种货币计价，每笔交易的金额先在指定银行的清算账户上记载，到规定的期限再清算贸易净差。这种交易方式，交易额的大部分都可以相互轧抵，只有差额部分才用现汇支付，外汇风险很小。

### （二）金融市场交易法

金融市场交易法是指进出口商利用金融市场，尤其是利用外汇市场和货币市场的交易，来防范外汇风险的方法。

1. 即期外汇交易法。即期外汇交易法是指进出口商通过与外汇银行进行即期外汇交易的方式来防范外汇风险的方法。由于即期外汇交易只是将第三天交割的汇率提前固定下来，它的避险作用是十分有限的。

2. 远期外汇交易法。远期外汇交易法是指进出口商通过与外汇银行之间签订远期外汇交易合同的方式来防范外汇风险的方法。此方法可把未来任何一天的汇率提前固定下来，比即期外汇交易法更广泛地应用于防范外汇风险。但是，择期远期外汇交易的交易成本较高；固定交割日的远期外汇交易缺乏灵活性，而且对客户信誉有较高要求。

3. 掉期交易法。掉期交易法是指进出口商通过与外汇银行之间签订掉期交易合同的方式来防范外汇风险的方法。它要求进出口商在买进或卖出一种货币的同时，卖出或买进交割期不同的、相同金额的同一种货币。它是国际信贷业务中典型的套期保值手段。

4. 外汇期货和期权交易法。外汇期货交易法是指进出口商通过签订外汇期货交易合同的方式来防范外汇风险的方法。由于期货价格和现货价格之间存在平行变动趋势，外汇期货交易可以利用套期保值性质作为避免外汇风险的手段。外汇期权交易法是指进出口商通过签订外汇期权交易合同的方式提前将协议价格固定下来，也可用于外汇风险管理。由于存在保证金制度，它们对客户的信誉要求比较低，使进出口商较易使用其作为避险手段。

5. 国际信贷法。国际信贷法是指在中长期国际收付中，企业利用国际信贷形式，在获得资金融通的同时，转嫁或抵销外汇风险。其主要有三种形式。

（1）出口信贷（export credit）。出口信贷是指一国为了支持和扩大本国大型设备的出口，对本国的出口给予利息补贴并提供信贷担保，由本国银行向本国出口商或外国的进口商（或其往来银行）提供低利息贷款的融资方法，包括买方信贷和卖方信贷。买方信贷（buyer's credit）是指出口方银行以优惠利率向进口商或进口商的往来银行提供信贷，使得进口商（买方）能以支付现汇的方法向出口商购买设备。卖方信贷（supplier's credit）是指出口方银行以优惠利率向出口商提供信贷，使得出口商（卖方）能以延期付款的方式出售设备。

（2）福费廷（forfeiting）。又称包买票据或买断，是指出口商将经过进口商承兑，并由进口商的往来银行担保的，期限在半年以上的远期票据，无追索权地向出口商所在地的包买商（通常为银行或银行的附属机构）进行贴现，提前取得现款的融资方式。由于"福费廷"对出票人无追索权，出口商在办理此业务后，就把外汇风险和进口商拒付的风险转嫁给了银行或贴现公司。

（3）保付代理（factoring）。简称保理，是指保理商（通常是银行或金融机构）向出口商提供进口商的资信调查，承担100%的信用风险担保、应收账款的催收和追偿、资金融通和财务管理的一种综合性财务服务。出口商在货物装运后，可将发票、汇票、提单等有关票据，卖断给保理机构，收进全部或一部分货款，从而取得资金融通。由于出口商提前拿到大部分货款，可以减轻外汇风险。

6. 货币互换法。货币互换是指交易双方通过互相交换币种不同，但期限相同、金额相当的两种货币，以降低筹资成本与防范外汇风险的创新金融业务。货币互换业务实际上是以两种货币之间的互换取代外汇交易中两种货币之间的买进和卖出，从而达到防范外汇风险的目的。

7. 投保汇率变动险。汇率变动险是一国官方保险机构开办的，为本国企业防范外汇风险提供服务的一种险种。其具体做法是，企业作为投保人，定期向承保机构缴纳规定的保险费，承保机构则承担全部或部分的外汇风险，即企业在投保期间所出现的外汇风险损失由承保机构给予合理的赔偿，但若有外汇风险收益，也由承保机构享有。目前，许多国家如美国、日本、法国、英国等，为鼓励本国产品的出口，都开办了外汇风险的保险业务。

### （三）综合避险法

前面介绍的某些简单避险法，有的只能消除时间风险，不能消除价值风险，有的则恰恰相反，因而无法完全消除外汇风险，只有将这些简单避险法相互配合，综合利用，才能形成综合的避险方法，以达到完全消除时间风险和价值风险的目的。

综合避险法是将一些简单避险法相互配合、综合利用形成的避险方法，以达到完全消除时间风险和价值风险的目的。综合避险法主要包括：

1. BSI 法。BSI 法即借款（borrow）—即期交易（spot）—投资（invest）法，是一种将借款、现汇交易与投资综合运用的风险防范方法。

（1）BSI 法在应收外汇账款中的运用。未来有应收账款的出口商或债权人，为了防止汇率变动，先借入与应收外汇等值的外币，期限与应收账款期限相同，通过即期外汇交易把外币兑换成本币，然后将本币存入本国银行或投资于本国，投资期限与应收账款期限相同，并以投资收益来贴补借款利息和其他费用。等到期收回应收账款，以此归还银行的外汇贷款。

【例5】加拿大某公司90天后将有一笔1 000万美元的应收账款，为了预防美元贬值的风险，加公司可向银行借入1 000万美元（不考虑利息），期限为90天，立即按即期汇率USD1 = CAD 1.3160卖出1 000万美元，买入1 316万加元投资于加拿大货币市场，投资期为90天。90天后，加公司将收入的1 000万美元应收账款归还银行贷款，便可消除这笔应收账款的外汇风险。

（2）BSI 法在应付外汇账款中的运用举例。未来有应付账款的进口商或债务人，为了防止汇率变动，先借入与应付外汇等值的本币，通过即期外汇交易把本币兑换成外币，然后将外币存入对方国家银行或投资于对方国家，投资期限与应付账款期限相同。等到投资期结束，便以收回的外汇投资本金履行其付款义务。

【例6】瑞士某公司从美国进口100万美元的商品，60天后支付货款。该公司为防止60天后美元汇率上涨，先从瑞士银行借入98万瑞士法郎（不考虑利息），期限为60天，立即按即期汇率 USD1 = CHF 0.9800 卖出98万瑞士法郎，买入100万美元投资于美国货币市场，投资期为60天。60天后，瑞士公司的应付美元账款到期时，恰好其在美国的投资期届满，该公司收回100万美元用于支付其进口货款。

通过以上分析可以看出，运用BSI法在消除应收外汇账款中的外汇风险时借入的是外币，进行投资的货币是本币；在消除应付外汇账款中的外汇风险时借入的是本币，进行投资的货币是外币。

2. LSI法。LSI法即提早收付（lead）—即期交易（spot）—投资（invest）法，是一种将提前收付款项、现汇交易与投资综合运用的风险防范方法。

（1）LSI法在应收外汇账款中的运用。未来有应收外汇账款的出口商或债权人，在征得进口商或债务人同意后，以一定折扣为条件提前收回外汇货款或投资，并通过在即期外汇市场上将外汇兑换成本币，然后将本币进行投资，所获的收益用以抵补因提前收汇的折扣损失。

仍以〖例5〗中加公司90天后有一笔1 000万美元应收账款为例，假设其为了防范风险，加公司在征得进口商的同意并给其一定折扣的情况下，要求其在3天内提前付清进口货款，加公司在取得美元货款后，立即通过即期外汇交易换成加元，并投资于加拿大货币市场，从而消除了汇率风险。

（2）LSI法在应付外汇账款中的运用。未来有应付外汇账款的进口商或债务人先借入本币，立即通过即期外汇交易将本币换成外汇提前支付货款或偿还债务。这一过程是先借款（borrow），再进行即期外汇交易（spot），最后提前支付（lead），按道理这一过程应缩写为BSL，但国际传统习惯称为LSI。

仍以〖例6〗中瑞士公司从美国进口100万美元商品，60天后付款为例。该公司采用LSI法避险，先从银行借入本币，然后通过与银行签订即期外汇交易合约，将瑞士法郎兑换成美元，并将美元提前支付货款。这样，通过借本币，换外币，再以外币提前偿付来消除全部外汇风险，将来只有一笔本币流出，借款到期时用本币偿还即可。

通过以上分析可以看出，运用LSI法在消除应收外汇账款和消除应付外汇账款中的外汇风险时的作用机理是相同的，只不过消除应收账款风险的最后一步是投资，获得利息；消除应付账款风险的最后一步是提前付款，从债权人处获得一定的折扣。

## 二、折算风险的管理

涉外经济主体对折算风险的管理，通常是实行资产负债表保值。这种方法要求在资产负债表上以各种功能货币表示的受险资产与受险负债的数额相等，以使其折算风险头寸（受险资产与受险负债之间的差额）为零。只有这样，汇率变动才不致带来任何折算上的损失。

实行资产负债表保值，一般要做到以下几点。

1. 弄清资产负债表中各账户、各科目上各种外币的规模，并明确综合折算风险头寸的大小。

2. 根据风险头寸的性质确定受险资产或受险负债的调整方向。如果以某种外币表示的受险资产大于受险负债，就需要减少受险资产，或增加受险负债，或双管齐下。反之，如果以某种外币表示的受险资产小于受险负债，就需要增加受险资产，减少受险负债。

3. 在明确调整方向和规模后，要进一步确定对哪些账户、哪些科目进行调整。这正是实施资产负债表保值的困难所在，因为有些账户或科目的调整可能会带来相对于其他账户、科目调整更大的收益性、流动性损失，或造成新的其他性质的风险（如信用风险、市场风险等）。在这一意义上说，通过资产负债表保值获得折算风险的消除或减轻，是以经营效益的牺牲为代价的。因此，需要认真对具体情况进行分析和权衡，决定科目调整的种类和数额，才能使调整的综合成本最小。

在外汇风险的管理中，交易风险的防范要求与折算风险的防范要求可能会发生冲突，从而加深外汇风险管理的难度。譬如，对于跨国公司来说，最容易防范折算风险的办法，是要求所有在国外的分支机构都使用母国货币进行日常结算，使其受险资产额和受险负债额都保持为零，从而避免编制综合财务报表时的折算风险。但各分支机构一定会面临更多的交易风险，因为分支机构日常使用最多的通常是东道国货币，当使用母国货币作为核算货币时，便不可避免地会时时承受交易风险。同样的，假定分支机构要避免交易风险，则又会面临折算风险。

## 三、经济风险的管理

经济风险涉及生产、销售、原料供应以及区位等经营管理的各方面。经济风险的管理是预测意料之外的汇率变动对未来现金流量的影响，并采取必要的措施。如果企业在国际上使其经营活动和财务活动多元化，就有可能避免风险，减少损失。

### (一) 经营多样化

指在国际范围内分散其销售、生产地址以及原材料来源地。这种经营方针对减轻经济风险的作用体现在两方面。第一，企业所面临的风险损失基本上能被风险收益弥补，使经济风险得以自动防范；第二，企业还可以主动采取措施，迅速调整其经营策略，如根据汇率的实际变动情况，增加或减少某地或某行业等的原材料采购量、产品生产量或销售量，使经济风险带来的损失降到最低。

### (二) 财务多样化

指在多个金融市场，以多种货币寻求资金来源和资金去向，即实行筹资多样化和投资多样化。这样，在有的外币贬值、有的外币升值的情况下，公司就可以使大部分外汇风险相互抵销。另外，由于资金来源和去向的多渠道，公司具备有利的条件在各种外币的资产与负债之间进行对抵配合。

## 第四节 银行外汇风险管理

随着国际经济和贸易的迅速发展，提供更多的外币融资服务使得银行持有更多外币资产和负债。一方面，银行为客户提供各种外汇业务服务；另一方面，银行根据外币价格的变化进行投机以获利，使外汇银行成为外汇市场的主要参与者。随着汇率的变动，银行资产负债表中外汇头寸的价值会发生相应变化，造成银行收益的不确定，甚至出现亏损，这表现为外汇风险。

尽管防范外汇风险要付出一定的代价，有些避险措施可能使银行失去一部分客户，有的避险措施可能增加银行的交易成本。但在汇率波动频繁的情况下，外汇风险管理仍是每一家外汇银行在从事外汇业务过程中要制定的重要决策之一。

### 一、银行外汇风险管理的基本原则

#### (一) 处理好利润最大化和风险管理之间的关系

外汇风险管理需要支付一定的成本，在外汇风险管理中，收益最大化目标要求商业银行对外汇风险报酬、风险损失和管理成本做出精确的核算并进行比较，以此为依据确定具体的风险管理方法。

## (二) 加强外汇交易币种的管理

通常选用银行交易量较大且可自由兑换的货币进行交易，使外币的债权和债务相匹配，并在合同中加列货币保值条款。

## (三) 外汇管理多样化

银行外汇风险的成因、管理方法和成本多种多样，所以对不同外汇风险的管理措施应具体分析，选择最适合的管理方法。

# 二、外汇买卖风险的管理

外汇买卖风险是银行最主要的外汇风险，银行在经营外汇买卖业务时，因其持有外汇头寸可能遭受汇率变动的风险。银行外汇买卖风险的管理主要从以下两个方面进行：一是加强头寸管理；二是加强资产负债的"配对"管理。

## (一) 银行外汇头寸管理

1. 逐笔轧平头寸。逐笔轧平头寸是指银行通过即期或远期外汇交易逐笔轧平敞口头寸，使各种期限外汇头寸平衡，消除外汇风险。银行的外汇头寸可分为净外汇头寸、现汇头寸和期汇头寸，对于每类头寸都应分别加强管理。头寸管理的目的是使外汇持有额调整到最小的限度甚至到零，以避免外汇风险。

2. 综合头寸管理。外汇银行每天既有即期买卖，也有远期买卖，业务量都很大，逐笔轧平头寸的管理成本较高，并且即期头寸的调整有时需要远期交易加以配合，而远期抛补受到金额和到期日的限制，往往需要先通过即期抛补，然后通过掉期交易进行调整。因此，银行头寸管理时，通常不区分即期头寸和远期头寸，而是制定"综合外汇头寸表"，对综合差额进行抛补。

3. 多种货币头寸管理。在银行持有各种货币头寸时，使一种货币的头寸与其他各种货币的头寸并存，从而使两方面的外汇风险分散相抵销，比如在加元空头的时候，不是买进加元来补进，而是买进欧元补进。因为，此时加元和欧元对本币的变动是同一方向的。当然，当加元和欧元对本币的变动是反方向时，则银行会蒙受双重的汇兑损失。

4. 积极制造预防性头寸。银行的头寸管理会使受险部分减少，但实际上市场的形式瞬息万变，有时会使敞口头寸无法平仓，因此银行有必要对汇率做一个基本的预测，如银行预计美元会出现供不应求的状况，它可以预先在市场上买进大量美元，积极地制造头寸，以应付顾客购买美元的需要,这种头寸称为"预防性头寸"。

5. 规定交易限额。外汇银行无法轧平的敞口头寸应采取规定或限制交易额度的办法以尽量缩小其潜在风险。包括规定交易部整体限额、交易员个人限额、日间交易限额与隔夜敞口最高限额等。

6. 止蚀点的控制。所谓止蚀点,就是规定最大的亏损限额。止蚀点可分为交易部整体止蚀点和交易员止蚀点两类,止蚀点的确定,可以采取百分比的形式,如敞口头寸的 0.5% 或 1%,也可以采取绝对额形式,即每类交易损失每天或每月不得超过一定限额等。

### (二) 外汇资产负债"配对"管理

外汇资产负债"配对"管理是避免外汇风险的有效措施之一。"配对"管理的实质是通过对外汇资产、负债时间、币别、利率、结构的"配对",从而尽量减少由于经营外汇存贷款业务、投资业务等而需要进行的外汇买卖,以避免外汇风险。

外汇资产负债"配对"管理的内容可归纳如下:

1. 远期头寸的到期日搭配。银行应尽可能做到在未来的任一时点上,到期的资产恰好能够抵付到期的负债。对不搭配的资产和负债,银行在必要时可通过融资加以平衡,比如,直接借入所需的外币,或通过外汇市场用本币买进所需的外币。

2. 存贷款币种和期限的搭配。银行应坚持借、用、还的币种保持一致的原则,保证银行在借出货币时和收回货币时,不需要通过外汇买卖业务,使其不受汇率波动的影响,做到币种"匹配"。

银行还应做好存、贷到期日的搭配,比如,一年期的外汇贷款,用一年期的外汇存款去融通,这样外汇风险就没有了,银行可以稳得存贷利差收入。因此,银行应做好外汇存贷款的对称统计,检查某种外币负债和资产的累计不对称金额,监督融资或流动性风险的程度,防止过多的超借或超贷。

3. 存贷款的利率搭配。这是外汇资产负债管理的重要内容,虽不直接关系到外汇风险,但存、贷款的利息收支可受到汇率变动的影响,银行可采取以下策略:(1)相匹配的利率的资产与负债,要在数量上相等,期限上相配合。(2)采取浮动利率的资产和负债,要尽量争取浮动利率的资产大于浮动利率的负债,这样,在高利率时期,扩大二者的差额可给银行带来可观的收益;在低利率时期,二者差额的缩小也不至于给银行造成损失。(3)采取固定利率的资产与负债,要尽量争取固定利率的负债大于固定利率的资产,使一部分固定利率取得的资金来源能够适应金融市场的变化,投资于浮动利率的资产。

4. 外汇资产负债的期限搭配。在现实中,时常会出现短期外汇负债长期运用与长期外汇负债短期运用问题，即产生资产负债期限搭配的"缺口"。前者应适当增加长期存款，压缩长期外汇贷款，活化沉淀资金，提高资金的流动性；后者应调整负债结构，增加低成本负债。

## 三、对外汇借贷风险的管理

对外汇借贷风险的管理，应着手做好以下工作：

1. 分散筹资或投资。这种分散化策略可以减轻某一外币汇率变动所带来的影响程度，可以使借款货币或投资货币结构与经营中预期收入货币结构相适应，可以分散因战争、资金冻结、没收等而引起的政治风险。

2. 综合考虑借贷货币汇率与利率的变化趋势。一般来说，在两种利率不同的货币中，通常是选择借用利率水平较低的货币，但必须结合汇率的变动趋势进行综合考虑，否则将得不偿失。例如，在多种货币选择的筹资中，选择了利率较低的一种货币贷款，但到期还本付息时，借入的货币汇率已经上升，而且上升所带来的损失已超过利率相对较低的收益。所以，在这方面，决策者要予以高度重视。

3. 银行本身要专设机构，对外汇借贷活动进行统一的管理、监督和运用。尤其是在借贷货币种类的选择上、借或还的期限上，以及利率、汇率和费用上，要有一套完善的管理措施和规定。

4. 灵活地运用掉期交易等其他金融工具对借贷和使用不一致的货币币种进行转换，以避免汇率波动风险。

除了上述这些方法以外，银行还可运用远期外汇交易、外汇期货交易和外汇期权交易等方法规避汇率风险。

## 本 章 案 例

[案例1]

### 2021年墨西哥比索波动的风险管理

在2021年初，墨西哥比索（MXN）对美元（USD）的汇率波动较大，这给许多在墨西哥和美国之间开展业务的企业带来了显著的外汇风险。某家跨国公司在墨西哥生产产品，并以美元向美国市场销售。公司预计在未来3个月内从美国市场获得一笔美元收入。为了规避墨西哥比索兑美元汇率波动的风险，公司采取了以下策略。

（1）远期合约：公司与其主要往来银行签订了一个远期合约，锁定未来3个月内美元兑墨西哥比索的汇率。这样，公司可以确保在未来3个月内，无论市场汇率如何波动，都能以固定的汇率将美元兑换为墨西哥比索，降低汇率波动对公司利润的影响。

（2）期权策略：为了提供额外的保护，公司还购买了美元兑墨西哥比索的看涨期权。这使得公司有权在未来特定日期以约定价格购买墨西哥比索，但没有义务。如果未来汇率波动对公司有利，公司可以行使期权，以更有利的价格兑换货币。如果汇率波动对公司不利，公司可以选择不行使期权，以市场汇率兑换货币。

（3）自然对冲：为了进一步降低外汇风险，公司还调整了其墨西哥分公司的采购策略。公司在墨西哥境内采购更多的原材料和服务，以墨西哥比索支付。这样，公司可以通过在境内支付墨西哥比索减少外汇风险，实现自然对冲。

通过采用这些策略，该跨国公司成功降低了墨西哥比索兑美元汇率波动对其业务和财务状况的影响。

[案例2]

## 双边货币互换协议

介绍：双边货币互换（bilateral currency swap）是一种金融交易，涉及两个不同货币的交换。在互换协议的初始日期，基于一定条件，两国中央银行的任何一方可以按照约定汇率用一定数量的本币交换等值的对方货币。并且双方约定在未来的一个指定日期（终止日期）按照同一汇率将本币换回。① 在互换期间，资金的使用方（一般为互换协议的发起方）通常需要支付利息给对方。

举例：韩国某服装企业从中国进口价值1亿元人民币的纺织品原料，希望用人民币进行支付结算，可进行以下操作。（1）该服装企业通过韩国的商业银行向韩国中央银行提出申请，明确所需人民币的金额、期限以及用途等信息。（2）韩国中央银行向中国人民银行发起申请，利用190亿韩元交换1亿元人民币（假设约定汇率为1元人民币=190韩元）。（3）韩国中央银行将互换所得的1亿元人民币借给商业银行，并由商业银行为该服装企业提供人民币贸易贷款。（4）该服装企业利用这笔人民币贷款向中国纺织品原料生产商进行了贸易支付。（5）该服装企业将纺织品原料加工成服装，出口至中国赚取人民币。（6）在互换到期时，该服装企业将赚取的人民币用以归还贸易贷款的本金和利息。（7）韩国中央银行用1亿元人民币从中国人民银行处换回190亿韩元，并向中国人民银行支付相应的利息。

优势：双边货币互换可有效降低国际贸易中的汇率风险。在上述

---

① 李小帆、石晓婧、翟玉冬：《货币互换、本币结算与双边贸易》，载《南开经济研究》2022年第10期，第127~142、161页。

案例中，中韩两国通过双边货币互换将对方货币注入本国金融体系。韩国企业进口中国产品可申请人民币贸易贷款，直接用人民币进行贸易结算，不再需要用韩元兑换美元进行支付；而中国出口商直接收到人民币计值的货款。无论是进口方还是出口方都有效降低货币汇兑产生的风险，特别是避免了美元波动的影响。[①]

我国双边货币互换的发展现状：2008 年 12 月，中国人民银行与韩国银行签订了为期三年的中韩货币互换协议，成为金融危机以来中国签署的第一份货币互换协议。截至 2023 年初，中国人民银行先后与 40 个国家和地区的央行或货币当局签署了双边货币互换协议，协议总额超过 4 万亿元。

## 本章小结

1. 外汇风险，也称汇率风险或外汇暴露，是指经济实体或个人在国际经济活动中，以外币计价的资产或负债的价值因外汇汇率变动而产生损益的可能性。外汇风险可分为交易风险、折算风险和经济风险。其中，交易风险又分为交易结算风险、外汇买卖风险和国际借贷风险。外汇风险的构成包括两个因素：外币和时间。

2. 外汇风险管理是指外汇资产持有者通过风险识别、风险衡量、风险控制等方法，预防、规避、转移或消除外汇业务经营中的风险，从而减少或避免可能的经济损失，实现在风险一定条件下的收益最大化或收益一定条件下的风险最小化。外汇风险管理由识别风险、衡量风险和控制风险三个步骤来完成。在外汇风险管理上应该遵循全面重视、分类防范和收益最大化的指导思想和原则。外汇风险管理战略主要有三种类型：完全防范的管理战略、完全不防范的管理战略、部分防范的管理战略，其中部分防范的管理战略又分为"进攻型"和"防守型"。

3. 企业规避外汇风险的主要形式有：交易风险的管理、折算风险的管理和经济风险的管理。交易风险的管理措施主要包括国际贸易手段、金融市场交易法和综合避险法。折算风险的管理通常是实行资产负债表保值。经济风险对企业影响最大、最深远，是企业最关心的一种外汇风险，可通过经营多样化、财务多样化手段加强企业经济风险的管理。

4. 银行外汇风险管理的基本原则是：（1）处理好利润最大化和风险管理之间的关系；（2）加强外汇交易币种的管理；（3）外汇管理多样化。银行外汇风险管理主要包括外汇买卖风险的管理和对外汇

---

① 陈宏：《中韩货币互换对双边贸易及人民币国际化的推动作用》，载《北京工商大学学报（社会科学版）》2010 年第 2 期，第 58～62 页。

借贷风险的管理。银行外汇买卖风险的管理主要从以下两个方面进行：一是加强头寸管理；二是加强资产负债的"配对"管理。对外汇借贷风险的管理，应着手做好以下工作：（1）分散筹资或投资；（2）综合考虑借贷货币汇率与利率的变化趋势；（3）银行本身要专设机构，对外汇借贷活动进行统一的管理、监督和运用；（4）灵活地运用掉期交易等其他金融工具对借贷和使用不一致的货币币种进行转换，以避免汇率波动风险。

## 本章重要概念

外汇风险　交易风险　折算风险　经济风险　流动/非流动法　货币/非货币法　时间量度法　现行汇率法　外汇风险管理

## 本章思考题

1. 什么是外汇风险？外汇风险有哪几种基本类型？
2. 简述外汇风险对涉外企业的经济影响。
3. 外汇风险管理的原则是什么？
4. 怎样理解外汇风险管理战略？
5. 企业如何管理外汇风险？
6. 银行如何管理外汇风险？

# 第三部分　政　策　篇

# 第十章 开放经济下的财政、货币政策

**学习目标**
- 理解开放经济条件下的政策目标,以及内部均衡和外部均衡的相互关系;
- 掌握米德冲突、丁伯根法则与蒙代尔有效市场分类原则的基本思想;
- 熟练掌握蒙代尔－弗莱明模型,并能用该模型分析财政、货币政策的效力;
- 了解在 AD－AS 分析框架下中长期财政、货币政策的效力。

## 第一节 开放经济下的政策搭配原理

### 一、政策目标

20世纪30年代的世界经济大萧条使得以国家干预为主要标志的凯恩斯主义宏观经济理论应运而生,并逐渐取代传统古典经济学的自由放任经济思想而居于主导地位。自此,政府对经济制定宏观经济目标并运用各种政策工具加以实现,已成为各国调节宏观经济的普遍模式。一般而言,一国的宏观经济目标包括内部均衡和外部均衡两个方面。

#### (一) 内部均衡目标

一国经济的内部均衡目标主要包括:经济增长、充分就业,以及价格稳定。

1. 经济增长。经济增长是指在一定时期内国内生产总值的增长率。通常采用一国或地区国内生产总值（GDP）的年增长率作为衡量指标。

2. 充分就业。广义的充分就业是指一切生产要素（包含劳动）都有机会以自己愿意的报酬参加生产的状态。但是，由于在实际中测量各种经济资源的就业程度非常困难，因此各国大都以失业率高低作为衡量就业状态的指标。失业率是指失业者人数对劳动力人数的比率。劳动力是指一定年龄范围内具有劳动能力且愿意工作的人。失业者是指那些想工作但尚未找到工作的人。狭义的充分就业是这样一种经济状态，即经济中的"非自愿失业"完全消失，失业仅限于摩擦失业和自愿失业。所谓摩擦失业是指生产过程中由于难以避免的摩擦所造成的短期性和局部性失业，如劳动力流动性不足、工种转换困难所引致的失业。自愿失业是指个人不愿接受现行工资水平而形成的失业。根据著名的奥肯定律，GDP每增加3%，失业率大约下降1%。由此可见，经济增长和失业二者之间具有强相关关系，失业的成本是巨大的。因此，降低失业率，实现充分就业就常常成为各国宏观经济政策的首要目标。

3. 价格稳定。价格稳定是一个宏观的概念，指价格总水平的稳定。由于在经济生活中各种商品价格变化的情况复杂造成统计上的困难，一般用价格指数来表达一般价格水平的变化。价格指数是表示若干种商品价格水平的指数，目前使用较多的为消费物价指数（CPI）、批发物价指数（PPI）和国内生产总值缩减指数（GDP deflator）三种。价格稳定之所以成为内部平衡目标，主要在于无论是通货膨胀还是通货紧缩都对经济具有破坏作用。

以上三个内部平衡目标之间是存在着冲突的。一般来说，经济增长往往伴随通货膨胀，而低通货膨胀或通货紧缩又常常会导致高失业现象。在封闭经济条件下，政府宏观调节的主要任务就是协调这三者之间的冲突，确定并实现这三者的合理组合。

### （二）外部均衡目标

经济开放对一国经济有着重大的影响。它仅为本国经济提供了许多封闭经济条件下不具备的有利条件，同时也对本国经济的稳定与发展产生了很大的冲击。衡量经济开放性的主要工具是国际收支，因此，经济开放性的这种影响就会反映在国际收支与经济增长、充分就业、价格稳定等内部宏观经济目标之间存在的复杂关系之上。

当一国国际收支处于逆差时，率先会引起本国汇率下浮。若该国政府不愿接受本币汇率下降的后果，则必须动用外汇储备，对外汇市场的供求现状进行干预,即抛售外汇买进本国货币。这既会耗费外汇储备,又会引起货币供应的缩减,从而导致本国利率水平上升,国内消费和投资减少,经济增长速度减缓且失业率上升。如果该国的逆差是因出口不足以弥补进口而出现的长期性赤字,则意味本国对国外商品存在净需求,这使得国内生产下降,失业增加。若逆差的原因是资本的净流出,则国内资金供给减少,利率上升,结果必然影响国内商品市场的需求。

当一国国际收支长期出现顺差,也会给国内经济带来不良影响。首先,持续累积的外汇储备会造成货币供应增加,引起物价上涨;其次,一国的国际收支盈余会给本币带来升值的压力;最后,一国的盈余意味着他国的赤字,长此以往,必然影响他国的经济运行状况,引起国际摩擦,结果还会对本国经济产生不利影响。

可见,将国际收支平衡纳入经济的政策目标是非常必要的。一般来说,国际收支越是不平衡,其不利影响也越大。但相比之下,逆差所造成的影响更为严重。因此,各国政府对国际收支逆差时的调节措施都尤为重视。

### (三) 内部均衡与外部均衡的均衡分析

一国在封闭条件下经济均衡一般用 IS-LM 模型来说明,而在开放经济条件下,则通过 IS-LM-BP 模型来加以说明。开放经济条件下宏观政策的总目标是实现内外均衡。因此,一国经济的理想状态是:国内实现了充分就业的均衡,同时国际收支也处于均衡状态。图 10-1 说明了这种理想状态。

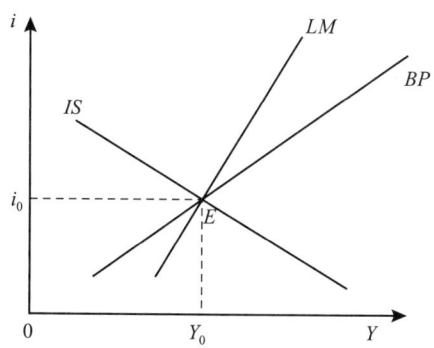

图 10-1 开放经济条件下宏观经济均衡

图 10-1 中的 $Y_0$ 为充分就业的产出水平,$i_0$ 为均衡的利率水平。$E$ 点为 IS 线与 LM 线的交点,表示实现了充分就业的国内均衡。$E$ 点同时又位于 $RP$ 线上,说明在该点国际收支也处于平衡状态。但在现

实经济生活中这种理想状态很少实现,开放经济条件下宏观经济往往处于非均衡状态。为此就需要政府采取相应的政策措施加以调控。政府通常可采取的调节政策主要包括财政政策、货币政策和汇率政策,以及融资政策等。

## 二、米德冲突和丁伯根法则

### (一) 米德冲突

英国经济学家詹姆斯·米德(J. Meade)于1951年在其名著《国际收支》中首次提出了固定汇率制度下内外均衡冲突问题。他指出,由于在汇率固定不变时,政府只能运用影响社会总需求的政策来调节内外均衡,这样,在开放经济运行的特定区间便会出现内外均衡难以兼顾的情形。例如,在开放经济条件下,经济可能面临着如表10-1所示的内外经济状态的组合(假定失业和通货膨胀相互独立、外部均衡不包括资本账户而仅指经常账户平衡)。

表10-1　　固定汇率制度下内部均衡与外部均衡的矛盾

| 序号 | 内部经济状态 | 外部经济状态 |
| --- | --- | --- |
| 1 | 经济衰退/失业增加 | 国际收支逆差 |
| 2 | 经济衰退/失业增加 | 国际收支顺差 |
| 3 | 通货膨胀 | 国际收支逆差 |
| 4 | 通货膨胀 | 国际收支顺差 |

在表10-1中,第二种和第三种情况意味着内外均衡的一致。如在第二种情况下,为实现内部均衡,显然要求政府采取增加社会总需求的措施进行调整,这会导致进口相应增加,在出口保持不变时,就会改善原有的顺差状态使国际收支趋于平衡。在这种情形下,政府在采取措施实现内部均衡的同时也对外部均衡的实现发挥了积极影响,因而是内外均衡一致的情况。

而第一种和第四种情况则意味着内外均衡的冲突,即米德冲突。因为政府在通过调节社会总需求实现内部均衡时,会引起外部经济状况距离均衡目标更远。可见,米德冲突,即指在固定汇率制度下,失业增加与经常账户逆差或通货膨胀与经常账户盈余这两种特定的经济状态组合,如表10-2所示。

表 10-2　　　　　　　　　　米德冲突

| 序号 | 失业 | 通货膨胀 |
|---|---|---|
| 国际收支逆差 | 解决失业问题必须施以扩张政策，而经常账户逆差要以紧缩政策加以治理，扩张政策与紧缩政策之间存在着冲突 | |
| 国际收支顺差 | | 解决通胀问题必须施以紧缩政策，而经常账户盈余要以扩张政策加以治理，紧缩政策与扩张政策之间存在着冲突 |

米德分析的不足在于主要是针对固定汇率制度的情况，而且也没有考虑资金流动对内外均衡问题的影响。实际上，在浮动汇率制下，政府同样面临着内外均衡冲突问题。由于在浮动汇率制度下，政府完全利用外汇市场自发调节国际收支是不可能的。在汇率变动受到政府一定管理的条件下，通过国内总需求的变动来调节内外均衡仍是相当常见的做法，因此浮动汇率制下也会出现许多与固定汇率制下相类似的内外均衡冲突现象。并且，在汇率变动程度与固定汇率制下相比非常剧烈的条件下，外部均衡与内部均衡之间的相互影响或干扰更加复杂，内外均衡冲突问题甚至可能更加深刻。例如，通过调节国内需求来实现内部均衡目标时，国内需求的变动同时会通过多种途径造成汇率的变化，汇率又会通过一系列机制影响到内部均衡。更为严重的是，活跃在国际金融市场上的巨额资金不仅导致各国汇率的动荡不定，而且直接影响到各国的宏观经济，使各国的国内经济政策受到了更多的制约，一国同时实现内外均衡目标会变得更加困难。

### （二）丁伯根法则

荷兰经济学家丁伯根（J. Tinbergen）是第一个经济学诺贝尔奖的得主（1969 年）。为解决米德冲突，他提出了将政策目标和政策工具联系在一起的正式模型，指出要实现若干个独立的政策目标，至少需要相互独立的若干个有效的政策工具。

我们用一个简单的线性框架分析丁伯根法则。假定只存在两个目标 $T_1$、$T_2$ 与两种工具 $I_1$、$I_2$，政策调控追求的 $T_1$ 和 $T_2$ 的最佳水平为 $T_1^*$ 和 $T_2^*$。令目标是工具的线性函数，即

$$T_1 = a_1 I_1 + a_2 I_2$$
$$T_2 = b_1 I_1 + b_2 I_2$$

在这一情况下，只要决策者能够控制两种工具，每种工具对目标的影响是独立的，决策者就能通过政策工具的配合达到理想的目标

水平。

从数学上看，只要 $a_1/b_1 \neq a_2/b_2$（即两个政策工具线性无关），就可以求解出达到最佳的目标水平 $T_1^*$ 和 $T_2^*$ 时所需要的 $I_1$ 和 $I_2$ 的水平，即

$$I_1 = (b_2 T_1^* - a_2 T_2^*)/(a_1 b_2 - b_1 a_2)$$
$$I_2 = (a_1 T_2^* - b_1 T_1^*)/(a_1 b_2 - b_1 a_2)$$

当 $a_1/b_1 = a_2/b_2$ 时，这意味着两种工具对这两个政策目标有着相同的影响，也就是说，决策者只有一个独立的工具而试图实现两个目标，这是不可能成功的。

这一结论可以进行推广。如果一个经济具有线性结构，决策者有 $N$ 个目标，只要有至少 $N$ 个线性无关的政策工具，就可以实现这 $N$ 个目标。对于开放经济而言，这一结论具有鲜明的政策含义：只运用支出增减政策（我们假定财政政策、货币政策影响产出的效果一致）通过调节支出总量的途径同时实现内外均衡两个目标是不够的，必须寻找新的政策工具并进行合理配合。

丁伯根法则指出了应运用 $N$ 种独立的工具进行配合来实现 $N$ 个独立的政策目标，这一结论对于经济政策理论具有深远意义。但是，丁伯根法则对目标的实现过程具有以下特点：一是假定各种政策工具可以供决策当局集中控制，从而通过各种工具的紧密配合实现政策目标；二是没有明确指出每种工具有无必要在调控中侧重于某一目标的实现。这两个特点是不尽与实际情况符合的或不能满足实际调控的需要。罗伯特·蒙代尔（R. Mundell）于20世纪60年代提出的关于政策指派的"有效市场分类原则"弥补了这一缺陷。

## 三、政策搭配运用：蒙代尔政策指派原则

丁伯根法则指出同时实现两个政策目标，必须采用两个政策工具。但他并没有说明用哪一个工具来实现哪一个目标效果更好。蒙代尔（Mundell）于20世纪60年代提出的"有效市场分类原则"弥补了这一缺陷。这一原则的含义是：每一目标应指派给对这一目标有相对最大的影响力、因而在影响政策目标上有相对优势的工具。如果在指派问题上出现错误，则经济会产生不稳定性而距均衡点越来越远。根据这一原则，蒙代尔区分了财政政策、货币政策影响内外均衡上的不同效果，提出了以货币政策实现外部均衡目标、财政政策实现内部均衡目标的指派方案。

蒙代尔的政策分派模型如图 10-2 所示，图中纵轴表示货币政策，$Nm$ 为政策中性，向下为货币紧缩，向上为货币扩张。横轴表示财政政策，$Nf$ 为政策中性，向右为财政扩张，向左为财政紧缩。$IB$

曲线（内部均衡线）表示能够维持充分就业的财政政策和货币政策的组合，曲线为负斜率，即在充分就业条件下，如果实行紧缩性货币政策，就必须相应采取扩张性的财政政策才能保持国内充分就业的均衡。IB 曲线右边的货币政策和财政政策搭配会产生通货膨胀，曲线左边的政策搭配则不足以形成充分就业。EB 曲线（外部均衡线）表示能够维持国际收支平衡的财政政策和货币政策的组合，曲线的斜率可以是正也可以是负，因为财政政策对国际收支的影响有两个方面，财政扩张可导致收入提高从而恶化经常账户，但同时又因提高利率水平可以吸引外部资金流入而改善资本账户。图 10-2 中的 EB 曲线为负斜率是假定扩张性的财政政策对国际收支总体的净影响是负的，即经常账户的恶化程度超过资本账户的改善程度。于是扩张性的财政政策恶化国际收支，则货币政策就必须紧缩，提高利率以吸引资金流入来保持国际收支平衡。

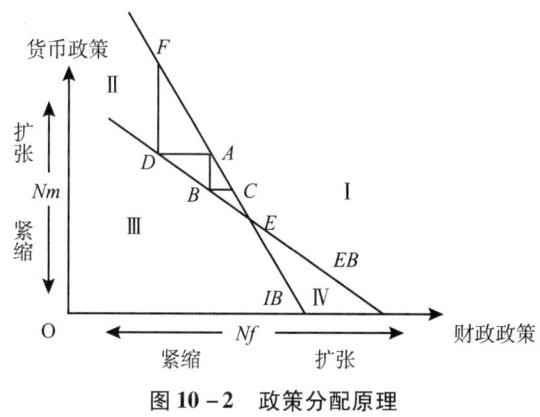

图 10-2 政策分配原理

IB 曲线比 EB 曲线更陡，是因为财政政策扩张导致收入提高一定比例对国际收支的恶化作用，要比货币政策扩张形成同样比例收入提高所导致的国际收支恶化作用弱。因为财政政策扩张会导致利率水平提高，由此引致的资本流入会部分弥补国际收支逆差，而货币政策的扩张导致利率水平下降，只会加重收入提高导致的国际收支恶化。所以货币政策对保持外部平衡更有效，而财政政策对保持内部平衡更有效。IB 和 EB 曲线将图形划分为四个区域，Ⅰ区为通货膨胀、逆差，Ⅱ区为失业、逆差，Ⅲ区为失业、顺差，Ⅳ区为通货膨胀、顺差。

蒙代尔认为在固定汇率条件下，应该运用货币政策解决外部均衡，运用财政政策解决内部均衡。根据蒙代尔的分析，如果起点为 A 点，对内是充分就业均衡，但存在国际收支逆差。需对应以紧缩性货币政策使经济状态运动到 B 点，于是外部取得平衡，但又出现了失业。再应之以扩张性的财政政策，使之达到 C 点。这消除了失业，但又出现了国际收支逆差。然后再紧缩货币克服逆差，调节的幅度会越来越小，最后收缩到实现内外均衡的 $E$ 点。如果政策当局将政策工具错误分派，使用财政政策对付国际收支失衡，使用货币政策解决失业。于是紧缩性的财政政策使经济状态从 $A$ 点运动到 $D$ 点，外部均衡得以解决，但是其代价是更为严重的经济萧条和失业。如果决策者继之使用扩张性的货币政策来对应萧条和失业，经济状态则从 $D$ 点运动到 $F$ 点。显然，经济状态距离稳定的均衡点 $E$ 越来越远，可见错误的政策分派是相当危险的。

上述政策搭配的原理可同样推广到其他区间。由此，我们得到如表 10-3 所示的几种搭配。

表 10-3　　　　　　财政政策与货币政策的搭配

| 区间 | 经济状况 | 财政政策 | 货币政策 |
| --- | --- | --- | --- |
| Ⅰ | 失业/国际收支逆差 | 扩张 | 紧缩 |
| Ⅱ | 通货膨胀/国际收支逆差 | 紧缩 | 紧缩 |
| Ⅲ | 通货膨胀/国际收支顺差 | 紧缩 | 扩张 |
| Ⅳ | 失业/国际收支顺差 | 扩张 | 扩张 |

蒙代尔的主要贡献在于提出了政策工具应与其最能发挥作用的目标相匹配的新思想，丰富了开放经济下宏观政策调控理论。有效市场分类原则与丁伯根原则一起确定了开放经济条件下政策调控的基本原理，即针对内外均衡目标，确定不同政策工具的指派对象，并尽可能地进行协调以达到内部平衡与外部平衡的一致。

## 第二节　开放经济下的短期财政、货币政策效力

### 一、蒙代尔-弗莱明模型简介

在西方的文献中，蒙代尔-弗莱明模型被称为开放经济下进行宏观分析的工作母机（workhorse），对国际金融学的发展有重大影响。因此，我们必须很好地掌握这个分析方法。蒙代尔-弗莱明模型的分析对象是一个开放的小型国家，对国际资金流动采取了流量分析。它的分析前提有：

第一，总供给曲线是水平的。这意味着产出完全由总需求水平确

定。另外，名义汇率与实际汇率之间不存在区别。

第二，即使在长期，购买力平价也不存在。因此，浮动汇率制下汇率完全依据国际收支状况进行调整。

第三，不存在汇率将发生变动的预期，投资者风险中立。

我们分析的框架是 IS – LM – BP 模型，在由国民收入与利率构成的坐标空间中展开分析。其中，反映商品市场平衡的是 IS 曲线，这一曲线斜率为负，政府支出增加及汇率贬值都会使之右移。反映货币市场平衡的是 LM 曲线，这一曲线斜率为正，货币供应量增加会使之右移。反映外汇市场平衡的是 BP 曲线。为了使问题得到简化，我们仅分析资金完全流动的情况。

当资金完全流动时，资金流动情况决定了国际收支平衡与否。由于假定风险中立以及对汇率的静态预期，因此当该小国利率水平完全与世界利率水平一致时，该国国际收支处于平衡状态，资金的流动将弥补任何形式的经常账户收支不平衡。此时，BP 曲线是一条水平线，汇率的贬值对其无影响。

另外，为便于读者进行对比，我们先简单介绍封闭条件下的货币、财政政策效应。如图 10 – 3 所示，货币扩张会使 LM 曲线右移，这带来利率的下降、国民收入的提高。财政扩张会使 IS 曲线右移，这带来利率的上升、国民收入的提高。

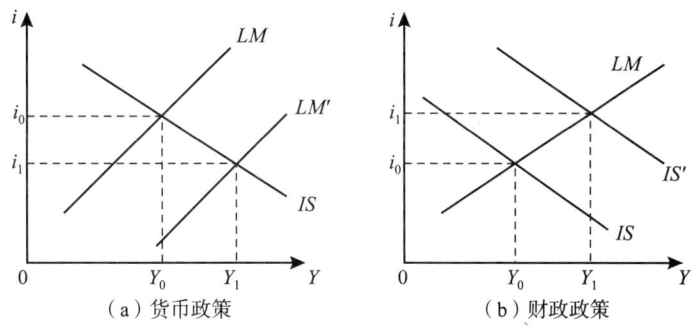

（a）货币政策　　　（b）财政政策

图 10 – 3　封闭条件下财政政策、货币政策分析

## 二、固定汇率制下的财政、货币政策分析

在固定汇率制下，政府有义务在固定的汇率水平上按市场要求被动地买进、卖出外汇，因此外汇储备量完全受国际收支状况的影响，这使得政府不能控制货币供应量。由国际收支因素导致的货币供应量的波动，是固定汇率制下经济调整的一般机制，也是我们理解这一制度下财政、货币政策效力的关键。

当资金完全流动时，开放经济的平衡状态如图10-4所示。

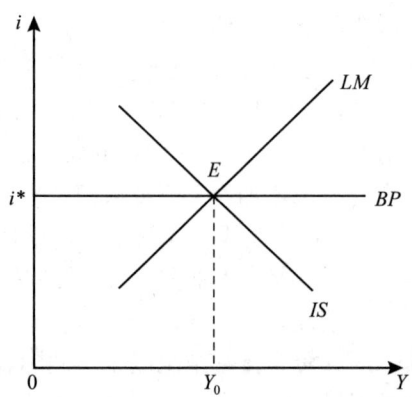

图10-4　固定汇率制下，资金完全流动时的经济平衡状态

1. 货币政策分析。如图10-5所示，扩张性的货币政策将会引起利率的下降，但在资金完全流动的情况下，本国利率的微小的、不引人注意的下降都会导致资金的迅速流出，这立即降低了外汇储备，抵销了扩张性货币政策的影响。也就是说，此时的货币政策甚至在短期也难以发挥效应，政府完全无法控制货币供应量。

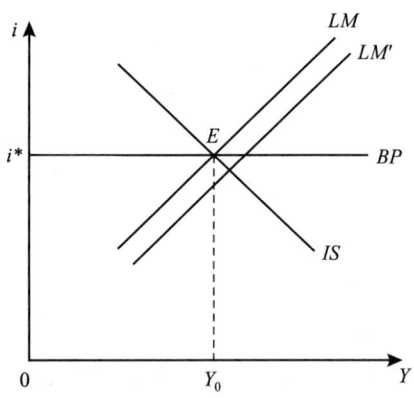

图10-5　固定汇率制下，资金完全流动时的货币政策分析

我们可以小结如下：在固定汇率制下，当资金完全流动时，货币扩张在短期内也无法对经济产生影响。也就是说，此时的货币政策是无效的。

2. 财政政策分析。如图10-6所示，扩张性财政政策将会引起利率的上升，而利率的微小上升都会增加货币供应量，使 LM 曲线右移直至利率恢复期初水平。也就是说，在 IS 右移过程中，始终伴随着 LM 曲线的右移，以维持利率水平不变。在财政扩张结束后，货币供给也相应地扩张了，经济同时处于长期平衡状态。此时，利率不变，收入不仅高于期初水平，而且较封闭条件下的财政扩张后的收入水平（$Y'$）也增加了。

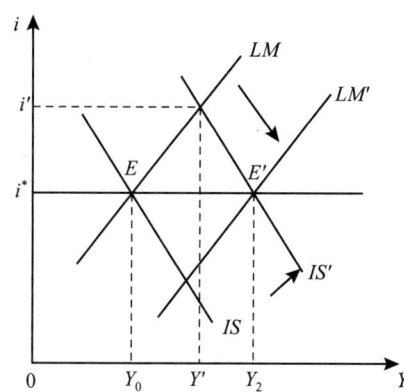

图 10-6　固定汇率制下，资金完全流动时的财政政策分析

我们可以小结如下：在固定汇率制下，当资金可完全流动时，财政扩张不能影响利率，但会带来国民收入较大幅度（与封闭条件下相比）的提高。也就是说，此时的财政政策是非常有效的。

## 三、浮动汇率制下财政、货币政策分析

在浮动汇率制下，我们对财政、货币政策研究的分析方法同固定汇率制下相比有很大不同，这体现在：

第一，经济的主要调整机制不是由国际收支不平衡引起的货币供应量的调整，而是由国际收支不平衡引起的汇率调整。

第二，我们假定本国货币贬值能改善经常账户收支，增加外国对本国商品的需求。这就是说，本国货币贬值能使 BP 曲线与 IS 曲线右移。

1. 货币政策分析。货币扩张造成的本国利率下降，会立刻通过资金流出造成本币贬值，这推动着 IS 曲线右移，直至与 LM 曲线相交确定的利率水平与世界利率水平相等为止，如图 10-7 所示。此时，收入不仅高于期初水平，而且也高于封闭条件下的货币扩张后的情况，本币贬值。

我们可以小结如下：在浮动汇率制下，当资金完全流动时，货币扩张会使收入上升，本币贬值，对利率无影响。可见，此时的货币政策是非常有效的。

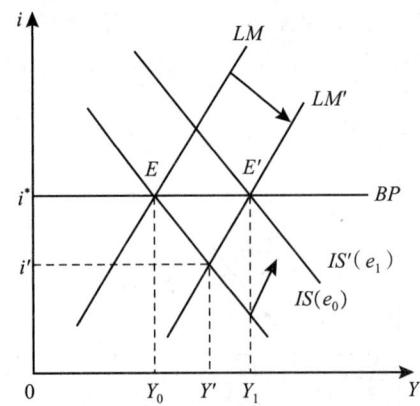

图 10-7　浮动汇率制下，资金完全流动时的货币政策分析

2. 财政政策分析。财政扩张造成的本国利率上升，会立刻通过资金的流入而造成本币升值，这将会推动 IS′ 曲线左移，直至返回原有位置，利率水平重新与世界利率水平相等为止。此时与期初相比，利率不变，本币升值，收入不变。需要指出的是，此时收入的内部结构发生变化，财政政策通过本币升值对出口产生了完全挤出效应，即财政支出造成了等量的出口下降，如图 10-8 所示。

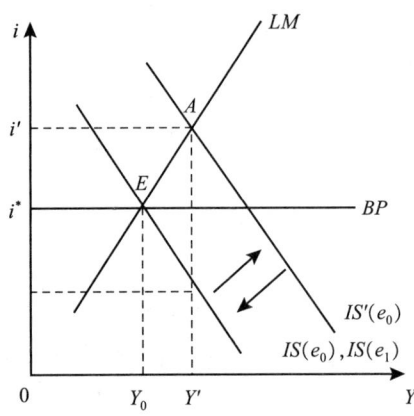

图 10-8　浮动汇率制下，资金完全流动时的财政政策分析

我们可以小结如下：在浮动汇率制下，当资金完全流动时，扩张性财政政策会造成本币升值，对收入、利率均不能产生影响。

可见，此时的财政政策是完全无效的。

以上我们对不同汇率制度下、资金完全流动情况下的财政货币政策效力作了具体分析。我们可以用表 10-4 对以上的分析做一个总结。

表 10-4　　　　蒙代尔-弗莱明模型中的财政政策、
　　　　　　　货币政策的效应比较

| 项目 | 固定汇率制 | 浮动汇率制 |
|---|---|---|
| 货币政策 | 无效 | 有效 |
| 财政政策 | 有效 | 无效 |

## 第三节　开放经济下的中长期财政、货币政策效力

我们前面的分析，都可以视为短期内的情况，因为我们并没有涉及价格调整问题。而在长期中，需求的变化会带来价格的调整，这就使得我们的分析结论会发生很大的变化。在本节中，首先介绍中长期时对宏观经济进行分析的基本框架，然后分别对固定汇率制和浮动汇率制下的财政、货币政策的效力进行分析。

### 一、开放经济下的宏观分析框架

在中长期时，一国经济的均衡必须同时考虑到总需求和总供给两个部分，它们同时决定了一国的总产出和一般价格水平，如图 10-9 所示。

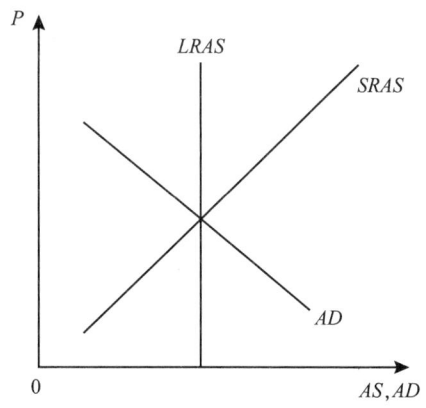

图 10-9　开放条件下的经济总供给与总需求

从短期看，总需求曲线 AD 和短期总供给曲线 SRAS 的交点决定了经济的均衡点。如果总需求曲线 AD 发生了未预期到的移动，比如是浮动汇率制下的货币扩张的结果，那么价格水平的上涨将超过原先的预期，并且总产出也将高于正常水平。经济将沿着短期总供给曲线

SRAS 移动，短期总产出较均衡水平高。然而，随着时间的推移价格水平也会随之上升。工人会要求提高名义工资以保证实际收入水平不变，这样就会增加企业的生产成本，结果造成 SRAS 曲线的左移。

从长期看，工人和企业对价格的预期同实际价格水平是一致的。因此，最终的均衡是处于 AD、SRAS 和长期总供给曲线 LRAS 三者的交点上。值得注意的是，尽管短期总需求的变动会暂时带来经济活动的增加，但经济的总产出最终会恢复到最初的正常水平，而一般价格水平则比原来要高。

在开放经济条件下，长期均衡需要内部总供给与总需求达到平衡，即满足等式：

$$AD = SRAS = LRAS$$

同时还需要达到来自外部的国际收支的平衡。不过，国际收支的平衡与否不能在图形中反映出来，我们将通过分析总供给与总需求的调整中考虑这一因素。

## 二、固定汇率制度下的财政、货币政策分析

我们现在将上一节分析采用的 IS – LM – BP 模型对不同汇率制度下的财政、货币政策的效力问题统一到基本的 AD – AS 框架之下来研究。之前的分析只考虑了经济中的总需求问题，我们实际上是假设企业的产出对于给定的价格水平具有完全弹性。换句话说，先前的蒙代尔－弗莱明分析可看作是一个特例，其 SRAS 曲线在任何既定的价格水平下是一条水平线，这往往也被称作凯恩斯式的总供给曲线。

现在的目标是，考虑在价格—总产出空间中，分析蒙代尔－弗莱明模型的财政、货币政策的经济效力同先前有何不同。为此，我们就必须先对应于不同的汇率制度，来研究财政、货币政策对 AD 曲线的最初影响。

在 IS – LM – BP 框架下，固定汇率制度下，财政政策有效而货币政策无效；浮动汇率制度下，货币政策有效而财政政策无效。在 AD – SRAS – LRAS 框架下，上述结论意味着，任何先前使 IS 或 LM 曲线移动的宏观经济政策也同样会使得 AD 曲线沿着同一方向移动。

### （一）固定汇率制下的货币政策分析

固定汇率制度下，货币政策扩张的情形如图 10 – 10 所示，LM 曲线的右移，带来的结果是 AD 曲线从 $AD_0$ 移至 $AD_1$。

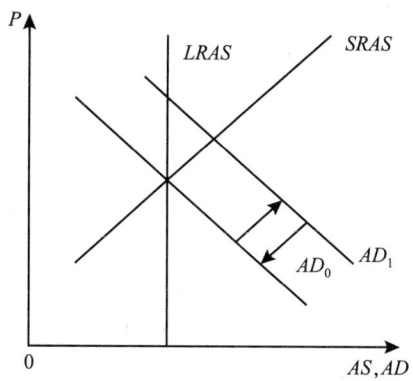

图 10-10 固定汇率制下的货币扩张

但正如之前所讨论的,由于扩张性的货币政策引起本国利率的下降,导致国际金融资金迅速地流出本国。此时,为保持汇率的稳定,中央银行必须干预外汇市场,即售出外币而购进本币,造成的结果是本国货币供给的减少。从图形看,就是 $LM$ 曲线及 $AD$ 曲线的回移(从 $AD_1$ 到 $AD_0$)。在这种情况下,不会对价格及总产出水平造成持久的影响。

### (二) 固定汇率制下的财政政策分析

如图 10-11 所示,假设一国经济最初处于均衡状态,在固定汇率制度下由于某种原因造成了财政扩张,结果是 $IS$ 曲线右移,$AD$ 曲线从 $AD_0$ 移至 $AD_1$。

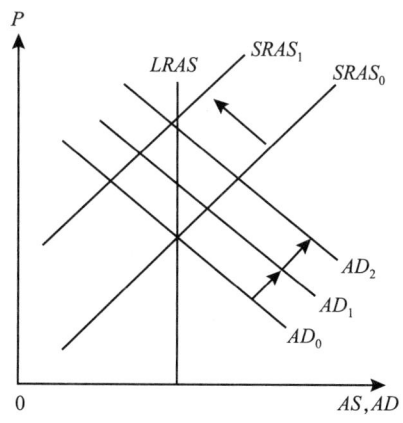

图 10-11 固定汇率制下的财政扩张

为保持固定的汇率水平,中央银行必须干预外汇市场(面对资本流入而买进外汇),因而国内的货币供给增加,导致 $LM$ 曲线右移,总需求曲线也会进一步右移,从 $AD_1$ 移至 $AD_2$。原先的 IS-LM-BP 模型对短期总支出效应的分析就到此为止。

但是,我们现在还要考虑到经济中的总供给行为。由于经济中 $AD$ 曲线的移动,预期的价格水平也会上升。工人们会要求提高名义工资以维持收入所得的购买力不会降低。随之而来的就是 $SRAS$ 曲线的左移至 $SRAS_1$,因为经济中更高的工资支出就意味着所有的企业最终必定要求更高的价格水平来保证产出不减少。从长期看,经济会回归到长期总供给曲线 $LRAS$ 和正常的总产出水平。

### 三、浮动汇率制度下的财政、货币政策分析

#### (一)浮动汇率制度下的货币政策分析

如图 10-12 所示,$LM$ 曲线最初向右移动,本币贬值,本国商品的竞争力提高,$AD$ 曲线右移,从 $AD_0$ 移至 $AD_1$。而竞争力的提高同样会带来净出口的增长,因而 $IS$ 曲线也会右移,这就使得 $AD$ 曲线再次右移(从 $AD_1$ 到 $AD_2$)。这样,由名义工资会再次提高,经过一段时期之后,$SRAS$ 曲线将会左移。最终的结果是,经济会回到正常的总产出水平上,但是价格水平会比初始水平高。

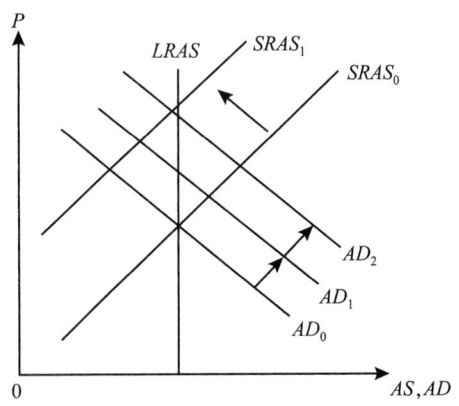

图 10-12　浮动汇率制下的货币扩张

#### (二)浮动汇率制度下的财政政策分析

图 10-13 反映的是浮动汇率制度下财政扩张的经济效应,同固定汇率制下货币扩张结果很类似。在 IS-LM-BP 框架下,$IS$ 曲线最初会外移,但是由于国内更高的利率水平,导致短期国际资金的大量涌入,使得本币升值,本国商品在国际市场上的竞争力降低。带来的

后果是，对本国的净出口产生挤出效应，IS 曲线回移。因而在 AD – SRAS – LRAS 框架下，AD 曲线只是暂时地从 $AD_0$ 移至 $AD_1$，最终还是会回归至初始位置，对于一般价格水平以及总产出水平不会造成持久的影响。

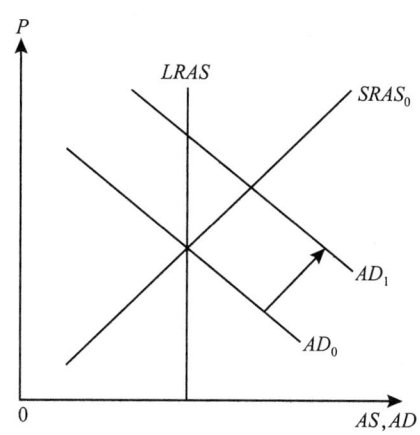

图 10 – 13　浮动汇率制下的财政扩张

## 四、小结

我们把以上模型所分析的宏观经济政策的结果做一个简要的小结，如表 10 – 5 所示。通过比较短期和长期效果的不同，对于蒙代尔 – 弗莱明模型的分析也进一步深化。要再一次强调的是，这里所说的有效或是无效是指宏观经济政策是否能对均衡的国民收入（总产出）造成持久的影响。

表 10 – 5　短期和长期情况下财政、货币政策的效果

| 宏观经济政策工具 | | 汇率制度 | |
|---|---|---|---|
| | | 固定 | 浮动 |
| 财政政策 | 短期<br>长期 | 有效<br>无效 | 无效<br>无效 |
| 货币政策 | 短期<br>长期 | 无效<br>无效 | 有效<br>无效 |

# 本 章 案 例

[案例1]

## 阿根廷货币危机中的政策失灵

阿根廷是一个典型的开放经济体,其经济高度依赖于国际市场。然而,阿根廷在2018年陷入了严重的货币危机,阿根廷比索兑美元汇率急剧下跌,比索贬值幅度迅速扩大,通胀率飙升,经济陷入衰退。①

为了应对此次货币危机,阿根廷央行采取了一系列紧缩性政策。货币政策方面,为了稳定汇率和抑制国内的通货膨胀,阿根廷央行大幅提高基准利率。高利率有助于吸引外资流入,提高比索需求,从而支撑汇率。② 此外,基准利率提升可降低货币供应和信贷扩张,有助于抑制通胀压力。财政政策方面,阿根廷政府实施了紧缩性财政政策,目的是减少财政赤字,改善国家财政状况。通过削减公共支出、提高税收等措施,阿根廷政府试图在国际市场上重建信任,稳定国际投资者的信心。事实上,阿根廷在寻求国际货币基金组织(IMF)的援助时,改善本国财政状况是获得贷款支持的前提条件之一。

然而,在实际操作中,这些政策并未充分考虑到开放经济条件下的国际因素,导致政策效果不理想。一方面,在开放经济条件下,国际资本可以自由流动。由于市场对阿根廷的信心不足,特别是信用评级机构将阿根廷信用评级下调,导致国际投资者纷纷抛售阿根廷资产,大量资本从阿根廷流出。这种资本外流使得比索进一步贬值,汇率波动和通货膨胀加剧,降低了紧缩性货币政策的有效性。此外,信用评级下调使得阿根廷在国际市场上融资变得更加困难,财政压力并未因实施紧缩性财政政策而得以缓解。另一方面,在全球经济一体化的背景下,阿根廷经济会受到国际市场波动和外部经济环境变化的影响。③ 例如,2018年美国加息和贸易保护主义政策加剧了新兴市场的不稳定性,进一步削弱了货币政策和财政政策的实施效果。

阿根廷政府最终寻求国际货币基金组织(IMF)的援助,获得了历史上最大规模的贷款,以稳定汇率和重振经济。阿根廷与IMF达成的协议要求阿根廷实施一系列改革措施,以改善财政状况、提高政策透明度和加强金融监管。在IMF的支持下,阿根廷经济逐渐走出困境。

---

① 何菡、吴东阳、游碧蓉:《通货膨胀与货币危机传导机制:基于阿根廷的案例》,载《金融理论探索》2020年第4期,第51~61页。
② 邓蓓:《阿根廷货币金融危机的回顾原因分析及启示》,载《华北金融》2005年第9期,第63~65页。
③ 周颖:《货币局制度:阿根廷危机的根源》,载《广东商学院学报》2003年第3期,第34~37页。

[案例2]

## 新冠疫情下的全球政策协调

案例背景：新冠病毒（COVID-19）疫情是一种由新型冠状病毒（SARS-CoV-2）引起的全球范围内大流行的一场重大公共卫生事件。世界卫生组织（WHO）于2020年3月11日宣布新冠疫情为全球大流行病。为缓解疫情对经济的影响，各国政府采取了大规模的财政和货币政策来刺激经济，并格外强调政策的国际协调。

政策协调的优势：（1）防止"负面溢出效应"。一个国家的货币政策和财政政策的调整可能会对其他国家造成影响，这被称为"负面溢出效应"。例如，如果一个大国突然采取紧缩性的货币政策，可能会导致全球资本流向这个国家，进而引发其他国家的金融市场动荡。因此，各国需要通过协调来防止或者减少这种负面溢出效应。（2）提高政策效果。各国的货币政策和财政政策如果能够协调一致，能够更好地提振市场信心，增强政策的效果。[1]（3）避免竞争性贬值。在经济压力下，一些国家可能会通过贬值本国货币来提高出口竞争力，但这可能引发其他国家的反应，导致"货币战争"。通过协调货币政策，各国可以避免这种竞争性贬值，维护全球金融市场的稳定。[2]

具体措施：（1）加强信息共享和政策沟通。疫情暴发后，各国政府、中央银行和国际组织通过定期召开国际会议、发布政策报告等途径，及时了解彼此的政策动态，借鉴有效的政策措施，形成有针对性的应对策略。这种信息共享有助于减少市场的不确定性，稳定市场的预期，增强各国政策的协调性和有效性。（2）政策同步与协同。一方面，各国央行普遍采取降息和量化宽松措施，以刺激企业投资和居民消费，进而稳定金融市场和提振经济；另一方面，各国政府纷纷出台财政刺激计划，以支持受疫情影响的企业和个人。这种政策同步与协同有助于提高政策效果，减轻全球经济衰退的压力。（3）国际组织的支持与引导。国际组织如IMF、世界银行、G20等在疫情期间发挥了重要作用，为各国货币政策和财政政策的协调提供了支持与引导。[3]例如，IMF和世界银行向很多发展中国家提供了紧急财政援助，以帮助这些国家应对疫情带来的经济压力。

---

[1] 李双双：《国际合作应对新冠肺炎疫情的困境及其经济政治逻辑》，载《北方论丛》2021年第6期，第63~71页。
[2] 何青、冯浩铭、余吉双：《应对新冠疫情冲击的货币政策国际协调》，载《经济理论与经济管理》2021年第5期，第4~16页。
[3] 吴太行、汲立立：《新冠疫情下中国参与全球公共卫生治理的政策研究》，载《南方论刊》2021年第6期，第45~47、109页。

## 本 章 小 结

1. 开放经济下的政策目标可分为内部均衡目标和外部均衡目标两部分。一国经济的内部均衡目标主要包括：经济增长、充分就业，以及价格稳定。外部均衡目标是保持国际收支平衡。一国经济的理想状态是：国内实现了充分就业的均衡，同时国际收支也处于均衡状态。但在现实经济生活中这种理想状态很少实现，为此就需要政府采取相应的政策措施加以调控。内部均衡与外部均衡是相互影响的。当政府采取措施努力实现某一均衡目标时，这一措施可能会同时造成开放经济另一均衡问题的改善，也有可能对另一均衡问题造成干扰或破坏，前者称为内外均衡的一致，后者称为内外均衡之间的冲突，即米德冲突。

2. 针对米德冲突，丁伯根提出了著名的"丁伯根法则"，该法则指出应运用 $N$ 种独立的工具进行配合来实现 $N$ 个独立的政策目标，这一思想对于经济政策理论具有深远意义。但该法则并没有明确指出每种工具有无必要在调控中侧重于某一目标的实现。蒙代尔于20世纪60年代提出的关于政策指派的"有效市场分类原则"弥补了这一缺陷。根据这一原则，蒙代尔区分了财政政策、货币政策影响内外均衡上的不同效果，指出了以货币政策实现外部均衡目标、财政政策实现内部均衡目标的政策指派方案。

3. 蒙代尔－弗莱明模型是分析短期内财政、货币政策在开放经济下的效力的主要工具。该模型以标准的 IS－LM 模型为基础，纳入了国际收支因素，以小型开放国家为分析对象。根据蒙代尔－弗莱明模型的分析，在资金完全流动的条件下，固定汇率制下货币政策完全无效，而财政政策非常有效；浮动汇率制下货币政策非常有效，而财政政策完全无效。在分析中长期财政、货币政策效力时，必须考虑价格调整因素，因此需要运用 AD－AS 模型来进行分析。根据这一模型，财政、货币政策在开放经济条件下都是无效的。

## 本章重要概念

内部均衡　外部均衡　米德冲突　丁伯根法则　有效市场分类原则　蒙代尔－弗莱明模型　总供给－总需求模型

## 本章思考题

1. 开放经济下的宏观调控目标是什么？
2. 简要说明内部均衡与外部均衡的基本内容及关系。
3. 简要说明蒙代尔有效市场分类原则的基本内容及重要意义。
4. 什么是蒙代尔－弗莱明模型？如何理解它在国际金融学中的

地位?

5. 试利用蒙代尔-弗莱明模型分析短期内不同汇率制度下的财政、货币政策效力。

6. 试分析中长期财政、货币政策在不同汇率制度下的效力。

7. 试分析近年来开放度的不断提高对我国货币政策的效力所带来的影响。

# 第十一章
# 开放经济下的汇率管理与外汇管制政策

**学习目标**
- 掌握政府外汇干预的目的和类型；
- 掌握三元悖论和斯旺图形的基本原理；
- 掌握外汇管制的概念和外汇管制的经济影响分析，了解外汇管制的历史、主要内容与措施，理解我国外汇管理政策；
- 掌握货币可兑换、自由兑换的内涵及条件，了解人民币自由化状况。

## 第一节 政府对外汇市场的干预

20世纪70年代以来，主要国家的货币之间基本上都采取了浮动汇率的形式，但是，由于汇率在对外经济交往中处于核心地位，对国内经济的影响也越来越重要，所以基本上所有的国家都未完全放弃对汇率的管理，对外汇市场的干预便成为各国影响和干预汇率水平的重要方法。因此，我们有必要就政府对外汇市场的干预问题进行理论分析。

### 一、政府干预外汇市场的目的

政府对外汇市场进行干预主要是因为这一市场在自发运行的过程中会出现市场失灵的问题，即市场自发确定的汇率不能正确反映内外均衡目标同时实现的要求，不能引导资源的合理配置。更具体来说，政府干预外汇市场的目的包括以下几方面。

### (一) 防止汇率在短期内过分波动

汇率是以一种货币表示的另一种货币的相对价格,这种价格的过分波动,通过打乱人们的预期而对经济体与经济体之间的正常的贸易与投资增加风险,从而对各个经济体与经济单位产生负面影响。在国际资金流动量巨大的今天,汇率在短期内的过分波动(excess volatility)常常发生。现代外汇市场上,各种与市场基本面因素无关的投机行为非常盛行,少数有实力的机构投资者凭借各种金融衍生工具在市场上兴风作浪,汇率中的泡沫成分非常高,投机因素已成为汇率短期内大幅度波动的主要原因。

### (二) 避免汇率水平在中长期内失调

从中长期看,汇率的平均水平与趋势如果较为明显地处于定值不合理,或高估或低估时,我们就可称之为汇率失调(misalignment)。确定汇率水平是否失调,一般是依据对均衡汇率的估算得出。国际上计算均衡汇率的方法最主要有两种。一种是购买力平价法。由于多种因素都会导致汇率偏离购买力平价,所以一般认为在汇率与购买力平价的偏离超过20%时,央行有必要干预。计算均衡汇率的另一种方法是威廉姆森提出的基本均衡汇率(fundamental equilibrium exchange rate,FEER),这是他设计的汇率目标区方案中确定中心汇率的理论基础。威廉姆森认为购买力平价作为政府制定汇率政策的指导是非常不合理的,因为它最大的问题在于没有考虑到各国实际的宏观经济运行状况。从宏观调控的角度,威廉姆森认为政府应追求的汇率水平是在中期内(一般指5年)实现经济内外均衡的汇率,此即所谓的基本均衡汇率。由于基本均衡汇率是一种实际汇率,因此在管理汇率制度下就需要政府根据通货膨胀率对名义汇率及时进行调整,以保持实际汇率不变。

### (三) 进行政策搭配的需要

中央银行在外汇市场上的干预是一国货币政策的重要组成部分,因为中央银行在市场上买入外汇,意味着它的基础货币投放增加了,具有同国债市场上的公开业务操作相类似的效果。央行在外汇市场与国债市场上的相等数量与方向的操作,对利率与汇率相对影响的强弱常常是存在差异的,这就提供了货币政策内部的不同工具搭配的可能性。同时,在外汇市场的干预还可与财政政策以及其他政策进行多种形式的搭配。

#### (四) 向市场传达政府当局的意图

政府可以公开宣布它将通过货币政策或财政政策改变汇率，或明确表达对汇率趋势的看法的同时也可进行冲销式干预，让市场参与者进一步据以确定宏观经济政策的走向。它给予了这样一个信号，即中央银行期望汇率朝哪个方向变动，这一信号能够改变市场对未来汇率的预期，甚至会立即引起市场汇率的变动，这种效应称作干预的信号效应。外汇干预规模与整个外汇市场的规模相比是很小的，其作用就在于当汇率前景不明朗时，通过干预与市场参与者进行心理较量，引导市场走向，从而对汇率的变化产生重大影响。

#### (五) 其他目标

政府对外汇市场的干预可能还出于其他目标。例如，政府为维持低汇率刺激本国出口，可能进入外汇市场人为地造成本币低估。再例如，对于存在长期性外汇短缺问题的国家，政府可能入市小批量地持续买进外汇，以增加其所持有的外汇储备。又如，政府可能在外汇市场上买进卖出不同品种的外汇，以调整其持有的外汇储备的结构。

以上的分析证明，政府有充足的理由对外汇市场进行干预。在实行浮动汇率的初期，许多倡导自由市场经济的经济学家还曾反对过政府对外汇市场的干预，但自20世纪80年代以来，这一问题已不再成为问题，受到普遍关注的是政府如何进行干预、干预是否有效的问题。

## 二、政府对外汇市场干预的类型

根据不同的角度，政府对外汇市场的干预可分为以下几种。

#### (一) 按干预的手段划分，可分为直接干预与间接干预两种类型

1. 直接干预是指政府直接入市买卖外汇，改变原有的外汇供求关系以引起汇率变化的干预。

2. 间接干预则是指政府不直接进入外汇市场而进行的干预，其做法有两种：一是通过改变利率等国内金融变量的方法，使不同货币资产的收益率发生变化，从而达到改变外汇市场供求关系及汇率的目的；二是通过公开宣告的方法影响外汇市场参与者的预期，进而影响汇率。政府可以通过新闻媒介表达对汇率走势的看法，或发表有利于中央银行政策意图的经济指标，这些做法都可以达到影响市场参与者心理预期的目的。

### (二）按是否引起货币供应量的变化分，可分为冲销式干预与非冲销式干预两种类型

1. 冲销式干预（sterilized intervention）是指政府在外汇市场上进行交易的同时，通过其他货币政策工具（主要是在国债市场上的公开市场业务）来抵销前者对货币供应量的影响。

2. 非冲销式干预（unsterilized intervention）则是指不存在相应冲销措施的外汇市场干预，它引起了一国货币供应量的变动。这两种类型的干预方式是政府对外汇市场进行干预的最重要的分类，它们各自的效力成为外汇市场干预讨论中最受关注的问题。

### （三）按干预策略分，可分为熨平每日波动型干预、砥柱中流型干预和非官方钉住型干预三种类型

1. 熨平每日波动型干预（smoothing out daily fluctuation），它是指政府在汇率日常变动时在高价位卖出，低价位买进，以使汇率变动的波幅缩小的干预形式。

2. 砥柱中流型或逆向型干预（leaning against the wind），它是指政府在面临突发因素造成的汇率单方向大幅度波动时，采取反向交易的形式以维护外汇市场稳定的干预形式。

3. 非官方钉住型干预（unofficial pegging），它是指政府单方向非公开地确定所要实现的汇率水平及变动范围，在市场汇率变动与之不符时就入市干预的干预形式。政府在外汇市场干预中常常交替使用以上三种干预策略。

### （四）按参与干预的国家分，可分为单边干预与联合干预两种类型

1. 单边干预是指一国对本国货币与某外国货币之间的汇率变动，在没有相关的其他国家的配合下，独自进行的干预。单边干预主要出现在小国对其与大国货币之间的汇率进行调节的情形下，缺乏国际协调时的各国对外汇市场的干预也多采取单边干预的形式。

2. 联合干预是指两国乃至于多国联合协调行动，对汇率进行的干预。由于外汇市场上投机性资金的实力非常强大，同时国际上政策协调已大大加强，现代各国对外汇市场比较有影响的干预基本上采取的都是联合干预。

## 三、政府对外汇市场进行干预的实践

20 世纪 70 年代以来，布雷顿森林体系逐步瓦解，浮动汇率制度

逐渐取代固定汇率制度，外汇市场干预由被动转向主动。浮动汇率制实行以来，西方各国政府对外汇市场的干预始终是国际金融领域内非常重要的事情，这一实践具有非常丰富的现实内容，积累了大量的经验教训，对我们理解汇率政策乃至于开放经济的内外均衡实现问题具有非常高的参考价值。我们就其中最具代表性的两个实例介绍如下。

### （一）1978~1979 年美国政府的外汇干预

1978 年，美国卡特政府面对严重的经济滞胀和外汇市场美元的急剧贬值，于 10 月下旬宣布了一项反通货膨胀的计划，德国和日本的中央银行也对美元作了大量的冲销购买。11 月 1 日卡特明确宣布美元汇价过低，美国财政部和联邦储备系统将对此采取措施，包括：美国将从金融市场或各国中央银行借入瑞士法郎、西德马克和日元，在外汇市场上购买美元；联邦储备系统将采取紧缩的货币政策，提高贴现率和存款准备金率。至此，干预收到一定效果，美元对瑞士法郎升值 7.5%，对西德马克升值 7%，对日元升值 5%。但到 1979 年夏，美国货币供应量再次膨胀，美元又一次猛跌，美联储和各国中央银行再次作大量冲销式干预，但仍无法阻止美元下跌。直到 1979 年 10 月，美联储宣布了一项控制货币供应量的可信计划后，才使汇率稳定下来。

### （二）1985 年西方五国的联合外汇干预

进入 20 世纪 80 年代，美国里根政府采取了宽松的财政政策与紧缩的货币政策相结合的政策搭配，导致了美国经济的高财政赤字和高贸易赤字，并形成了美元高利率与高汇率持续并存的局面。美国过分依赖于通过高利率吸引国外资金，来弥补经常账户的巨额赤字，日益引起国内和国际上的广泛忧虑，美元币值的严重高估也使美元占据主导地位的国际货币体系受到极大的威胁。西方五国（美、英、德、日、法）财长于 1985 年 9 月 22 日在美国纽约的广场饭店召开会议，发表了将采取联合干预措施促使美元汇率下调的"广场宣言"，而且制定了具体的联合干预目标：（1）让美元汇率下调 10%~20%；（2）干预时间为 6 周，干预总规模计 180 亿美元，一天的最大干预规模为 3 亿~4 亿美元；（3）干预资金由有关各国分担。宣言发布的第二天，外汇市场美元汇率就开始下跌，贬值一直持续到 1987 年底，美元对西德马克和日元的汇率分别从 1985 年的 1 美元兑 2.9 西德马克和 238.5 日元降至 1 美元兑 1.8 西德马克和 144.6 日元。这次干预几乎完全实现了预先规定的目标。

1987 年 10 月，美国纽约股票市场危机发生后，外汇市场又进入相对动荡时期。自此以后，各国政府对外汇市场的干预仍在进行，但一般来说都避免承诺对汇率的特定水平与变动范围的维持,而主要在汇率发生大幅度波动时才予以干预。

## 第二节 汇率政策与其他政策的搭配

### 一、蒙代尔-克鲁格曼不可能三角模型

蒙代尔(1960,1963)在《固定与浮动汇率下国际调整的货币动态分析》和《固定与浮动汇率下资本流动与稳定政策》两篇论文中,提出了开放经济条件下货币政策与财政政策的有效性分析理论,弗莱明(1962)在《固定与浮动汇率下国内财政政策》和蒙代尔(1968)在《国际经济学》中,最终提出了蒙代尔-弗莱明模型。该模型指出在给定前提下,固定汇率制度下财政政策有效,货币政策无效;而浮动汇率制度下货币政策有效,财政政策无效。这样,蒙代尔-弗莱明模型实际上已蕴含着"三元悖论"(trilemma),即资本自由流动、固定汇率与货币政策独立性三者之间存在着"不可能三角"(impossible triangle)的思想。1997年克鲁格曼根据亚洲金融危机的经验,特别是马来西亚对资本管制的案例,在1998年初发表文章认为在这个模型里三者都是变量,货币当局可以控制、管制资本,并自由选择是否允许资本自由流动。但提出三者只能取其二,不能兼备。例如,要想选择独立货币政策和固定汇率制度的政策组合就必须放弃资本自由流动,实行资本管制。要想选择固定汇率制度和资本自由流动的政策组合就必须放弃独立的货币政策。要想选择独立货币政策和自由资本流动的政策组合就必须放弃固定汇率制度,实行浮动汇率制度。弗兰克尔(Frankel,1999)将其形式化为不可能三角模型。我们可以用一个简单的图来表示上述结论,如图11-1所示。

图11-1 蒙代尔-克鲁格曼不可能三角模型

在图11-1中,稳定的汇率制度、资本的完全流动、独立的货币

政策这三个目标就如同一个三角形的三个顶点，政府不能同时实现这三个目标，而只能在选择其中两个的同时放弃另外一个，这便被称为"三元悖论"，上述表述这个关系的三角形便被称为蒙代尔－克鲁格曼不可能三角模型。

易纲、汤弦（2001）将不可能三角进一步扩展，提出了扩展的蒙代尔－克鲁格曼不可能三角模型。该模型可以用一个简单的图来表示（见图 11-2）。

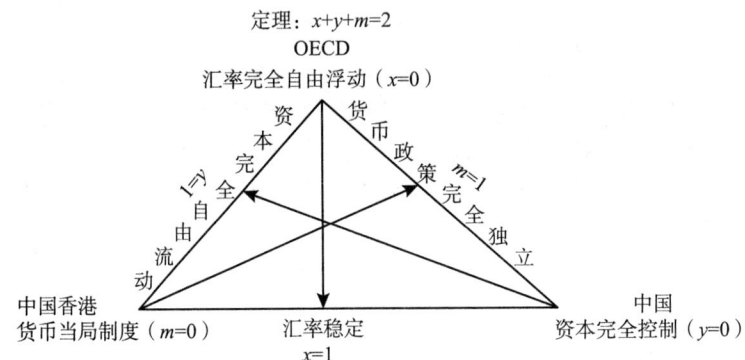

图 11-2　扩展的蒙代尔—克鲁格曼不可能三角模型

图 11-2 中，第一条边代表资本完全自由流动，即资本不应该被管制，应当是自由流动的。第二条边代表货币政策完全独立，主要标志是中央银行能够独立根据国内的经济形势制定利率政策。第三条边代表汇率稳定，即每个国家都希望自己的货币稳定，不大起大落。三角形的三个角点表示三种汇率制度。OECD 点表示汇率完全自由浮动，大多数 OECD 国家如美国、日本等都处于这个点上。它占据了两条边，即资本完全自由流动和独立的货币政策，但是它没有稳定的汇率。中国香港货币当局也占据了两条边，即资本完全自由流动和汇率稳定。中国香港的汇率是稳定的，但中国香港货币当局不具有货币政策的独立性。中国大陆也占两条边，即可以独立制定货币政策和保持汇率稳定。人民币汇率在 1997~2005 年始终是稳定的，但要实行资本管制，资本就不能自由流动。

同时，在这个模型上定义了三个变量：$m$，$x$，$y$。$m$ 表示货币政策独立的程度，$m=0$ 时说明货币政策没有独立性，$m=1$ 时说明货币政策完全独立；$x$ 表示汇率浮动的幅度，$x=0$ 时说明完全自由浮动，$x=1$ 时说明是固定汇率；$y$ 表示资本管制的程度，$y=0$ 时说明资本是完全被管制的，$y=1$ 时表示资本自由流动。三个变量都是从 0~1 的连续变量，它们和等于 2。这样就把蒙代尔和克鲁格曼只能解释角点解的理论一般化了，即运用这个模型，可以解释任何一种汇率制度的安排。

## 二、汇率政策与支出增减政策的搭配

汇率政策与支出增减政策的搭配,可用斯旺图形加以说明。

图 11-3 中,纵轴表示本国货币的实际汇率(直接标价法),定义为 $R = eP^*/P$。式中 $R$ 为实际汇率,$e$ 为直接标价法的名义汇率,$P^*$ 为国外价格水平,$P$ 为国内价格水平。$R$ 上升意味着实际汇率贬值,可以由名义汇率贬值、国内价格水平下降,或国外价格水平上升造成。$R$ 同时也是衡量国际竞争能力的指标,上升意味着国际竞争能力增强,将改善国际收支经常账户。图中横轴为国内经济的总支出水平,也可称为总吸收,以 $A$ 表示,即:

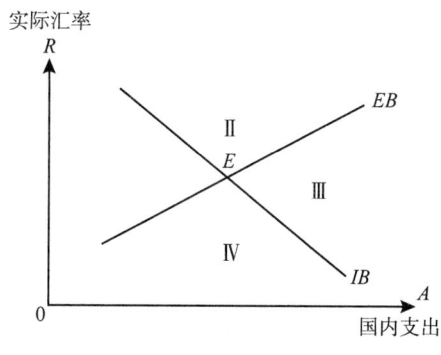

图 11-3 斯旺图形

$$Y = C + I + G + (X - M)$$

令 $A = C + I + G$,则

$$Y - A = X - M$$

式中,$Y$ 为国民收入,$C$ 为消费支出,$I$ 为投资支出,$G$ 为政府购买支出,$X$ 为出口,$M$ 为进口。公式表明当国内吸收水平过高,超过总收入水平 $Y$ 时,进口即超过出口,于是出现经常账户逆差。

IB 线(内部均衡)代表实际汇率与国内吸收的结合,以实现内部均衡(充分就业与价格稳定)。该线从左到右向下倾斜,因为本国实际汇率升值将减少出口,增加进口,所以要维护内部均衡就必须增加国内支出。在 IB 线的右边,有通货膨胀压力,因为对于既定的汇率,国内支出大于维护内部均衡所需要的国内支出;在 IB 线的左边,有通货紧缩压力,因为国内支出比维护内部均衡所需要的国内支出要少。

EB 线(外部均衡)表示实际汇率与国内支出的结合以实现外部均衡,并假定外部均衡就是经常项目的平衡。该线从左到右向上倾斜,这是因为实际汇率贬值会增加出口,减少进口,所以要防止经常项目收支出现顺差,就需要扩大国内支出,抵销出口的增长。EB 线的右边,国内支出大于维持经常项目平衡所需要的国内支出,结果出现经常项目收支逆差;EB 线的左边,国内支出小于维持经常项目平衡所需要的国内支出,结果出现经常项目收支顺差。

IB 线和 EB 线将整个经济状况分为四个区域:I 区存在顺差和失业;II 区存在顺差和通胀;III 区存在逆差和通胀;IV 区存在逆差和失业。内部和外部总体平衡状态,是 IB 和 EB 线相交的 E 点,即与 E 点相应的国内支出和实际汇率 R 的组合,能够实现国内充分就业并同时保持经常账户平衡。

### (一) 只运用汇率政策

从斯旺图形可以看出,如果只采用汇率政策工具来同时解决经济发展的内外不均衡问题,会面临米德冲突,陷入政策力度难以协调或政策调节方向不一致的困境(见图 11-4)。

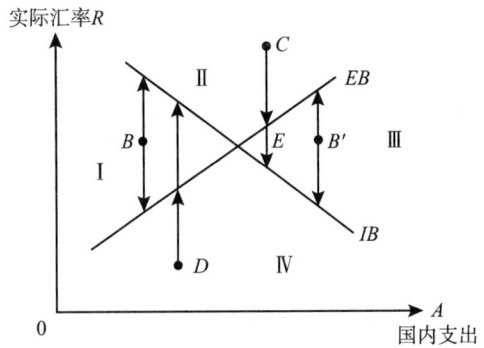

**图 11-4 只运用汇率政策的斯旺图形**

图 11-4 中,I 区的不均衡点 B(顺差和失业),如果采用本币升值的汇率政策来消除贸易顺差,B 点可下移至 EB 曲线实现外部均衡,但本币升值会导致出口减少,进口替代行业竞争加剧,使国内失业状况恶化;如果采用本币贬值的汇率政策来改善国内失业状况,B 点可上移至 IB 曲线实现内部均衡,但本币贬值又会进一步扩大贸易顺差。在 III 区的不均衡点 B′(逆差和通胀),如果采用本币贬值的汇率政策升值以消除逆差,B′点上移至 EB 曲线实现外部均衡,但这会加剧通货膨胀,恶化内部均衡的问题;如果采用本币升值的汇率政策消除通货膨胀,B′点下移至 IB 曲线实现内部均衡,但这会扩大贸易逆差,恶化外部不均衡问题。不论是在 I 区还是在 III 区的不均衡点上,采用单一的汇率政策都会出现政策性的矛盾,不能同时解决内外部失

衡问题。在Ⅱ区的不均衡点 C（顺差和通胀），实现内外部均衡都要求采用本币升值的支出转换政策，但在同一政策调整力度下，C 点不是下移至 EB 曲线，就是下移至 IB 曲线，而不能达到同时实现内外部均衡处，即力度较小，可能达到外部均衡，但要以通货膨胀为代价；而力度较大，会实现内部均衡，但要以失去外部均衡为代价。与 C 点的情况相似，在Ⅳ区的不均衡点 D（逆差和失业），实现内外部均衡都要求采用本币贬值的政策，但汇率政策的实施也不能同时实现内外部均衡的目标。

### （二）汇率政策和支出增减政策的搭配

斯旺认为，同时解决经济发展中的内外部均衡问题，需要汇率政策和支出增减政策两大政策工具的相互配合。根据不同的内外部均衡问题，要首先采用效果明显的政策，并以另一种政策作配合，然后两种政策交替使用，最终同时实现内外部均衡。

1. 假定 EB 曲线较 IB 曲线平缓。图 11-5 中，EB 曲线较 IB 曲线平缓，其政策含义是：汇率政策对解决外部均衡问题更加直接有效，而支出增减政策对解决内部均衡问题更加直接有效，此时应是采用汇率政策解决外部均衡问题，财政货币政策解决内部均衡问题。

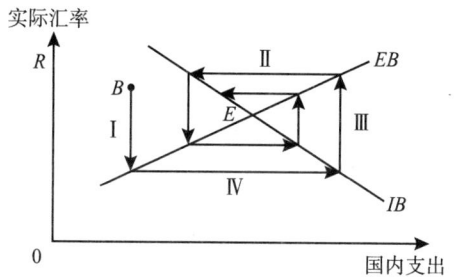

图 11-5　EB 曲线较 IB 曲线平缓的斯旺图形

假设不均衡点出现在Ⅰ区（顺差和失业）的 B 处，外部均衡问题较内部均衡问题严重，这就要首先利用汇率政策（本币升值）实现外部均衡，然后再利用支出增减政策（增加国内支出）实现内部均衡；进而再交替实行相应的汇率政策和支出增减政策，使经济发展的不均衡问题趋于收敛，最终达到 IB 曲线和 EB 曲线的交点 E，即同时实现内外部均衡。

2. 假定 EB 曲线较 IB 曲线陡峭。图 11-6 中的 EB 曲线较 IB 曲线陡峭，其政策含义是：支出增减政策对解决外部均衡问题更加直接有效，而汇率政策对解决内部均衡问题更加直接有效，此时建议采用汇率政策解决内部均衡问题，财政货币政策解决外部均衡问题。

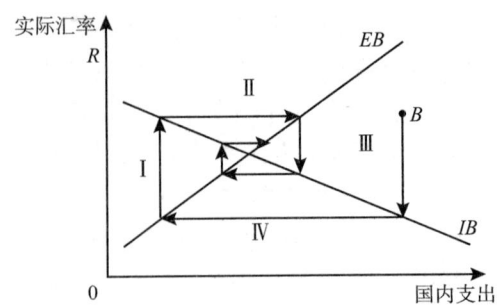

图 11-6 *EB* 曲线较 *IB* 曲线陡峭的斯旺图形

假设不均衡点出现在Ⅲ区 *B* 处（逆差和通胀），内部均衡问题较外部均衡问题严重，这就应该首先采用汇率政策（本币升值）实现内部均衡，然后采用支出增减政策（减少国内支出）实现内部均衡，进而再交替使用相应的汇率政策和支出增减政策，以同时实现内外部均衡。

斯旺图形清楚地表明，只运用汇率政策无法同时实现内外部均衡，要同时实现内外部均衡的政策目标，汇率政策必须与支出增减政策相搭配。否则，将会使宏观经济调控在内部均衡或外部均衡两大目标之间处于进退两难的境地。斯旺图形对于人们认识开放经济条件下政策配合的重要性具有积极意义，而且也为丰富汇率政策与其他经济政策搭配方面的研究做出了突出贡献。但是，斯旺图形也有其局限性。汇率政策与支出增减政策的搭配，仅仅是政策搭配的一个典型范例。实际上，经济生活远远比理论上的论述要复杂得多，在决定政策取向时，不仅要考虑本国经济的需要，还要顾及外国可能做出的反应。比如，本币贬值可能引起外国的报复，因此，理论上应采用贬值与实际上能否采用贬值，有时并不一致。再比如，当经济中出现"滞胀"（stagnation）时，政策搭配的任务就要复杂得多，政策工具的数目也可能超过两个。

## 第三节 政府的外汇管制政策

根据国际货币基金组织的分类，外汇管制（foreign exchange control）的概念有狭义和广义之分，狭义的外汇管制也称外汇限制（foreign exchange restriction），指一国政府对本国居民从国外购买经常账户下的商品和劳务所需的外汇进行限制；广义的外汇管制，也叫外汇管理（foreign exchange management），指一国政府授权本国的货币金融当局或其他机构,对外汇收支、买卖、借贷、转移及国际上的结算、外汇汇率和外汇市场等实行的管制措施。

## 一、外汇管制政策概述

外汇管制是体制性概念,往往同一个国家的经济体制有着密切联系(如战时管制政策、计划经济)。外汇管制与货币自由兑换性密切相关,在外汇管制条件下,本国货币同外汇的兑换部分或全部地受到限制,本币成为不可兑换或不可完全兑换的货币,从而使境外的外汇买卖、国际结算、国际投资等金融活动都置于国家的严密控制之下。可以说,一国货币的不可兑换性或不可完全兑换性正是外汇管制的核心内容和必然结果。

### (一) 外汇管制的历史演进

从外汇管制的历史来看,外汇管制可分为三个阶段:

1. 第一阶段(从第一次世界大战爆发到第二次世界大战结束)。外汇管制的历史,近代可以追溯到17世纪的英格兰。但现代意义上的外汇管制只在1917年后才由第一次世界大战各交战国实施。因此,外汇管制是第一次世界大战的产物。第一次世界大战爆发以后由于战争的影响,不少参战国(如当时的英国、法国、德国和意大利等)都发生了巨额的国际收支逆差,它们本国货币的对外汇率发生了剧烈波动,引起大量资本外逃。为了集中宝贵的黄金、外汇资产进行战争,减缓本国货币汇率的波动,以及防止本国资本的外流,所有参战国在战时都取消了外汇买卖的自由,禁止黄金输出,从而对外汇的收、支、存、兑实行人为的干预和控制。

第一次世界大战结束后,资本主义各国随着经济的恢复和发展,进入了一个相对稳定的发展时期,其货币信用也得到相应的发展,特别是为了扩大对外贸易,恢复和争夺海外市场,自1923年起,各国先后实行了金块本位制和金汇兑本位制。因此,这些国家原先实行的外汇管制都先后取消,外汇买卖的自由基本恢复。1929年发生世界性的经济危机后,一些实力较强的国家急速把资金从各个金融市场大量撤回,促使大部分国家的国际支付无法继续维持,被迫再次放弃金本位制度。1929~1933年,各国为稳定汇率,维持国际收支平衡,都先后以各种措施控制外汇交易。

第二次世界大战期间,参战国为了应付巨额战争开支,都实行比以往更为严格的外汇管制来适应战时的经济需要。各国所采取的方法包括禁止自由汇率的存在、禁止外汇的自由交易等,而在国际贸易方面则采用易货贸易和记账贸易。到1940年,只有美国、瑞士和一些拉丁美洲国家等8个国家没有实行外汇管制。这一个阶段的外汇管制以防止资本外逃和投机为目的，管制的范围以资本收支项目为限。因为在这个阶段中，战争和经济危机致使各国经济不稳定，资本大量外逃，对外汇市场影响很大。

2. 第二阶段（从第二次世界大战结束到1958年）。第二次世界大战结束后，大多数国家备受战争创伤，经济亟待恢复，而外汇、黄金储备又严重短缺，不得不继续实行外汇管制。与此同时，美国利用其战后占绝对优势的经济地位，抬高美元汇率，大量输出资本，占领国际市场，并一再施加压力，迫使英国、法国、日本、联邦德国等国放松外汇管制。20世纪50年代以后，由于美国经济实力的相对削弱，西欧各国及日本经济实力的相对增强，自1958年起，英国、法国、联邦德国、意大利、荷兰、卢森堡、西班牙、葡萄牙、瑞典、挪威、丹麦、奥地利、爱尔兰等14个国家实行了有限度的货币自由兑换。在第二个阶段，外汇管制范围从资本项目扩大到经常项目，一切外汇交易都要经过外汇管理机关批准。外汇管制是调整国际收支使其均衡为目的的全面管制。

3. 第三阶段（从1958年至今）。进入20世纪60年代，资本主义国家兴起了贸易、资本自由化的浪潮，外汇管制进一步放松。80年代以来，国际上贸易自由化和贸易保护主义并存，汇兑自由化和外汇管制也形成了此消彼长、错综复杂的局面。随着世界经济的发展，特别是金融全球化的发展，各国经济的相互依存性越来越强，所有这些都要求世界范围内的外汇管制的进一步放松。事实上，不仅发达国家，许多发展中国家在外汇管制方面都呈现出逐步放松的趋势。

### （二）外汇管制的类型

目前，不管是发达国家，还是发展中国家，按其外汇管制的程度可分为三种类型：

1. 实行严格外汇管制的国家或地区。这类国家的货币尚未实现自由兑换，国家对经常项目、资本项目的外汇收支都实行严格的管理与控制，居民的货币兑换也受控制。这些国家或地区主要是指一些政治经济不稳定、贫困的发展中国家和实行计划经济的国家，包括1994年前的中国。

2. 实行部分外汇管制的国家或地区。这类国家的货币已经实行经常项目下的自由兑换，通常是放开经常项目的外汇收支，国家只对资本与金融项目的外汇收支进行控制，允许外汇自由买卖。它们多为经济发达国家和新兴工业化国家或地区，及国际收支和经济状况较好的发展中国家。属于这种类型的国家被称为"第八条款国"。1993年以来第八条款国激增。中国自1994年1月1日后成为第八条款国。

3. 名义上取消了外汇管制的国家或地区。这类国家或地区的货币基本上已经实现国际化，经常项目下和资本与金融项目下的外汇收支实行自由化，货币当局只进行国际收支的统计监测和国际储备资产管理。这类国家或地区名义上取消了外汇管制，但对非居民也还实行间接的或变相的限制措施（如瑞士对非居民存款采取倒收利息的办法），对居民的非贸易外汇收支也有限制，不过限制的程度比前两种类型的国家或地区大为减小。属于这一类型的国家或地区也有20多个，主要是发达国家，如美国，还有国际收支顺差的石油生产国，如沙特阿拉伯等。

### （三）外汇管制的方法

1. 行政管制。即政府以行政手段对外汇买卖、外汇资金的来源和运用所实行的监督和控制。一般采取如下做法：政府垄断外汇买卖、管制外汇资产、管制进出口外汇、控制资本的输入输出等。

2. 数量管制。即政府对外汇收支数量进行控制。如在经常账户上，对贸易外汇实行外汇配额制、外汇分成制和对非贸易外汇实行限制等；在资本与金融账户上，对资本输出输入及非居民账户存款进行审批管制；在外汇交易方面，限制交易的数量等。

3. 价格管制。其实质是实行不同形式的复汇率制。如政府规定法定的差别汇率，对某些进口商品给予优惠的汇率，而对某些商品（如奢侈品）实行高汇率；为鼓励出口，在出口商结汇时给予一定汇率上的补贴；允许出口商的一部分外汇收入按要求向银行结汇后，其余部分按市场汇率在外汇市场上出售等。

## 二、外汇管制的经济影响分析

外汇管制具有调整国际收支平衡、促进经济发展的积极作用。但是，也不可避免地会扭曲市场机制，给经济运行造成消极影响。外汇管制不是通过市场手段而是通过行政手段来分配外汇资源，这种制度安排一直受到自由经济学者的批评，如香港大学张五常教授认为"外汇管制半点好处也没有，有的只是一些肤浅的谬误"。但是，外汇管制几乎被包括发达国家在内的所有国家都采用过。对这一问题的客观认识，应从作为一种制度安排的外汇管制的成本和收益的分析入手。

### （一）外汇管制的收益

1. 调节外部经济失衡。对于一些国际收支逆差、外汇短缺的发展中国家来说，外汇管制常被当作平衡国际收支和维持本币汇率稳定的最重要或最直接的手段。为消除对外汇的过度需求或为弥补国际收支逆差，政府可采取以下措施：

（1）动用本国的国际储备资产来弥补赤字。这对于解决短期性的或暂时性的失衡，应当说是有效的。但是，如果国际收支的失衡是长期性的或根本性的，那么，它将造成中央银行所持有的国际储备大幅下降，甚至告罄的后果。

（2）宣布本国货币法定贬值。在本币贬值幅度足够大（$P_e P_0$）的情况下，外汇市场上的供求有望重新获得平衡。但是，改变本币汇率所引起的相对价格体系变化会产生国民收入或社会财富再分配的问题，并由此造成经济发展的不稳定和社会秩序的不安定。

（3）调节财政政策和货币政策，以此来使总需求或总支出产生增减变更，进而通过国民收入的变化、物价水平和利率水平的变化来影响国际贸易和国际资本的流量，最终使国际收支状况得到改善。但是，这项政策的实施具有牵一发而动全身的特征，它可能会造成内外均衡的冲突，即在解决国际收支逆差时会使内部经济发展出现停滞，失业增加；在解决国际收支顺差时会出现内部经济发展过热，通货膨胀加剧。

（4）实行外汇管制，即由政府集中所有可能的外汇供给，并按某种程序或形式在外汇市场需求者中实行配给供应。这项措施在增加外汇供给的同时，抑制对外汇的需求，从而缓解国际收支逆差的压力并维持汇率稳定。①从经常项目看，实行外汇管制，可对经常项目下的外汇收支实行严格控制和区别对待，改变进出口商品数量，调整进出口商品结构和地区结构，从而有助于改善一国经常项目差额。②从资本项目看，实行外汇管制后，通过对资本项目外汇收支的严格控制，可有效地阻止资本外逃；同时，还可以采取各种措施鼓励资本流入，从而改善国际收支状况。③从外汇汇率看，实行外汇管制可以在外汇市场存在供求缺口的情况下保持汇率的相对稳定，从而有利于一国对外经济活动的开展。另外，大多数发展中国家都以出口初级产品、进口制成品为主，通过外汇管制措施来使币值高估的本币汇率保持稳定，避免本币的法定贬值，可以阻止本国贸易差额和贸易条件的进一步恶化。

综上所述，外汇管制在调节外部失衡中具有特殊的，甚至是不可替代的。尽管外汇管制的实施过程也涉及不小的经济成本和社会成本，但对于广大的发展中国家来说，这是一种不得不做出的痛苦选择。

2. 防止资本外逃或大量资本流入。国际政治与经济形势的动荡，往往会引起资本在国与国之间进行大规模的流动。对于一国来说，无论是资本的大量外逃还是资本的大量涌入，都会破坏其国内金融市场的正常运行，妨碍该国货币与金融政策的实行。而实施外汇管制可有效地阻止国际资本的非正常流动。

3. 保护本国市场，扶植幼稚工业。幼稚工业是指一个国家刚刚发展起来的新兴工业。由于其工艺技术水平还处于发展或完善的阶段，生产也尚未达到规模经济要求的水平，在这种情况下，如果市场完全开放，外汇可完全自由买卖，那么，国外廉价的同类产品就会大量涌入国内市场，从而将幼稚工业扼杀在摇篮里。通过外汇管制，则可限制威胁本国幼稚工业生产与发展的商品进口，使幼稚工业在被保护的国内市场迅速地成长起来，从而保证本国民族经济的顺利发展。

### （二）外汇管制的成本

外汇管制在调节外部经济失衡、阻断外来冲击、保护本国市场和扶植幼稚工业等方面的积极作用，是这一政策的收益。同时，直接管制政策不可避免地会造成对经济的各种程度不同的扭曲，这是它的成本。我们以外汇兑换管制为例，分析这一管制的社会成本。

我们首先对外汇市场进行局部均衡分析，着重研究发展中国家最为普遍的以兑换管制维持本币定值过高的现象。如图 11-7 所示，纵轴表示汇率（直接标价法），横轴表示外汇数量，$S$ 曲线表示外汇供给，$D$ 曲线表示外汇需求，$F$ 是市场自发调节时形成的均衡汇率位置，$OB$ 是政府强制维持的汇率水平。

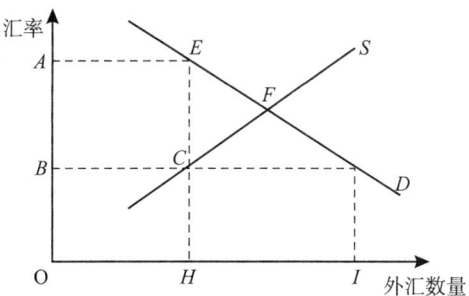

图 11-7 外汇兑换管制的经济效应分析

政府确定的外汇价格低于均衡水平，这导致在这一价格上的市场供给（$OH$）低于市场需求（$OI$），外汇市场上出现了对外汇的超额需求（$HI$），政府遂采取兑换管制以对外汇需求进行数量控制，使市场外汇交易量维持在 $OH$ 水平。这样，对外汇的购买就需要从政府获取许可证。

对于市场供给的外汇数量 $OH$，需求者愿意为此支付的外汇价格为 $OA$。这就意味着，如果存在着可以自由反映市场需求情况的外汇黑市，则可以从官方市场以较低价格（$OB$）购入外汇后，再以更高的价格（$OA$）在黑市上卖出，从而从每一单位外汇可获得一定收益（$AB$）。从全社会看，存在着一笔可以利用不同市场的价格差异而赚取的收入，我们称之为经济租金（rent）。图 11-7 中的租金总额可以用 $ABCE$ 这一矩形构成的面积表示。

存在着经济租金，就必然存在着谋求将这一经济租金转化为自己收入的活动，我们称之为寻租行为（rent seeking）。寻租行为大量发生的关键在于交易者可以从政府手中获准以官方价格购入外汇。政府对用汇许可证的发放方式是多样的，可以根据外汇需求总量一视同仁地按比例配给，也可能根据申请的前后次序按排队方式供给，还有可能完全视具体情况而定。只要政府对许可证的发放不是完全规则化、公开化，那么寻租者就会用各种方式来影响政府官员的决策，例如多次联系拜访、夸大用汇的必要性，乃至于进行贿赂等一系列非法行为。一般而言，存在着经济租金必然存在着一定程度的腐败问题。寻租活动的结果是使租金以各种形式转化为个人收入。由于这一收入并不是由生产活动带来的，它实质上是一种收入的再分配，并且这种分配往往使原有的社会分配状况更加不公平（因为能获得许可证的人一般都更有权势与经济实力）。而在这一寻租过程中发生的种种成本，从全社会角度看，则完全是一种资源的浪费。

外汇兑换管制消极效应，可以从以下几个方面认识。

1. 它导致了一系列的非法活动，这都会给经济带来不良影响。例如，我们已分析过的寻租活动过程中发生的腐败现象。再如，外汇管制往往带来了一个规模比较大的外汇黑市，这会直接影响一国的经济秩序。另外，交易者在进口交易中倾向于高报进口额，以尽可能以较低价格从政府获得廉价外汇；而在出口交易中倾向于低报出口，以减少将所获得外汇以较低价格卖给政府，这一活动会带来政府外汇来源的减少。

2. 外汇兑换管制对一国国内经济的长远发展也造成了较大的不利影响。例如，本币定值过高会打击产品出口，削弱出口部门的国际竞争力，从而从长期看影响本国经济的进一步发展。而且，本币定值过高会促进一些低效率的进口替代工业的发展，同样会影响本国资源的配置效率。再如，对进口实行的控制可能导致许多本国急需的商品乃至生产设备、专利技术难以获得，这对经济的发展也是非常不利的。另外，对资本与金融账户的管制将使本国失去利用国外资本来发展经济的有利条件。而总的来说，外汇兑换管制使本国商品市场与金融市场处于被保护状态之中，来自国外竞争的缺乏将不利于本国产业部门与金融市场效率的提高。

3. 外汇兑换管制会对国际上经济交往产生不良影响。对经常账户兑换的管制不但会阻碍国际上的自由贸易，并且还会引发各国间的贸易战与汇率战，破坏正常的国际贸易秩序。对资本与金融账户兑换的管制将会降低资本在全球范围内配置所能带来的福利，并且直接影响到国际资金市场的形成与发展。

## 三、外汇管制的机构和对象

### （一）外汇管制的机构

实行外汇管制的国家，为了有效实施外汇管制的方针、政策、法令、法规和各种措施，都需要指定一个政府机构来执行外汇管制职能，不过各国的国情不同，因而执行机构也不同。较多的国家授权中央银行作为执行外汇管制的机关，如英国的英格兰银行行使外汇管制权力；有的国家由财政部负责外汇管制，如美国，虽然已经基本上取消了外汇管制，但出于政治上的原因，需要对某些国家的金融和商业往来实行限制，这种限制由财政部负责执行；有的国家则成立专门的外汇管制机构，如法国、意大利等专门设立了外汇管制局（The Bureou of Foreign Exchange Control）；另外，还有的国家把外汇管制的不同职能分别交给几个政府部门执行，如日本由财务省、通产省分别负责。

外汇管制机构负责制定和监督执行外汇管制的政策、法令和规定条例，并有权随时根据具体情况，采取各种措施，对外汇的收、支、存、兑进行控制。

### （二）外汇管制的对象

外汇管制的对象可分为人、物、地区三个方面。

对人的外汇管制通常分为居民（resident）和非居民（non-resident）。居民又称境内户，它指长期居住在本国境内的自然人（natural person）（包括本国人和外国侨民），依照本国法律在本国境内设立的具有法人地位的本国和外国机关、团体、企业以及本国驻外外交、领事、商务机构和派往国外的工作人员。非居民也称境外户，它指长期居住在本国境外的自然人，依据当地法律设立的本国和外国机关、团体、工业及外国派驻本国的外交、领事、商务等机构及其工作人员。对居民和非居民的外汇管制往往采取不同的政策和规定。多数国家对居民实行严格外汇管制，而对非居民的外汇管制较宽。

对物的管制，即对外汇及外汇有价物进行管制，其中包括外国货币（钞票、铸币）、外币支付凭证（汇票、本票、支票、银行存款凭证、邮政储蓄凭证）、外币有价证券（政府公债、国库券、公司债券、股票、息票），以及其他在外汇收支中所使用的各种支付手段和外汇资产。大多数国家把黄金、白银等贵金属也列入管制对象之中。

对地区的管制。"地区"一般以本国为限，但还常指因政治经济关系而形成的国家集团之间，如欧盟、北美自由贸易区等；有些国家对本国的不同地区实行不同的外汇管制政策，譬如对本国的出口加工区或自由港，实行较松的外汇管制。另外，还有些国家对不同的国家或地区实行不同的外汇管制政策。

### 四、外汇管制的主要内容和措施

外汇管制的主要内容和措施一般是指对管理对象进行何种方式的约束和限制。凡实行外汇管制的国家或地区，一般都对以下一些项目采取一定的管理方法和措施。

#### （一）对经常项目的管制

由于经常项目包括的外汇收支种类繁多，管理的内容也就较为复杂，它一般再分成贸易外汇的管理和非贸易外汇的管理两部分。

1. 贸易外汇的管理。贸易外汇收支是决定一国国际收支状况的最主要项目，因此对贸易外汇的管理也就成为各国外汇管理的重点。各国特别是贸易逆差国，都期望通过对贸易外汇的管理达到改善国际收支的目的。

（1）出口收汇管理。出口收汇管理是大部分国家普遍实行的外汇管理措施。国家为减少和防止逃汇、套汇现象，保持国际收支平衡，一般都要求出口商在商品出口后要将货款调回境内，存放在境内的银行，或按规定在外汇指定银行办理结汇。同时，世界各国对出口一般都采取鼓励政策，以开拓海外市场，扩大出口规模，增加外汇收入。

各国实行的出口鼓励措施有许多，在外汇管理方面主要有三种：①汇率补贴。实行外汇管制的国家对出口所涉及的外汇交易规定更优惠的汇率，使商品出口所得到的每一单位能换回较多的本国货币，以此来鼓励出口。②外汇留成。出口商可按一定比例保留其出口收汇收入。所留成外汇除可供自己使用外，还可按较高的价格出售给其他外汇需求者，这可看成是一种变相的汇率补贴。③外汇倾销。有些国家故意让本国货币的对外贬值程度大于国内外通货膨胀的差异程度，从而使该国所有出口商品以外币表示的价格相对下降，形成"廉价销售"，在价格上提高本国商品的出口竞争能力。此外，许多国家还采取信贷、税收等非外汇管理的措施来鼓励出口。

（2）进口付汇管理。对进口付汇进行管理，其目的是限制与国内生产相竞争的商品进口，并禁止某些非必需品和奢侈品的进口，以保护本国的相关产业，并节约外汇支出。

各国对进口付汇实施的限制性措施多种多样，主要有：①进口许可证制。在进口许可证制下，进口商必须先申请进口许可证，然后方可办理进口业务及付汇手续。政府有关部门在颁发进口许可证时，通常要考虑进口总量、进口商品结构、进口商品的来源地或生产国别及进口支付的条件等。②进口配额制。一国为了保护本国产业或出于政治上的需要，对进口的总量进行限制，没有配额的不准进口，进口配额分为全球性配额和国别配额。③进口押金制。这又称进口预先存款制，即进口商必须将进口货款按规定的比例存入指定银行，银行对此存款不支付利息。通过实施这项押金制度来占压进口商的资金，加大其进口成本，减弱其支付能力，从而达到减少进口的目的。④国家垄断经营制。所有的进口统一由国家指定的进口单位办理，其他企业不能从事进口业务，以达到集中控制进口用汇的目的。⑤征收高比例的进口税和进口附加税，以限制某类商品的进口。

2. 非贸易外汇的管理。非贸易外汇收支的范围较广，除贸易外汇和输出入国境的国际资本以外的一切外汇收支均属于非贸易外汇收支，主要包括与进出口贸易有关的从属费用，如运费、保险费、佣金等；与资本等生产要素的输出输入有关的利息、股息、特许权使用费、劳务费等；与文化交流有关的版权费、稿费、留学费用等；与外交活动有关的驻外机构经费。此外，还有海外旅游的费用与侨民汇款等。其中，与贸易有关的费用按贸易外汇进行管理，其他各项外汇收支则采用以下几种管理方式。

（1）在非贸易外汇收入方面。①许可证制。一些发达国家限制某些在高科技行业从事生产和科研的人员，在国防等领域从事研发工作的人员，向国外提供劳务或进行交流。只有经有关部门批准并持有主管部门发放的许可证才可进行此类输出。②结汇和留成制度。规定非贸易外汇收支须在规定的日期内向外汇指定银行办理结汇。有的国家为鼓励非贸易收汇，允许创汇者按一定比例留存外汇。③开设外币账户和免征利息收入税。在实施外汇管制的国家，开立外币账户一般都受到严格的限制。但为了鼓励非贸易创汇，国家也会允许企业或个人开立外币账户，并对外币利息免征利息收入税。④强制兑换。这是一种严格的管理措施，它强制规定个人和企业不得持有外汇，所有携带入境或从国外汇入的外汇都必须按规定兑换成本国货币；暂时入境的非居民在逗留期间也必须将其携带的外汇向外汇指定银行兑换成当地货币或外汇券。

（2）在非贸易外汇支出方面。①征收外币兑换税。当居民以本币购买外汇时，要按本币的价值收取一定比例的税收。这一做法通常用于出国旅游等项开支上，以限制此类开支。②规定购汇的限额和购买的间隔期。如有的国家规定，因私和公务出国一般一年内可购汇一次或两次，数额也受到限制。③外汇、贵金属出入国境的管理。对外汇、贵金属出入境管理的重点一般放在限制输出上。多数实行外汇管理都规定，携带或邮寄外汇和黄金出境，须提供外汇管理部门证明，或提供入境时向海关报关申报携入的申报单，禁止私人输出黄金。更有甚者，对携带贵金属饰品出境也有一定的限制，即限额以内可自由带出，超过限额则要经主管部门批准。而对于外汇和贵金属的入境，大多数国家则未加限制，只要向海关申报即可携带入境。另外，各国还对本币的输出入实行管理，如美国规定携带5 000美元以上的现钞出境必须向海关申报。

### （二）对资本项目的管制

根据国际货币基金协定的规定，各成员方未经基金组织同意，不得对国际经常往来的付款和资金转移施加限制，但是在必要的情况下可以对国际资本转移采取一些限制。因此，对资本输出输入的管理，在各国实施的外汇管制中占有相当重要的地位。

资本项目管理，包括对本国货币资本、外汇资本、投资利润、股息等输出入及有价证券买卖进行限制，主要的措施有：

1. 审批管理。一些国家对资本的输出和输入实行严格的审批制度，输出和输入单位须向主管部门申请，经批准后才可办理手续。需要报批的项目有：对外借款和对外贷款、外国直接投资和对外直接投资、在境内发行及出售外币有价证券、在境外发行外币债券或股票、向境内或境外转移资本等。审批单位则依据国家引进外资的政策、国家对债务整体规模的控制要求、国家的产业经济政策及鼓励或限制的行业和项目等内容，对申请的每一笔交易进行审核，符合标准和要求的予以批准。

2. 比例限制和限额控制。一些发展中国家对外国投资者在某些行业和企业中的投资比例有所限制。如有的国家要求本国资本在外商投资企业中必须保留50%以上的股权资本，以使本国经济部门不被外国资本操纵或垄断。还有一些国家对外国资本和利润的汇出做了限制性规定，如一年内汇出的利润有最高限额，或不准超过其投入资本的特定比例；资本的转移也必须分批进行等。

3. 明令禁止，严格控制。有的国家通过立法和行政性规定来限制资本的输出和输入。如为了防止资金外流，明令禁止本国居民购买国外的股票债券，禁止携带有价证券出境。与之相反，有的国家为避免资金大量流入造成本币升值的威胁，不允许非居民进入本国市场购买有价证券等。

4. 经济利益诱导。一些发达国家为防止资金流入造成输入性通货膨胀，采取不鼓励资本输入的措施，从经济利益上诱导资金的流向。措施之一是规定本国银行吸收非居民存款时要缴纳较高比例的存款准备金;措施之二是银行对非居民的活期存款不付利息,甚至在一定时期内对超过数额规定的存款余额倒收利息;措施之三是规定非居民持有本国股票和债券所得的收入要缴纳较高比例的所得税等。

总之,各国的国情不同,对资本输出和输入的态度不同,管理的重点也不一样。一般来说,发展中国家普遍面临着生产技术落后、资金短缺的矛盾,因而管理的重点是采取一系列措施鼓励资本的输入,以便更好地利用外资发展本国经济;与此同时,采取严格措施限制本国资金的外流。发达国家则由于自身资金实力雄厚,国内市场又处于饱和状态,需要寻找新的投资场所,因而允许资本自由输出。对于那些国际收支长期顺差、本币不断升值、通货膨胀压力急剧增大的国家,则对资本输入施加限制措施。

### (三) 复汇率制

1. 复汇率制的概念。复汇率(multiple exchange rates)制是指一国实行两种或两种以上的汇率,它有两种主要形式:多重汇率与混合汇率。

2. 复汇率制的种类。

(1) 多重汇率。这是指按不同的政策目标,对不同的外汇收支,规定两种或两种以上的汇率。如区分贸易汇率与金融汇率。前者适用于进出口贸易及其从属费用的对外结算,后者则适用于资本移动和非贸易交易的结算。区分这两种汇率,其目的不外乎鼓励对外贸易发展、限制国际资本流动。规定两种以上的汇率则可对不同的商品规定不同的汇率,如对于原材料、粮食等战略物资的进口给予优惠的汇率,对于汽车、摩托车等奢侈品的进口则采取限制性的汇率,从而起到对不同商品的进口进行限制或鼓励的作用。

(2) 混合汇率。这是指官方汇率和市场汇率混合使用的汇率体制。在一些国家既存在着由官方确定和公布的汇率,也存在着由特定供求关系决定的市场汇率。官方汇率一般都低于市场汇率,因此,使用官方汇率购买外汇,一般都是政府鼓励和支持的进口;而在市场上出售外汇,所得的本币收益高于以官方汇率结售外汇的本币收益,所以,适用于国家鼓励的出口收汇或其他的创汇收入。

3. 复汇率制的表现形式。复汇率制度按其表现形式有公开的和隐蔽的两种。隐蔽的复汇率又有多种表现形式:(1) 对进出口按商品类别采用不同的税收政策。如对出口按商品类别给予不同的财政补贴或税收减免,由此导致不同的实际汇率;又如对进口按类别课以不同的附加税,这同样导致不同的实际汇率。(2) 采用影子汇率。影子汇率实际上是附在不同种类进出口商品后的一个不同的汇率系比如，某类商品的国内平均单位生产成本是 8 元人民币，国外售价是 1 美元，官方汇率为 1 美元等于 6 元人民币，通过官方汇率只能弥补该产品的部分生产成本（6 元）。为鼓励出口，国家就在该类出口产品的官方汇率之后附加一个 1.34 的折算系数。这样，当该产品出口后，1 美元的创汇收入便可换到 8.04 元人民币。由于不同种类的进出口商品因成本不同往往具有不同的影子汇率，故影子汇率构成实际上的复汇率。（3）在官方汇率和市场汇率两种汇率并存的条件下，对不同企业出口的不同商品实行不同的外汇留成比例，同时允许企业将其不用的留成外汇在外汇调剂市场上按市场汇率换成本国货币，这等于变相地给予补贴。

4. 复汇率制的利弊。同其他外汇管制政策一样，复汇率制对经济的影响也具有双重性。复汇率制度的积极意义在于：一是在宏观经济出现国际收支问题尤其是大量资本流出时，可维持一国一定数量的外汇储备；二是在国际资金流动问题非常突出时，可隔绝来源于外部的冲击；三是可以体现国家的进出口政策与产业政策；四是成为一种变相的财政手段，不同交易采用不同的汇率实际上意味着政府的不同的补贴与征税措施。

复汇率对经济本身也有很大损害，复汇率制度本身存在着许多缺陷：（1）管理成本较高。由于汇率种类繁多，其管理势必涉及大量的人力成本。另外，管理人员主观认识上的失误、繁文缛节、信息不通等都会导致复汇率的错误运用，从而使得经济运行的整体效益下降。（2）扭曲价格信号。众多的汇率导致众多的价格，从而使得一国的相对价格体系变得复杂。另外，这些价格信号中有相当一部分是受到扭曲的，从而使得资源配置的效益大打折扣。（3）导致不公平竞争。复汇率实际上是一种变相的财政补贴，它使不同企业处在不同的竞争地位，从而不利于公平竞争关系的建立和市场透明度的形成。（4）容易引起国际社会的非议，甚至招致贸易伙伴国的报复，从而不利于国际经贸关系的发展。

从第二次世界大战世界各国的历史看，复汇率的使用频率相当高，但它被中止实行的频率也相当高。换言之，复汇率只是作为一种权宜之计或过渡措施来加以利用的，很少有国家长期使用复汇率制度。

## 第四节　我国的外汇管理政策与人民币自由化

20 世纪 90 年代以前，我国一直实行比较严格的汇率管理与外汇管制。90 年代以来，我国外汇管理体制改革不断深化，1994 年 1 月

1日,我国开始实行新的外汇管理体制;1996年12月1日,我国正式加入国际货币基金组织第八条款,实现了人民币经常项目下可自由兑换;2005年7月21日,我国的汇率制度改革又迈出了关键的一步,外汇管理制度也随之进行了配套改革。2015年8月底,中国取消2006年出台的一系列房地产外资准入限制规定,包括取消外商投资房地产企业办理境内贷款、境外贷款、外汇借款结汇必须全部缴付资本金要求;放宽境外分支机构和个人购房条件。2015年9月2日央行补充发布《关于远期售汇宏观审慎管理有关事项的通知》,进一步收紧衍生品市场。2016年4月,中国国家外汇管理局称,将进一步扩大银行持有的结售汇头寸下限、允许中资非金融企业借用的外债资金,允许A类的企业贸易外汇收入暂不进入出口收入待核查账户等多项措施,积极扩大资金流入,增加外汇供给。2016年5月,中国国家外汇管理局发布境外机构投资者投资银行间债券市场外汇管理规定,要求资金汇出入币种基本一致。投资者汇出资金中本外币比例应保持与汇入时的本外币比例基本一致,上下波动不超过10%。2016年12月,中国外汇交易中心发布"CFETS人民币汇率指数货币篮子调整规则",将自2017年1月1日起,CFETS货币篮子新增11种2016年挂牌人民币对外汇交易币种,CFETS货币篮子数量由13种变为24种,其中美元权重由0.2640下调至0.2240。这些改革措施为人民币走向完全自由兑换创造了条件。以下我们介绍我国90年代以来外汇管理政策的主要内容及人民币自由化改革。

## 一、20世纪90年代以来我国外汇管理政策的主要内容

### (一) 1993~1996年期间的外汇管理体制改革的主要内容

1993年12月25日,国务院发布了《进一步改革外汇管理体制的通知》,决定自1994年1月1日起,进一步改革我国的外汇管理体制。这次力度很强的改革,使我国外汇管理体制进入一个全新的阶段,实现了人民币经常项目下有条件的可自由兑换。其主要内容有:

1. 汇率并轨,取消人民币官方汇率,实行以市场供求为基础的、单一的、有管理的浮动汇率制,政府只在必要时予以干预和调整。

2. 实行外汇收入结汇制,取消现行的各类外汇留成、上缴和额度管理制度,企业出口所得外汇收入须及时结售给指定的经营外汇业务的银行,在此基础上,取消经常项目下正常对外支付用汇的计划审批,境内企事业单位、机关和社会团体在此项下的对外支付用汇,可凭有效凭证,用人民币到外汇指定银行办理兑付。非经常性支付购汇

或购提现钞，按财务和外汇管理有关规定办理，对向境外投资、贷款、捐款的汇出，继续实行审批制度。

3. 建立银行间外汇市场，中心设在上海，联网全国，相互调剂头寸，外汇银行是外汇交易市场的主体，通过银行间外汇市场，改进汇率形成机制，保持合理稳定的人民币汇率。

4. 取消境内外币和外汇券计价结算，禁止外币在境内流通。经过一段时间后，取消外汇券。

5. 外商投资企业外汇管理仍维持现行办法。在国家规定允许范围内的对外支付和偿还境内金融机构外汇贷款本息，可从其现汇账户余额中直接办理，超出现汇账户余额的生产、经营、还本付息和红利汇出用汇，由国家外汇管理部门根据国家授权部门批准的文件及合同审核批准，通知外汇指定银行兑付。

1994年1月1日改革正式实施，1月在上海建立了中国外汇交易中心，人民币汇率实行并轨，按照1美元兑8.7元人民币作为中国人民银行外汇牌价。4月1日，银行结售汇制度正式实施，4月4日，银行间外汇市场正式经营，使各外汇指定银行可以在市场上买卖外汇，并对客户办理外汇业务，取代了过去的外汇调剂市场。中央银行可通过与外汇指定银行的外汇买卖，维持汇率的稳定。外汇券经历了一定的过渡时间后，在1996年初正式停用。

### （二）1996~2005年"7·21"期间的外汇管理体制改革的主要内容

1996年开始，我国外汇管理体制进行了进一步的改革，相应出台了一系列政策法规和相关措施：

1. 1996年1月1日，实施《国际收支统计申报办法》，制定时参照了国际货币基金组织国际收支手册第五版的内容，具有较高的国际可比性。

2. 1996年4月1日，出台了《中华人民共和国外汇管理条例》，主要规定了新外汇体制以来外汇管理基本的、原则性的内容，具体操作性的内容则由配套的单项行政法规和规章来解决，是对1994年外汇管理体制改革成果的法制化和规范化。

3. 1996年7月1日后实施的法规包括《结汇、售汇及付汇管理规定》《外商投资企业境内外汇账户管理暂行办法》《外商投资企业外汇登记管理暂行办法》《外资银行结汇、售汇及付汇业务实施细则》《境内机构对外担保管理办法》《境内居民因私兑换外汇办法》和《境内居民外汇存款汇出境外的规定》等。

前几项法规在全国范围内将外商投资企业的外汇买卖纳入银行结售汇体系，取消对其经常项目下用汇的限制。同时也允许我国境内的外资银行、中外合资银行和外国银行分行经营结售汇业务，成为我国的外汇指定银行。三资企业从1996年7月1日起意愿结汇。1996年1月3日，外汇交易市场在上海正式联网运行。

后两项法规则消除了我国外汇管理体制与国际货币基金组织协定第八条款在非贸易性项目用汇方面的限制。新规定提高了兑换的标准，扩大了因私用汇的范围，对超过标准的兑换和外汇存款汇出要求，经外汇管理部门的审核后也可办理。在此基础上，我国于1996年12月1日起，正式加入国际货币基金组织第八条款，实现了人民币经常项目下可自由兑换。

4. 1997年10月，为了加强国有企业改革，完善企业经营制度，我国允许符合条件的中资企业开立外汇结算账户，保留一定限额的经常项目外汇收入。2001年12月1日，国家外汇管理局对企业出口外汇核销和外汇账户管理进行了调整。一方面取消出口收汇核销单使用期限，实行出口收汇差额核销制度，简化核销手续；另一方面降低了中资企业外汇结算账户的开立标准。

5. 2004年11月16日，中国人民银行制定了《个人财产对外转移售付汇管理暂行办法》，自2004年12月1日起施行。通过该办法的实施，规范了个人财产对外转移行为。2005年8月3日，国家外汇管理局发布《关于调整境内居民个人经常项目下因私购汇限额及简化相关手续的通知》。提高境内居民个人经常项目下因私购汇指导性限额。出境时间在半年以下的，由等值3 000美元调整为等值5 000美元；出境时间在半年以上的，由等值5 000美元调整为等值8 000美元。

6. 2005年2月4日，为进一步推进贸易便利化，切实满足企业用汇需求，降低企业结售汇成本，国家外汇管理局发布《关于调整经常项目外汇账户限额管理办法的通知》：（1）将超限额结汇期限由现行的10个工作日延长至90个工作日；（2）扩大按实际外汇收入100%核定经常项目外汇账户限额的企业范围。2005年9月15日，国家外汇管理局发布了《关于进一步简化贸易进口付汇及核销手续有关问题的通知》（以下简称《通知》）。《通知》规定：（1）简化贸易进口付汇审核凭证；（2）简化"对外付汇进口单位名录"管理；（3）取消"进口货物报关单经营单位与付汇单位不一致"进口付汇备案管理，简化有关进口付汇及核销手续；（4）放宽"异地付汇"进口付汇备案管理。2005年10月14日国家外汇管理局发布《关于进一步简化出口收汇核销手续有关问题的通知》为进一步完善经常项目外汇管理，促进贸易便利化，国家外汇管理局决定进一步简化出口收汇核销手续。

### (三) 2005 年 "7·21" 汇率制度改革中的新发展

2005 年 7 月 21 日，为了建立健全以市场供求为基础的、有管理的浮动汇率制度，经国务院批准，中国人民银行发布《关于完善人民币汇率形成机制改革的公告》，这是我国汇率制度的又一次重大改革，具有深远的意义。

为了更好地实施这次重大改革，中国人民银行与国家外汇管理局陆续出台了一系列改革措施，主要内容包括：

1. 2005 年 7 月 21 日，中国人民银行发布《关于完善人民币汇率形成机制改革的公告》。在该公告中指出，此次改革的主要内容有：(1) 自 2005 年 7 月 21 日起，我国开始实行以市场供求为基础、参考"一篮子"货币进行调节、有管理的浮动汇率制度。人民币汇率不再钉住单一美元，形成更富弹性的人民币汇率机制。(2) 中国人民银行于每个工作日闭市后公布当日银行间外汇市场美元等交易货币对人民币汇率的收盘价，作为下一个工作日该货币对人民币交易的中间价格。(3) 2005 年 7 月 21 日 19 时，美元对人民币交易价格调整为 1 美元兑 8.11 元人民币，作为次日银行间外汇市场上外汇指定银行之间交易的中间价。(4) 银行间外汇市场美元对人民币的交易价仍在中国人民银行公布的美元交易中间价上下 3‰的幅度内浮动，非美元货币对人民币的交易价在中国人民银行公布的该货币交易中间价上下一定幅度内浮动。

2. 2005 年 8 月 8 日，中国人民银行发布《关于加快发展外汇市场有关问题的通知》。其主要内容包括：(1) 扩大即期外汇市场交易主体。非金融企业、非银行金融机构符合条件的，可以向中国外汇交易中心申请会员资格，进入银行间即期外汇市场进行自营性交易。(2) 增加外汇市场询价交易方式。①在银行间外汇市场引入询价交易系统，询价交易与竞价交易方式并存；②采取询价交易方式的会员在双边授信基础上，通过交易中心询价交易系统进行交易，交易的币种、汇率、金额等由交易双方协商议定；③询价交易实行双边清算，风险自担。(3) 开办银行间远期外汇交易。(4) 加强外汇市场监管。中国人民银行授权国家外汇管理局对银行间即期外汇市场和远期外汇市场进行监督管理。

3. 2005 年 9 月 23 日，中国人民银行发布《中国人民银行关于进一步改善银行间外汇市场交易汇价和外汇指定银行挂牌汇价管理的通知》。其主要内容包括：(1) 每日银行间即期外汇市场非美元货币对人民币的交易价在中国人民银行公布的该货币当日交易中间价上下 3‰的幅度内浮动；(2) 外汇指定银行对客户挂牌的美元对人民币现汇卖出价与买入价之差不得超过中国人民银行公布的美元交易中间价的 1‰，现钞卖出价与买入价之差不得超过美元交易中间价的 4‰；（3）取消非美元货币对人民币现汇和现钞挂牌买卖价差幅度的限制。

4. 2005 年 11 月 24 日，国家外汇管理局决定在银行间外汇市场引入做市商制度，并发布了《银行间外汇市场做市商指引（暂行）》规定：凡符合条件的外汇指定银行均可持规定的申请材料，向国家外汇管理局申请做市商资格包括美元，经核准后，履行做市商义务，并接受定期评估。做市商应履行的义务包括：在银行间即期竞价和询价外汇市场上，在规定的交易时间内，连续提供人民币对主要交易货币（含美元）的买、卖双向价格；在银行间即期竞价和询价外汇市场上，报价不得超过中国人民银行规定的银行间市场交易汇价的浮动幅度等。其权利则包括：适度扩大结售汇综合头寸区间，实行较灵活的头寸管理；具有参与外汇市场新业务试点的优先权等。

5. 2006 年 1 月 3 日，中国人民银行发布《中国人民银行关于进一步完善银行间即期外汇市场的公告》。为改进人民币汇率中间价形成方式，进一步完善银行间即期外汇市场，中国人民银行发布了该公告。主要内容包括：（1）自 2006 年 1 月 4 日起，在银行间即期外汇市场上引入询价交易方式（OTC 方式），同时保留撮合方式。同时在银行间外汇市场引入做市商制度，为市场提供流动性。（2）自 2006 年 1 月 4 日起，中国人民银行授权中国外汇交易中心于每个工作日上午 9 时 15 分对外公布当日人民币对美元、欧元、日元和港币汇率中间价，作为当日银行间即期外汇市场以及银行柜台交易汇率的中间价。（3）引入 OTC 方式后，人民币兑美元汇率中间价的形成方式将由此前根据银行间外汇市场以撮合方式产生的收盘价确定的方式改进为：中国外汇交易中心于每日银行间外汇市场开盘前向所有银行间外汇市场做市商询价，并将全部做市商报价作为人民币兑美元汇率中间价的计算样本，去掉最高报价和最低报价后，将剩余做市商报价加权平均，得到当日人民币兑美元汇率中间价，权重由中国外汇交易中心根据报价方在银行间外汇市场的交易量及报价情况等指标综合确定。（4）人民币兑欧元、日元和港币汇率中间价由中国外汇交易中心分别根据当日人民币兑美元汇率中间价与上午 9 时国际外汇市场欧元、日元和港币兑美元汇率套算确定。

6. 2015 年 8 月 11 日，中国央行宣布调整人民币对美元汇率中间价报价机制，做市商参考上日银行间外汇市场收盘汇率，向中国外汇交易中心提供中间价报价。这一调整使得人民币对美元汇率中间价机制进一步市场化，更加真实地反映了当期外汇市场的供求关系。其产生的影响包括：（1）双向浮动弹性明显增强，不再单边升值：2015 年 8 月 11 日至 2016 年 8 月 11 日，人民币对美元汇率中间价最高为 6.2298 元，最低为 6.6971 元，降幅为 8.3%，终结了此前十年人民币兑美元累计33%的升值；（2）不再紧盯美元，逐步转向参考"一篮子"货币：汇改使人民币波动摆脱了受单一美元汇率的影响，由"单锚"机制转向"双锚"机制；（3）人民币中间价形成的规则性、透明度和市场化水平显著提升：央行初步形成"收盘汇率+'一篮子'货币汇率变化"的机制，人民币中间价定价机制，市场对于判断每日中间价走势变得更加有迹可循，避免因中间价偏离市场预期而出现大幅波动；（4）跨境资金流出压力逐步缓解：中国跨境资金流出压力的逐步缓解，反映了国内外市场环境的变化，市场情绪趋向稳定和理性，人民币汇率贬值预期减弱。"8·11汇改"尚未解决的问题包括：（1）外汇市场出清问题未解决："8·11汇改"并没有解决过去中间价定价机制中的核心矛盾——外汇市场出清问题，即人民币外汇市场交易量相对低迷，量价不相匹配。外汇市场难以出清，人民币贬值压力持续存在，表现为每个交易日收盘价大都高于当日中间价。（2）纳入SDR波动幅度大：现行机制下，"一篮子"货币充当了锚的功能，使得人民币回来得以保持相对稳定。但由于"一篮子"货币汇率变化与美元走势大体一致，其事实上是在收盘价的基础上进一步提升了人民币中间价的波动幅度。

## 二、关于人民币自由化问题

一种货币之所以不能成为自由兑换货币，一个重要原因就是该国实行的外汇管制，管制的中心内容是：凡是出口和其他渠道获得的外汇均必须按金融管理当局人为制定的外汇牌价全部结售给政府指定的外汇银行；所有外汇资源的分配也集权于计划部门或金融管理当局，凡是由于进口商品和其他的外汇需求，都必须先向当局申请外汇，在得到批准之后，才有权用本国货币按当局制定的外汇牌价购买外汇。在外汇管制条件下，外汇是一种稀缺资源，社会公众和厂商不能够把持有的本国货币自由地兑换成外汇或外国货币，本币的流通被界定在本国范围内，本币则形成所谓的非自由兑换货币。

既然非自由兑换货币是外汇管制的产物，要放松外汇管制，就意味着货币可逐渐变成可自由兑换的货币。那么，什么是货币的自由兑换呢？

### （一）货币自由兑换的含义

货币自由兑换或者说可兑换，一般是指一个国家或某一货币区的居民，不受官方限制地将其所持有的本国货币兑换成其他国家或地区的货币，用于国际支付或作为资产持有。

根据货币自由兑换的不同标准，可以将货币自由兑换分为不同的类型：

1. 依货币可兑换的程度，货币自由兑换可分为完全可兑换（自由兑换）和部分可兑换（部分自由兑换）。

完全可兑换是指一国或某一货币区的居民可以自由地将其所持有的本国货币兑换成其他国家或地区的货币，用于经常项目和资本项目的国际支付和资金转移。

部分可兑换是指一国或某一货币区的居民可以在国际支付的部分项目下，自由地将其所持有的本国货币兑换成其他国货币，用于国际上的支付和资金转移。例如，在经常项目下自由兑换，用于国际上商品和劳务交易的支付，但此时并不一定必须对资本项目实行自由兑换。是实行自由兑换还是实行部分自由兑换，在一定程度上取决于一个国家对资本管制的宽严程度，以及一国货币政策和财政政策的运筹能力。

2. 依货币可兑换的范围，货币自由兑换可分为国内可兑换和国际性可兑换（即货币国际化）。

国内可兑换是指一国或某一货币区的居民能够自由地、不受限制地将本币兑换为外币，但这种货币并不是国际化的货币，在国际支付中接受这种货币的持有者，可以将所持有的此种货币用于向发行国支付，也可以向发行国兑换为其他国货币。目前，一些国家尽管实行了货币自由兑换，却未使本币国际化。

国际性可兑换是指一国或某一货币区的货币不仅能在国内自由地兑换成为其他国货币，而且在国际市场上也能自由地兑换为其他国货币，也就是货币国际化。货币国际化除了实行完全可兑换以外，还要承担作为国际货币的一系列责任和义务。

3. 按产生货币兑换需要的国际上经济交易的性质划分，货币自由兑换可以分为经常账户下的自由兑换和资本与金融账户下的自由兑换两种。

经常账户下的自由兑换：IMF 规定，如果一国解除了经常项目下支付转移的限制，即实现了经常项目下的货币可兑换，也即承担了 IMF 协定第八条款所规定的义务，成为 IMF 的第八条款的成员方。在 IMF 协定第八条中有明确的规定，即经常项目下货币可兑换是指对经常项目外汇支付和转移的汇兑部分不加限制地兑换。在 IMF 章程第八条的第 2 款、第 3 款、第 4 款中规定，凡是能对经常性支付不加限制、不实行歧视性货币措施或多种汇率、能够兑付外国持有的在经常性交易中所取得的本国货币的国家，该国货币就是可兑换货币。

（1）对经常项目下支付转移不加限制。一国对居民从国外购买经常项目下商品或劳务所需外汇要加以提供，允许其拨付转移，不以各种形式或手段加以限制、阻碍或推迟。其内容包括（但不限于）以下各项：①所有有关对外贸易、其他经常性业务（包括劳务在内）

以及正常短期银行信贷业务的支付；②贷款利息及其他投资净收入的支付；③数额不大的偿还贷款本金或摊提直接投资折旧的支付；④数额不大的赡家汇款。可见，IMF 章程中所指的可兑换实际上是经常项目可兑换，因此实现了经常项目可兑换的国家又称为"第八条款国"。根据 IMF 统计，在国际货币基金组织近 190 个成员方中，已有近 160 个国家或地区接受第八条款，实行经常项目可兑换。

（2）不采取差别性的复汇率措施。复汇率含义是：一国实行两种或两种以上高低不同的汇率，即双重汇率和多种汇率。国际货币基金组织认为，导致多种汇率做法的汇兑措施主要有：针对不同交易制定不同的汇率，且不同汇率之间的汇差超过 2%；双重或多重外汇市场，留成额度以及汇兑课税、汇兑担保等。歧视性的货币措施主要是指双边支付安排，它有可能导致对非居民转移的限制以及多重货币做法。

（3）兑换其他会员国积累的本币。任何一个成员方均有义务购回其他成员方所持有的本国货币结存，但要求兑换的国家应说明：①此项货币结存系最近经常性往来中所获得，或②此项兑换系为支付经常性往来所必需。比如，成员方不可限制非居民将经常性国际往来的收入进行兑换或转移，因此，对外商投资企业外方和非居民个人将投资所获得的利润、红利及利息换成外汇或转移均不应进行限制。

资本账户下货币可兑换：资本账户是国际收支统计的旧提法，按照国际货币基金组织《国际收支手册》第五版的口径，已经改为资本和金融账户。但习惯上资本和金融账户仍然被称为资本账户。故此处将资本与金融账户可兑换简称为资本账户可兑换。

所谓资本账户可兑换是指对资本流入和流出的兑换均无限制。在 20 世纪 50~60 年代，几乎所有国家都选择对资本账户实行严格管制的政策。随着经济的发展，一些发达国家逐步取消了对资本账户的管制，国际资金流动导致了金融市场的全球一体化，70~80 年代出现了金融自由化浪潮，这一趋势的发展又带来了各国（不仅是发达国家，而且还是发展中国家）对资本账户管制的进一步放松。在国际货币基金组织 1997 年香港年会上，国际货币基金组织确定了将以推动各国实行资本账户可兑换为今后的目标。但是，迄今为止，关于资本账户可兑换，国际上尚没有像经常账户可兑换那样严格的定义，也没有统一的标准。

资本账户可兑换比经常项目可兑换要难得多。尽管 20 世纪 90 年代各国资本账户可兑换迈开了很大步伐，特别是发展中国家更是成绩骄人，但是由于资本账户可兑换的复杂性及所面临的风险，不少国家始终对其持谨慎的态度。到 1997 年，绝大多数发达国家及发展中国家仍存在着某种形式的资本管制。这些资本管制较为集中的有直接投资、房地产交易、资本市场证券交易等领域。最近几年，这种情况没有发生实质性变化。

## (二) 货币可兑换的条件

从表面上看，可兑换是一国货币能不能自由地与其他国家货币兑换的问题，但其实质则是一国的商品和劳务能不能与其他国家自由交换。这种能否自由兑换和自由兑换的程度，是与一国经济在国际上的地位密切相关的，是受一国商品、劳务在国际、国内市场上的竞争力、资本余缺状况等许多因素制约的。因此，一国货币能否自由兑换，必须具备以下几个条件。

1. 有充分的国际清算支付能力。在不受限制的情况下，国际收支平衡体现了一国的外汇收入满足了国民对外汇的需求，这样才能保持国家外汇储备的稳定和增加，为本币自由兑换提供基础。如果国际收支长期逆差，国家的外汇储备会很快减少甚至消失，从而动摇货币自由兑换的基础。保持国际收支大体平衡和外汇储备的稳定及增长，要求该国有较强的经济实力，其产品和劳务在国际、国内市场上有较强的交换性和替代性。

2. 具有合理的汇率水平和开放的外汇市场。货币自由兑换要求避免和取消外汇管制，任何企业和个人都可以在外汇市场上买入和卖出外汇，这就要有开放的外汇市场。同时还要求汇率能够客观地反映外汇的供求，从而正确引导外汇资源的合理配置。

3. 具有完善有效的宏观调控系统。在财政方面，收支平衡，没有过大的财政赤字而导致国际收支逆差；在金融方面，中央银行有较强的实施货币政策的能力，具有较强的外汇市场干预政策和操作能力，包括外汇风险管理与控制，储备资产投资战略以及与这些业务有关的会计和监管能力。同时，还应具备良好的宏观经济政策环境。

4. 国民对本币具有信心。必须抑制通货膨胀，维持物价基本稳定，建立货币政策的可信度，增强国民对本币的信心。随着上述过程的深入和国民对本币信心的树立，对经常项目交易以及对所有外汇交易的限制即可取消，实现本币的自由兑换。

5. 具有宽松的外汇管制政策或取消外汇管制。一国货币能否自由兑换，与一国的外汇管制程度密切相关。可以说，一国实现货币自由兑换的过程，就是一国逐渐取消外汇管制的过程。一国如果适度放宽外汇管制，例如，放宽经常项目管制，就可以说该国实现了货币在经常项目下可自由兑换；如果一国大幅度放宽或取消外汇管制，也就意味着该国货币基本实现了自由兑换或实现了完全可自由兑换。当然，一国要放松或取消外汇管制，应具备一定的条件，必须依据一国的整体经济发展状况、金融市场的成熟程度，以及相应的管理水平来进行。

6. 微观经济实体对市场价格能做出迅速反应。货币自由兑换与微观经济实体如银行、企业等关系密切,只有微观经济实体能对市场价格做出迅速反应,才会加强对外汇资源的自我约束能力,自觉参与市场竞争,提高在国际市场上的竞争能力。而要做到这一点,必须实现货币自由兑换。

### (三) 货币自由兑换的次序

货币自由兑换的次序可分为三步:

1. 货币对内自由兑换。货币对内自由兑换是指本国居民和企业在国内可以自由获得和持有外汇。通常是指自有地向银行兑取外汇、持有外币现钞和存款,用外币购物和参与外汇市场买卖,但不能将外汇带出境外。

2. 经常项目自由兑换。这是指对经常项目收支(货物贸易收支、服务收支、收入收支和经常转移收支)不实行外汇限制,保证本国货币与外汇自由兑换。一国实现经常项目自由兑换是接受国际货币基金组织协定第八条款的同义词。

3. 资本项目自由兑换。所谓资本项目自由兑换是指对资本项目交易的资金转移支付不得加以限制和拖延。资本不仅可以在境内自由流动,也可以在境内与境外之间自由流动。具体来说,资本项目的可兑换包括:(1) 内资投资境外或外资投资境内所需转移的外汇数量不加以限制;(2) 对到国外投资的本币购汇流出或相应外汇流入结转本币不实行审批或限制;(3) 不限制资本返还或外债偿还汇出;(4) 不实行与资本交易有关的多重汇率制度等。

### (四) 人民币自由兑换

人民币自由兑换是我国外汇管理体制改革的最终目标之一,也是近年来讨论得比较多的一个话题。货币自由兑换是有前提条件的,在条件尚不具备时强行推广货币自由兑换,只会带来灾难性后果。同时货币自由兑换又是一个逐步深入的过程,随着条件的不断成熟,货币兑换的自由度越来越大。自 1996 年 12 月 1 日起,我国接受国际货币基金组织协定第八条第 2 款、第 3 款、第 4 款的义务,实现了经常项目可兑换,但仍对资本项目的外汇收支实行管制。2015 年 10 月,人民币跨境支付系统(Cross-border Interbank Payment System,CIPS)正式启动,标志着人民币国内支付和国际支付统筹兼顾的现代化支付体系取得重要进展。人民币跨境支付系统是由中国人民银行组织开发的独立支付系统,为境内外金融机构人民币跨境和离岸业务提供资金清算与结算服务,是中国重要的金融基础设施,旨在进一步整合现有人民币跨境支付结算渠道和资源，提高跨境清算效率，满足各主要时区的人民币业务发展需要，提高交易的安全性，构建公平的市场竞争环境。该系统于2012年4月12日开始建设，2015年10月8日上午第一期正式启动，2018年3月26日，第二期投产试运行。CIPS共有31家境内外直接参与者，695家境内外间接参与者，实际业务范围已延伸到148个国家或地区。2016年10月1日起，人民币正式纳入特别提款权（SDR），成为美元、欧元、日元和英镑以外的第五个篮子构成货币，也是自欧元1999年取代法国法郎和德国马克以来首次加入的新货币。人民币的完全可兑换，是一项长远的目标，其实现还需经历一个较长的过程。

1. 人民币自由兑换的含义。人民币自由兑换根据货币自由兑换的程度，可以分为三个层次。第一层次是指对国内居民和企业实现的人民币自由兑换；第二层次是指在经常项目中实现人民币的自由兑换；第三层次是指在资本项目交易中实现人民币的自由兑换。

2. 人民币自由兑换的进程。

第一层次的实现：即国内可兑换。

自1994年1月1日起，新的外汇管理体制开始实施：我国开始实行以市场供求为基础的、单一的、有管理的浮动汇率制；实行银行结售汇制，取消外汇留成和额度管理，建立银行间外汇市场；实行进出口付汇核销管理。所有这一切都表明，这时人民币已经实现了经常项目下的有条件可兑换。1996年我国将外汇体制改革进一步向深推进。1996年7月1日，在外汇体制方面，我国又将外商投资企业纳入银行结售汇体系，并按经常项目可兑换的要求修改了结汇、售汇和付汇的管理办法。

第二层次的实现：即经常项目可兑换。

1996年11月27日，中国人民银行行长戴相龙正式致电国际货币基金组织，宣布中国自1996年12月1日起，接受国际货币基金组织协定第八条款的全部义务，从而不再限制不以资本转移为目的的经常性国际交易支付和转移，不再实行歧视性的货币安排和多重货币制度，这标志着中国实现了经常账户下人民币的完全可兑换。

国际货币基金组织协定第八条款是关于国际货币基金组织成员方在汇兑制度方面应尽的一般义务，具体而言，包括三方面的义务：

首先，关于废除歧视性货币措施问题。废除歧视性货币措施有两层含义：第一，废除歧视性的货币协定；第二，取消复汇率制。所谓歧视性货币协定，是指两国之间签订的在贸易收支差额结算时使用特定货币的协定，这种做法盛行于实行外汇管制的国家之间。以前我国也同许多国家签有这方面的协定，但是，随着我国经济改革和对外开放的深入发展，我国已逐步实现了多边结算的自由化，在对外贸易中已经不存在使用特定货币的协定。关于复汇率制,我国于 1994 年 1 月 1 日实行了汇率并轨,统一了外汇调剂市场汇率和中国人民银行的牌价,并于同年 4 月开设了中国外汇交易中心,进而又于 1996 年 7 月 1 日对外商投资企业实行银行结售汇,这样,在我国就形成了以外汇的供给和需求为基础的统一的外汇市场,汇率是在这个统一的外汇市场上由外汇的供给和需求的力量自行决定的,因此,我国现行汇率制度就是汇率的一元化,复汇率制已经成为历史。从以上两个方面看,我国已经不存在所谓的歧视性货币措施,符合第八条款的要求。

其次,关于支付自由化问题。所谓支付自由化,是指第八条款国在没有获得国际货币基金组织同意时,不能对经常项目下的国际交易的支付和资金转移实行限制。经常项目包括贸易收支、劳务收支和单方面转移三个方面。我国从 1994 年开始逐步向第八条款国过渡,首先实行的是经常项目下的有条件的人民币可兑换,时至今日,对外贸方面的支付限制已经废除,进口企业只要持有效的进口凭证,就可以向外汇指定银行兑换外汇,从而满足支付的需要。从劳务收支来看,中国人民银行于 1996 年 5 月修订并公布了《结汇、售汇制度及支付管理规定》和《境内居民因私兑换外汇办法》等一系列旨在实现包括劳务收支在内的经常项目下的支付自由化,从这些新法规看,我国劳务收支下的支付限制已基本取消,符合第八条款的要求。虽然在居民因私用汇方面还存在着一定的数量限制,明显的例子是,对出国旅游者的用汇实行数量限制等,但是,这并不会构成中国成为第八条款国的障碍。日本在 1964 年 4 月成为第八条款国时,对居民出国旅游也存在着用汇的数量限制,但是,国际货币基金组织也只是以日本应早废除限制为条件,允许其暂时保留该限制,与日本每人 500 美元的限额相比,作为发展中国家的中国规定每人可携带 1 000 美元出境,还是比较宽松的,当然,从发展趋势来看,理应逐步废除这方面的限制。

最后,关于本币可换性的义务。第八条款国不仅要满足居民用汇的需要,在经常项目下允许居民把本币兑换成外汇,而且必须具有维持本国货币对外兑换性的义务,即对基金组织其他成员方持有的人民币余额,必须允许随时兑换成外汇。我国成为第八条款国之后,意味着实现了人民币在经常项目下的兑换性以及外汇支付的自由化,即在经常项目下的交易,无论是用外汇还是用人民币都可以自由地进行支付,因此,在以人民币支付时,对非居民收入的人民币,就必须允许非居民把人民币兑换成外汇。所以,实现经常项目下的人民币可兑换的真正含义是,对非居民的经常项目下的人民币实现自由兑换。唯有如此,人民币才能成为国际货币基金组织所认可的可兑换货币。这一点,在国家外汇管理局 1996 年 6 月颁布的《结汇、售汇及付汇管理规定》的文件中已经有所体现，例如，对外国驻华使领馆收取的人民币签证费允许其兑换成外汇并汇往外国。

第三层次的实现：即人民币资本项目可兑换。

中国作为一个发展中国家，资本项目还处于相对管制水平，但资本项目下的外汇管理正逐渐放宽。放松资本项目管制已成为一种全球趋势。目前，世界上所有发达国家和大部分发展中国家都已实行资本项下的货币可兑换，放松资本项目管理。我国应遵循世界的潮流和趋势，按照国际上货币开放的基本规律，在实现人民币经常项目可兑换的基础上，积极推进资本项目下货币的可兑换和实现人民币的完全可兑换。这是中国经济国际化的需要，也是中国国民经济总体发展战略的需要，更是人民币汇率制度改革向纵深发展的需要。

我国在实现人民币经常项目可兑换之后，能否尽早实现资本项目的可兑换需要以下几个条件：（1）合理的汇率水平；（2）充足的国际储备；（3）健全的宏观经济政策；（4）良好的微观经营机制。我们应当认识到，我国放松资本项目的外汇管制，实现资本项目的可兑换，必定是一个逐渐的、循序渐进的过程。在条件不成熟的情况下，我们是不能实现资本项下货币的可兑换的。

我国资本项目的自由兑换涉及40多个项目，分四个层次：第一层次是严格限制的子项有6项，占13.9%。主要包括非居民在境内购买、出售或发行货币市场工具、非居民在境内购买、出售和发行衍生工具、居民向非居民提供个人贷款、非居民向居民提供个人贷款等。第二层次是有较多限制的子项共18项，占41.9%，主要包括涉及买卖股票、债券、集体投资类证券及其他相关证券的子项12个，以及居民在境外购买、出售和发行衍生工具，居民在境外购买不动产交易，居民向非居民提供礼品，捐赠、遗赠和遗产，外国移民在境外的债务结算、移民向国外的转移资产等子项。第三层次是较少限制的子项有11个，占25.6%，主要包括居民在境外购买、出售或发行货币市场工具，居民与非居民间相互提供金融信贷、担保、保证和备用融资便利，对外直接投资，非居民在境内购买、出售不动产交易以及博彩和中奖收入的转移等。第四层次可兑换的子项8个，占18.6%，主要包括居民与非居民间相互提供商业信贷，对内直接投资，直接投资清盘，非居民向居民提供礼品，捐赠、遗赠和遗产，移民向国内的转移资产以及非居民员工的储蓄等。以上项目其中20多个项目已经开放，没有开放的主要有两个方面：一是中国企业直接向外举债和把人民币兑换成外汇进行对外投资；二是外币投向中国本币证券市场。尽管我国还没有一个资本项目可兑换的明确时间表，但有一点可以明确，即中国实现资本项目可兑换只是迟早的事情。

推进人民币资本项目可兑换可从有条件的可兑换开始，逐步过渡到完全可兑换。具体而言，可采取"积极稳妥、先易后难、宽入严出"的方针，如先放宽长期资本流出入的管制，再放宽短期资本流出入的管制；先放开对直接投资的管制，再放开对间接投资的管制；先放开对境外筹资的管制，再放开对非居民境内筹资的管制；先放开对金融机构的管制，再放开对非金融机构及居民个人的管制等。同时有必要认真考虑各项金融政策的选择和运用，以求得最佳的政策效果。

（1）货币政策。应重视在推行资本项目可兑换新形势下的货币政策运用及其作用研究。我国于1998年开始实行"计划指导、自求平衡、比例管理、间接调控"的管理方式，其主要运用货币政策工具，如存款准备金、再贷款、贴现率、利率、公开市场业务等进行宏观间接调控，尤其是公开市场业务操作在中国货币政策调控实践中的地位越来越重要。今后应进一步结合国际收支和汇率调节来综合考虑，追求国民经济的内外均衡。

（2）汇率政策。过去20年里，中国国际收支的调节主要靠贸易和外汇管制。但当贸易管制大幅度放松，外汇管制逐渐放松，管制成本大幅度上升的时候，汇率手段的主导调节作用便逐渐显现出来。自20世纪90年代汇率并轨以来，中国的人民币汇率虽说是有管理的浮动，但浮动幅度太小，缺乏弹性。在汇率缺乏弹性的情况下，当发生通货膨胀或通货紧缩时，货币政策效应将大大减弱。同时，在开放经济环境下，缺乏弹性的汇率体制更容易遭受国际游资的冲击。因此，进一步改革汇率体制，放宽现行的人民币汇率波动控制幅度，进一步发挥汇率政策工具的调控作用，十分必要。事实上，实行较有弹性的汇率安排是可行的。

（3）利率政策。资本项目可兑换不能不考虑利率的市场化问题。也就是说，中国在实施对外开放、参与经济金融全球化的过程中，应该同时考虑国内利率的改革，同步推进利率市场化。目前，中央银行已基本明确利率市场化的原则，即先放开外币利率，后放开人民币利率；先放开贷款利率，后放开存款利率；先放开农村存贷款利率，后放开城市存贷款利率。目前外币存贷款利率、银行同业拆借利率和国债市场利率已基本由市场决定，中央银行货币政策调控的基准利率机制已初步形成。随着我国加入世界贸易组织，利率改革的步伐也必将逐渐加快。

（4）政策协调。经验表明，在实施资本项目可兑换的初期，往往伴随着实际汇率一定程度的升值。为防止实际汇率升值，削减财政赤字和控制通货膨胀应当是首选措施。其次，实行较有弹性的汇率安排，或实行浮动汇率制具有积极意义。在20世纪90年代上半期，许多发展中国家为阻止迅速增加的资本流入和实际汇率升值，大量运用

"冲销"政策,甚至恢复部分资本管制措施。但冲销性干预往往会使国内利率进一步上升,刺激更多的外国资本流入。由于冲销需要增加国内公债发行,而且支付给国内债券持有者的利率通常会高于当局从外汇储备上所得到的利率,因而冲销意味着公共债务的扩大和财务成本的增加;此外,与资本项目可兑换问题相随的另一个突出问题是资本外逃。1994 年的墨西哥金融危机、1997 年的亚洲金融危机和 1998 年的俄罗斯金融危机,无不反映了资本外逃问题的严峻性。实践表明,在没有建立有效防范资本外逃机制和监管体系之前,过快开放国内金融市场,完全取消对金融交易的任何限制是很危险的。它将危及整个国家的金融体系和金融安全。因此,我们应重点考虑完善国内金融市场体系,全面协调各项货币政策和财政政策,首先在机制上确保体制转换的平稳过渡,以期顺利实现资本项目可兑换的预期目标。

## 本 章 案 例

[案例 1]

### 中国在 2015~2016 年外汇市场波动期间的政策组合

2015~2016 年,中国面临着外汇市场的巨大压力。人民币汇率波动加大,外汇储备大幅减少。为稳定外汇市场,中国政府采取了一系列外汇管理措施,并与其他经济政策相互配合。

外汇管理政策方面,中国人民银行(PBOC)加强了外汇市场的管理,限制了资本账户的自由流动,以减缓人民币对美元的贬值压力。同时,中国政府也推动了人民币汇率的市场化改革,增加了人民币汇率的弹性,使其更能反映市场供求关系,降低一次性调整带来的冲击。① 主要措施包括:(1)调整人民币汇率形成机制,使其更加市场化;(2)引入逆周期因子,稳定市场预期;(3)通过外汇市场操作,积极参与干预,以避免市场恐慌和过度波动。

货币政策方面,为了稳定外汇市场,中国央行实施了稳健的货币政策,通过公开市场操作等手段来调控市场流动性。② 例如,在外汇市场压力较大时,中国央行可以通过降息、降准等措施来释放流动性,缓解企业和银行的资金压力。具体措施包括:(1)适时调整基准利率和存款准备金率,保持市场流动性合理充裕;(2)通过公开市场操作和再贷款等手段,引导市场利率合理水平。

财政政策方面,中国政府通过财政政策来刺激经济增长,包括增

---

① 管涛:《动态审视中国外汇储备》,载《中国金融》2016 年第 21 期,第 19~21 页。
② 潘圆圆:《中国外汇储备流失与央行操作空间》,载《上海金融》2016 年第 12 期,第 21~26 页。

加公共投资、减税降费等，以提振市场信心，稳定人民币汇率。同时，财政政策也可以通过增加政府支出，刺激内需，降低对外部环境的依赖，从而减轻外汇市场的压力。① 主要措施包括：（1）增加了对基础设施建设、科技研发、教育、医疗等领域的投入；（2）实施了一系列的减税降费政策；（3）通过财政补贴、税收优惠等方式，支持企业转型升级。

三类政策均致力于稳定外汇市场，但侧重点各有不同。外汇管理政策主要解决的是资本流动问题，货币政策主要调控的是市场流动性和利率水平，财政政策主要是通过调节政府支出和税收来刺激经济增长。这些政策在各自的领域发挥作用，相互补充，形成一个完整的政策体系。通过这一系列政策组合，中国成功稳定了外汇市场，遏制了资本外流，减轻了金融风险。

[案例2]

## "债券通"项目

"债券通"项目是中国内地与香港之间的一项跨境投资计划，旨在为境内外投资者提供便利，参与对方债券市场。"债券通"项目分为"北向债券通"和"南向债券通"。"北向债券通"是指境外投资者通过香港的交易和结算系统，直接参与中国内地的债券市场。这为境外投资者提供了一个更加便捷的渠道，投资中国内地的政府债券、政策性银行债券、企业债券等。② 2017 年 7 月，"北向债券通"正式启动，中国内地债券市场对外开放迈出重要一步。"南向债券通"是指中国内地投资者通过境内的交易和结算系统，直接参与香港债券市场。这为中国内地投资者提供了一个更加便捷的渠道，投资香港的债券等。"南向债券通"的推出进一步加深了内地与香港债券市场的互联互通。

"债券通"项目的实施有助于完善我国的汇率管理。一方面，"债券通"项目吸引了大量的外资进入中国的债券市场，这增加了人民币的需求，有助于稳定人民币的汇率。同时，外资的流入也为中国的外汇储备提供了支持，有利于中国在汇率管理上有更大的自主性。另一方面，"债券通"项目增加了跨境资本流动，为人民币汇率提供了更加市场化的形成机制。在境外投资者参与中国内地债券市场的过程中，人民币汇率将更多地受到市场供求关系的影响，有助于实现汇

---

① 管涛：《经济新常态下中国外汇市场建设正当其时》，载《上海财经大学学报》2015 年第 4 期，第 4~9、53、113 页。

② 李莉莎、周雪芹：《"债券通"机制存在的问题及其解决路径》，载《金融经济》2022 年第 11 期，第 82~89、94 页。

率的市场化。①

随着"债券通"项目的推进和人民币市场化改革的深入，人民币汇率的浮动性也在增加，这对外国投资者来说既是风险，也是机会。为了管理这种投资风险，中国政府允许外国投资者在中国的银行进行远期外汇交易，以锁定未来的汇率。总的来说，"债券通"是中国在汇率管理的重要步骤，为中国的汇率管理提供了新的手段和工具。这既体现了中国对外开放的决心，也显示了中国金融市场的成熟度和吸引力。

## 本 章 小 结

1. 政府对外汇市场进行干预是非常普遍的现象。政府干预外汇市场的目的主要在于防止汇率在短期内过分波动、避免汇率水平在中长期内失调，以及进行政策搭配的需要和向市场传达政府当局的意图。政府对外汇市场干预的类型：按干预的手段划分，可分为直接干预与间接干预两种类型；按是否引起货币供应量的变化分，可分为冲销式干预与非冲销式干预两种类型；按干预策略分，可分为熨平每日波动型干预、砥柱中流型干预和非官方钉住型干预三种类型；按参与干预的国家分，可分为单边干预与联合干预。20世纪70年代以来，世界各国对外汇市场进行了联合干预，重要的事件主要有美国卡特政府对外汇市场的干预和广场宣言等。

2. 稳定汇率制度、资本完全流动和独立的货币政策这三个目标不可兼得，只能选择其中两项。这一结论被表述为"三元悖论"，又称为蒙代尔-克鲁格曼不可能三角模型。易纲、汤弦将这一模型进一步扩展，提出了扩展的蒙代尔-克鲁格曼不可能三角模型。该模型把蒙代尔和克鲁格曼只能解释角点解的结论一般化。斯旺图形清楚地表明，只运用汇率政策无法同时实现内外部均衡，要同时实现内外部均衡的政策目标，汇率政策必须与支出增减政策相搭配。否则，将会使宏观经济调控在内部均衡或外部均衡两大目标之间处于进退两难的境地。

3. 从外汇管制的历史来看，不管是发达国家，还是发展中国家，按其外汇管制的程度可分为三种类型：实行严格外汇管制的国家或地区、实行部分外汇管制的国家或地区，以及名义上取消了外汇管制的国家或地区。外汇管制的方法主要有：行政管制、数量管制和价格管制。外汇管制在调节外部经济失衡、阻断外来冲击、保护本国市场和扶植幼稚工业等方面的积极作用，是这一政策的收益。它的成本主要

---

① 胡杏、齐稚平、何佳：《我国资本市场互联互通的历程、现状与展望》，载《清华金融评论》2021年第9期，第44、46~49页。

体现在：因外汇管制出现的寻租行为导致了社会资源的浪费，产生了一系列的非法活动；外汇兑换管制对一国国内经济的长远发展和国际上经济交往也会造成较大不利影响。外汇管制的主要内容与措施包括对经常项目的管制、对资本项目的管制和复汇率制。20世纪90年代以来我国外汇管理体制改革不断深化，1994年1月1日，我国开始实行新的外汇管理体制，并于1996年实现了人民币经常项目下的自由兑换。2005年7月21日，我国的汇率制度改革又迈出了重大的一步，外汇管理体制也随之进行了配套改革。

4. 外汇管制松紧，影响着货币可否自由兑换的货币。货币的自由兑换可分为完全可兑换（自由兑换）和部分可兑换（部分自由兑换）；分为国内可兑换和国际性可兑换；还可以分为经常账户下的自由兑换和资本与金融账户下的自由兑换两种。货币自由兑换需具备必要的条件，并有一定的程序。人民币已实现了国内可兑换、经常账户下的自由兑换，实现资本与金融账户下的自由兑换也是迟早的事情。

## 本章重要概念

基本均衡汇率　直接干预与间接干预　冲销式干预与非冲销式干预　外汇管制　直接管制汇率　复汇率制度　熨平每日波动型干预、砥柱中流型干预和非官方钉住型干预　单边干预和联合干预　"三元悖论"　蒙代尔-克鲁格曼不可能三角模型　扩展的蒙代尔-克鲁格曼不可能三角模型　汇率政策与支出增减政策的搭配　货币的自由兑换　国内可兑换　国际可兑换　经常账户下的自由兑换　资本与金融账户下的自由兑换

## 本章思考题

1. 试自行分析政府对外汇市场进行干预的目标有哪些？
2. 政府对外汇市场进行干预的类型划分是怎样的？
3. 简述蒙代尔-克鲁格曼不可能三角模型的主要内容。
4. 为什么说只运用汇率政策无法同时实现内外部均衡的政策目标？
5. 汇率政策应如何与支出增减政策搭配才能同时实现内外部均衡的政策目标？
6. 谈谈你对外汇管制概念的理解。
7. 试分析外汇管制的经济效应。
8. 外汇管制的主要内容与措施有哪些？
9. 试简要评价复汇率制度。
10. 简述20世纪90年代以来我国外汇管理的主要内容。
11. 货币可兑换的条件及程序。
12. 如何推进人民币自由化？

# 第十二章
# 开放经济下的国际储备政策

**学习目标**
- 掌握国际储备的概念及构成，了解国际储备的作用；
- 掌握国际储备的总量管理及结构管理；
- 理解国际储备政策与其他政策的搭配。

国际储备是一国对外经济和国内经济的结合点。国际储备与国际收支之间的关系密切：国际收支既是国际储备存量的"源"，又是国际储备支出的"流"。国际储备对一国经济实现外部均衡发挥着重要作用。本章主要讲述国际储备的核心内容：国际储备的内涵和构成、国际储备的总量管理和结构管理以及开放经济条件下一国国际储备政策与其他政策的搭配等内容。

## 第一节 国际储备的内涵及构成

### 一、国际储备的内涵

#### （一）国际储备的概念

通常所讲的国际储备（international reserve）是狭义的国际储备，即自有储备，是指一国货币当局能随时用来干预外汇市场、支付国际收支差额的资产，其数量多少反映了一国在涉外货币金融领域中的地位。

与国际储备相联系的另一概念是国际清偿力（international liquidity），又称广义的国际储备，包括自有储备和借入储备，它反映了一国货币当局干预外汇市场的总体能力。虽然借入储备多半是短期的，但因为引起汇率波动的因素有很多是短期因素，因此，包含自有储备和借入储备的国际清偿力，常常被经济研究人员和外汇市场交易者视作一国货币金融当局维持其汇率水平能力的重要依据。

国际清偿力和国际储备是两个既有联系又有区别的概念。两者的联系表现在都是一国对外支付能力及金融实力的标志，具有共同的职能和作用。两者的区别主要存在于以下几个方面：第一，从内容上看。国际储备是国际清偿力，但不是国际清偿力的全部，而只是其中的一部分，国际清偿力除了包括该国货币当局直接掌握的国际储备资产外，还包括国际金融机构向该国提供的国际信贷以及该国商业银行和个人所持有的外汇和借款能力。第二，从资产的使用条件来看。一国货币当局对本国国际储备的使用是无条件的、直接的，而对于国际储备以外的借入储备的使用，通常是有条件的。第三，从这两个指标所反映出来的一国的经济状况来看。由于国际清偿力包含的内容要广于国际储备，因此国际储备仅是一国具有的现实的对外清偿能力，而国际清偿力则是该国具有的现实的对外清偿能力和可能的对外清偿能力的总和，是一国综合国力及国际地位和对外资信的主要标志。因此，判断一国短期对外支付能力，通常采用国际储备指标，而判断一国国际经济地位、金融资信和长期对外支付能力，则往往采用国际清偿力指标。一般来说，发达国家的国际清偿力要比发展中国家强。

### （二）国际储备的特征

按照国际储备的定义，一项资产能否成为国际储备的资产，要看它是否具备下列三个基本条件。

1. 可得性。作为国际储备资产必须是该国政府所拥有的，或能随时、方便地被政府得到。民间企业和居民自己拥有的黄金和外汇资产不能被认作是该国政府的官方储备资产，意味着这类资产的获取是有条件的。

2. 流动性。作为国际储备资产必须具有较强的无损变现能力。其要点有两个：其一，国际储备能方便地转换成现金；其二，这种转换需不发生损失或尽可能少发生损失。

3. 普遍接受性。作为国际储备资产能在外汇市场上维持本币汇率或在政府间清算国际收支差额时被普遍接受。

## 二、国际储备的构成

依照国际储备的概念及特征，广义的国际储备包括自有储备和借入储备两部分。

## (一) 自有储备

自有储备即狭义的国际储备,其构成在不同的历史时期有所不同,构成比例也有所变化。在国际金本位时期,黄金是一国主要的国际储备。在第二次世界大战后,国际货币基金组织先后为其成员方提供了两类资产作为国际储备的补充。目前,按照国际货币基金组织的统计口径,一国的国际储备由四个部分组成:外汇储备、黄金储备、在国际货币基金组织的储备地位以及在国际货币基金组织的特别提款权(special drawing rights, SDRs)余额。

1. 外汇储备(foreign exchange reserve)。外汇储备是当今国际储备中的主体。说它是主体,首先是因为就金额而言,它超过所有其他类型的储备。更重要的是,外汇储备在实际中使用的频率最高,规模最大,黄金储备几乎很少使用。储备地位和特别提款权因其本身的性质,规模和作用也远远小于外汇储备。

由于外汇储备是国际储备中的主体,因此,就全球而言,外汇储备供给状况直接影响世界贸易和国际经济往来能否顺利进行。供给太少,很多国家将被迫实行外汇管制或采取其他不利于国际经贸活动顺利开展的措施;反之,若供给太多,又会增加世界性通货膨胀的压力。因此,外汇储备的供应如何在总体上保持适量,是国际金融研究的一个重要课题。

在20世纪70年代以前,外汇储备的供应主要依赖于美元。美国通过其国际收支逆差,使大量美元流出美国,形成一种世界性货币,其中一部分被各国政府所拥有,成为各国的美元储备。自70年代初期起,由于美元币值的相对不稳定,其他一些国家如日本、联邦德国在经济上的崛起以及在世界经贸领域中作用的扩大,储备货币的供应开始出现多样化。目前,虽然美元在世界外汇储备中所占的比重仍然最大,但与70年代初期相比,其重要性已相对下降。

2. 黄金储备(gold reserve)。黄金储备是指一国货币当局作为金融资产持有的黄金,非货币性用途的黄金不在此列。黄金作为国际储备资产已有很长的历史。在国际金本位制和布雷顿森林体系时期,黄金一直是重要的国际储备资产和国际支付与清算手段。然而自1976年起,根据国际货币基金组织的《牙买加协议》,黄金非货币化,黄金同国际货币制度和各国的货币脱钩,黄金不准成为货币制度的基础,也不准用于政府间的国际收支差额清算。但是,基金组织在统计和公布各成员方的国际储备时,依然把黄金储备列入其中。主要原因是黄金长期以来一直被人们认为是一种最后的支付手段,它的贵金属特性使它易于被人们所接受,加之世界上存有发达的黄金市场,各国货币当局可以方便地通过向市场出售黄金来获得所需的外汇，平衡国际收支的差额。

3. 在基金组织的储备头寸（reserve position in IMF）。储备头寸又称普通提款权，是基金组织成员方在 IMF 的普通账户中可以随时自由提取和使用的资产，包括成员方在基金组织储备部分提款权余额和基金组织对成员方货币的净使用。国际货币基金组织犹如一个股份制性质的储蓄互助会。当一个国家加入基金组织时，须按一定的份额向该组织缴纳一笔钱，我们称为份额（quota）。按该组织现在的规定，认缴份额的 25% 须以可兑换货币缴纳，其余 75% 用本国货币缴纳。当成员方发生国际收支困难时，有权以本国货币抵押的形式向该组织申请提用可兑换货币。提用的数额分五档，每档占其认缴份额的 25%，条件逐档严格。由于第一档提款额就等于该成员方认缴的可兑换货币额，因此，条件最为宽松。在实践中，只要提出申请，便可提用这一档。该档提款权为储备部分提款权，其余四档为信用提款权，实际上是基金组织向成员方提供的可兑换货币贷款。

4. 特别提款权。一国国际储备中的特别提款权部分，是指该国在基金组织特别提款权账户上的贷方余额。特别提款权（special drawing rights，SDRs）是国际货币基金组织创设的无偿分配给各会员国用于补充现有储备资产的一种国际储备资产。

基金组织于 1969 年创设特别提款权，并于 1970 年按成员方认缴份额开始向参加特别提款权部的成员方分配特别提款权。迄今为止，基金组织已分配 2 041 亿特别提款权。特别提款权是一种依靠国际纪律而创造出来的储备资产。它的分配是无偿的，具有价值尺度、支付手段、储藏手段的职能，但没有被私人用来直接媒介国际商品的流通，因此，它还不是一种完全的世界货币。国际货币基金组织设有特别提款权部，参与的成员方均设有一特别提款权账户。当基金组织向成员方分配特别提款权时，将一成员方分到的特别提款权记在其账户的贷方。当该成员方发生国际收支困难而需要动用特别提款权时，基金组织按有关章程通过协调指定一国（通常是国际收支处于强势的国家）接受特别提款权。以 A、B 两国为例，设 A、B 两国分别分配到 10 亿特别提款权，当 A 国发生国际收支的逆差而需动用 2 亿特别提款权时，而 B 国被指定接受特别提款权时，在 A 国的特别提款权账户的借方记录 2 亿特别提款权，在 B 国的账户贷方加上 2 亿特别提款权，同时，B 国的中央银行将相等值的可兑换货币转入 A 国的中央银行，A 国中央银行遂可用所得到的这笔可兑换货币来平衡国际收支差额（见表 12 - 1）。

表 12-1　　　　　　　　特别提款权账户登录举例

| A 国的特别提款权账户 || B 国的特别提款权账户 ||
| 借方 | 贷方 | 借方 | 贷方 |
| --- | --- | --- | --- |
| 2 亿特别提款权 | 10 亿特别提款权 |  | 10 亿特别提款权 |
|  |  |  | 2 亿特别提款权 |
| 余额 | 8 亿特别提款权 | 余额 | 12 亿特别提款权 |

与其他储备资产不同，SDRs 具有自身特点：第一，它不具有内在价值，是 IMF 人为创造的，纯粹账面上的资产，因此它也被称作"纸黄金"（paper gold）；第二，它不像黄金和外汇那样通过贸易或非贸易交往取得，也不像储备头寸那样以所缴纳的份额为基础，而是由 IMF 按份额的一定比例无偿分配给各成员方；第三，它具有严格限定的用途，可用于偿付国际收支逆差，或偿还 IMF 的贷款，但不能兑换黄金和用于国际之间的一般支付，它只能在 IMF 及各国政府之间发挥作用，任何私人企业不得持有和运用，不能直接用于贸易或非贸易的支付。

为了更具体地了解特别提款权，下面对特别提款权的定价作一说明。

特别提款权的定价经历了三个时期：

第一个时期是创立初期，特别提款权定价方法是：1 特别提款权等于当时的 1 美元，或 35 特别提款权等于 1 盎司黄金。

第二个时期是 1974 年 7 月 1 日到 1980 年底，随着 20 世纪 70 年代初黄金与国际货币制度的脱钩以及美元币值的不稳定，基金组织采用了一种加权平均的方法来确定特别提款权的价值。基金组织选择了在过去 5 年中出口贸易占世界出口贸易比重超过 1% 的 16 个国家的货币，以 16 国各自对外贸易在 16 国总贸易中的百分比作为权数，分别乘以 16 国货币计算当日（或前一天）在外汇市场上对美元的比价，来求得特别提款权当天的美元价值，然后再通过市场汇率，套算出特别提款权同其他货币的比价。

第三个时期指 1981 年一直到现在。为了简化特别提款权的定值方法，扩大商业应用，改用世界贸易中 5 个主要国家（美国、德国、日本、英国、法国）的货币来定值，各种货币的权重由这些国家的商品、劳务出口数值和基金组织各成员方官方持有这些货币的总额来确定，并规定每五年的第一天对各种货币权重修改一次，其中 2001 年以欧元替代了德国马克和法国法郎，并且在 2015 年 11 月 30 日，IMF 执董会决定将人民币纳入特别提款权（SDRs）货币篮子，新的 SDRs 篮子将于 2016 年 10 月 1 日生效。新的 SDRs 篮子货币中，美元比重将为 41.73%、欧元 30.93%、人民币 10.92%、日元 8.33%、英镑8.09%。各种货币权重如表12－2所示。

表12－2　　　　　特别提款权的计算权数变化　　　　　单位：%

| 时间 | 美元 | 德国马克 | 法国法郎 | 日元 | 英镑 |
|---|---|---|---|---|---|
| 1981年1月1日 | 42 | 19 | 13 | 13 | 13 |
| 1986年1月1日 | 42 | 19 | 12 | 15 | 12 |
| 1991年1月1日 | 40 | 21 | 11 | 17 | 11 |
| 1996年1月1日 | 39 | 21 | 11 | 18 | 11 |
| 2001年1月1日 | 45 | 29（欧元） | | 15 | 11 |
| 2006年1月1日 | 44 | 34（欧元） | | 11 | 11 |
| 2011年1月1日 | 41.9 | 37.4（欧元） | | 9.4 | 11.3 |
| 2016年10月1日 | 41.73 | 30.93（欧元） | 10.92（人民币） | 8.33 | 8.09 |
| 2022年5月1日 | 43.38 | 29.31 | 12.28 | 7.59 | 7.44 |

资料来源：www.imf.org。

### （二）借入储备

在国际金融的发展过程中，一些借入资产具备了国际储备的三大特征，因此，IMF把它们计入国际清偿力的范围之内。一国的借入储备主要由三部分构成：备用信贷、互惠信贷协议、本国商业银行的对外短期可兑换货币资产，衡量了一国政府在国际金融市场上筹措资金的能力。

1. 备用信贷。所谓备用信贷，是一成员方在国际收支发生困难或预计要发生困难时，同基金组织签订的一种备用借款协议。这种协议通常包括可借用款项的额度、使用期限、利率、分阶段使用的规定、币种等。协议一经签订后，成员方在需要时便可按协议规定的方法提用，无须再办理新的手续。对于未使用部分的款项，只需缴纳约1%的年管理费。备用信贷协议中规定的借款额度，有时并不被完全使用。有的成员方与基金组织签订了备用信贷协议后，甚至根本不去使用它。凡是按规定可随时使用但未使用的部分，计入借入储备。备用信贷协议的签订，对外汇市场上的交易者和投机者，具有一种心理上的作用。它一方面表明政府干预外汇市场的能力得到了扩大；另一方面又表明了政府干预外汇市场的决心。因此，协议签订的本身，有时就能起到调节国际收支的作用。

2. 互惠信贷。互惠信贷协议是指两个国家签订的使用对方货币的协议。在这种协议下，当其中一国发生国际收支困难时，便可按协议规定的条件（通常包括最高限额和最长使用期限）自动地使用对方的货币，然后在规定的期限内偿还。这种协议同备用信贷协议一样，从中获得的储备资产是借入的、可以随时使用的。但两者的区别是：互惠信贷协议不是多边的，而是双边的，它只能用来解决协议国之间的收支差额，而不能用作清算同第三国的收支差额。美国在20世纪60年代分别同10多个国家签订过双边互惠信贷协议，以期减缓当时外汇市场上对美元的压力。

3. 本国商业银行的对外短期可兑换货币资产。本国商业银行的对外短期可兑换货币资产，尤其是在离岸金融市场或欧洲货币市场上的资产，虽其所有权不属于政府，也未被政府所借入，但因为这些资金流动性强、对政策的反应十分灵敏，政府可以通过政策的、新闻的、道义的手段来诱导其流动方向，从而间接达到调节国际收支的目的。故这些资产又被称为诱导性储备资产。

我们对以上的叙述作一小结：

第一，国际清偿力系自有国际储备、借入储备及诱导性储备资产之和（见表12-3、表12-4）。

表12-3　　　　　　　　国际清偿力的构成

| 自有储备<br>（国际储备） | 借入储备 | 诱导储备<br>（借入储备的广义范畴） |
| --- | --- | --- |
| 1. 外汇储备<br>2. 黄金储备<br>3. 在基金组织的储备地位<br>4. 在基金组织的特别提款权余额 | 1. 备用信贷<br>2. 互惠信贷<br>3. 支付协议<br>4. 其他类似的安排 | 商业银行的对外短期可兑换货币资产 |

表12-4　　　　　截至2023年4月中国国际清偿力的构成

| 项目 | 外汇储备 | 基金组织储备头寸 | 特别提款权 | 黄金 | 其他储备资产 |
| --- | --- | --- | --- | --- | --- |
| 亿美元 | 32 047.66 | 109.32 | 525.42 | 6 676万盎司 | 1.88 |
| 亿SDR | 23 791.73 | 81.16 | 390.06 | 6 676万盎司 | 1.40 |

资料来源：国家外汇管理局。

第二，自有国际储备中的主体是外汇储备。自有储备仅仅反映一国货币当局干预外汇市场、平衡国际收支逆差的部分能力，借入储备和诱导性储备也可被用来干预外汇市场、平抑汇率波动尤其是短期性的汇率波动和收支逆差。

第三，所有的储备资产均须具备流动性、可得性及普遍接受性三大特性。除特别提款权外，它们通常以可兑换货币来表示。

第四，不是所有可兑换货币表示的资产都可以成为国际储备。只有当该种可兑换货币价值相对稳定、在国际经贸领域中被广泛使用，以及该可兑换货币发行国在世界经济中具有特殊地位等条件得到满足时，它才能成为储备货币（或称为关键货币、世界货币），其发行国称为储备货币发行国。

## 三、国际储备的作用

国际储备的作用，可以从两个层次来理解。第一层次是从世界范围来考察国际储备的作用。随着世界经济和国际贸易的发展，国际储备也相应增加，它起着媒介国际商品流动和世界经济发展的作用。第二层次则是具体到每一个国家来考察。从一国角度看，持有国际储备的主要目的在于：

### （一）清算国际收支差额，维持对外支付能力

国际储备可以作为应对国际收支逆差的缓冲体。如果国际收支逆差是因偶然性因素或季节性因素导致的暂时性国际收支困难，动用外汇储备弥补差额，可以避免采取影响整个宏观经济的财政货币政策，避免由此产生的不良影响。如果国际收支逆差是长期性的、巨额的，虽然动用储备不能从根本上解决问题，但是至少可以为政府赢得时间，减少因猛烈的调节措施而带来的经济震荡。

### （二）干预外汇市场，调节本国货币汇率

一国国际储备量的多少，在一定程度上反映出该国政府干预外汇市场能力的强弱。当本国汇率发生变动时，特别是投机因素造成的不稳定时，政府通常利用国际储备（主要是外汇储备）对外汇市场进行干预，使本国货币汇率稳定在与国内经济政策相适应的水平。通过出售储备购入本币，可使本国货币汇率上升；反之，通过购入储备抛出本币，可增加市场上本币的供应，从而使本国货币汇率下浮。但由于国际储备的数量毕竟有限，所以干预活动对汇率的影响只是短期的。

### （三）信用保证

国际储备是衡量一国经济实力的标志之一。一方面，它是维护本国货币信用的基础，持有足够的国际储备，客观上和心理上都能提高本国货币的信誉，有利于支持本币价值稳定；另一方面，国际储备可以作为政府对外借款和偿债的信用保证。自有储备越充裕，政府筹措外部资金的能力越强，有可能获得的借入储备越多。充足的国际储备还可以加强一国的资信，吸引外资流入，促进本国经济

的发展。

## 第二节 国际储备管理

国际储备管理,是指一国政府及货币当局根据一定时期内本国的国际收支状况和经济发展的要求,对国际储备的规模、结构及储备资产的运用等进行计划、调整、控制,以实现储备资产规模适度化、结构最优化、使用高效化的整个过程,是国民经济管理的一个十分重要的组成部分。国际储备的管理包括量的管理和质的管理两个方面。量的管理是指对储备规模的确定和调整,即通常所说的国际储备的水平管理或总量管理;质的管理是指对国际储备结构的确定和调整,也被称作国际储备的结构管理。

### 一、国际储备管理的原则

国际储备的管理既是一种资产管理,也是一种政策选择。尽管因为各个国家的实际情况不同,管理的原则也有差别,但管理的一般原则都应该是保证储备资产的流动性、安全性和营利性。

#### (一) 流动性原则

国际储备作为一种保障性资产,它首先必须保证能供国家货币当局随时使用,以调节国际收支、干预外汇市场,因此流动性是国际储备的第一特性。

#### (二) 安全性原则

国际储备既是一种资产,但更是一种储备,因此其安全性也十分重要。如果因为通货膨胀与汇率变动而使储备资产贬值,或是其他原因使储备资产损失,其结果将不只是国家财富的直接损失,而且是国际储备的作用难以充分发挥。所以,国际储备管理还必须保障储备资产的内在价值具有相当的稳定性。

#### (三) 营利性原则

国际储备作为一种资产,也应具有资产的一般性质,即能不断增值,这也是安全性的保证。因为风险是绝对的,安全是相对的。防止贬值风险的一个途径就是利用资产获利。因此,国际储备管理也必须同时考虑使这部分资产能不断增值。

## 二、国际储备的总量管理

一国对国际储备总量的管理,从根本上说,就是使国际储备的供应保持在最适度国际储备量的水平或区域上。

### (一) 国际储备的供给

国际储备的供给量取决于构成国际储备的四个要素的增减变化。而影响一国国际储备供应量的因素有以下两类:第一类是决定一国出口创汇、换汇能力和对外投资收益的因素;第二类是决定和影响一国获得国际信贷能力的因素。这两类因素对国际储备供应量的影响具体表现在以下6个方面。

1. 国际收支顺差。一国的国际收支出现盈余,意味着该国国际储备存量的增加。假定误差和遗漏项为零,则国际储备的变动额=经常项目差额+资本项目差额,国际收支经常项目差额由资本项目差额来弥补。两者差额之和,反映在平衡项目上就是国际储备的变化额。

2. 国际信贷。一国从国际上取得政府贷款或国际金融机构贷款,以及中央银行之间的互惠信贷等均可以充当外汇储备。国际信贷可以通过国际收支发生额引起国际储备的变动,反映在借款国的国际收支平衡上是国际储备的增加,反映在贷款国的国际收支平衡上是国际储备的减少。

3. 干预外汇市场所得外汇。这一项主要针对西方工业国而言,因为其货币可以自由兑换且构成国际储备货币体系。因此,当一国的货币汇率升势过猛,给国内经济及对外贸易带来不利影响时,该国货币当局就会进入外汇市场抛售本国货币,收购其他储备货币,所得外币一般列入国际储备。

4. 黄金存量。黄金储备的增加一般通过两条途径:一是在国内收购黄金并由中央银行储藏。二是进入国际黄金市场购买。

5. 特别提款权分配。特别提款权是国际货币基金组织分配给成员方的一种国际流通手段,是国际储备的一个构成部分。

6. 在国际货币基金组织的储备头寸。其数额大小取决于各国的份额,而且其使用还受各种条件的限制。

### (二) 国际储备的需求

对国际储备的需求主要来自以下几个方面。

1. 弥补国际收支逆差。当一国国际收支发生逆差时,必须动用国际储备来平衡逆差,从而导致该国国际储备量的减少。

2. 干预外汇市场,支持本币汇率。

3. 突发事件引起的紧急国际支付。这属于对国际储备的临时需要。

4. 国际信贷的保证。即以国际储备充当对外借贷和进行国际融资的信誉保证。

表 12-5 所示为国际储备的供给与需求的对比。

表 12-5  国际储备的供给与需求

| 国际储备的供给 | 国际储备的需求 |
| --- | --- |
| 1. 国际收支顺差<br>2. 国际信贷<br>3. 干预外汇市场所得外汇<br>4. 黄金存量<br>5. 特别提款权分配<br>6. 在国际货币基金组织的储备头寸 | 1. 弥补国际收支逆差<br>2. 干预外汇市场，支持本币汇率<br>3. 突发事件引起的紧急国际支付<br>4. 国际信贷的保证 |

## （三）影响国际储备适度规模的因素

一国的国际储备主要取决于该国的经济发展水平。储备规模的下限是保证该国最低限度进口贸易总量所必需的储备资产数量，称为经常储备量。它的上限是在该国经济发展最快时可能出现的外贸量与其他国际金融支付所需要的储备资产数量，称为保险储备量。下限是制约国民经济正常运行的临界点，下限不保，维持现行正常生产所需的进口就得不到保证。国际储备规模的上限表明该国具有充分的国际清偿力，足以应付最高经济发展水平和任何突发事件对国际储备的需要。超过上限的储备则是完全没有必要的。适度规模的国际储备，位于上下限之间。而影响这一规模的经济因素有以下几点。

1. 经济开放度和国民经济对外依赖度。经济开放程度越大，对外贸易依赖程度越高，则对国际储备的需求越大。由于国际储备最重要的作用是平衡国际收支，而贸易收支的状况往往决定国际收支的状况，因此，对外贸易状况是决定国际储备需求的首要因素。

2. 外汇管制制度。各国实行外汇管制的初衷是为了改善国际收支逆差，维持汇率稳定以及集中外汇资金，一国外汇管制的宽严将影响该国直接控制其外汇收支的能力，因而对国际储备的需求就有所不同。外汇管制严，国家直接控制外汇收支的能力强，较少的国际储备就能够满足需要，反之则相反。

3. 外汇政策和汇率制度。实行固定汇率制度的国家，货币当局有维持汇率稳定的义务，对国际储备的需求将较大；浮动汇率制度下，一国若采取稳定汇率的政策，就需要较多的国际储备用于对外汇市场进行干预，相反，若一国对汇率采取自由放任的政策，所需国际储备就较少。

4. 本国货币的国际地位。指一国货币是否处于储备货币的地位。一国货币若处于储备货币的地位，可以通过增加本国对外负债来弥补国际收支逆差，而无须过多地储备。

5. 借用外国资金的能力。一国在国际金融市场上筹措资金的能力越强，则储备可以越少，但是一国国际储备充足与否，直接关系到该国从国际金融市场上的融资能力。

6. 外债规模。外债规模越大，则需较多的储备，以备还本付息。

7. 各国协调合作情况。各国政策协调、合作良好，可以缩小国际收支不平衡或者协同干预外汇市场，因而对国际储备的需求就可小一些，如欧元区国家持有的外汇储备相比统一货币前大幅度减少。

8. 持有国际储备的成本与收益。综合考虑持有国际储备的成本和收益，国际储备的规模不宜过小、也不宜过大，而应维持适度水平。

由以上分析可见，影响适度国际储备量的因素是很多的，而且每一个因素都从不同方向、不同角度对适度国际储备量产生不同的影响。由此，又引申出另一些问题，即各个因素的具体影响力多大，在这些因素影响下的适度储备量该通过什么样的方法或途径来确定较为复杂与关键的问题。

### （四）选择、确定衡量适度国际储备量的方法与模型

适度储备量是受多重因素影响的，每一个影响因素都可以形成一定风格的决定理论（包括方法、模型），因此，在这里所探讨的问题是国际储备的若干理论问题之一。在西方国际储备理论中，对储备需求的定量测算方法主要有三种，即利用经验法则的比例分析法、利用多元回归与相关分析建立的储备需求函数，以及确定适度储备量的成本－收益分析法。此外，还有货币学派分析法、标志分析法等。

1. 比例分析法。比例分析法，是一种简单的测量储备需求量的方法。该分析法的特点是把储备与某一个或某些数量相比，得出一个比例结果。此结果就可以作为衡量储备是否适度的一个标准。早在19世纪初人们就已运用该法来探讨储备需求的若干问题了，一些著名的经济学家亦从该法入手创立了影响颇为深远的储备需求理论。如在1802年，亨利·桑顿在其所著的《大不列颠货币信用的性质和影响》中便认为，一国的黄金储备应该用于对贸易提供融资，把储备与贸易联系起来。在金本位制度盛行之后，人们便十分关注储备与货币供应量之间的关系。第二次世界大战期间及其后，人们又把目光转向储备与贸易的关系上，其典型代表人物是美国的经济学家罗伯特·特里芬，他认为储备需求会随国际贸易的发展而增加，

推导出储备对进口的比例可作为衡量国际储备充分性的标准。1960年特里芬在其著名的论著《黄金与美元危机》中再次强调了该论点，提出了迄今仍有广泛影响的"一国储备量应以满足3个月的进口为宜"的结论，即被人们所称道的"特里芬法则"。该法则的特点是把储备与进口这个变量挂钩，因此，也称为储备——进口比例计算法。这个方法简单易行，并且进口额与储备额的相关分析已证实两者之间存在一种稳定关系，因此，在1960年之后，它已成为一种标准方法，得到普遍运用。

比例法，除了典型的储备与进口的比例法外，还有以下两种比较重要：（1）国际储备/国民生产总值的比例分析法。国际储备要适应国民生产总值的变化，两者之间基本上呈正比例变化关系。根据这一比例关系，可大致估算一国的国际储备量。可参考的适度指标为国民生产总值的10%左右。（2）国际储备/外债的比例分析法。是反映一国对外清偿能力和资信的指标之一，这项指标是从满足国际社会对国内经济的要求角度设计的。一国的国际储备应与该国的外债总额保持一个合理的比例。各国一般认为，一国的国际储备量占外债总额的1/2较为合理。但外债的偿还不仅由国际储备量多少决定。一国的经济实力较雄厚，开放程度高，对外融资能力强，其国际储备量可适当减少；一国出口能力强也可适当减少国际储备量。在遵循1/2的标准基础上，可根据本国具体情况酌情决定。

比例法的最大优点是简便易行，但因选择的变量有限，因而计算的结果准确性不足，因此，该法可作为一种参考，但不能作为唯一的衡量适度储备的标准。

2. 储备需求函数。20世纪60年代后半期开始，一些西方经济学家广泛采用各种经济计量模型，对影响储备需求的各种因素进行回归与相关分析，构成储备需求函数，用于确定一国的储备需求量。其特点是系统考察影响储备的各因素及其对储备需求的作用力的大小。储备需求函数有三个模式：一是弗兰德斯（M. J. Flanders）模式；二是弗伦克尔（J. A. Frenkel）模式；三是埃尤哈（M. A. Iyoha）模式。

3. 成本-收益分析法。成本-收益分析法，是20世纪60年代以来西方一些学者用于研究适度储备需求量的一种新方法。该法可以从全球的角度和一国的角度来分析储备的适度水平，一般情况下常用于后者。其特点是通过对一国持有储备的成本和收益进行分析，进而根据储备持有成本和收益的均衡求出储备的适度水平。它的主要代表人物是海勒和阿加沃尔（H. R. Heller and J. P. Agarwal），并形成了两种主要的分析模式：海勒模式和阿加沃尔模式。

## 三、国际储备的结构管理

一国对国际储备的管理除了需要使其具有适当的规模外,还应使其具有适当的结构,即最佳的分布国际储备资产,使黄金储备、外汇储备、储备头寸和特别提款权四种形式的国际储备资产的持有量之间保持适当的比例关系。由于储备头寸和特别提款权部分在各国国际储备中的比重较低,作用也比较弱。而黄金储备虽然一直是国际储备的主要组成部分,但由于产量低、持有成本高、流动性差,它在国际储备中所占的比重有不断下降的趋势。因此,各国国际储备资产最佳分布实际是外汇储备中各种储备货币的比例安排和储备资产的流动性结构的确定。

### (一) 储备货币种类的安排

储备货币种类的安排指确定各种储备货币在一国外汇储备额中各自所占的比重。储备货币结构的管理需要是随布雷顿森林体系的崩溃而出现的。浮动汇率制下各主要货币之间比率的波动造成了以不同货币持有储备资产的收益差异和不确定性。趋利避害是人类社会的自然本能,人们安排证券投资的组合都希望在获得一定预期收益率的情况下将风险降到最低限度,或者说在承担一定风险的条件下获取尽可能高的预期收益率。同样,各国货币当局也会根据资产管理的这一原则来安排外汇储备结构。

预期收益率等于名义利率加上该资产的预期升值率。不同储备货币的名义利率是容易确定的。然而,在收益率中重要的是一种资产对另一种资产的升值。在浮动汇率制下这部分收益难以事先确定,由此也使得整个收益率具有不确定性。对于外汇储备,收益不确定的风险表现为一国当局将持有的储备资产转化为其他资产进行使用时面临购买力下降的可能性。例如,一国可以以美元来持有储备资产,由此把以美元计值的风险减少到最低限度。但如果一国的贸易伙伴主要是欧洲国家,则该国美元储备的购买力将随美元对欧洲国家货币的汇率升降而波动。因此,为了减少汇率风险,一国可以考虑设立与弥补赤字和干预市场所需用的货币保持一致的储备货币结构。

在这里,需要进一步说明的是:

1. 持有储备的目的之一是支付进口大于出口的部分,因此,一国外汇储备所面临的汇率风险主要在于该国进口大于出口的那些国家的货币,该国应当将储备集中在这些币种上。

2. 当计算贸易赤字的货币构成时,进口应包括预期以各种货币清偿的还本付息支出净额。也就是说,一国以各种货币表示的债务净额（债务大于债权的部分）也是确定外汇储备结构的依据。

3. 有些学者认为，应以贸易结算货币构成作为确定储备结构的基础。实际上，如果一种储备货币升值，那么短期内所有以该种货币计价的进口商品价格都会上升，但只有那些真正来自该储备货币发行国的进口产品才会在整个升值期间保持价格居高不下。因此，一国储备构成应当集中在进口来源国和出口目标国的货币上，而不是贸易结算货币。

4. 储备的日常职能是充当外汇干预手段，支持本国货币的汇率。为此，一国货币当局必须确定一种干预货币。一国在储备中保有足够的干预货币，不仅可以避免兑换而产生的交易成本，还可以避免因兑换而产生的汇率风险。

减少外汇储备风险的另一种可行办法是实行储备货币多样化。目前世界储备货币多样化的格局也是在浮动汇率制度下各国货币当局避免风险、保持外汇储备购买力的决策结果。根据詹姆士·托宾（James Tobin）的投资组合选择理论，把各种相互独立的不同资产混合搭配进行投资所承担的风险，一般要低于投资于任何一种资产所承担的风险。因为一部分资产的亏损可以由另一部分资产的升值来抵冲，从而维持预期的收益率，或保证资产的价值不受损失。同样，一国货币当局实行储备货币多样化组合，也可以避免"将所有鸡蛋放在同一个篮子中"的风险，使整个储备资产的购买力保持不变。

通常认为，一国国际储备可分为两个部分：一部分基于日常弥补赤字和干预外汇市场的需要，称为交易性储备；另一部分基于不可预测的、突发的内外冲击，称为预防性储备。总体来看，交易性储备的货币构成应与弥补赤字和干预市场所需用的货币构成保持一致，而预防性储备则应按照分散原理进行投资。

### （二）外汇储备资产形式的确定

确定外汇储备的资产形式，是外汇储备结构管理的又一重要内容。根据流动性，储备资产可以分成三类。

1. 一级储备。这类储备的流动性最高但收益最低，风险基本上为零，平均期限为3个月。包括活期存款、短期国库券、商业票据等。活期存款可随时开出支票对外支付，因此流动性最高。储备货币发行国一般有发达的二级市场，短期国库券和商业票据很容易变现。由于这些资产的营利性较差，各国货币当局需要根据特定时期短期对外支付的需要控制它们在储备资产中的比例。

2. 二级储备。指收益率高于一级储备，而流动性低于一级储备但仍然较高的储备资产，平均期限为2～5年，主要是指中期国库券。由于各国货币当局很难准确预测短期对外支付额，所以必须持有一定比例的二级储备，以应付一级储备不足时的对外支付需要。

3. 三级储备。这类储备的收益率最高，但流动性最差，风险也最大，平均期限为 4～10 年。主要指各种长期投资工具。各国货币当局根据特定的债务结构，在确定一级储备和二级储备规模之后，还可通过对外国政府债券和欧洲债券进行长期投资，持有部分三级储备，以此提高储备资产的营利性。

从储备的职能出发，为了应付对外支付和市场干预，货币当局必须持有足量的一级储备，对于自然灾害等偶然发生的变动，还必须拥有一定数量的二级储备以备急用，剩余的部分才可以考虑进行长期投资。一般来说，国际收支逆差国要在其储备资产中保留较大比重的一级储备，而顺差国则保留较小比重的一级储备和较大比重的三级储备。

## 第三节 国际储备政策与其他政策的搭配

一国的政策目标是同时实现内部均衡（经济增长、充分就业、物价稳定）和外部均衡（国际收支均衡）。在封闭条件下，各国更关注内部均衡。当前，在经济全球化大潮的推动下，越来越多的国家从封闭走向开放，逐渐融入全球市场经济体系中，外部均衡日益受到各国的重视。国际金融理论和实践均表明，国际储备在调节国际收支、实现内外均衡方面发挥了重要作用。

### 一、国际收支失衡时储备政策的运用

#### （一）国际收支失衡的种类

当开放经济出现失衡尤其是外部失衡时，政府面临的第一个问题就是"融资还是调整"（financing or adjusting）。给这一问题的不同意见直接带来了政策搭配上的不同选择。如果政府选择以融资为主，那么体现在政策搭配上则是原有其他政策均不进行调整，主要通过使用国际储备来维持经济稳定。如果政府选择以调整为主，则原有的各项政策均要进行调整，这主要是针对国际收支逆差的需求紧缩政策，这一调整行为常常是非常痛苦的。政府要想正确解答这一问题以选择合理的政策搭配措施，关键是要在把握经济内外均衡状况的基础上，准确分析国际收支失衡的性质。

根据我们对开放经济运行情况的分析，可以将国际收支失衡归结

为以下五种类型：周期性失衡、结构性失衡、货币性失衡、收入性失衡、临时性失衡，这五种类型的国际收支失衡在第一章已有详细介绍，在此不再分析。

## （二）国际收支失衡的调节办法

一般来说，对不同性质的国际收支失衡要采用不同的调节方法。

1. 对于经济中出现的暂时性的冲击，可以完全通过使用国际储备而不必对经济进行大的调整。开放经济运行中面临的许多冲击都是随机出现、易于反复的，因此在这种情况下对经济进行调整成本太高并且也不必要。从这个角度看，避免经济不必要的调整是国际储备政策的收益。通常的做法是采用外汇缓冲政策。

外汇缓冲政策是指一国运用官方储备变动或临时向外筹借资金来抵消超额外汇需求或供给。一般做法是建立外汇平准基金，该基金保持一定数量的外汇储备和本国货币，当国际收支失衡造成外汇市场的超额供给或需求时，货币当局就动用该基金在外汇市场公开操作，买进或卖出外汇，消除超额的外汇供求。

外汇缓冲政策调节国际收支的优点。如果国际收支失衡是由季节性、偶然性原因或不正常的资本流动所造成，则改变国内经济运行来消除这种失衡，会对国内经济产生不良影响。这时，通过外汇缓冲政策调节国际收支，是一种既简便又有益的做法。它能够使外部失衡的影响止于外汇储备，使本币汇率免受暂时性失衡所造成的无谓波动，有利于本国对外贸易和投资的顺利进行，而不影响国内经济与金融。

外汇缓冲政策调节国际收支的缺点。首先，外汇缓冲政策只能用于解决临时性国际收支失衡。对于长期的根本性失衡，该政策运用的结果不仅不能解决这种失衡，而且会使问题大量积累，最终使国内经济因不可避免的调整而承受极大的震动。其次，外汇缓冲政策的运用也要具备一定条件，即必须保持实施缓冲政策所需要的充足外汇，必须具备实施公开市场操作的有效条件。而事实上，一国外汇储备总是有限的，因此，对于那些巨额的、长期的国际收支赤字，仅用外汇缓冲是不行的，长期运用将导致外汇储备的枯竭或大量外债的累积。

2. 对于导致经济基本运行条件发生变化的冲击，应以政策调整为主，但国际储备政策也可在这其中发挥缓冲、协调作用。对经济进行调整需较长时期才能实现的，其对国际收支等变量的影响要经过一段时期后才能显现出来，因此国际储备政策的使用也是必然的、第一线的。它为经济的调整创造了过渡条件。

## 二、内外均衡冲突时国际储备政策的运用

国际储备对于宏观经济运行的影响在于：国际储备中占绝大多数的外汇储备构成了国内基础货币供应的一个源泉。一国基础货币的供应可以被分为国内和国际两条渠道，可表示为：$MB = D + R$。其中，$MB$ 为基础货币；$D$ 是国内提供的基础货币供应，即中央银行的国内信贷或支持货币供给的国内资产；$R$ 是来自国外的基础货币供应，它通过国际收支盈余获得，以外汇储备为表现形式。由于经济的对外开放，一国经济体系被分为国内经济部门和对外经济部门两个部分，而且两者的运行状况常常发生背离，因此中央银行在控制货币供给时两个基础货币供应渠道也就可能会发生矛盾冲突。例如，当国内经济面临通货膨胀压力需要紧缩货币供给的时候，本国对外经济部门却可能处于国际收支顺差，外汇储备急剧增长。这样一来，中央银行为压制通货膨胀收缩国内资产，但为平衡外汇市场供求又不得不扩张外汇储备的持有规模，两者互相矛盾。

造成这一困境的直接原因在于中央银行在外汇市场上收购外汇资金时需要投入本币资金，从而导致基础货币的发行。要割断外汇储备与基础货币供应之间的联系可以运用多种方法，而发行储备债券就是其中的一种。

所谓储备债券，指的是中央银行为吸收外汇资金而发行的一种以本币计值的债券。它使得中央银行不需要增加基础货币的发行就可以获得外汇资金，吸纳外汇市场多余的外汇供给，增加外汇储备。当中央银行需要控制基础货币的发行规模，而为稳定汇率，防止本币市场本币升值又必须在外汇市场上吸纳外汇资金的时候，中央银行可以在国内债券市场发行储备债券，将发行所获本笔资金用于收购外汇。向中央银行出售外汇获得了储备债券的售汇者，既可以持有债券作为一种投资，也可以在需要人民币时将储备债券拿到二级市场上出售获取所需的本币资金。这样一来，中央银行既稳定了汇率，又没有增加基础货币的供给。

储备债券主要针对两种国内目标与汇率目标相矛盾的情况。

1. 当国内经济过热，而本币又出现升值时，国内目标需要紧缩性的货币政策，而汇率目标需要扩张性的货币政策。这时，中央银行在一级储备债券市场上发行储备债券，从公众手中吸纳本币资金，然后将所得的本币资金于外汇市场上购买外币。从而增加了外汇市场上的本币供给量，减弱了本币的升值压力，而与此同时并未增加国内本币的总供给量。

2. 当国内经济衰退，而本币又出现贬值的情况下，国内目标需

要扩张性的货币政策,而汇率目标需要紧缩性的货币政策。这时,中央银行用以前发行储备债券进行外汇市场干预时得到的外汇存量,减弱了本币贬值的压力。然而用获得的本币在储备债券的二级市场上买进储备债券。最终本币总供给量并未减少。因此中央银行通过储备债券的操作和货币政策的搭配能解决政策目标的矛盾,实现内外平衡。其中,储备债券的操作主要用来稳定汇率的波动,货币政策主要用来实现货币供应量的指标(见表12-6)。

表12-6　　　　不同情况下中央银行对储备债券的操作

| 内外经济情况 | 中央银行的操作 |
| --- | --- |
| 经济过热/通货膨胀/本币升值压力 | 紧缩性货币政策,一级市场发行储备债券 |
| 经济过热/通货膨胀/本币贬值压力 | 紧缩性货币政策 |
| 经济衰退/通货紧缩/本币升值压力 | 扩张性货币政策 |
| 经济衰退/通货紧缩/本币贬值压力 | 扩张性货币政策,二级市场买进储备债券 |

由此可以看出,中央银行实际上是通过储备债券向本国公众借款以干预外汇市场,这不会影响本国货币供应量。因此中央银行发行储备债券获得的本币资产是用来购买外汇的,本国货币供应量不会发生变动。

## 本 章 案 例

[案例1]

### 人民币成为巴西第二大国际储备货币

2023年3月31日,巴西央行发布报告数据显示,截至2022年底,人民币占巴西外汇储备总量的5.37%,而欧元所占比例为4.74%,在巴西央行外汇储备中,人民币已取代欧元,成为巴西外汇储备中的第二大国际储备货币。巴西央行《国际储备管理报告》显示,人民币自2019年起开始被纳入巴西国际储备货币行列。也就是说,2018年之前,巴西的外汇储备还不包含人民币资产,但仅在短短四年后,人民币占巴西外汇储备的5.37%,超过欧元成为第二大国际储备货币。[1]

中国是巴西的最大贸易伙伴,中国巴西双边贸易额连续5年突破1 000亿美元,人民币作为一种新兴储备货币,对巴西的重要性逐步凸显。但中国和巴西两国的贸易投资结算货币仍是以美元为主,而美

---

[1] 吕洋:《人民币国际化在拉美推进现状与前景》,载《现代国际关系》2019年第1期,第46~53页。

元结算都需经过纽约清算所银行同业支付系统（CHIPS），经过两次换汇过程，存在转账费用和汇率风险较高的问题。2023年3月底，巴西政府表示，巴西已与中国达成协议，不再使用美元作为中间货币，而是以本币开展贸易结算。采取跨境贸易投资本币结算后，可以有效缓解美元结算带来的转账费用和汇率风险较高的问题。① 当前，人民币在全球范围内的使用需求不断增加，已经有越来越多新兴市场国家和发展中国家与中国开展本币跨境贸易投资结算，并将人民币纳入外汇储备货币范畴，实现外汇储备货币多元化配置。整体来看，人民币在国际市场的支付金额和在全球外汇储备中的占比也在不断提升。目前，人民币是第五大国际储备货币、第五大支付货币，在国际货币基金组织（IMF）特别提款权货币篮子中的权重排名第三位。2022年，IMF又将人民币在SDR中的权重由10.92%上调至12.28%，进一步提高了人民币的国际储备货币地位。人民币的支付和储备属性呈现不断增强趋势。

[案例2]

### 人民币在官方外汇储备货币构成（COFER）中占比提升

2016年10月1日起，人民币正式加入国际货币基金组织（IMF）特别提款权货币篮子。国际货币基金组织在官方外汇储备货币构成（COFER）的季度调查中，除美元、欧元、日元、英镑、瑞士法郎、澳大利亚元和加拿大元之外，也纳入并单独列出人民币数据反映官方外汇储备货币构成（COFER）报告经济体的全球人民币资产持有情况。② 2017年3月31日，国际货币基金组织首次公布全球人民币外汇储备持有情况。IMF当天公布的官方外汇储备货币季度数据显示，截至2016年第四季度，全球外汇储备总额为10.79万亿美元，人民币外汇储备达845.1亿美元，占参与官方外汇储备货币构成报告成员外汇储备资产的1.07%。

2023年3月31日，国际货币基金组织（IMF）最新发布的官方外汇储备货币构成（COFER）数据显示，2022年第四季度，全球外汇储备总额为11.96万亿美元，人民币外汇储备达2 984.4亿美元，人民币在官方外汇储备货币构成（COFER）中占比为2.69%，居全球第五位。美元占全球外汇储备比例下降至58.36%，为20多年来的最低水平。在全球外汇储备中的占比，是反映一个国家货币在全球货币中地位的

---

① 李静萍、王韬悦：《人民币储备需求的驱动因素研究》，载《经济问题》2021年第11期，第51~59页。
② 罗羽庭：《人民币于COFER单列统计的意义及影响》，载《金融博览》2016年第5期，第50~51页。

重要指标。随着越来越多的新兴市场国家和发展中国家与中国贸易和投资规模的增长,人民币的使用需求不断提升。越来越多的国家倾向于在贸易和投资中使用人民币资产,与中国签署双边货币互换协定和开展本币跨境贸易投资结算,并增加持有的人民币作为外汇储备,对美元和欧元的依赖正在下降,人民币占全球外汇储备比例不断提升,这也意味着人民币在全球货币中地位的提升。此外,近年来我国一直在推动人民币国际化发展,人民币国际化水平不断提升,这也增强了各国对人民币资产的信心,助推了人民币在全球外汇储备中的占比提升。

## 本 章 小 结

1. 国际储备是指一国货币当局能随时用来干预外汇市场、支付国际收支差额的资产,具有可得性、流动性、普遍接受性的特点。广义的国际储备又称国际清偿力,包括自有储备和借入储备。前者主要指黄金储备、外汇储备、在 IMF 的储备头寸和特别提款权,后者则包括备用信贷、互换货币安排和本国商业银行的对外短期可兑换货币资产。

2. 国际储备的宏观管理主要涉及两个方面的内容:一是国际储备总量管理,即一国应保持多少数量的储备才算合理;二是国际储备结构管理,即一国应如何搭配不同种类、不同流动性的货币才能实现风险最小或收益最大。无论是总量管理还是结构管理,都应该遵循流动性、安全性、营利性原则。

3. 国际储备政策在实现内外均衡目标的政策搭配中居于非常重要的地位。当国际收支出现失衡时,如果是暂时性的失衡,那么体现在搭配上则主要通过国际储备来维持经济稳定;如果是导致经济基本运行条件发生变化的冲击,应以政策调整为主,但国际储备政策也可在这其中发挥缓冲、协调作用。当一国的内外均衡目标发生冲突时,中央银行可以通过储备债券与货币政策的搭配实现内外均衡。

## 本章重要概念

国际储备  国际清偿力  自有储备  借入储备  黄金储备  外汇储备  在国际货币基金组织的储备地位  特别提款权  备用信贷  互惠信贷协议  国际储备管理  一级储备  二级储备  三级储备  储备债券

## 本章思考题

1. 国际储备与国际清偿力的联系与区别有哪些?
2. 如何确定适度的储备量?
3. 实现内外均衡目标的政策搭配中,一国应如何使用国际储备政策?

# 第十三章
# 国际货币体系

**学习目标**
- 理解国际货币体系的变化及国际金本位制的特点;
- 掌握布雷顿森林体系的主要内容及特点,了解国际货币合作的未来发展趋势;
- 掌握牙买加体系的主要内容及主要特点,了解牙买加体系的主要缺陷。

## 第一节 国际货币体系概述

自20世纪90年代以来,经济全球化的发展出现加速势头。以跨国公司为主导的全球价值链的构建,带来了全球生产模式的改变,越来越多的开放经济体不必拥有完整的产业体系,而只是依据其要素禀赋和资源优势,占据全球产业链条中的某一环节,由此,不仅带来了国际贸易规模的快速增长、全球金融一体化程度的大幅提升,更重要的是各国经济增长对于全球市场依赖度大大增强,一国内外均衡目标的实现在相当大程度上不再单纯取决于其自身的政策选择与制度安排,而是会通过各种经济活动产生相互影响,从而在一定程度上制约着一国实现内外均衡目标的努力。尤其是作为规范国际上货币金融关系的国际货币体系,日益成为世界经济中一个非常重要和复杂的问题。国际货币体系是指支配各国货币关系的规则和机构,以及国际上进行各种交易支付所依据的一套安排和惯例,它直接影响一国开放过程中的货币与金融政策选择,涉及一国的金融稳定与金融安全问题。因此,建立规范而有效国际货币合作机制,是保障国际货币金融稳定的重要基础,也是实现国际经济稳定增长的重要条件。尤其是2008年以来的国际金融危机充分暴露了当前国际货币制度的缺陷与不足,进一步加强国际货币合作,完善国际货币制度就成为当前国际金融领域的一个重要课题。

## 一、国际货币体系的含义

所谓国际货币体系，是指国际货币制度、国际货币金融机构以及由习惯和历史沿革形成的约定俗成的国际货币秩序的总和，是对各国实现内外均衡的一些基本问题所作的制度安排。

具体来讲，国际货币体系主要内容有：

第一，确定国际货币。必须确定某种形式的国际货币，以便国家之间能够用于清算相互间的债权债务关系、维持国际支付原则和满足国际收支调整的需要，并在必要的情况下用于干预外汇市场以稳定本国货币的汇率。

第二，相应的汇率制度安排。为适应国际经贸往来的需要，必须有相应统一的汇率制度安排，以使一国货币与其他国家货币间的汇率按照一定的规则来确定和维持。

第三，确定国际收支的调节机制，以确保世界经济的稳定和各国经济的平衡发展。这需要参加国际货币体系的各国的在银行制度、金融市场等有适当的制度性安排，国际货币发行国和非国际货币发行国均需遵守一定的国际规则，建立起国际上有效的资金融通机制，以实现各国国际收支的平衡，以确保各国在对外交往的过程中，实现经济的内外均衡。

第四，确立有关国际货币金融事务的协商机制或建立有关的协调和监督机构。在国际货币体系的中心，往往需要某种力量或设立多边的带有一定权威性的国际货币金融机构，以监督各国的行为、提供磋商的场所、制定各国必须共同遵守的基本行为准则，并在必要时提供帮助。

总之，世界经贸往来是以稳定的国际货币环境为基础的，因而世界经济的发展与稳定就与货币问题紧紧地联系在一起。建立国际货币体系的主要目的就是通过构建相对统一的国际货币规则和秩序，以促进世界经济的持续、稳定发展。

## 二、国际货币体系的划分

依据不同的标准，可以有不同的国际货币制度的划分。

依据国际储备货币划分，可以分为国际金本位制和信用本位制。国际金本位制是以黄金作为国际储备资产或称本位货币的国际货币制度。信用本位制是指以一些具有较强经济实力的国家发行的信用货币作为国际货币，在国际上发挥货币的各项职能。国际货币的发行与运行不再与黄金有任何联系。

依据汇率制度安排还可将国际货币制度划分为固定汇率制度和浮动汇率制度。

但目前在国际上通行的国际货币制度的划分方法，一般是依据反映国际货币制度特征的一些内容，如国际货币和国际储备资产体系、汇率制度安排和国际收支的调节机制等方面，将国际货币体系划分为国际金本位制、布雷顿森林体系、牙买加体系。

国际金本位制时期：国际金本位制形成于19世纪80年代，即在当时世界上主要的西方国家在国内陆续实行了金本位制度后，国际金本位制度即逐渐形成。到20世纪30年代初彻底崩溃。

布雷顿森林体系：布雷顿森林体系大体上是从1945年底开始，到1973年结束，为第二次世界大战后世界经济的恢复和发展起到了重要的作用。

牙买加体系：1976年国际货币基金组织修改基金协定，最后达成《牙买加体系》，这一协定在1978年正式生效，从而形成了牙买加体系，这一体系一直运转至今，国际上也有人将其称为无体系时代。

## 三、国际货币体系的形成途径

国际货币体系的形成有两种方式：一种是依靠市场自发形成，其实现内外均衡的国际准则是市场体制和习惯长期缓慢发展的结果，典型的如国际金本位制度；另一种是人为设立，是借助政府间协定在短期内形成的国际上协调与合作机制，借助于多边的协议和具有约束力的法律条文的形式在较短的时期内建立。如布雷顿森林体系和牙买加体系都具有这一特点。

无论是哪种途径形成的国际货币体系，从根本上讲，都是世界经济发展客观要求的产物，且能够反映世界经济发展的规律，并对于国际贸易和国际金融活动有重要的促进作用。

## 第二节 国际金本位体系

世界上首次出现的国际货币体系是国际金本位制度，它大约形成于19世纪80年代，到1914年第一次世界大战爆发结束。

## 一、国际金本位制的主要内容

### (一) 国际金本位制的含义

国际金本位制是指以黄金作为本位货币的一种制度,它是以各国普遍采用金本位制为基础的国际货币体系。国际金本位制是历史上第一个相对统一的国际货币体系,它形成于 19 世纪 80 年代,是在英国、拉丁货币联盟(含法国、比利时、意大利、瑞士)、荷兰、若干北欧国家及德国和美国实行国内金本位的基础上形成的。广义的金本位制度包括国际金币本位制、金块本位制和金汇兑本位制。典型意义上的国际金本位制是指国际金币本位制。它盛行了约 30 年,于第一次世界大战爆发时崩溃。

### (二) 国际金本位制的特征

国际金本位制具有以下特点:

1. 黄金成为主要的国际货币。在国际金本位制度下,黄金不仅可以在一些国家国内发挥货币的各项职能,而且同样在国际上发挥国际货币功能。黄金充当国际货币功能,在国际上成为支付、结算手段,清偿国际上的债权债务并成为财富的一般代表,构成这种国际货币体系的基础,但当时由于英国经济实力雄厚是全球最大的贸易国和金融资产的提供者,因此,在实际的国际交易支付与结算中,往往是由英镑作为国际支付手段、储备资产和债权债务的清偿手段。

2. 实行固定汇率制度。在金币本位制度下,金币是用一定数量和成色的黄金铸造的,因此两国单位货币含金量之比即铸币平价成为决定两国货币汇率的基础。在实际经济中,虽然汇率受供求关系影响而围绕铸币平价上下波动,但由于黄金可以在国际上自由输出入,使得汇率的波动幅度不会超过黄金输送点,即铸币平价±黄金在两国间的运送费用,汇率波动幅度相对较小,所以在金币本位制下汇率基本上是固定的。

在金块本位制和金汇兑本位制下,尽管流通中主要使用纸币,但是在这两种货币制度下各国政府依法规定了纸币含金量,并且政府对汇率波动的幅度加以维护,因此,在金块本位制和金汇兑本位制下汇率基本上是稳定的,但汇率的稳定程度小于金币本位制下的情况。

3. 国际收支具有自动调节机制。在国际金本位制下,国际收支具有自动调节机制,即存在着大卫·休谟的"价格—铸币流动机制",也称"物价—现金流动机制"。

由于此时国际收支具有自动调节功能,所以一国国际收支失衡时一般不需要政府干预。但是为保证自动调节机制作用的发挥，一国必须遵守以下三项原则：

（1）各国货币当局应维持本国货币的法定含金量，承诺随时以固定官价无限制地买卖黄金。

（2）保持货币供给量与该国持有的黄金数量与之间的固定数量关系，两者的紧密程度由通货发行的黄金准备比例高低决定。

（3）黄金可以不受任何限制地自由输出入；物价具有充分的弹性，随货币供应量变化可以灵活变动；物价变动又能充分地反映到进出口数量的变动上。

## 二、国际金本位制下的内外均衡实现问题

国际货币体系是指对各国实现内外均衡的一些基本问题所进行的制度安排。由于国际货币体系不同，意味着各国在实现内外均衡过程中需要遵循的准则不同，内外均衡目标的具体表现形式也会发生变化。因此，对国际货币体系的分析，需要从实现内外均衡的规则是否有效率、是否可以稳定地加以维持角度入手，来研究在特定的历史条件下各国际货币体系的本质。

### （一）国际金本位制下内外均衡的表现形式

在国际金本位制下，"价格—铸币流动机制"能够有效地发挥作用并保证一国国际收支平衡，这意味着外部均衡目标成为政府的首要目标，它体现为政府保证本国货币含金量的稳定，进而对本国货币汇率稳定的维持。

在金本位制下，各国货币都规定有含金量，外汇市场上各国货币汇率围环绕着不同货币含金量之比所形成的金平价在一定限度内上下波动。国际金本位制的这一制度特征，决定了各国政府被迫将维持货币价值的稳定放在首位。政府为按固定比价保证本国货币与黄金的自由兑换，必须按照一定的黄金准备比例决定本国的货币发行量。

从国际金本位制实行期间各国实际经济状况来看，当时自由市场经济的弊端尚未充分暴露，经济中的失业、通货膨胀问题并不突出，而且尚未建立政府对经济进行调控的宏观经济理论，因此，内部均衡问题还未成为政府关注的政策目标，各国通过依靠市场的自发调节机制基本上保持了内外均衡。

### （二）国际金本位制下内部均衡的实现机制

在国际金本位制下，内部均衡目标可以在政府不对经济进行干预的条件下，通过经济的自动调节机制，即"价格—铸币流动机制"

而实现。

价格—铸币流动机制对经济的自发调整,是建立在一系列前提下的,主要有:(1)政府严格按金本位制的要求实施货币政策;保持黄金的自由兑换、自由铸造、自由输出入;当国际收支因素带来黄金储备变动进而影响货币供给时,不得采取冲销措施,任由价格的灵活调整使得经济达到内外均衡。(2)不存在国际资金流动。(3)商品价格具有完全弹性。

此外,当存在国际资金流动时,内外均衡自动实现速度会加快。首先,国际收支失衡使汇率受供求关系影响发生变动,从而导致投机性资金流动。资金的流动在进行投机时却又取得了平衡国际收支的作用。其次,国际收支失衡还会使国内利率随着货币供给量的变动而变化,而利率变化亦会导致投机性资金流动,资金的流动同样取得了平衡国际收支的作用。以国际收支逆差为例,由于金本位制下汇率在黄金输送点之间变动,因此当国际收支逆差使本币汇率暂时下跌至黄金输出点以下时,投机者就会预期市场汇率必将回升,大量资金就会流入该国以谋取汇率差价。同时,国际收支逆差引起货币供给收缩过程中利率上升,这又会吸引意在获取利率差价的资金流入,这样该国的国际收支逆差就通过吸引资金流入而改善了。

因此,国际金本位制下内外均衡实现机制具有三个方面的特点:

1. 自发性:完全依靠经济的自发力量实现,不需要政府对之采取专门的政策措施进行干预。

2. 对称性:自动调节机制是在国际收支盈余国与赤字国同时发挥效力的,两国都承担调节责任,这种调节机制比较公平合理。

3. 稳定性:在自动调节过程中,汇率始终在黄金输送点之间变动,使内外均衡的实现始终在稳定的条件下进行,避免了汇率的剧烈变动等现象对经济的破坏性影响。

### (三)对国际金本位制度下内外均衡实现机制的评价

国际金本位制对世界经济的发展起到了一定的促进作用,促进了生产的发展,保持了汇率的稳定,通过自动调节机制保持了国际收支平衡。但是,国际金本位制并不完善,在内外均衡实现机制上存在着很大的局限性,这体现在:

1. 它要求各国政府遵守特定的"游戏规则",即政府不能限制黄金在国际上的自由输出入,并由国内的黄金量决定流通中的货币量。否则,自动调节机制就将难以发挥效力。然而,在现实中,国际金本位制的后期,各国违反这一规则的情况时常发生,但是,在国际金本位制下,由于并不存在一个国际监督机构,因此这一现象影响了国际金本位制度的存在和发展。

2. 它要求商品价格应具有完全弹性，这样，"价格—铸币流动机制"才能对于外部均衡起到自动调整效果，但这就意味着各国无法以货币政策来调节经济，实际上是将外部均衡作为政策的首要目标，而把内部均衡放在次要位置，在一国国内经济运行中的各项均衡目标不存在明显冲突时，这一制度安排不会产生过高的制度成本。但随着经济的发展，一国内部均衡矛盾和冲突日益加剧时，各国就难以容忍这一制度安排不断加大的制度成本，而政府在不同目标之间的选择以及更多的宏观调控政策的运用，最终导致国际金本位制下内外均衡机制无法正常发挥作用，国际金本位制度难以维持。

3. 它要求世界黄金产量能满足经济发展对货币供给量的需要。在国际金本位制下，内外均衡的实现有其物质基础，即货币供给数量的增长要依赖于黄金数量的增长。当世界黄金产量的增长满足不了世界经济的增长和维持稳定汇率的需要时，金本位制就难以经受各种冲击。另外，黄金分布的相对不均衡尤其是世界黄金存量集中在极少数国家手中时，由于其他国家的金本位制难以维持，也会使国际金本位制面临危机。

## 三、国际金本位制的崩溃

在第一次世界大战爆发前，由于世界黄金产量跟不上世界经济的增长，较发达的国家通过贸易顺差的持续积累和其他特权使黄金分布失衡，这就使其他国家的金本位制难以继续维持。因此，当第一次世界大战爆发时，各国便中止银行券与黄金的兑换，禁止黄金的出口，国际金本位制遂宣告瓦解。

在战争期间，各国发行的大量不可兑换纸币在战后大幅贬值，严重影响了世界经济的稳定。所以，在第一次世界大战结束国际政局相对稳定后，各国便着手恢复金本位制。但此时所恢复的国际金本位制与战前相比已大不相同了，黄金地位大大削弱。实际上只有美国实行的是完整的金币本位制，而英法两国实行的是金块本位制，其他国家实际实行的是金汇兑本位制。第一次世界大战后的国际金本位制，实际上是一种国际金汇兑本位制。

在各国恢复金本位制的过程中，它们面临的世界黄金存量绝对不足与相对不均的局面并没有改变而是加重了。

此外，第一次世界大战后，各国越来越重视内部均衡目标，例如美国、法国明确表示将内部均衡目标置于外部均衡目标之上。各国越来越不遵守游戏规则，开始干预经济，这使自发调节机制难以发挥效力，国际金本位制的可信性大大下降了。

在国际金本位制可信性不断下降的同时，国际资本流动规模的不断扩大也成为威胁金本位制稳定的一个重大不利因素。因为此时的货币制度实际上是一种金汇兑本位制,在国际收支出现逆差时,出于对政府的不信任态度,极易出现严重的资本外逃,资金流动进一步恶化国际收支。在这种情况下,维持国际金本位制的困难日益加重。

最终,当1929~1933年资本主义大危机到来时,在国际资金流动冲击下,维持国际金本位制的规则不复存在,各国第一次世界大战后勉强维持的国际金本位制彻底崩溃了。

国际金本位制崩溃后,国际金融领域处于混乱状态,形成英镑、美元和法郎三个相互对立的货币集团。各国纷纷加强外汇管制。1936年9月,英、法、美3国为了恢复国际货币秩序,达成了一项"三国货币协议"(tripartite agreement),维护汇率的稳定,并共同维持货币关系的稳定。然而由于法郎受到投资冲击和第二次世界大战的爆发,该协议很快瓦解。但是,该协议通过国际合作谋求货币关系相对稳定的做法对第二次世界大战后布雷顿森林体系的成立提供了可贵的经验。

## 第三节 布雷顿森林体系

在第二次世界大战即将结束的时候,为避免1929~1939年长达10年的混乱无序的世界经济秩序,同盟国即着手拟订战后的经济重建计划。重建工作以美、英两国为主,目标在于寻求国际上的经济合作和全球经济问题的解决。1944年7月,44个国家的300多位代表出席在美国新罕布什尔州(New Hampshire)布雷顿森林城(Bretton Woods)召开的国际金融会议,这次会议确立了新的国际货币体系——布雷顿森林体系。

### 一、布雷顿森林体系的主要内容

布雷顿森林体系的建立反映了主要西方国家之间力量对比的变化,美国取代英国在世界经济体系中占据中心地位,这一历史条件的变化真实地反映在对现实内外均衡的制度安排上。在设计新的国际货币体系时,英、美两国分别提出了各自的方案,即美国的"怀特计划"和英国的"凯恩斯计划",这两个不同的方案意在争夺国际金融领域的主导权。鉴于美国战后在政治上和经济上的强大优势,布雷顿森林体系基本上是在美国的"怀特计划"的基础上形成的,由此,也确立了美国战后金融领域的霸权地位。

### (一) 布雷顿森林体系的主要内容

布雷顿森林体系的主要内容可以概括为以下三个方面：

1. 建立一个永久性的国际金融机构，即国际货币基金组织（IMF），以促进国际上货币合作。国际货币基金组织为二战后国际货币体系的核心，它的各项规定构成了国际金融领域的基本秩序，为国际上政策协调提供了适当的场所，它还承担对各成员方的汇率政策进行监督功能，为成员方提供短期融通资金。因此，国际货币基金组织在一定程度上维持了国际货币、金融秩序的稳定。

2. 实行"双挂钩制度"，即美元与黄金挂钩、各国货币与美元挂钩，在这个体系下，规定按35美元等于1盎司黄金与黄金保持固定比价，各国政府可随时用美元向美国政府按这一比价兑换黄金。通过黄金与美元挂钩，确立了美元国际货币地位，美元与黄金共同担当国际货币，形成了黄金—美元本位制。同时，各国货币则与美元保持可调整的固定比价，称为可调整的钉住汇率（adjustable peg）。各国货币对美元的波动幅度为平均上下各1%，各国当局有义务在外汇市场上进行干预以保持汇率的稳定。只有当一国国际收支发生"根本性不平衡"时，才允许升值或贬值。平价的变动要得到基金组织的同意，从而形成了以美元为中心的可调整的固定汇率制度。但在实践中，平价变动若小于10%，一般可自行决定。只有当平价变动大于10%时，才需基金组织的批准。由于各国货币均与美元保持可调整的固定比价，因此，各国货币相互之间实际也保持着可调整的固定比价，整个货币体系就成为一个固定汇率的货币体系，在这种情况下，平价的单方面变动就显得比较困难。

3. 取消对经常账户交易的外汇管制，但允许对国际资金流动进行限制。在20世纪30年代国际金本位制崩溃后，各国都采取了严厉的外汇管制措施，这使国际经济交流受到严重损害。为了改变这一状况，布雷顿森林体系要求各国尽快放开对经常账户交易的管制。但是，鉴于两次世界大战间国际资金流动的投机色彩特别浓厚，给国际货币体系的稳定带来了非常大的冲击，因此布雷顿森林体系允许对国际资金流动进行控制，各国均严格限制资金的国际流动。

在布雷顿森林体系下，美元成为一种关键货币，它既是美国本国的货币，同时又因为它是储备货币和国际清偿力的主要来源而成为世界货币。美元的这种特殊地位反映了布雷顿森林体系建立的历史条件，使这一体系下的内部均衡实现问题具有独特性。

### (二) 布雷顿森林体系的特点

作为第一个人为设立的国际上协调与合作机制，布雷顿森林体系具有显著的特点。

1. 制度内容上的特点：（1）在货币制度上，布雷顿森林体系实际上实行的国际金汇兑本位制。因为美元以固定比价与黄金直接兑换，而各国货币与美元可以按固定汇率进行兑换。根据各国货币法定平价的对比，普遍地与美元建立固定比例关系。（2）汇率调节机制上，布雷顿森林体系下，人为规定汇率波动的幅度，汇率的波动是在基金组织的监督下，由各国干预外汇市场来调节，汇率不再进行自动调节国际收支。（3）国际储备上，在布雷顿森林体系下，储备资产是黄金、美元和特别提款权，其中黄金与美元并重。美元是主要的储备货币。

2. 体制上的特点：（1）建立了永久性的国际金融机构。第二次世界大战前的国际货币制度并没有一个统一的国际组织进行组织和监督。而布雷顿森林体系则建立了国际货币基金组织、国际复兴开发银行等永久性国际金融机构。通过国际金融机构的组织、协调和监督，保证统一的国际金汇兑本位制各项原则、措施的推行。（2）签订了有一定约束力的《国际货币基金协定》。金本位制对汇率制度、黄金输出入没有一个统一的协定，货币区也只是在规定的地区实施宗主国、联系国的法令。战后的《国际货币基金协定》，乃是一种国际协议，对会员国政府具有一定的约束力。它的统一性在于把几乎所有的资本主义国家都囊括在国际金汇兑本位制之下；它的严整性在于对维持货币制度运转的有关问题做了全面规定，并要求各国遵守。（3）根据《国际货币基金协定》，建立了现代国际货币管理所必需的各项制度。例如，国际收支调节制度、国际信贷监督制度、国际金融统计制度、国际汇率制度、国际储备制度、国际清算制度等。

因此，战后的国际货币体系同历史上的国际货币制度相比，有了明显的改进。主要表现在：建立了世界性的组织机构，制定了具有一定约束力的国际协议，建立了统一的、完整的规章制度。

## 二、布雷顿森林体系下的内外均衡实现问题

### （一）布雷顿森林体系下的内外均衡的表现形式

在布雷顿森林体系下，内部均衡问题成为政府所关注的主要经济目标，这是由于理论和实践两方面的原因造成的。从实践方面来看，自由市场经济的弊端日益显著，尤其是在20世纪30年代经济大危机后，各国经济中的失业与通货膨胀问题日益凸显，维持经济的稳定与发展成为政府首要任务；从理论方面来看，30年代以来，以凯恩斯主义为基础的宏观经济理论日益成熟，为政府积极干预经济提供了理

论基础和指导。在以上两方面因素的作用下,内部均衡目标凸显出了其重要地位,布雷顿森林体系在建立时也宣布促进各国经济的稳定与发展是其重要宗旨。

布雷顿森林体系采取的是固定汇率制,并且又限制国际资金的流动,因此外部均衡就直接体现为实现经常账户平衡,以维持汇率的稳定。但是,由于布雷顿森林体系是一个以美国居于主导地位的国际货币体系,美国与其他国家的地位及其权利义务大不相同,这就决定它们的内外均衡实现机制不同,从而布雷顿森林体系下的内外均衡的具体表现形式更加复杂。

### (二) 从内外均衡问题角度看布雷顿森林体系的根本缺陷

1. 特里芬两难 (Triffen dilemma)。通过对布雷顿森林体系下的内外均衡实现机制的分析可以看出,美国与其他国家的外部均衡目标是完全不同的。美国的外部均衡目标体现为控制美元向国外的输出总量,保证美元与黄金之间的固定比价和可兑换,以维持美元信心和提供足够清偿力;而其他国家的外部均衡目标体现为通过国际收支顺差积累美元,这就要求美元大量向境外输出。显然,这两者之间是完全矛盾的,这种矛盾使得美元处于一种进退两难的状况:为了满足世界各国经济发展的需要,美元储备必须不断增长,但美元储备的不断增长,黄金储备却无法不断增长,而这又会导致无法维持美元同黄金的兑换性。美元的这种两难,是美国耶鲁大学教授罗伯特·特里芬于20世纪50年代最先提出的,故又称为特里芬两难。

特里芬两难指出了布雷顿森林体系的内在不稳定性及危机发生的必然性。那就是:随着流出美元的日益增加,美元同黄金的可兑换性必将日益受到人们的怀疑,这最终必然会诱发人们对美元可兑换性的信心危机,从而带来整个布雷顿森林体系的崩溃。特里芬两难充分体现了理论的高度预见性,最终布雷顿森林体系就因为这一根本缺陷而走向崩溃。

2. 内外均衡调节责任存在明显的不对称性。

首先,从储备货币国和非储备货币国来看,在维持内外均衡方面具有不对称性。

对于储备资产发行国(如美国)而言,当出现国际收支逆差时,可以简单地以输出本国货币(美元)的方式来弥补逆差,无须采用紧缩的调整政策从而不会对国内经济造成不利影响。但是,对于非储备货币国家来说,一旦出现国际收支逆差,为维持汇率的稳定必须紧缩国内经济,因此,把外部均衡目标置于内部均衡目标之上,且外部均衡目标的实现是以牺牲内部均衡为代价的。

其次,对于其他国家而言,它们在实现内外均衡问题上也存在着不对称性,这体现在国际收支盈余国与国际收支逆差国在国际收支调节上的不对称性。

国际收支逆差国负有调整责任。尽管布雷顿森林体系设计了一套调整方法:短期内的国际收支逆差由国际货币基金组织提供贷款,而长期内的国际收支逆差(即国际收支的"根本性不均衡")则通过汇率变动进行调整。然而,由于基金组织提供的资金有限,并且使用还需要严格的条件,很难满足需要。在布雷顿森林体系运行过程中汇率调整是罕见的,因为"根本性不均衡"是个非常抽象的概念,难以具体掌握。同时国际资金流动的严格管制,使各国无法利用国际金融市场融资,因此,支出增减型政策便成为逆差国对于长期性逆差进行调整以实行内外均衡的主要政策工具,但支出增减型政策在调整外部均衡势必会给内部经济带来消极影响。

而与之相反,国际收支盈余国可以积累美元储备并用它向美国换取黄金,此时国内经济可以完全不进行调整,这种外部均衡调整的不对称性进一步加重了逆差国的困难。由于实现内外均衡过程中的这种不对称性,使各国都在与他国的经济交往中追求国际收支顺差,积聚美元储备。因此,对于一般国家而言,它们的外部均衡目标具体体现为通过国际收支顺差积累美元。

由于布雷顿森林体系特有的内外均衡实现机制,使美国与其他国家之间的外部均衡目标的表现不一致,它们之间的矛盾构成了布雷顿森林体系的根本缺陷并最终造成了体系的崩溃。

3. 汇率过于僵化,国际收支失衡调节乏力,且调节责任不对称。美国发行国际收支逆差,可以通过输出美元来弥补;而汇率的调整则由他国来承担。对于国际收支失衡,调整责任则由逆差国调整。对于短期逆差,基金组织的贷款资金有限,且贷款条件又过高;长期性逆差因概念难以把握,又无法通过变动汇率来调节。利用支出增减型政策调节国际收支逆差会形成国内经济停滞、失业增加的不良局面。这样,造成逆差国巨大负担。由此,造成储备货币国家和其他国家、国际收支逆差国和顺差国之间的利益分配不公。

## 三、布雷顿森林体系的崩溃

### (一)维持布雷顿森林体系的条件

以美元为中心的国际货币制度能在一个较长的时期内顺利运行,是与美国雄厚的经济实力和充足的黄金储备分不开的。要维持布雷顿森林体系的运转,必须具备三项基本条件:

1. 美国国际收支保持顺差,美元对外价值稳定。若其他国家通货膨胀严重,国际收支逆差,则在基金组织同意下,该国货币可以贬值,重新与美元建立固定比价关系。这并不影响美元的国际地位。但若美国国际收支持续性逆差,美元对外价值长期不稳,美元则会丧失其中心地位,危及布雷顿森林制度存在的基础。

2. 美国的黄金储备充足。在布雷顿森林体系下,美元与黄金挂钩,外国政府或中央银行持有的美元可向美国兑换黄金。美国要履行35美元兑换1盎司黄金的义务,必须拥有充足的黄金储备。若美国黄金储备流失过多,储备不足,则难以履行兑换义务,布雷顿森林体系难以维持。

3. 黄金价格维持在官价水平。战后,美国黄金储备充足,若市场价格发生波动,则美国可以通过抛售或购进黄金加以平抑。若美国黄金储备不足,无力进行市场操作和平抑金价,则美元比价就会下降,国际货币制度的基础也就随之动摇。

在布雷顿森林体系的早期,各国都需要从战争废墟中恢复经济,迫切需要美元,而此时美国通过国际收支逆差所输出的美元数量有限,因此世界上面临着"美元荒"的局面。随着美国国际收支的持续逆差,各国手中持有的美元数量激增,"美元荒"变为"美元灾",人们对美元的信心日益丧失。当人们对美元与黄金之间的可兑换性产生怀疑时,就会抛售美元,抢购美国的黄金和经济处于上升阶段的国家硬货币,这便触发了美元危机。布雷顿森林体系的瓦解过程,就是美元危机不断爆发—拯救—再爆发直到崩溃的过程。

### (二) 布雷顿森林体系崩溃的原因

1. 制度自身的缺陷。以美元为中心的国际货币制度崩溃的根本原因是这个制度本身存在着不可克服的矛盾。在这种制度下,美元作为主权国家货币又同时担当国际货币功能,必然存在难以克服的"特里芬难题"。

一方面,美元作为国际支付手段与国际储备手段,要求美元币值稳定,才会在国际支付中被其他国家所普遍接受。而美元币值稳定,不仅要求美国有足够的黄金储备,而且要求美国的国际收支必须保持顺差,从而使黄金不断流入美国而增加其黄金储备。否则,人们在国际支付中就不愿接受美元。

另一方面,全世界要获得充足的外汇储备,又要求美国的国际收支保持大量逆差,否则全世界就会面临外汇储备短缺、国际支付手段不足的局面。但随着美国逆差的增大,美元的黄金保证又会不断减少,美元又将不断贬值。第二次世界大战后从美元短缺到美元泛滥,是这种矛盾发展的必然结果。

2. 美国经济危机频繁爆发。与美国相对经济实力的下降。资本主义世界经济此消彼长，随着美国频繁爆发经济危机，导致了美国相对经济实力的持续下滑，最终导致美元危机并成为布雷顿森林体系崩溃的直接原因。

（1）美国黄金储备减少。美国1950年发动朝鲜战争，海外军费剧增，国际收支连年逆差，黄金储备大量外流。1960年，美国的黄金储备下降到178亿美元，已不足以抵补当时的210.3亿美元的流动债务，出现了美元的第一次危机。20世纪60年代中期，美国卷入越南战争，国际收支进一步恶化，黄金储备不断减少。1968年3月，美国黄金储备已下降至121亿美元，而同期的对外短期负债为331亿美元，引发了第二次美元危机。到1971年，美国的黄金储备（102.1亿美元）仅是它对外流动负债（678亿美元）的15.05%。此时美国已完全丧失了承担美元对外兑换黄金的能力。于是，尼克松总统不得不于1971年8月15日宣布停止承担美元兑换黄金的义务。1973年美国爆发了最为严重的经济危机，黄金储备已从战后初期的245.6亿美元下降到110亿美元。没有充分的黄金储备作基础，严重地动摇了美元的信誉。

（2）美国通货膨胀加剧。美国发动侵越战争，财政赤字庞大，不得不依靠发行货币来弥补，造成通货膨胀。加上两次石油危机，石油提价而增加支出；同时，由于失业补贴增加、劳动生产率下降，造成政府支出急剧增加。美国消费物价指数上涨率1960年为1.6%，1970年上升到5.9%，1974年又上升到11%，这给美元的汇价带来了巨大冲击。

（3）美国国际收支持续逆差。第二次世界大战结束时，美国利用在战争中膨胀起来的经济实力和其他国家被战争削弱的机会，大举向西欧、日本和世界各地输出商品，使美国的国际收支持续出现巨额顺差，其他国家的黄金储备大量流入美国。各国普遍感到"美元荒"。随着西欧各国经济的增长、出口贸易的扩大，其国际收支由逆差转为顺差，美元和黄金储备增加。美国由于对外扩张和侵略战争，国际收支由顺差转为逆差，美国资金大量外流，形成"美元过剩"。这使美元汇率承受巨大的冲击和压力，不断出现下浮的波动。

### （三）布雷顿森林体系的崩溃

1. 美元停止兑换黄金。大规模的美元危机最早爆发于1960年，其后在1968年、1971年、1973年多次爆发。每次美元危机爆发的原因是相似的，即对美元与黄金之间可兑换性产生怀疑，由此引起大量投机性资金在外汇市场上抛出美元，酿成风暴。在每次美元危机爆发后，美国与其他国家也都采取了互相提供贷款、限制黄金兑换、美元贬值等一系列协调措施，但这都不能从根本上改变特里芬两难所揭示的布雷顿森林体系在实现内外均衡的制度安排上的缺陷，因此只能收到暂时的效果。

1971年7月第七次美元危机爆发，尼克松政府于8月15日宣布实行"新经济政策"，停止履行外国政府或中央银行可用美元向美国兑换黄金的义务。这就意味着美元与黄金脱钩，支撑国际货币制度的两大支柱有一根已倒塌。

2. 取消固定汇率制度。1973年3月，西欧又出现抛售美元、抢购黄金和马克的风潮。3月16日，欧洲共同市场9国在巴黎举行会议并达成协议，联邦德国、法国等国家对美元实行"联合浮动"，彼此之间实行固定汇率。英国、意大利、爱尔兰实行单独浮动，暂不参加共同浮动。此外，其他主要西方货币也都实行了对美元的浮动汇率。至此，战后支撑国际货币制度的另一支柱，即固定汇率制度也完全垮台。这宣告了布雷顿森林制度的最终解体。

布雷顿森林体系是特定历史条件下的有关内外均衡实现机制的一种制度安排，这一特定的历史条件主要是美国在世界经济中的垄断地位以及国际资金流动的缺乏。美国的垄断地位使得美元可以在国际货币体系中成为等同于黄金的关键性货币，国际资金流动的缺乏则使可调整的钉住汇率制易于维持。在布雷顿森林体系运行的相当长的一段时期里，这两个条件都是存在的，因此在这段时期内布雷顿森林体系有效地推动了世界经济的发展。当这些条件随着时间的推移而逐步弱化并最终消失时，布雷顿森林体系的动摇和崩溃也就难以避免了。如何适应新的历史条件，确定新的实现内外均衡的制度安排，就成为建立新的国际货币体系的尝试中所要解决的问题。

## 第四节 牙买加体系

由于实行双挂钩体制的布雷顿森林体系的内在不稳定性，从而导致了国际货币体系的危机，加速了国际货币体系的改革。1976年1月，国际金融会议在牙买加首都金斯敦举行，讨论修改国际货币基金协定的条款，最后达成了《牙买加协定》。1978年3月，国际货币基金组织理事会通过决议，正式宣布实行浮动汇率制和取消黄金的唯一国际支付手段的地位，一个以《牙买加协定》为基础的新的国际货币体系——牙买加体系（Jamaica System）开始形成。牙买加体系是以美元为中心的国际储备货币多元化的浮动汇率体系。

## 一、牙买加体系的形成

在以固定汇率制为主要特征的布雷顿森林体系崩溃之后，国际货币金融关系动荡不安，美元的国际地位不断下降，出现了国际储备资产多元化的状况，许多国家实行浮动汇率制，汇率波动剧烈，全球性国际收支失衡现象日益严重，西方发达国家之间以及发达国家与发展中国家之间矛盾重重、斗争激烈。1972年7月，为研究国际货币制度改革问题，国际货币基金组织成立了"国际货币制度改革和有关问题委员会"，该委员会由11个主要工业国和9个发展中国家组成，所以又称"二十国委员会"。1974年6月，该委员会提出了一份"国际货币制度改革大纲"，对汇率、国际资本短期流动、国际储备资产、黄金等问题提出了一些原则性的相关建议，并建议基金组织在"二十国委员会"结束后，另成立"临时委员会"，继续探讨有关国际货币制度的改革问题。根据这个建议，1974年7月，基金组织设立了"国际货币制度临时委员会"来接替"二十国委员会"的工作。1976年1月8日，"临时委员会"在牙买加首都金斯敦举行的第5次会议上，讨论修订了《国际货币基金协定》，会议集中讨论了扩大和重新分配份额、处理黄金官价和基金组织库存的黄金、修改基金组织有关汇率的规定等三个问题。经过激烈的争论，会议对增加份额、黄金的作用、汇率体系和发展中国家资金融通等问题达成了具体协议，即《牙买加协定》。在牙买加会议上达成的协议，需要由基金组织对协定条文修改后方能付诸实施，基金组织执行董事会于同年3月完成了协定条文和修改草案，基金组织理事会于同年4月通过了《国际货币基金组织协定第二次修正案》，于1978年4月1日起正式生效。依据和实施牙买加协议后，才逐渐形成了现在的国际货币关系的新格局，即"牙买加体系"。

## 二、牙买加体系的基本内容

### （一）承认浮动汇率制的合法性

会员国可以自由选择决定汇率制度，基金组织承认固定汇率制度和浮动汇率制度同时并存，会员国的汇率政策应受基金组织的监督，并须与基金组织协商；实行浮动汇率制的成员国应根据条件逐步恢复固定汇率制，并防止采取损人利己的货币贬值政策；在认为国际经济条件已经具备时，经总投票权的85%多数通过，基金组织可以决定采用"稳定的但可调整的货币平价制度"，即恢复固定汇率制度。

### (二) 减弱与消除黄金的货币作用

经修改后的基金条款决定：废除黄金条款、取消黄金官价、用特别提款权逐步代替黄金作为国际货币体系的主要储备资金。取消会员国之间及会员国与基金组织之间以黄金清算债权债务的义务。各会员国中央银行可按市价从事黄金交易，基金组织不在黄金市场上干预金价。基金组织持有的黄金应逐步加以处理，其中1/6（2 500万盎司）按市价出售，以超过其官价（每盎司42.22美元）部分作为援助发展中国家的资金；1/6由原缴纳的会员国按官价买回，剩余的黄金须经总投票权85%的多数通过，决定向市场出售或由各会员国买回。

### (三) 以特别提款权作为主要的储备资产

在未来的货币体系中，应以特别提款权作为主要的储备资产，并作为各国货币定值的基础。凡是有特别提款权账户的国家，可以用特别提款权进行借贷以及用来偿还基金组织的债务，基金组织要加强对国际清偿能力的监督。

### (四) 增加基金组织的份额

各会员国对基金组织缴纳的份额，由原来的292亿特别提款权增加到390亿特别提款权，增加了33.6%。各会员国应交份额所占的比重有所改变，主要是石油输出国组织的比重由5%增为10%，除联邦德国、日本外，西方主要工业国的份额均有所降低，而英国下降最多。份额重新修订的一个重要结果是发达国家的投票权与发展中国家比较相对减少了。

### (五) 扩大对发展中国家的资金融通

国际货币基金组织用在市场上出售黄金超过官价部分的所得收入建立信托基金，向最穷困的发展中国家以优惠条件提供贷款，帮助它们解决国际收支方面的困难。同时，扩大基金组织的信用贷款总额，由占会员国份额的100%提高到145%，并增加"出口波动补偿贷款"的比重，由占份额的50%增加到75%。

总体来看，牙买加体系确认了浮动汇率的合法性，允许成员国自由选择汇率制度；废除了黄金官价，降低了黄金在国际货币体系中的作用；确定以特别提款权为主要的储备资产，将美元本位改为特别提款权本位；还扩大了对发展中国家的资金融通。牙买加体系体现了国际储备多元化、汇率制度多元化、国际收支调节多样化三个方面的新变化，有利于世界经济的发展。

首先，以浮动汇率为主的多种汇率制度并存，具有很大的灵活性和较强的适应性。一方面能及时地反映各会员国客观经济条件的变化，保证各国货币币值得到恰当而充分的体现，有利于国际贸易、国际金融及其他经济活动的进行；另一方面，多种汇率制的灵活性和适应性能够使一国的宏观经济政策更具有效性和独立性，有利于本国经济的发展和国际收支的改善；也有利于各国节约利用外汇资源，减少为维持汇率稳定所必须保留的应急性外汇储备。

其次，多种货币储备体制较好地解决了"特里芬难题"。在牙买加体系中，由于实行了国际储备多元化，美元已不再是唯一的国际储备货币和国际清算及支付手段，这样，即使美国国际收支不断出现顺差，不再向外投放美元，也不会导致国际清算能力的不足。又由于美元早已与黄金脱钩，这样即使美国的国际收支持续逆差，导致各国的美元储备超过美国的黄金储备，也不会发生各国用美元储备向美国挤兑黄金的现象。这一状况对世界经济的稳定发展是十分有利的。

最后，国际收支调节机制的多元化在一定程度上适应了世界经济发展不平衡的需要。各国的经济条件不同，经济发展阶段有差异性，导致国际收支失衡的原因可能大相径庭，因而采取的调节手段和措施应各有千秋。牙买加体系下的多元化国际收支调节机制适应了各国经济发展过程中的这一要求。

## 三、牙买加体系的主要特点

牙买加体系是对布雷顿森林体系的改革，改革后的国际货币体系具有如下特点：

### （一）黄金非货币化

黄金脱去了国际货币的外衣，黄金不再是各国货币的平价基础，也不能用于官方之间的国际清算，但黄金仍然具有国际储备资产功能，在各国的国际储备中占有一定的比例。

### （二）浮动汇率合法化

在牙买加体系下，各国货币当局不再规定与维持本币与外币汇率的波动界限，汇率主要是根据外汇市场的供求状况自发形成与浮动，或实行有管理的浮动。

### （三）汇率制度多样化

在牙买加体系下，以浮动汇率为主的汇率制度得到发展。经过1976年牙买加会议认可和基金组织通过的《国际货币基金组织协定第二次修正案》，允许各国自由安排汇率制度，既可以自由浮动，也可以有管理地浮动；既可以单独浮动，也可以联合浮动；既可以钉住单一货币浮动，也可以钉住特别提款权或"一篮子"货币浮动，各国的汇率制度日益呈现出多样化的安排。

### （四）国际储备资产多元化

牙买加协议规定未来的国际货币体系要走向特别提款权本位，加强特别提款权的作用，但事实上特别提款权在各国国际储备中的比重并没有增加。在牙买加体系下，美元仍旧是最主要的国际货币，但地位已经下降，德国马克、日元的国际货币地位逐步加强，出现了以美元为首的国际储备资产多元化的局面。

### （五）国际收支调节形式多样化

在牙买加体系下，国际收支的调节可以通过汇率机制、利率机制、基金组织的干预和贷款、国际金融市场的媒介作用、有关国家变动外汇储备等多种方式或渠道来进行。

## 四、牙买加体系的积极作用

牙买加体系比较客观地反映了布雷顿森林体系崩溃以后国际货币体系的新格局，在一定程度上适应了不少国家主张的按"市场主导"原则，自主选择经济、货币政策模式的客观要求。尽管牙买加体系是解决布雷顿森林体系解体后问题的一种权宜之计，甚至事实上，它是对当时国际上处理黄金、汇率问题某些做法的一种事后法律认可，但牙买加体系的产生，还是比布雷顿森林体系有了很大的改进，适应了世界经济形势发展的需要，对国际贸易和世界经济的正常运转起到了重要的积极作用。

1. 牙买加体系是以实施浮动汇率制为主的货币制度，浮动汇率不仅可以比较灵敏准确地反映出不断变化的国际经济状况，而且还可以调节外汇市场的供求关系，从而促进国际贸易和世界经济的发展。浮动汇率制对国际经济的这种有利影响主要表现在：

（1）各主要国家货币的汇率可以根据市场供求状况自发调整，可以灵敏地反映瞬息万变的宏观经济情况。

（2）可以缓解市场上大量游资对硬货币的冲击。硬通货国家不负有类似固定汇率制下维持汇率稳定的义务，因此也就不会出现该国外汇储备大量流失的状况，同时也起到了阻止输入国际通货膨胀的作用，从而有利于国际外汇市场和国际货币秩序的稳定。

（3）灵活地以浮动汇率为主的汇率体制可以使一国的宏观经济政策更具独立性和有效性。

（4）可以促进国际金融业务创新和发展。在浮动汇率制下，为避免风险、加强竞争，促使国际金融领域出现了许多新型业务与新型的金融工具，促进了国际贸易、金融和投资的发展。

2. 牙买加体系实际上是储备货币多元化的国际货币制度，基本上克服了布雷顿森林体系下基准通货国家与依附国家相互牵连、对单一货币即美元过度依赖的弊端，缓解了国际清偿力不足的压力，在一定程度上克服了以前的美元"两难"困境。牙买加体系实现了国际储备多元化和汇率制度浮动化，即使发生美元贬值，也不一定会影响各国货币的稳定性，基本上割断了基准通货与依附国家或挂钩国家货币之间的必然牵连，使一国汇率的形成和国际储备资产的运作更趋合理。

3. 牙买加体系采取多种调节机制相互补充的办法来调节国际收支，在一定程度上改变了布雷顿森林体系调节失灵的状况。布雷顿森林体系调节成员方国际收支失衡的渠道主要有两条：第一条途径，当成员方发生暂时性的国际收支失衡时，通过国际货币基金组织的贷款援助来调节；第二条途径，当成员方的国际收支出现根本性失衡时，通过改变货币平价、变更汇率来调节。事实证明，由于调节渠道和力度有限，调节机制失灵，曾长期出现全球性国际收支失衡的现象。而牙买加体系除可以继续依靠基金组织和变动汇率外，还可以通过利率及国际金融市场的媒介作用、国际商业银行活动、外汇储备的变动等渠道进行，多种调节手段还可以结合起来运用，在一定程度上克服了布雷顿森林体系调节机制失灵的困难，从而对世界经济的健康发展起到了积极作用。

## 五、牙买加体系的主要缺陷

牙买加体系在对世界经济发展产生积极促进作用的同时，也带来许多消极影响。最为明显的后果是汇率的剧烈波动，由此助长外汇市场的投机活动，引发国际金融市场的动荡和混乱，也直接影响到国际借贷关系的发展，还会增加进出口贸易蒙受的外汇风险损失。牙买加体系以多样性、灵活性、适应性为特征取代了原来整齐划一的国际货币体系，但它却明显缺乏制约及协调能力，是一种比较松散的国际货币体系。正是在这个意义上，所以说牙买加体系实则"无体系"。

美元虽然随着布雷顿森林体系的解体而遭受重创，但此后它仍在国际货币体系中处于主导地位。牙买加体系摧毁的只是美元对黄金及各国货币"双挂钩"的独断专权，并没有剥夺美元世界货币的功能。实际上，美元仍然是最主要的世界货币，只不过在布雷顿森林体系中它是唯一的世界货币；而在牙买加体系中，美元和马克、日元一同成为世界货币。马克、日元作为后起之秀改变了美元一统天下的金融局面,虽然它们一再向美元发起冲击,但毕竟未能后来居上、未能与美元平分秋色。20世纪90年代初,西德马克占各国官方储备的20%,日元占近10%,而美元仍占50%的份额。当时不少人认为,随着日元大幅升值,德国马克坚挺以及美元大幅贬值,美元、马克、日元三种货币有望并驾齐驱。但事实并非如此,德国和日本的经济实力短时期很难与美国抗衡,后来日元的大幅震荡就已证明了这一点。随着美国克林顿政府新经济政策的实施,日本泡沫经济的破裂,德国在高新技术竞争中的相对滞后,日元、马克日益难抵美元的强势。

现行的牙买加体系毕竟是在布雷顿森林体系解体后国际金融领域较为动荡时期的产物,从建立伊始就有许多不完善之处,诸如它只是对当时既成事实的各国普遍实施的各种不同浮动汇率制状况的一种认可,并没有建立起一种新的稳定的国际货币制度及其执行机构,没有重视稳定国际汇兑的基础问题或平价问题等。随着复杂多变的国际经济关系的发展变化,牙买加体系的某些弊端已日益明显暴露出来。这些弊端主要表现在:

1. 汇率变动频繁剧烈,给国际贸易投资和各国经济带来不利影响。具体表现在:(1)汇率频繁变动,给进出口核算及正常经营带来困难;(2)汇率频繁变动,助长了外汇市场上的投机活动,引发和加快了资本流动,造成国际财富不合理的转移及再分配,加剧了国际金融市场的动荡和混乱;(3)汇率变动不定,容易引发债务危机,从而影响国际贸易的正常开展和国际金融形势的稳定;(4)汇率急剧变动,会引起物价、工资以及就业发生大的变化,从而对贸易与经济产生不利影响。同时,汇率经常下浮,容易导致通货膨胀。

2. 国际货币多元化,世界缺乏统一的稳定的货币标准,不利于国际经济活动的顺利开展。牙买加体系是多种货币储备体系,具有内在的不稳定性。国际储备资产多元化,会相对增加国际储备的数量和增加管理的难度,增加遭受外汇风险的机会,从而不利于充分与合理地运用有限的国际资源。

3. 国际收支调节机制仍不健全,全球性国际收支失衡现象日益严重。尽管在牙买加体系下国际收支调节的渠道与措施比先前增多且可组合运用,但在该体系运行多年来,全球性的国际收支失衡问题非但没有得到妥善解决反趋严重,充分暴露出该体系的缺陷与软弱之处。对于国际收支不平衡的国家,不论是顺差国还是逆差国,应该采取的调整措施、合适的国内经济政策的确定、国际上的政策协调以及实施国际监督等,牙买加体系并没有提出具体的可操作方案,因而国际货币关系长期处于较为混乱的状态,这也说明现行的国际货币体系还没有建立起完善的国际收支调节机制。

从上述分析可以看出，现行的牙买加货币体系，还有许多不适应国际经济健康发展需要的弊端，必须进行进一步的改革，建立起合理的稳定的国际货币新秩序。

## 六、牙买加体系的改革构想

鉴于现行的国际货币体系的种种弊端，对国际货币体系进行改革的需要一直存在，尤其是在 2008 年美国金融危机之后，国际货币体系改革的呼声更加高涨，也形成了多种改革方案。

### （一）建立实物国际货币体系

1. 重回金本位国际货币体系。布雷顿森林体系崩溃之后，IMF 规定不再以黄金作为货币定值标准，人们对黄金的货币属性认识开始出现争论，然而 2008 年金融危机以来，各国对黄金货币属性的认同度逐步恢复，各国央行尤其是新兴经济体开始显著增持黄金。沈晗耀认为 2008 年金融危机之后，新的国际货币体系应将由社会权威形成的"社会公信力"与依靠商品内在价值形成的"自然公信力"充分结合起来，构建局部金本位制下的二元货币体系。即各国国内以"社会公信力"为基础建立信用货币体系，各国之间则以"自然公信力"为基础建立金本位国际货币体系。

2. 碳本位国际货币体系。随着全球气候变暖，各国开始重视绿色低碳发展，碳排放权交易市场也因此得到快速发展，巴顿（Button）认为碳市场显示了货币市场的诸多特征，可以将碳看作一种货币形式。德谢诺（Descheneau）同样认为碳具有与货币类似的功能，碳减排量能被转化为可货币化的信用。刘（Liu）等则提出一个基于碳货币的新的国际货币体系，将碳货币作为全球货币能够有效解决温室气体过度排放与美元霸权所产生的外部性问题。

### （二）完善主权信用货币体系

1. 以美元为主的多元国际货币体系。2008 年全球金融危机爆发之后，国际货币多元化趋势有所加快，但依然以美元为主。维普洛斯（Wyplosz）认为我们可能已经进入了欧元与人民币能够挑战美元的新时代，但美元仍将长期保持其卓越的国际地位。杰（Chey）预计国际货币秩序未来可能会转向一个不均衡的多元国际货币体系，其中欧元和人民币分别扮演欧、亚区域货币角色，但美元仍是第一大国际货币。斯坦伯格等（Steinberg et al.）基于中国、巴西等主要美元外汇持有国的决策者和金融精英的视角，发现尽管欧元存在一系列结构性缺陷，但欧元的诞生使其认为多元化货币体系不仅是可能的，而且比以美元为核心的单极货币体系更稳定可取。

2. 三足鼎立的多元国际货币体系。2008 年金融危机严重冲击了以美元为中心的国际货币体系，国际货币多元化趋势不断加强。法尔希（Farhi）等指出多极化的国际货币体系将成为一种趋势，且人民币将在其中扮演重要角色。艾肯格林（Eichengreen）同样认为，一个由国际货币发行国提供稳定健全政策支持的多元化国际货币体系是可行的。同时，多元化国际货币体系的形成应当是有秩序、有层次的，各经济体根据自身经济基本面与地域分布等特征形成若干个区域货币联盟或区域内的统一货币体系。张明、黄益平均认为未来国际货币体系将很可能呈现出美元、欧元与某种亚洲（区域）货币三足鼎立之势。李稻葵和尹兴中也提出未来国际货币体系两种可能的演变方向：一是创建超主权货币；二是形成人民币、美元与欧元三足鼎立的国际货币体系，且该演变方向是一种最具可能性的现实主义改良方案。弗拉茨彻和梅尔（Fratzscher and Mehl）认为 2005 年人民币汇改以来，人民币已逐步成为亚洲主导货币，而国际货币体系也已处于人民币、美元与欧元三极化的边缘。赖安和古兰沙（Ryan and Gourinchas）同样认为，随着美国与中国经济规模全球占比的此消彼长以及中国不断推进人民币国际化，以人民币、美元与欧元共同主导的三极化国际货币秩序的出现只是时间问题。

### （三）完善或创建超主权货币

1. 进一步完善 SDR。布雷顿森林体系建立之后，其内在缺陷引发了 20 世纪 60～70 年代初的数次美元危机，为缓解"特里芬难题"，IMF 于 1969 年创设了一种人为补充性的国际储备资产 SDR。20 世纪 70 年代初全球贸易失衡已相当严重，贸易盈余国持有的外汇储备从 1960 年的 180 亿美元迅速上升至 1970 年的 450 亿美元，其中超过 2/3 是美元资产，美元面临极大的贬值压力。为此，各贸易盈余国希望在 IMF 建立一个基于 SDR 的替代账户，并通过该账户将主权货币资产替换为 SDR。然而，由于各国对替代账户中所涉及的汇兑风险承担问题与相关技术方案无法达成共识，替代账户机制未能建立起来。此后，随着牙买加体系的建立，各国逐渐从固定汇率制转向浮动汇率制，各国央行无须过多干预外汇市场，对外汇储备的需求也随之下降，再加之跨境资本流动更加自由，贸易逆差国不难从国际资本市场获得美元。因此，对国际社会而言，SDR 存在的必要性大大降低，此后 SDR 在国际贸易与金融交易中并未发挥过多重要作用。

然而，2008 年国际金融危机爆发之后，关于改革国际货币体系的呼声更加高涨，中国人民银行前行长周小川倡导应充分发挥 SDR 的国际储备货币职能，逐步完善 SDR 的定值与发行方式并不断拓宽

SDR 的使用范围。比如，各国可以通过将美元储备存入一个由 IMF 管理的替代账户换取 SDR 债权，发挥 SDR 的国际货币储备职能，并按照世界贸易的平均增长率或其他外生方式以及透支和替代账户功能的内生方式创造 SDR，以满足各国对国际货币的需求，也可以通过构建有管理的多元国际货币体系拓宽 SDR 的使用范围。然而，阿马托和凡塔奇（Amato and Fantacci）认为仅仅简单地扩大 SDR 作为储备资产的使用无法避免全球经济失衡，为摆脱这一困境，可以对各国高于或低于 SDR 原始分配额的部分实行对称税收。另外，还需确保从主权货币到 SDR 的单向可兑换性，并将新发行的 SDR 与国际交易中的初级商品挂钩。哈里森和肖（Harrison and Xiao）甚至建议中国单方面发起一个 SDR 倡议，为其公司和机构使用 SDR 提供政策鼓励与支持，并通过香港向其他主权国家和多边机构推广使用 SDR，为新的国际货币体系提供发展空间。

2. 创建一种全新的超主权货币。早在 20 世纪 40 年代，凯恩斯就提出了应对全球经济失衡的货币计划，该计划提供了一种纯粹的手段和措施，以货币单位形式对经常账户进行多边清算。凯恩斯认为应建立国际清算联盟（International Clearing Union，ICU），再由 ICU 发行以包括黄金在内的大约 30 种代表性商品的价值为基础的世界货币 Bancor。首先，Bancor 是一种不同于主权信用货币的国际记账单位；其次，它能够在债权国与债务国之间对称地分配调整贸易失衡负担；最后，它还可以通过修正汇率失调调节国际收支长期失衡。无论是最初英国的凯恩斯货币计划还是美国的怀特计划都要求建立一种世界货币，但由于当初政治条件与相关技术条件并不成熟，以及美国发现这并不完全符合自身利益，便放弃了这一主张。蒙代尔（Mundell）提出应先从用于稳定汇率的制度安排开始，然后再建立基于 DEY 的 G3 货币联盟，最后创建世界货币 INTOR。历山德里尼和弗拉蒂尼（Alessandrini and Fratianni）则在凯恩斯货币计划的基础上，提议建立新的国际清算联盟（NewInterna-tional Clearing Union，NICU），再由 NICU 基于美联储与欧洲央行提供的短期国内资产创建一种与国家货币共存的超国家银行货币（Supranational Bank Money，SBM）。

## 七、国际货币体系的未来演化构想

从目前关于国际货币体系改革方案和国际货币体系改革的现实发展来看，可以设想未来国际货币体系演化的合理路径：以美元为核心的国际货币体系——三足鼎立的国际货币体系——"三足鼎立＋超主权货币"格局——"各国主权信用货币＋超主权货币"。

### (一) 从现行国际货币体系到三足鼎立的国际货币格局

历史经验表明，国际货币格局的演化往往滞后于世界政治经济格局的发展。习近平总书记指出当今世界正面临"百年未有之大变局"，再加之新冠疫情冲击与俄乌冲突等地缘政治风险加剧，世界地缘政治与经济中心正处于"东升西降"的阶段，这意味着人民币国际化程度也将随之不断提升。具体而言，为进一步提高人民币国际化水平，首先中国应继续增强政治、经济、军事、文化等方面的国际影响力，保持经济长期稳步增长，形成对人民币长期升值的预期；其次，在人民币获得相对优势的收益率地位之前，应控制好降低货币转换成本的节奏；再次，应坚定支持经济全球化发展，以增加各国外汇储备的短缺成本，从而有利于提高各国对人民币的储备需求；最后，应通过与部分国家的贸易逆差有针对性地输入人民币，以转化为相关国家的外汇储备。此外，尽管欧元的诞生为多元化国际货币格局奠定了基础，但欧盟仍存在一些结构性缺陷。随着世界多极化格局逐步形成以及地缘政治博弈的演变，欧盟将逐渐意识到对内进一步加强内部财政与政治一体化程度以巩固其货币内部空间，对外不断推进战略自主、摆脱美国束缚，通过独立自主的对外政策与军事手段捍卫其货币外部空间。与此同时，中国与欧洲更紧密的货币政策协调不仅会强化双边贸易关系，有助于中国外汇储备资产的多样化，使中国从美国货币政策中获得更大的独立性，并且可以对美元的主导地位产生制衡作用，促使美国逐步停止过度的货币扩张，并对其货币政策承担更多责任。尽管美国会竭力阻碍国际货币体系改革以维持美元特权，但随着世界经济多极化发展，美元霸权的经济基础正被逐步分散，再加之欧元的诞生以及近年来人民币的逐步崛起，美元的国际垄断力量将被逐渐削弱。美国会意识到，未来减少对国际货币体系改革的阻碍将符合自身利益。因此，人民币、美元与欧元三足鼎立的国际货币格局将是最具现实性的演化方向。正如前面所述，三足鼎立的国际货币体系能切实为国际投资者提供多样化的币种选择，并且各国际货币之间能够相互竞争、彼此制衡。但由于多元国际货币之间互为替代品且替代弹性较高，一旦某种国际货币受到外部风险冲击便可能导致短期内国际货币之间发生大规模转换，引发汇率大幅波动。因此人民币、美元与欧元之间的汇率安排可以采用有管理的浮动汇率制度，确保汇率在合理区间波动。另外，中国人民银行、美联储与欧洲央行之间还可以通过签订多边货币互换协议应对国际货币临时短缺问题，但此类融资协议可能会因信息不对称而产生道德风险。为此，除了尽可能减少信息不对称，各国际货币发行国在作为债权人执行多边货币互换协议时还应具有一定程度的自由裁量权。

## (二) 从三足鼎立的国际货币体系到"三足鼎立+超主权货币"格局

多元化的国际货币格局虽然能进一步提高国际货币体系的稳定性,但并未完全摆脱"新特里芬难题"。为了彻底解决国际货币稳定性与流动性之间的矛盾,并消除国际货币发行国之间通过合谋向全世界征收铸币税的可能,创建超主权货币是国内外学者公认的一条途径。正如黄范章所言,通过创建一种与主权国家脱钩的超主权货币以彻底改革现行国际货币体系,应采取渐进式改革思路,并尽可能兼顾各方利益。具体而言,可首先促进国际货币多元化发展。然后,随着人民币、美元与欧元货币权力分布逐渐趋于均衡,中美欧三方便可在相互竞争中寻求合作,共同创建世界中央银行,并制定合理的超主权货币发行与使用规则,形成"三足鼎立+超主权货币"格局。其中,超主权货币由世界中央银行发行,各国均在世界中央银行开立国家账户,用于国际贸易投资清算与超主权货币存储,并且各国账户具有透支功能,透支额度取决于本国经济与对外贸易投资规模。起初,超主权货币的发行制度类似于货币局制度,世界中央银行每发行1单位的超主权货币,都要由中美欧按照各自货币在超主权货币中所占权重向世界中央银行转移相等价值的一篮子货币作为发钞准备。其中,超主权货币的价值由人民币、美元与欧元的加权平均值决定,每种货币的权重大小取决于各国经济规模及其在国际贸易与金融市场中的重要程度。其他各国可以将持有的人民币、美元与欧元外汇从世界中央银行单向兑换为超主权货币,兑换比率由各种货币在货币篮子中所占的权重及彼此之间相对稳定的汇率决定。人民币、美元与欧元三种国际货币在国际市场中的职能将按照价值储藏、记账单位以及交易媒介的顺序逐步被超主权货币取代,并且国际货币各种职能的取代过程可以先由各国政府部门牵头推动,然后逐步过渡到私人部门。而在主权货币与超主权货币共同作为国际货币的过渡阶段,以上两类货币将同时具有部分国际货币职能属性,随着主权货币逐步退出国际货币舞台,国际货币角色最终完全由超主权货币担任。

## (三) 从"三足鼎立+超主权货币"格局到"各国主权信用货币+超主权货币"格局

为了使超主权货币彻底摆脱主权国家的干预,成为真正意义上的"超主权"货币,超主权货币的锚定物将逐步由人民币、美元与欧元转变为若干种实物商品,其中包括能源商品、基础原材料和农副产品等当下典型大宗商品。另外,还应将当下先进生产技术纳入其中。以上超主权货币实物锚的种类及其权重并非固定,而是会根据各类大宗商品在生产生活中的相对重要程度作出动态调整。而人民币、美元与欧元将以超主权货币作为货币锚，其他国家主权信用货币的锚定物也将逐步从人民币、美元与欧元转变为超主权货币，从而形成"各国主权信用货币＋超主权货币"的理想国际货币格局。在以上国际货币格局之下，全球经济体共包括 N 个彼此存在差异且独立的各国国内市场和 1 个由各国共同组成的国际市场，两类市场共构成 N＋1 个各异的复杂市场，由类似于丁伯根法则的基本原则可知，要应对全球 N＋1 个不同的复杂市场，我们至少需要 N＋1 个独立且有效的货币体系工具，而"各国主权信用货币＋超主权货币"格局则刚好提供 N＋1 个独立的货币体系工具。另外，超主权货币每年发行量将与全球经济增长率挂钩，经济规模由超主权货币衡量。在该货币体系之下，各国主权信用货币与超主权货币之间的汇率将在合理区间内自由浮动，同时以超主权货币作为全球贸易价格衡量标准时，各国汇率政策对国际收支失衡的调节效果也会有所增强。为进一步预防国际收支长期失衡，促进全球贸易发展，本文借鉴凯恩斯货币计划，世界中央银行将对国际收支盈余国与赤字国超过本国限额的部分征收累进税，各国盈余（赤字）限额将根据本国经济与对外贸易规模进行分配。世界中央银行的收益将用于维护国际货币体系的平稳运行以及向贫穷国家进行转移支付。

## 本 章 案 例

[案例1]

### 国际货币体系与人民币国际化

自牙买加体系建立以来，国际货币体系始终以美元为核心，新兴经济体和发展中国家在国际货币体系中存在话语权不足的问题。当前，随着美元信用降低，越来越多的国家开始寻求建立更加多元化的国际货币体系，而以中国为代表的新兴经济体与发展中国家经济发展水平不断提升，人民币国际化水平稳步提升，新兴经济体与发展中国家在国际货币体系中的话语权也有所提高。

近两年来，国际货币体系去美元化趋势明显增强。2022 年 2 月，美国宣布冻结阿富汗中央银行外汇储备。俄乌冲突升级后，美国冻结俄罗斯外汇储备，制裁俄罗斯主要银行，并将部分俄罗斯银行排除在 SWIFT 系统之外。美联储货币政策也大起大落，负面外溢效应严重。美元信用不断降低，以美元为主导的国际货币体系存在的问题开始暴露，越来越多的国家采取行动"去美元化"，寻求建立更加多元化的国际货币体系，以防范过度依赖美元带来的风险。多元化的国际货币体系能够形成相互竞争、彼此制衡的格局，进而增加货币体系的稳定性。国际货币体系的多元化势在必行。① 人民币国际化的快速推进，正为建立更加稳定、公平、多元的国际货币体系贡献自身独特的力量。近年来，人民币国际化一直受到高度关注，从 IMF 特别提款权比重到国际使用频率数据看，人民币也正在逐步成为美元、欧元之外的第三大世界货币。2009 年，跨境贸易人民币结算试点的开启，拉开了人民币国际化的序幕。中国人民银行发布的《2022 年人民币国际化报告》数据显示，2021 年人民币国际化各项指标总体向好，人民币支付货币功能稳步提升，投融资货币功能进一步深化，储备货币功能不断上升，计价货币功能逐步增强。

[案例 2]

### 俄乌战争对国际货币体系的冲击

2022 年 2 月 24 日俄乌冲突爆发，全球粮食、能源和金融系统面临危机，全球经济复苏进程受阻。自冲突爆发以来，美国和部分西方国家大幅升级对俄罗斯的制裁措施，包括限制俄罗斯使用美元、欧元等进行交易，将部分俄罗斯银行排除在 SWIFT 系统之外，冻结俄罗斯央行资产等。对俄罗斯的种种制裁导致了美元资产的安全性受到质疑。高达数千亿美元的俄罗斯外汇储备资产被冻结，也使得各国开始重新审视国际货币体系的安全性问题，在对储备货币选择时开始考虑避险选项。

俄乌冲突从一定程度上影响了国际货币体系走向。非美元主权货币开始在国际货币体系中发挥越来越重要的作用。美国把美元当成制裁工具，降低了市场对美元资产的信心。近年来以美元主导的国际储备和结算货币地位正在逐步下滑，俄乌冲突则进一步加快了这一进程。国际货币基金组织（IMF）最新发布的官方外汇储备货币构成（COFER）数据显示，2022 年第四季度，美元占全球外汇储备比例下降至 58.36%，该数据是 20 多年来的最低水平。高达数千亿美元的俄罗斯外汇储备资产被冻结，从根本上动摇了全球市场中的信任关系，以美元为核心的国际货币体系弊端开始暴露，各国在选择储备资产时更加重对安全性的考量，考虑资产避险选项。② 出于分散风险的考虑，无论是一国对持有官方储备货币的选择方面，还是国际投资者对投资意向的选择方面，都呈现出多元化的货币选择趋势，不断推动国际货币体系的多元化进程。俄乌冲突之后引发的对俄制裁，也使得

---

① 王晓芳、鲁科技：《国际货币体系改革与人民币国际化》，载《经济学家》2023 年第 2 期，第 45~55 页。
② 李仁真、关缊珈：《俄乌冲突下美欧利用 SWIFT 制裁俄罗斯的影响及其对中国的启示》，载《国际贸易》2022 年第 9 期，第 79~86 页，第 95 页。

国际社会开始检讨反思。国际货币基金组织指出,这种联合制裁对现行基于信用基础的国际货币体系是极大的伤害,可能会影响其他国家持有美元、欧元的储备资产。

## 本 章 小 结

1. 国际货币体系是在国际上政策协调过程中对一些基本问题进行的制度安排。划分国际货币体系的标准主要是汇率制度和货币本位(储备货币)。国际货币体系的形成有两种方式:一种是依靠市场自发形成,其实现内外均衡的国际准则是市场体制和习惯长期缓慢发展的结果;另一种是人为设立,是借助政府间协定在短期内形成的国际上协调与合作机制。从时间顺序上,国际货币体系大体经历了三个阶段:国际金本位制、布雷顿森林体系和牙买加体系。

2. 国际金本位制度是指以黄金作为本位货币的一种制度。国际金本位制就是以各国普遍采用金本位制为基础的国际货币体系。国际金本位制是历史上第一个国际货币体系。国际金本位制具有以下特点:汇率制度为固定汇率制度、储备资产和国际结算支付手段为英镑和黄金、内外均衡实现机制通过"价格—铸币流动机制"具有自动调节功能。国际金本位制建立于19世纪80年代,崩溃于20世纪初。

3. 布雷顿森林体系建立于1944年,是一个美国居于统治地位的新的国际货币体系。布雷顿森林体系的主要内容可以概括为"一个中心两个支柱":中心——建立了国际货币基金组织,两个支柱即双挂钩——美元以固定比价直接兑换黄金、各国货币以可调整的固定汇率与美元实行兑换。这一体系最显著特征就是实行双挂钩的可调整的固定汇率制度。布雷顿森林体系下各国在内外均衡实现机制上具有不对称性,这一不对称性构成了布雷顿森林体系的根本缺陷——特里芬两难。特里芬两难最终导致布雷顿森林体系在不断爆发的美元危机下崩溃。1971年美元与黄金脱钩已对布雷顿森林体系生存构成危机,而1973年发达国家相继实行浮动汇率制则标志着布雷顿森林体系彻底崩溃。

4. 现行的国际货币体系是牙买加体系,是以美元为中心的国际储备货币多元化的浮动汇率体系,该体系于1978年4月1日正式生效。牙买加体系的基本内容包括承认浮动汇率制的合法性、减弱与消除黄金的货币作用、主张以特别提款权作为主要的储备资产、增加基金组织的份额、扩大对发展中国家的资金融通等。该体系的主要特点有:黄金非货币化、浮动汇率合法化、汇率制度多样化、国际储备资产多元化、国际收支调节形式多样化等。随着复杂多变的国际经济关系的发展变化,牙买加体系的某些弊端也越来越明显,具体表现为:汇率变动频繁剧烈,给国际贸易投资和各国经济带来不利影响;国际货币多元化，世界缺乏统一的稳定的货币标准，不利于国际经济活动的顺利开展；国际收支调节机制仍不健全，全球性国际收支失衡现象日益严重等。鉴于现行国际货币体系的各种弊端，关于国际货币体系的改革问题形成了多种方案，以及在此基础上形成了对于未来国际货币体系演化路径的合理构想。

## 本章重要概念

国际货币体系　国际金本位制　价格—铸币流动机制　布雷顿森林体系　双挂钩　特里芬两难　美元危机　牙买加体系　黄金非货币化

## 本章思考题

1. 什么是国际货币体系？
2. 简述国际金本位制在内外均衡实现机制上的特点。
3. 简述布雷顿森林体系的主要内容和特征。
4. 试从内外均衡实现机制角度分析布雷顿森林体系的根本缺陷。
5. 牙买加体系的主要内容与特点有哪些？
6. 评析牙买加体系所存在的主要缺陷。
7. 你认为一个国家或经济体在进行汇率制度选择时应当考虑哪些因素？

# 第十四章
# 区域货币合作

**学习目标**
- 熟练掌握最优货币区理论的主要观点；
- 掌握欧洲中央银行体系的组织机构，以及亚洲货币合作的多种可能模式；
- 了解欧洲货币合作和亚洲货币合作的发展进程，以及非洲货币合作的发展历程。

## 第一节 最优货币区理论

最优货币区理论最早由蒙代尔教授提出，后经麦金农等得以发展，经历了由单一标准分析向多种标准分析方法的转变。20世纪70年代后，最优货币区理论研究的重点转向了对加入一个货币区的收益与成本分析上。

### 一、传统的最优货币区理论

#### （一）最优货币区理论的形成

最优货币区理论最先出现于20世纪60年代对固定汇率制和浮动汇率制的优劣争论中。率先提出这一概念的，是当时国际货币基金组织特别研究处的经济学家罗伯特·蒙代尔（Robert. A. Mundell）。1961年9月，《美国经济评论》杂志发表了蒙代尔历时两年的时间完成的论文《最优货币区理论》。蒙代尔提出用生产要素的流动性作为确定最优货币区的标准，所以他的这一理论又被称为要素流动论。蒙代尔认为，一个国家国际收支失衡的主要原因是发生了需求转移。在由两个经济实体构成的简单模型（两个区域或两个国家）中，最初两个经济体都处于充分就业和国际收支平衡，当人们将对 B 国的商品需求转移到 A 国的商品上时，就会引起两国之间支付的不平衡，引起 B 国的失业和 A 国的通货膨胀。如果 B 国货币汇率下跌将有助于减轻 B 国的失业，A 国货币汇率上升有助于降低 A 国的通货膨胀压力；但若 A、B 是同一国家内的两个区域，他们使用同一种货币，则汇率变动无助于解决 A 区域的通货膨胀和 B 区域的失业问题，除非这两个区域都使用自己的区域货币。蒙代尔指出，浮动汇率只能解决两个不同通货区之间的需求转移问题，而不能解决同一通货区内不同地区之间的需求转移；同一通货区内不同地区之间的需求转移只能通过生产要素的流动来解决。因此，他认为，若要在几个国家之间保持固定汇率并保持物价稳定和充分就业，必须要有一个调节需求转移和国际收支的机制，这个机制只能是生产要素的高度流动。当生产要素在某一区域内能够自由流动，而该区域与外部之间存在着生产要素的流动障碍时，生产要素具有流动性的区域，就适合建立一个货币区。在这个区域内，成员方之间实行单一货币或实行固定汇率，而与区域外国家实行浮动汇率，其效率是最优的。由此，确定最优货币区的标准是生产要素的流动性。生产要素流动论是对浮动汇率的扬弃，在肯定浮动汇率的同时，提出货币区内应实行单一货币或固定汇率的主张。当然，蒙代尔也意识到政治差异是形成货币区的重要障碍，只有在政治结构发生迅速变化的地区，这样的构想才可能实现。在蒙代尔的上述分析中，价格具有刚性，如果假定物价是完全有弹性的，需求转移导致宏观经济的不均衡可以通过工资的变化自动调整，这也是对蒙代尔分析方法的扩展。

### （二）最优货币区理论的发展

1. 麦金农的经济开放度标准。美国斯坦福大学经济学系教授罗纳德·麦金农（Ronald. I. McKinnon, 1963）在蒙代尔的最优货币区理论基础上提出了确定最优货币区的另一个标准，即经济的开放度。所谓经济开放度是指一国生产消费中的贸易商品对非贸易商品的比率。麦金农认为，贸易关系密切的经济开放国家适合组成单一的货币区，在区域内实行固定汇率，而对与其贸易关系不密切的国家则实行浮动汇率。理由如下：

（1）在一个高度开放的经济区域中，如果运用汇率手段调整国际收支失衡，首先会引起进口商品的价格上升，进而会导致所有商品的价格上涨。如果限制商品价格上升，就会引起需求收缩和失业率上升；

（2）由于"货币幻觉"减弱，在本币贬值后，人们会要求提高名义工资，以维持实际工资，从而造成产品成本的上升，抵销了货币贬值的作用；

（3）经济开放度越高、对进口商品的依赖度越高，需求弹性越小，相应地对汇率调整的幅度要求越大。

因此，高度开放的经济区域应该组成相对封闭的货币区，这对于宏观经济目标的实现更为有利。

2. 彼得·凯南的低程度产品多样化标准。彼得·凯南（P. B. Kenen，1969）提出确定最优货币区的标准是低程度的产品多样化。凯南认为，产品多样化程度高的国家，由于存在不同产品国外需求的相互交叉，可以消除来自进口需求整体冲击带来的影响，对国际收支和失业的影响较小，不需要汇率机制的调节功能，这些国家更适合实行固定汇率。而低程度产品多样化的国家则不能，它们适合采用汇率灵活安排的独立货币区。

3. 詹姆斯·伊格拉姆的金融一体化程度标准。詹姆斯·伊格拉姆（J. C. Ingram，1969）侧重于对资本账户的研究，他认为金融一体化程度应作为确定最优货币区的标准。伊格拉姆认为，在区域内部金融高度一体化的条件下，由于国际收支不平衡而引起的哪怕是利率的微小变动，也会在一体化组织内部导致相当规模的资本流动，该项自动平衡功能可以使区域内各国收支恢复平衡，从而避免了汇率波动。哈伯勒和弗莱明的研究指出，由于通货膨胀率是引起经常项目失衡的主要原因，尽管国别之间通货膨胀率相近并不能保持经常性的平衡，但固定汇率不能在通货膨胀率相差很大的情况之下得以长期维持。所以，通货膨胀率趋同是形成货币联盟的一个必要条件。

从上述论述可以看出，以上学者的分析与主张各有不同，但研究的特点都是从不同的侧面或仅提出某一个方面作为最优货币区的确定标准，在此将这种分析方法统一确定为单一标准分析方法。

在此之后，研究者们逐步放弃了对最优货币区单一标准的争论，而是转向了侧重于多指标综合考察并进一步确定最优货币区的标准。维塞尔（H. Visser）认为联盟内部贸易关系越密切，货币联盟的收益越大；如果劳动力的流动性较高，工资价格机制灵活且经济结构多元化的程度较高，则丧失汇率工具也无关紧要。汉森和尼尔森（J. D. Hansen and J. U. M. Nielson）认为货币联盟的实现取决于外部冲击的频率和特征、成员方的内部经济结构、产业结构和劳动力的流动性。

4. 雷曼的多指标分析法。雷曼（S. S. Rehman，1997）总结出确定最优货币区的 5 个标准：

（1）跨国境劳动力和资本的高度流动性。要素的高度流动性减少了运用汇率工具稳定宏观经济和恢复国际竞争力的必要性。劳动力从高失业率地区向低失业率地区的流动，不仅可以消除需求转移的冲击，还能够逐渐使工资水平趋同。金融市场的一体化可以缩短汇率调整所需要的时间、减少汇率调整的成本。金融市场一体化所产生的自动平衡机制使得汇率工具的必要性大大降低。反之，如果劳动力和资本难以自由流动，则相对价格的调整就成为恢复均衡的唯一手段。

（2）经济开放度高、经济规模小，如果一国经济开放程度越高，固定汇率就越有效，该国家也就越倾向于加入货币区。

（3）价格和工资具有较大的弹性，价格和工资的高弹性有利于发挥市场机制的自发调节作用，并获得内外部均衡，也就减少了汇率调整的必要性。

（4）产品市场的一体化。生产消费结构相似的国家受到外部冲击的影响也就相似。在对称冲击条件之下，汇率工具的有效性受到了质疑。

（5）财政的一体化。财政一体化的实现，对于货币联盟的运行而言，其抵御外部冲击的能力得以进一步加强。

在最优货币区理论的发展中，人们对于浮动汇率与固定汇率有了更为清醒的认识，二者均是市场摩擦条件下的次优选择。如果对外收支调节机制极端"平滑"、要素完全自由流动、消除了国别管制和干预，全球就会产生单一货币，其效率也就达到了最优形式。在现实世界中，工资的刚性、市场的分割严重阻碍了国际收支调节机制的平滑运行，采用浮动汇率来实现内外部均衡就成为一种无奈的选择。当然，最优货币区理论证明了经济一体化和要素流动作为价格工资刚性的不完全替代，比浮动汇率更有效率。

## 二、对货币区的成本与收益分析

20世纪60年代至70年代中期，学者们对最优货币区理论的讨论大多集中在最优货币区的构成条件上。对于这些讨论，一方面，我们应当肯定它们均从不同的侧面发展了最优货币区理论，使之日益完善；另一方面，这些研究也不可避免地带有一些缺陷。第一，这些标准都过于片面而且有一定的局限性；第二，这些标准较难以量化，可操作性不强；第三，理论在强调组成货币区的正面效应时忽视了成本的生成。加入货币区在给一国带来收益的同时，不可避免地也会产生一定的成本。从一般意义上讲，国家货币是一种国家主权的象征，加入一个货币区即意味着该国对一定主权的放弃。因此，成本和收益的权衡对一个考虑加入货币联盟的国家而言，具有较为重要的意义。

进入20世纪70年代，最优货币区理论关注的重点开始转向对货币联盟的成本—收益分析上。在20世纪70年代中后期至80年代中期，这一领域涌现出了一大批文献。根据有关资料的分析，加入货币区的收益可归纳如下：

1. 降低交易成本；

2. 固定汇率减少了不确定性，并能排除伙伴国之间的投机性资本流动；

3. 节省成员方的外汇储备，降低储备成本；

4. 货币一体化能促进经济政策的一体化；

5. 可以降低高通货膨胀率国家的通货膨胀，从而促使成员方的通货膨胀率趋于一致。

而加入货币区的成本则包括：

1. 单个国家失去了货币和汇率政策的自主权；

2. 国家财政政策的决策权会受共同货币政策的影响和限制；

3. 有可能加剧失业；

4. 有可能恶化本已存在的地区失衡。

可见，固定汇率与浮动汇率的争论促成了最优货币区理论的产生，而经济理论的发展和欧洲货币合作的持续进行则进一步促进了最优货币区理论的发展。最优货币区理论在一定程度上可以解释国家的汇率选择，但是它不能很好地解释欧洲货币合作的持续发展。实际上，政府决策所考虑的因素不仅仅是经济方面，经济背后的政治因素往往起着很大的作用。欧洲货币合作是欧洲经济高度一体化发展的产物，但其背后的原因却是政治的。

## 第二节 欧洲货币合作

欧洲货币合作最初始于公元8世纪的加洛林货币体系，当时法兰西王国加洛林王朝开始了共同货币的最初尝试。但此次改革只是借助于帝国的政治权威来运作。与之相比，19世纪中叶的拉丁货币同盟则以条约的形式，开始了共同货币合作的历程。该同盟由法国、意大利、瑞士和比利时等10个国家共同参加。20世纪40年代以来，欧洲货币合作日益密切，在货币合作的广度与深度上发生了质的变化，合作的产生有着深厚的历史背景。

### 一、欧洲货币合作的历史背景

#### （一）欧洲货币合作是发展共同体内部贸易和巩固关税同盟及实现共同农业政策的需要

到1968年7月，欧共体最早的6个成员方（即法国、联邦德国、意大利、荷兰、比利时、卢森堡）之间的内部关税已全部削减完成，而贸易限额早在 1961 年底即全部取消。经过艰苦卓绝的努力，到 1968 年 7 月 1 日，共同体成员方间在大部分农产品上的贸易限制已被逐步取消，制定了统一的价格，建立了共同的对外农产品关税壁垒，提前实现了建成农业共同市场的目标。关税同盟的建立和共同农业政策的实施有力地推动了共同体内部工农业产品相互贸易的迅速发展，同时也促使各成员方经济的相互依赖程度的加深，并由此引发成员方之间由于计价货币不同、汇率波动而导致的经济摩擦。在这个背景下，建立一种旨在消除摩擦的区域性货币合作机制，就成为巩固和发展共同体关税同盟和共同农业政策的重要保证。

### （二）欧洲货币合作是欧共体成员方摆脱对美国严重依赖和美元危机不利影响的需要

欧洲虽以其强大的经济实力长期称雄于世界，但在 20 世纪的前 10 年已越过了它的强盛顶峰。第二次世界大战后，其全球地位进一步下降。有识之士意识到了问题的严重性，从而吸取了两次世界大战和 20 世纪 30 年代经济大危机的教训，总结了过去国家干预经济生活的某些经验，开始谋求欧洲的政治合作。1946 年 9 月，英国首相丘吉尔在苏黎世的一次讲话中明确表示，要放眼未来，重建欧洲家庭和某种欧洲合众国。同时，欧洲的另一些政治家们则强调：应当先建立货币联盟和某种共同货币，以此作为政治联盟的先导。事实上，欧洲后来的一体化过程就是遵循从经济联盟到政治联盟的路径。

第二次世界大战结束前夕的 1944 年 7 月，美国凭借其强大的政治、经济实力，建立了以美元为中心的世界货币体系即布雷顿森林体系。在这个体系中，各国货币通过美元与黄金间接发生关系，美元的地位等同于黄金，并可作为国际储备资产和国际支付手段，由此确立了美元的霸权地位。布雷顿森林体系下欧共体成员方货币从属于美元尚且有利于汇率的相对稳定，从而在一定程度上促进了国际贸易的发展和国际资本流动的扩大，也在一定条件下解决了当时国际储备和国际支付不足的问题。但"双挂钩制度"的有效运行是建立在美国的强大经济实力基础之上的，它要求美元的对外价值必须保持稳定，并要求美国必须保持充足的黄金储备，用于应付外国政府或中央银行用美元兑换黄金的要求。但自 20 世纪 50 年代初起，美国的经济实力开始下降，国际收支连年逆差导致黄金逐渐流失，美元的国际信用与地位开始削弱，甚至出现频繁不断的美元危机，最终导致 1973 年初的布雷顿森林体系的瓦解。在欧洲人看来，既然国际货币难以在矛盾冲突如此之大的国际舞台实现，那么在经济、政治利益比较一致、内部矛盾不太尖锐的欧洲各国应该可以率先开展经济货币合作。

### （三）欧洲货币合作的前提条件是因为欧洲共同体各成员方已经具备了丰厚的物质基础

到 20 世纪 70 年代，欧洲共同体成员方已经具备了雄厚的外汇储备总额，而各成员方的经济状况逐渐好转，从而为欧洲货币体系的建立奠定了有利条件。虽然《罗马条约》的有关规定称欧共体成员方在发生国际收支困难时，可以要求其他成员方进行帮助，但基于对在经济上受到别国牵制的担心，当某一成员方货币发生危机时，它往往并不求助于共同体伙伴，而是向国际货币基金组织等国际金融机构甚至美国请求贷款。为了消除这种担心，同时也为了在连绵不断的货币金融危机中求得生存，共同体成员开始设想建立共同的外汇储备，以应付国际收支困难。到 1970 年，欧共体 6 个成员方的黄金和外汇储备增长到 300 亿美元，从而为建立地区性货币体系提供了相当雄厚的物质基础。自 1976 年以来，欧共体 9 个成员方的经济情况均有所好转。1978 年，共同体国家物价上涨率有了一定的减缓，九国平均通货膨胀率从 1974 年的 13.4% 下降到 1978 年的 6.8%，各成员方之间通货膨胀率的差距也在缩小，各国的国际收支情况也有不同程度的改善。这一切都表明在 70 年代末，欧共体成员方的经济状况良性趋同，为创建欧洲货币体系准备了较为充分的条件。

## 二、欧洲货币合作的发展历程

欧洲货币合作的发展历程可简单归结如下：在各成员方货币运行的基础上，建立欧洲"准平行基金"，再由"准平行基金"过渡到货币区内的单一货币——欧元，并且建立单一的中央银行、集中的外汇储备和高度协调一致的区域内货币政策。

### （一）《罗马条约》及相关决策

欧洲货币一体化的进程，最早可追溯到 1950 年欧洲货币同盟的成立。《罗马条约》由法国、联邦德国、意大利、荷兰、比利时、卢森堡六国于 1957 年 3 月签订，1958 年 1 月 1 日生效，标志着欧洲经济共同体的正式成立。在《罗马条约》中，除了规定建立共同市场外，还规定："应采用某种程序使调整各成员方的经济政策和补救其收支平衡失调成为可能。"这实际上是提出了创建经济和货币联盟的原始要求，但却没有设定时间表和具体进程，也没有规定明确的目标和措施，只是规定将经济政策、汇率政策、货币政策"看作为共同关心的事项"。

根据《罗马条约》的规定，1958 年欧共体成员方签署了欧洲货币协定取代了原欧洲支付同盟。共同体成立了一个咨询货币委员会，该机构应在促进成员方货币政策的协调以及汇率变化和国际信贷等措施的实施方面负有责任。但20世纪60年代的欧共体在货币一体化方面并没有取得实质性进展。

### （二）海牙会议和魏尔纳报告及其实施

随着经济相互依赖程度的加深，欧共体成员方对汇率稳定的要求越来越强烈。成员方之间的贸易关系和整个经济关系都受到成员方货币汇率变化的影响，汇率不稳定，不仅影响相互贸易，而且也影响相互投资及其他经济往来。从当时的发展进程看，20世纪60年代末，随着关税同盟和共同农业政策的实现，欧共体成员方对建立统一的货币体系、推进货币一体化的要求变得越十分迫切。于是，1969年12月，欧共体各国首脑在海牙举行会议，决定筹建欧洲经济与货币联盟。1970年5月，欧共体拟订了筹建联盟的初步计划，该计划由以卢森堡首相兼财政大臣皮埃尔·魏尔纳（Pierre Werner）为首的工作组审议，同年10月，该工作组向欧共体总部提交了报告，即魏尔纳报告。

魏尔纳报告对欧洲货币体系的创建和欧洲货币联盟的实现具有重要的意义。报告中规划了一个10年过渡期，过渡期分为三个阶段：第一阶段从1971年初到1973年底，主要目标是缩小成员方货币汇率的波动幅度，着手建立货币合作基金以干预外汇市场的活动，加强货币与经济政策的协调。第二阶段从1974年初至1976年底，主要目标是使成员方的经济货币政策趋于一致，特别强调使成员方的汇率变动政策趋于一致，成员方不能自行决定平价变动；各国货币间的汇率进一步稳定甚至固定下来；集中各成员方的部分外汇储备，由合作基金转变为共同外汇储备基金；资本流动逐步自由化。第三阶段从1977年初到1980年底，共同体将成为一个商品、劳务、人员和资本自由流动的经济统一体，固定汇率制向发行单一货币发展，共同外汇储备基金向建立联合中央银行发展。

1971年3月，欧洲货币联盟计划按照魏尔纳报告时间表正式实施。但是，1971～1973年，由于受到美元危机和以美元为核心的布雷顿森林体系崩溃的影响，国际金融市场动荡不安，欧共体成员方经济陷入滞胀状态，使得魏尔纳计划流产了。原定的第一阶段缩小汇率波动幅度走向完全固定的计划，演变为由"蛇洞制"到"蛇制"的发展过程。按照原计划，应在布雷顿森林协定固定汇率规定的波动幅度±1%的基础上，将成员方的汇率波幅缩小为±0.6%。为摆脱美元危机和维持国际货币体系，1971年12月的"史密森协议"决定将各国货币对美元的波幅由原来的±1%扩大到±2.25%。与之相适应，1972年4月欧共体《巴塞尔协定》规定成员方货币对外汇率维持±2.25%的波幅，而成员方之间货币汇率的波动幅度为±1.125%。人们形象地把±2.25%的波动幅度称为"洞"，而±1.125%的波动幅度称为"蛇"，这种同时遵守双重纪律约束的汇率机制称为"蛇洞制"。1973年春，布雷顿森林体系瓦解，各国纷纷放弃了"史密森协议"的约束，实行了浮动汇率，这样"蛇洞制"中的"洞"消失了，剩下的只有"蛇"，就被俗称为"蛇制"。由于当时严重的通货膨胀及国际收支逆差，法国、英国、意大利和爱尔兰四国退出了"蛇制"，实行货币的单独自由浮动，而其他五国虽然尽力维持"蛇制"，也感到困难很大，为此1973年4月欧共体将内部波动幅度由±1.125%扩大为±2.25%，这种扩大了波幅的"蛇制"，称为"超蛇"。

欧共体成员方在货币汇率波幅上的分歧实际上表明了魏尔纳报告所规划的欧洲经济与货币联盟计划20世纪70年代中期的流产，这是与当时的国际金融大环境分不开的。但在执行该计划过程中所建立起的"欧洲记账单位"和"欧洲货币合作基金"，却为创建欧洲货币体系奠定了基础。1958年，欧共体财政当局确立了一种内部使用的核算筹码，即记账单位（Unit of Account，UA），其价值与当时美元的含金量相同，为0.888671克黄金，在1971年底美元首次贬值前，1个记账单位就等于1美元。1973年3月后，由于布雷顿森林体系瓦解和浮动汇率制的实行，各国原来货币的含金量实际上已失去了意义，于是欧共体在原来记账单位的基础上，于1979年设计出了"欧洲记账单位"（European Unit of Account，EUA），它是由9个成员方货币按其国内生产总值和对外贸易比重组成的各国货币复合体，即"一篮子"货币，充当成员方的结算工具，并与黄金脱离了联系。这是黄金非货币化过程中确定各国货币标准的一次新尝试。而于1973年4月设立的"欧洲货币合作基金"（European Monetary Cooperation Fund，EMOF），包括了20亿美元的短期货币支付基金和20亿美元的中期财政支持基金，主要用于成员方在外汇市场的干预活动以促进汇率的稳定及管理成员方中央银行间的信贷。它实质上是一种货币储备基金，为最终建立统一的中央银行提供了基本前提。

### （三）哥本哈根会议和不来梅宣言

1978年4月，欧洲共同体九国首脑在哥本哈根召开会议，会上法德两国提出了建立欧洲货币体系的新建议，并就其可能性交换了初步意见。1978年7月，在欧共体不来梅首脑会议上，法国和联邦德国作为发起国，提出了建立欧洲货币体系（European Monetary System，EMS）的正式建议，会议发表了《不来梅宣言》，阐述了欧洲货币体系的主要内容如下：

1. 从汇率管理的角度看，欧洲货币体系将至少像"蛇制"一样严格。在实施的最初阶段和一段时间内，未参加"蛇制"的各成员方货币可以环绕中心汇率选择某种较宽的波动幅度。干预原则上应使用参加国的货币进行，中心汇率的改变要在得到协商一致的同意后方可进行。欧洲货币单位（European Currency Unit，ECU）将是该体系的核心，并被用作共同体各中央银行之间的结算工具。

2. 作为共同体内各中央银行之间使用的欧洲货币单位的最初供应量，一方面根据美元和黄金的存储量确定（如按各成员方中央银行目前存储量的20%供给）；另一方面根据各成员方的货币，按可比数量级的总额发行。根据成员方货币量发行的欧洲货币单位，其使用应服从于随数量和偿还期一起变化的各种条件，并应适当考虑大笔数额的短期贷款（1年以下）的需要。

3. 各参加国应协调它们对第三国的汇率政策。为此，它们将在适当的团体组织中和在参加本计划的各中央银行之间加强磋商，应寻求协调对美元进行干预的途径。购进美元的中央银行将存入一小部分美元，并换取欧洲货币单位；出售美元的中央银行将以付给欧洲货币单位的方式来接受一小部分美元。

4. 在欧洲货币体系方案开始后至多两年的时间内建立欧洲货币基金。

5. 只有在各参加国实施有利于国内外更大程度稳定的政策时，一个更紧密的货币合作体系才会取得成功，这既适用于赤字国家，也适用于盈余国家。

### （四）布鲁塞尔会议及欧洲货币体系的正式生效

法、德两国在不来梅会议上的正式提议得到了其余成员方的支持，并取得了一项原则协议。1978年12月，在布鲁塞尔召开的欧洲理事会通过了最终决议，拟订在1979年1月1日开始实行欧洲货币体系。联邦德国、法国、比利时、丹麦、卢森堡和荷兰6个成员方当场同意参加这个体系。意大利和爱尔兰于稍后日期也宣布同意加入。英国暂不参加欧洲货币体系，也不参加货币共同干预的制度，这是由于英国一时不愿放弃其经济和货币政策的灵活自主权，同时担心参加对美元的联合浮动会使英镑汇率上升，影响其出口竞争力，对出口贸易和国际收支不利。但是英国同意保证英镑对其他共同体成员方货币的汇率稳定。

欧洲货币体系原定的实行日程由于法德矛盾而延期。法国坚持只有取消对农产品的货币补偿金额制度才能同意欧洲货币体系生效，联邦德国则不同意欧洲货币体系生效。经过几个月的磋商，双方互作让步，于1979年3月7日达成妥协方案。新方案规定：对欧洲货币体系开始实行后征收的新货币补偿分两个阶段加以削减，时间不超过 3 年。现在已经在征收的货币补偿金额也得逐步取消。在解决了这一争执之后，欧洲货币体系终于在 1979 年 3 月 13 日宣布正式生效。

该货币体系的主要内容是：创建欧洲货币单位"埃居"（ECU）；确定稳定汇率机制；建立欧洲货币基金。欧共体在此基础上又重新开始了货币合作。欧洲货币体系的建立，对成员方之间货币汇率稳定发挥了积极作用，为发行统一货币积累了经验与条件。

### （五）德洛尔报告

欧洲货币体系的建成，标志着欧洲货币合作已进入稳定发展的阶段。1985 年 12 月，欧共体卢森堡会议通过了《单一欧洲法案》，规定在 1992 年底之前建立欧洲统一大市场。大市场已经超出某种生产要素单一的协调与合作，而是在一个没有内部边界的地区内实行商品、人员、劳务和资本的自由流通。在此背景下，1988 年 6 月底，欧洲共同体首脑汉诺威会议决定了关于欧共体进一步货币合作的计划，该计划由以主席德洛尔为首的欧共体委员会负责制订。1989 年 4 月，德洛尔向 12 国财政部部长提出了"欧共体经济与货币联盟"的报告。1989 年 6 月欧洲理事会马德里会议上，成员方首脑通过了这个报告，决定于 1990 年 7 月 1 日开始实施经济与货币联盟。其中货币联盟包括：货币完全和不可取消的自由兑换；资本在充分一体化的金融市场上自由流动以及无波动幅度、不可改变的固定汇率机制。报告还提出了建立统一中央银行的设想，标志着欧洲货币体系又跃上了新台阶。

### （六）马斯特里赫特条约

1991 年 12 月，欧共体 12 国首脑在荷兰的马斯特里赫特开会，就欧共体建立内部统一大市场后进一步建立政治联盟和经济与货币联盟问题达成协议。会议通过了《政治联盟条约》和《经济与货币联盟条约》，统称《马斯特里赫特条约》。该条约对实现欧洲统一货币的措施和步骤做了具体安排并提出了时间表，规定最迟于 1998 年 7 月 1 日起建立独立的欧洲中央银行，最迟于 1999 年 1 月 1 日实行单一货币，建立统一货币体系。

《马斯特里赫特条约》的签订使"欧洲联盟"取代了"欧洲共同体"，该条约的签订是欧洲货币体系发展道路上的一个重要里程碑。条约对欧洲货币联盟进程展开了更全面、更详尽的部署安排。货币联盟的最终目标是在欧共体建立一个负责制定和执行货币政策的中央银行并发行统一的货币。为实现这一目标，条约要求分三个阶段：

第一阶段，从 1990 年 7 月 1 日到 1993 年 12 月 31 日，主要任务是所有成员方货币加入欧洲货币体系的汇率机制,形成欧洲统一大市场,实现商品、人员和资本的自由流动,并建立相应的监督机制。

第二阶段,从1994年1月1日到1997年,进一步实现各国宏观经济政策的协调,建立独立的不受政治干预的欧洲货币管理体系或欧洲中央银行体系,作为欧洲中央银行的前身,负责统一制定货币政策,进一步缩小成员方之间的汇率波动幅度。

第三阶段,从1997年到1999年1月1日,在这段时间内最终建立统一的欧洲货币和独立的中央银行,即第三阶段的目标是最迟于1999年实现欧洲货币的统一。

条约规定了进入"阶段三"的条件或标准:(1)通货膨胀率不能高于上一年欧共体3个最低国家平均水平的1.5%;(2)政府长期债券的利率不能高于欧共体3个通货膨胀最低国家平均水平的2%;(3)上一年财政赤字占国内生产总值的比重必须小于3%;(4)公共债务的累计额必须低于国内生产总值的60%;(5)货币汇率必须维持在欧洲货币体系规定的幅度内,并且至少稳定两年时间;(6)其中央银行的法律法规必须同条约规定的欧洲中央银行的法律法规相兼容。如果欧共体内至少有7个成员方于1996年底能达标,欧洲理事会将于1997年1月1日实行统一货币。如果到1997年12月31日,达标的国家仍然少于7个,或者欧共体理事会认为于1997年实施"阶段三"不适宜,则改为于1999年1月1日起使已达标的国家先进入阶段三,其余国家待以后条件成熟时再加入。也就是说,到1999年1月1日不管有多少国家达标,"阶段三"都将开始。

1999年1月1日到2002年1月1日为欧元启动的过渡阶段。ECU完成了它的历史使命,退出了历史舞台。欧洲货币联盟正式成立,第一批成员方货币同欧元实行固定汇率制。过渡期间的欧元仍只是一种记账货币,与成员方货币同时流通,因此在很大程度上仍只是一种准平行货币,直到2002年7月1日成员方货币正式"退役",欧元纸币和硬币全面进入流通领域,欧元才正式成为唯一的非主权国家的单一货币。

从欧洲货币合作的发展历程可以看出,欧洲货币合作走过了由"记账单位"向"EUA"再向"ECU",经由欧元过渡期渐进发展的路径,最后达到了"单一货币"的目标。它采用的是一种由"准平行货币"向"单一货币"逐步推进的模式。

## 三、欧洲货币合作的组织管理机构

欧洲经济货币联盟所带来的最大的制度变化就是欧洲中央银行体系的建立,这一体系包括一个新建立的欧洲中央银行和原有的欧盟成员方的国家中央银行的有机结合。虽然经过战后40多年的经济一体化进程，欧洲联盟已经成为一个紧密融合的经济实体，但目前毕竟仍然是一个民族主权国家的联合体，这就使得欧洲中央银行体系有别于以往的国家中央银行，包括那些已经发展得相当完善的联邦银行体系。欧洲中央银行的建立使得欧洲联盟的经济货币制度形成了几乎是史无前例的特征，即在欧盟水平上是没有相应政权实体制约的中央银行，而在国家水平上是失去了对中央银行控制的国家政体。这就必然会给欧盟国家的经济政策的制定、实施和管理带来极为深刻的影响。

### （一）欧洲中央银行的制度结构

欧元于1999年1月1日正式诞生。欧盟15国除英国、瑞典、丹麦和希腊之外的其余11国（即奥地利、比利时、芬兰、法国、德国、爱尔兰、意大利、卢森堡、荷兰、葡萄牙和西班牙）一起构建了一个新的货币区——欧元区。欧元区在人口、经济实力、贸易额等各项经济指标上均可与美国抗衡。在此区域内，原来各国的中央银行不再拥有货币政策的决定权，而把它移交给一个权力巨大、独立性极强的欧洲中央银行。

欧洲中央银行的运作早于欧元的正式诞生。早在1994年1月1日，欧盟国家在法兰克福成立了欧洲中央银行的前身——欧洲货币局（European Monetary Institute，EMI），针对欧洲中央银行的建立从事各项技术准备工作。1997年1月和9月，欧洲货币局先后对外公布了两份报告，分析和阐述了欧洲中央银行可能采用的货币政策目标、工具、程序和技术手段等，为欧洲中央银行的正式运作打下了坚实的基础。1998年5月26日，欧盟11个首批加入欧元国家的领导人通过书面批准程序，正式任命欧洲货币局局长、前荷兰中央银行行长杜森伯格为欧洲中央银行行长，同时任命1位副行长及4位执行董事会成员。任命于6月1日正式生效，欧洲中央银行在同一天正式建立。7月1日，欧洲中央银行开始正式运作。

欧洲中央银行（European Central Bank，ECB）由两个层次组成，即欧洲中央银行本身和欧洲中央银行体系。前者具备法人身份，后者则没有，因为该体系除欧洲中央银行外，还包括所有参加欧元区成员方的中央银行，类似于联席会议。按规定所有参加欧元区的成员方中央银行必须按照其人口和国内生产总值在欧盟15国中所占比重向欧洲中央银行认购股本，欧洲中央银行的总股本为50亿欧元。

欧洲中央银行的日常管理机构是执行委员会，由4~6名成员组成，由欧盟国家首脑会议直接任命，其中包括行长、副行长各1名，任期8年，不能连任。其决策机构有3个，即理事会、董事会和全体成员大会。理事会由欧洲中央银行董事会成员和欧元区成员方中央银行行长等17人组成,其主要职责是:制定大的方针政策决定及欧元区货币政策,包括货币政策的中介目标、基准利率以及欧洲中央银行体系的储备供给等,下达必要的实施指导原则。在作出决策时,将遵循简单多数原则,实行一人一票制。欧盟财长会议以及欧盟委员会可派1名代表参加联席会议,前者还可以向会议提出动议供讨论,但他们都没有投票权。欧洲中央银行理事会每年至少要举行10次会议。董事会由欧洲中央银行行长、副行长及其他4名成员组成,其成员均为长期从事货币与银行业务的专家。董事会的主要职责是:按照欧洲中央银行理事会制定的原则和方针实施货币政策。欧洲中央银行将在欧元区内为所有国家制定统一的货币政策,然后交由各成员方中央银行来实施执行。

欧洲中央银行全体成员大会由行长、副行长和所有欧元区成员方与非成员方中央银行行长组成,其主要任务是:对欧洲中央银行体系起咨询作用;收集统计信息;准备欧洲中央银行季报、年报和每周的综合财务报表;为各国中央银行制定必要的会计和报表要求;制定欧洲中央银行股本认缴的有关规定;以及制定欧洲中央银行的雇员标准。

以上分析的是欧洲中央银行的制度结构状况。中央银行的组织机构独立性是指中央银行相对独立于政府,不受政府控制和干预。中央银行作为政府的银行,有为财政融资服务的义务,但同时它又担心政府滥用权力,无节制地利用中央银行为财政筹措廉价资金,以致造成通货膨胀,危及经济稳定。因此,从组织结构上相对独立于政府是保证中央银行独立性的最重要方面。欧洲中央银行体系制度结构的独立性,指的是相对于欧洲联盟各机构和各成员方政府的独立。《马斯特里赫特条约》规定:"欧洲中央银行各成员方中央银行和决策机构的任何成员在行使权力和履行本条约和欧洲中央银行体系法令赋予的任何任务和职责时,都不得寻求或接受共同体机构、任何成员方政府或其他任何机构的指导。共同体机构、团体和各成员方政府应遵循本原则,在欧洲中央银行决策机构的成员或成员方中央银行的成员履行任务时不得试图对其施加影响。"同时还规定:"欧洲中央银行的基本政策目标是保持价格稳定。在不与基本目标相冲突时,欧洲中央银行还应支持共同体的一般政策目标。欧洲中央银行不受任何国家支配,也不对特定国家负责,具有独立决策权。"

为保证欧洲中央银行的独立性,《马斯特里赫特条约》还禁止欧洲中央银行为成员方政府财政赤字提供资金融通,即使是政府处在破产边缘上,它也只能坐视不管。具体而言,欧洲中央银行和各成员方的中央银行不得允许政府透支,不准向政府提供任何信贷便利,不准在一级市场上购买政府发行的债券等。

## （二）欧洲中央银行的货币政策目标与工具

欧洲中央银行体系的主要目标是保持物价稳定，并在此前提下，支持欧盟的经济政策。在具体的政策操作中，中央银行一般都倾向于采用利率作为操作目标，以 $M_3$ 作为中介目标。欧洲中央银行体系的政策工具运用主要有以下几种：

1. 公开市场操作，其主要目的是调控利率，管理货币市场的流动性，向市场传递货币政策趋向的信号。在政策目标、操作频率和程序上，欧洲中央银行体系确定了四种方式：主导融资操作、较长期融资操作、微调性操作和结构性操作。在实际的公开市场操作中，欧洲中央银行体系使用了 5 种金融工具，即回购性交易、直接性交易、发行债券、外币掉期和吸收定期存款。

2. 存贷款便利，其目的是有效控制隔夜市场利率的波动性，提供和吸纳大量资金，表明货币政策的基本立场，使市场利率不致超出所确立的"利率走廊"（指由欧洲中央银行所确定的贷款便利的利率形成了市场利率的上限，确定的存款便利的利率形成了市场利率的下限，两种利率之间形成了一个利率的波动区间，这个区间便是"利率走廊"）。

3. 最低存款准备金，指用法律手段规定所有欧元区内的金融机构必须将其存款基数的一定比例存入欧洲中央银行或本国中央银行，从而达到控制市场流动性和货币扩张效应的目的。

## 第三节　东亚货币合作

东亚货币合作问题是在多种因素的共同作用之下而提出的，在国际经济金融领域发生的巨大变化进一步加剧了东亚货币合作的现实紧迫性，这一变化趋势具有内在的客观必然性和不可逆转性。

## 一、东亚货币合作的历史背景

### （一）亚洲金融危机的发生使非传统安全问题备受关注

英瓦尔·卡尔松在《全球治理委员会的报告》中指出："过去的 50 年急剧而迅速地改变了世界和世界所关注的议题。"在 1997 年发生了亚洲金融危机后，有关非传统安全的问题进一步引起了人们的关注和重视。非传统安全主要是指与非军事因素有关的安全问题，可以包括经济安全、政治安全、社会安全、人的安全以及环境安全等,具体表现为资源枯竭、生态恶化、环境污染、跨国犯罪、毒品、SARS、艾滋病、禽流感等。上述问题的出现,给人类的生存和健康形成了极为普遍的威胁。特别是在亚洲金融危机爆发后,人们对经济与社会的稳定与安全对人类生活的深刻影响有了更为清醒与全面的认识。金融危机不仅动摇了经济增长的基础、恶化人民生活的条件,也动摇了政治体制和社会基础的稳定。因此,金融市场的安全关系到整个经济体系的安全,而经济体系的安全则影响到人的安全甚至是国家的安全。

### (二)亚洲金融危机的爆发说明了一个国家或地区金融安全的重要性

金融全球化与金融自由化在通过来自外部的竞争推动一国金融的现代化和国际化的同时,也导致了全球整个金融体系潜在风险的加大,极易导致市场破坏力量的膨胀,其中巨额国际资本的流动和大规模的国际金融投机活动超出大多数国家的控制能力之外,尤其是金融体系开放程度较高但尚不够健全的新兴市场国家以及经济金融发展水平较低的发展中国家对此更缺乏足够的抵御能力。一遇到宏观经济波动或其他冲击,银行体系的潜在风险将会很容易地转化为现实,轻则导致较高比例的坏账,重则引发金融危机。这种情况在东亚和拉美表现得尤为明显,近年来由于日本泡沫经济崩溃后引发的金融危机、墨西哥金融危机、东南亚金融危机以及巴西金融危机无不与经济全球化、经济金融化、金融全球化和金融自由化对这些国家金融体系产生的效应密切相关。与此同时,还应当密切关注发达国家与相对落后国家在维护金融安全能力上的不对称性。这种不对称性主要是由于发达国家和相对落后国家在金融发展水平上的差异造成的。因此,维护金融安全的能力是通过金融发展来实现的,对于发展中国家而言,金融发展在一国经济和社会发展中的地位大大提高,其重要性也大大增强,金融发展开始承担起前所未有的历史重任。

### (三)金融全球化的发展趋势进一步强化了金融合作的重要性

金融全球化的发展进一步强化了国际金融体系中强国主导的格局,导致世界各国特别是对东亚地区相对弱小国家的金融主权弱化从而政治主权弱化,相对弱小国家在金融发展过程中被迫面对维护金融全球化、金融自由化的利益与维护国家主权的平衡问题,金融合作的重要性越来越明显。

由于"金融霸权"的存在,金融全球化、金融自由化即使有效地提高了金融资源的配置效率,也是远非均衡与普遍的。因此,对于发展中国家而言，防止"金融侵略"与防止"军事侵略"具有同等重要的意义，且前者比后者更隐蔽、更迅速、更难以防御。因此，反对"金融霸权"、防止"金融侵略"、维护"金融安全"，将获得与传统上以反对政治军事霸权、防止军事侵略、维护以领土与军事安全为主体的国家安全同等的甚至是更为重要的意义。

### （四）欧洲货币的统一为东亚货币合作提供了较好的借鉴模式

1999年1月1日欧洲货币联盟第三阶段的正式启动标志着欧元的诞生，2002年1月1日欧元硬币和纸币开始在欧元区流通并成为完全意义上的现代货币，欧元最终生成。欧元标志着人类历史上主权国家第一次放弃各自的国家货币将其货币主权让渡给一个新创立的超国家机构而共同拥有一个新创立的单一货币。欧元启动是一个可载入世界经济金融史册的重大事件，正如罗伯特·蒙代尔所指出的："欧元的诞生或许是在第一次世界大战结束之后，美元取代英镑成为国际支配货币以来，国际货币体系最重大的事件。"它不仅对欧盟成员方的经济产生了重大影响，也对国际金融市场与国际贸易体系的运行和发展产生深远的影响，还会对世界经济政治格局产生不可估量的影响。欧洲货币统一将进一步促进全球区域经济集团一体化的发展进程，加强区域内的货币合作。欧元的启动将使世界经济格局呈现较为明显的两极化发展趋势，将出现欧元与美元共同主导国际金融市场的新型国际货币体系。在欧美两大经济体之间展开的对金融霸主的竞争，必将会进一步加剧国际金融市场的动荡程度，使欧美以外的国家遭受损失的可能性增加。探寻一条可以使一国或一地区经济稳定发展、能够较好地回避金融风险的道路，是新兴市场国家和广大的发展中国家不得不认真思考的重大问题。欧元给人们带来的一个重要启示是：区域货币联盟、区域货币一体化、区域性的中央银行将是当代国际货币体系改革的主要方向之一。

## 二、东亚货币合作的发展进程

东亚合作的历史最早可以追溯到1967年8月东南亚国家联盟即东盟（the Association of Southeast Asian Nations，ASEAN）成立之时。到了20世纪80年代以后，随着东亚经济相互依赖程度的加深，尤其是冷战以后，国际关系的变化使ASEAN朝经济合作的纵深方向发展。1989年APEC应运而生。但是由于东亚合作中协商一致原则的特殊方式以及其他多方面的原因，使东亚合作未能取得应有的进展。

东亚各国从金融危机中得到的教训是,当一个地区的经济融合到一定程度,就会有传染效应;一个国家出现金融经济问题就会很快地传播到其他国家,并因此导致地区性金融危机的发生。东亚金融危机的迅速扩散与东亚货币的竞争性贬值,使东亚各国或地区认识到区域货币合作的重要性和紧迫性。因此,东亚各国积极探讨东亚货币合作的途径和形式,提出很多有积极意义的构想。

1. 1997 年 9 月,日本财务长官神原英资在国际货币基金组织(IMF)和亚洲开发银行会议上提出了建立"亚洲货币基金"(Asian Monetary Fund,AMF)的构想。倡议组成一个由日本、中国大陆、中国台湾和中国香港、韩国和东盟 6 国参加的组织,由各参加成员方出资 500 亿~600 亿美元、日本政府出资 500 亿美元,旨在与独立于国际货币基金组织之外的区域进行金融合作,AMF 原来预定于 1997 年内开始运作,通过区域性监督机制,对 IMF 的监察予以补充。AMF 主要以三种方式筹集资金:(1) 从成员方借款。其机制类似于 IMF 的总借款协议。成员方要从其外汇储备中划出一部分随时准备提供给亚洲货币基金支配,但成员方依然对这笔资金拥有所有权,并将其视为外汇储备的一种形式。(2) 从国际资本市场借入。由于资金是从资本市场筹集,提供这种资金的利率会相当高。成员方应把自己未使用的外汇储备拿出来作为亚洲货币基金从资本市场筹资的担保。(3) 扩展对成员方借款的担保。由于有亚洲货币基金的担保,受危机影响的国家可以凭借较高的资信等级和较好的条件筹集到资金。但该建议一经提出,就立即遭到美国政府和国际货币基金组织的反对,纽约联邦储备银行总裁威廉·麦克多诺声称美国不能同意这一计划,因为这一计划是对 IMF 的公然挑战。美国和 IMF 认为:在区域内以宽松的融资条件借款,容易引发道德风险;IMF 与 AMF 之间在融资条件上的差异容易形成双重标准。而东亚国家也没有取得广泛一致的看法,因此日本的这一建议没有被采纳。

2. 1997 年 11 月,14 个亚太地区的财政部与中央银行副手们在马尼拉亚太地区高级财政金融会议上,提出了一个加强地区金融合作新机制的设想,又称"马尼拉框架协议"。在"承认 IMF 在国际金融系统中的主导作用"的前提下,确立了包括四方面内容的合作机制:(1) 建立防止金融危机的地区预警机制,补充 IMF 在全球发挥的预警作用;(2) 请国际金融机构协助区内改善财政结构,发展成熟的债券市场,并加强各监督机构的沟通与合作;(3) 请 IMF 提供短期财务安排作为特殊储备,并支持 IMF 检查区内国家在特殊情况下的资金申请程序;(4) 通过一项合作融资安排,弥补 IMF 对有关国家援助资金的不足,发放援助贷款的条件与金额依情况而定。从这一合作机制的内容中,可以明显看出它是美国、日本及 IMF 妥协的结果。

3. 1998年10月,日本又以大藏大臣宫泽喜一的名义提出了"新宫泽构想"(New Miyazawa Initiative),倡议建立总额为300亿美元的亚洲基金,其中150亿美元是对东南亚各国恢复经济的中长期资金援助,用于援助企业进行债务重组、强化社会安全网、应对借贷等问题;其余的150亿美元用于满足其短期资金需求,其中的一半作为美元短期金融援助的预备费(韩国50亿美元、马来西亚25亿美元)。这一设想比起日本在1997年国际货币基金组织和世界银行年会上提出的筹资1 000亿美元的建议更易为东亚国家所接受,美国政府和国际货币基金组织也表示了支持。原因在于:(1)与旨在建立多国间区域合作比较而言,"新宫泽构想"属于两国间的援助;(2)"新宫泽构想"针对的焦点是使面临危机的各国从经济困难中恢复过来,稳定国际金融市场;(3)强化和扩充既已存在的东盟货币互换协定,强调对IMF融资制度的补充作用。2000年2月2日,"新宫泽构想"为印度尼西亚、韩国、马来西亚和菲律宾提供了210亿美元资金,其中135亿美元为中长期贷款、75亿美元为短期贷款。此外,"新宫泽构想"还为马来西亚、菲律宾和泰国提供了22.6亿美元的贷款担保。

4. 1999年10月18日,马来西亚总理马哈蒂尔在"东亚经济峰会"上提出建立"东亚货币基金"(East Asian Monetary Fund,EAMF)的倡议。他认为亚洲地区广大,主张先从东亚开始进行多边协议,然后逐渐扩大到亚洲其他国家和地区。"东亚货币基金"规模比AMF小,是一个完全属于东亚地区的基金。

5. 亚洲借款安排(Asian Arrangements to Borrow,AAB)。2000年,韩国经济学家Tae-Jun kim、Jai-Won Ryon与Yunjong Wang提出了亚洲借款安排的建议。根据此建议,每个成员方可以根据其贷款协议的上限获得贷款。AAB的运行机制类似于IMF的借款总安排GAB(General Agreements To Borrow)。AAB是一个区域性的多边借款协议,它不需要建立一个正式的机构,而是以参与方的信贷安排为基础。为防止道德风险问题,AAB将把借款的上限与各方签订的信贷协议相联系。

6. 东盟"10+3"监督进程。东盟"10+3"监督进程的第一次财长会议于2000年5月召开。会议的主题是加强东亚的金融合作。为了促进持续的增长,与会者一致同意加强政策对话和区域合作,还包括对资本流动的监管、自动和支持机制以及国际金融体制改革。东盟"10+3"的监督进程与东盟的监督进程相似,在监督进程的框架协议下,13国财长和秘书长将一年集会两次讨论政策协调问题。

7.《清迈倡议》的签订。根据《东亚合作的共同声明》确定的重点,"10+3"各成员积极参与了区域金融合作的实际行动。2000年5月在泰国清迈召开的第二次"10+3"财长会议上达成了《清迈倡议》(Chiang Mai Initiative),即将东盟内部原有的货币互换机制扩展到中、日、韩3国,在"10+3"之间逐步建立双边货币互换网络,以便在有关国家出现短期资金困难时进行援助,防范金融危机的发生。会议决定每年定期举行"10+3"财长会议,讨论地区经济形势和财金合作的问题。其中涉及金融合作的协议有:(1)充分利用东盟"10+3"的组织框架,加强有关资本流动的数据及信息的交换;(2)扩大东盟的货币互换协议,同时,在东盟与中国、日本和韩国3国之间构筑双边的货币互换交易网和债券交易网;(3)截至1999年底,东盟"10+3"各国的外汇储备合计额超过7 000亿美元,如果能够将各国外汇储备的一部分用于相互之间的金融合作,这对于稳定东亚区域内的金融市场将具有极其深刻的意义。另外,通过完善东亚各国货币间的直接外汇市场并建立资金结算体系,扩大东亚货币间的交易。《清迈倡议》标志着东亚国家在区域金融合作方面迈出了实质性的步伐,它是"10+3"框架下加强东亚资金资助和支持机制的良好开端。

8. 2000年8月,"10+3"的各国中央银行又将多边货币互换计划的规模由2亿美元扩展到10亿美元。货币互换协定的诞生唤起了人们对于建立东亚区域货币合作的热情,一年以后,这一构想已经获得了实质性的进展:扩展了东盟互换安排(Asean Swap Arrangement, ASA)和双边互换网络和回购协议(Network of Bilateral Swaps and Repurchase Agreements, BSA)。(1)东盟互换安排(ASA)。1997年,五个东盟国家,即印度尼西亚、马来西亚、菲律宾、新加坡和泰国同意建立互换协议对国际收支困难的成员方提供流动性支持。2000年11月,互换协议已扩展到所有的东盟成员,并且总额已经从2亿美元增加到10亿美元。互换协议下的货币除了美元,还包括日元和欧元,其适用的基准利率分别是美元、日元和欧元的LIBOR(伦敦银行同业拆借利率)。(2)双边互换和回购协议(BSA)。BSA是以美元和参与国货币互换的形式提供短期的流动性援助的一种设施。参与国可以动用90天期限的BSA。首次提款可以展期7次,对于首次提款和第一次展期的适用利率是LIBOR加150个基点。其后,每两次展期的附加利率要另加50个基点,但是不超过300个基点。BSA是对那些从设施中提款并需要接受IMF贷款条件性援助的补充。然而BSA则允许占最大提款金额上限至10%部分可以自动支付,与IMF的计划和条件无关。2000年11月东盟"10+3"财长会晤后,中国、日本、韩国开始与东盟国家商讨BSA事宜。到目前为止,包括日本和各个东盟国家的三个BSA已经发表,2002年3月底日本和中国达成货币互换协议。据日本方面宣布,日本已同韩国达成了20亿美元的美元与韩元的互换协议、同马来西亚达成了10亿美元的美元与林吉特的互换协议、同泰国达成了30亿美元的美元与泰铢互换协议。

9. 东盟"10+3"的早期预警系统。2001年5月9日在美国夏威夷举行的第四次10+3财长会议主要讨论的内容涉及地区经济和金融形势、加强东亚地区财金合作、加强"10+3"国家的经济政策磋商和对话、《清迈倡议》的进展和"10+3"领导人会议后续行动等问题,会后发表了《联合声明》。在本次会议公告中提到了东盟"10+3"的早期预警系统。亚洲开发银行正在实行一种科学技术上的援助,以便支持东盟"10+3"的合作力量,从而促进早期预警系统的发展,并有助于及时发现新兴工业化国家宏观经济、金融和公司部门的脆弱性,以防范金融危机的发生。这种援助将支持:(1)以目前IMF、学术团体和各国现有的方法为基础的早期预警系统模型的发展;(2)确定与建立早期预警系统相关的宏观谨慎指标的"核心";(3)确立、发布和实施东盟"10+3"标准模型的研讨会。

10. 亚洲债券基金的设立。2003年6月2日,东亚及太平洋央行行长会议组织(EMEAP)正式宣布与国际清算银行合作建立亚洲债券基金(ABF)。2003年6月22日,由亚太地区11个国家中央银行共同出资10亿美元的亚洲债券基金正式开始运作。亚洲债券基金的设想最早由泰国总理他信于2002年10月提出。亚洲债券基金的宣告成立,标志着亚洲区域金融合作进入新的阶段。有利于改善本地区的融资结构,维护亚洲经济金融稳定以及促进新的国际金融秩序的建立。

## 三、东亚货币合作的模式分析

自1997年东亚经济金融危机发生之后,为使东亚地区的经济社会重新走向发展之路,东亚地区已对危机中所暴露出来的问题进行了调整或改革,其中东亚地区的货币合作问题已成为东亚地区理论界与决策层高度关注的一个紧迫性议题,并且已经提出了很多富有积极性与建设性的政策建议。迄今为止,关于建立东亚货币合作机制或制度的构想可以归纳为以下几种:强化钉住美元的汇率制度;建立日元货币区;建立由美元、欧元、日元等数种货币组成的货币篮子联动的汇率制度;建立人民币货币区等。

### (一)强化钉住美元的汇率制度

为使东亚地区避免货币投机的再次冲击,有人提出了进一步强化钉住美元的汇率制度设想,即再美元化,这是一种与代表非美元化趋势的一篮子钉住和自由浮动汇率制度正好相反的汇率制度。纯粹的美元化意味着美元取代本币或者是与美国组成一个货币区,其好处在于本国无须再通过提高利率或干预外汇市场对本币进行保护，同时国内利率也就可以紧跟美国的利率水平。然而，上述好处所要付出的代价是永远放弃调整汇率或追求独立货币政策的机会。同时，美元化还意味着本国铸币税的损失，货币当局不得不减少外汇储备或从国际市场上借入美元以赎回流通中的本国货币。由于无法在危机时向商业银行提供流动性，中央银行也就失去了它作为最终贷款人地位的作用。

美国经济学家麦金农教授非常赞赏亚洲发展中国家在1997年金融危机前所采用的非正式的钉住美元汇率制度，他认为这种汇率制度作为一种共同货币本位成功地使亚洲发展中国家免受了"以邻为壑"的货币贬值行为的发生，并且在20世纪80年代到1996年前的快速经济增长中为国内价格的稳定作出了贡献。尽管他对日元对美元汇率的反复波动颇为担心，但他希望日本能够加入东亚美元钉住汇率制度，并通过日本和美国之间的政策合作来稳定两国间的汇率，即"日元对美元汇率应当永远保持固定"。为此，麦金农建议逐步恢复东亚地区传统的钉住美元汇率制度。他认为虽然东亚地区还需要进一步地融合，以便保持日元对美元汇率的稳定，但它已经是一个天然的美元区。亚洲国家所采取的钉住美元的汇率制度在本质上并不存在什么缺陷，金融危机之所以会发生，更多的是因为货币贬值的预期往往通过投机而变成了事实。对汇率稳定所作出的坚定承诺有助于一个国家在本币受到冲击的短时期内将提高利率的需要程度降到最低，以便在中期内缓和"偶然性"竞争贬值的传染效应，在长期内维持国内价格水平的稳定。

显然，进一步强化东亚地区传统的钉住美元汇率制度，有利于美元在国际货币体系中霸主地位的稳定，增加了美元与欧元的竞争力量。但由西方学者所设计的该方案却没有真正考虑到东亚地区的金融稳定，由于这种制度的缺陷已经给东亚经济体带来了严重的打击，所以该方案是不会成为东亚地区货币合作的备选方案的。

### （二）建立东亚日元货币区

长期以来，日本政府一直寻求在亚洲建立日元货币区。如果东亚其他国家或地区的货币统一钉住日元而不是钉住美元，则日本的外汇风险就会大大地降低。日本学者关志雄依据最优货币区理论，较为详细地分析了在亚洲建立以日本为中心的货币同盟即日元区的可能性。

关志雄认为，日本、亚洲新兴工业化国家或地区、东盟以及中国一起建立货币同盟是不现实的。一个更为可取的策略就是每一国家或地区等到符合以上条件的时候才加入。总之，日本、亚洲新兴工业化国家或地区建立一个最优货币区的可能性较高，当马来西亚和泰国的经济发展达到较高水平时，也将有可能成为该货币区的成员，就很有可能建立最优货币区。对于那些经济发展仍然处于初级阶段的国家如中国、印度尼西亚和菲律宾而言，就不适合与日本建立最优货币区，若由日本银行来决定它们的货币政策就会使其经济动摇，而不是稳定。

上述方案是日本学者和政界所极力推崇的东亚货币合作方案，该方案充分考虑了日本在东亚货币合作中的利益，并将其利益最大化，而将其成本最小化。但由于日本国内的经济状况以及多种政治因素的影响，目前建立日元货币区的可能性是较小的。很显然，由日本所策划的该方案欲将世界上最大的发展中国家——中国暂时排除在东亚货币合作成员之列，全然无视中国的经济总量及经济发展趋势，意图使中国"边缘化"。可以肯定地讲，如果没有中国牵领东亚货币合作，那么其合作进程也将会是不成功的。

### （三）建立东亚货币篮子

许多经济学家已经直接或间接地意识到日元对美元的汇率波动破坏了东亚地区经济一体化的进程，考虑到日元对美元汇率波动会对东亚地区经济增长产生相当大的影响，保持汇率的稳定对于地区经济的稳步发展就具有了极为重要的意义。但由于即使是以日本和美国为首的主要工业化国家都无法控制日元对美元汇率的波动，对于亚洲的发展中国家或地区来说就更难控制了。因此，对于东亚经济体来讲，实现同样目标的一个次优选择是不仅维持本国货币对美元汇率的稳定，而且维持本币对日元汇率的稳定。然而，只要日元对美元汇率波动，亚洲国家的货币就不可能同时维持对美元和日元汇率的稳定。一个妥协的办法是钉住一篮子货币。许多学者如河合和秋山（Kawai and Akiyama, 2000）、威廉姆森（Williamson, 2000）、关志雄（Kwan, 2001）以及拉詹（Rajan, 2002）虽然并不提倡日元贬值，但他们所提出的共同政策建议是：在由日元与其他东亚国家或地区的货币所组成的货币篮子中，赋予日元更大的权重。他们认为这个方案可能在诸如实现东亚多边汇率稳定方面更有效。因为即使日元对美元汇率继续波动，日本同主要贸易伙伴之间的实际有效汇率将会更加稳定，所以日本也是主要的受益者。

关志雄认为，钉住一篮子货币有助于保持出口的稳定，如果亚洲发展中国家能够采用这种汇率制度，就可以减小经济周期上下波动的幅度，而亚洲经济增长与日元对美元汇率的高度相关也就会成为历史。

但麦金农认为，这个解决方案也不正确。首先，如果仅仅改变日本的经济政策就可以了，为什么要改变包括中国这些大型经济体在内的东亚经济体的货币政策和汇率政策呢？日本的宏观经济衰退和零利率都和日元对美元汇率的波动有关。其次，保持一篮子货币钉住也需要美元作为干预货币。无论是长期还是短期，都必须根据公认的货币篮子中的权重不断地对每个国家货币的美元汇率进行调整。但是不断变化的美元汇率同东亚各国中央银行表现出来的偏好相反，中央银行的目是在保持价格水平稳定的同时使支付风险最小化。最后，任何多边汇率协议，例如钉住一个共同货币篮子，都需要一个名义货币锚。在一个有 $N$ 种法定货币的世界里，某一种货币——第 $N$ 种货币——必须起到锚的作用。第 $N$ 个国家的中央银行的货币政策旨在维持本国价格水平稳定，而无须试图维持汇率稳定。相反，其他 $N-1$ 个国家的中央银行却想尽办法使汇率政策能够保持本币同第 $N$ 种货币汇率的稳定。在欧盟产生以前，欧洲实际上是马克区——马克是货币锚。

### （四）中国与东盟的货币合作及人民币加大在区域内的国际货币功能

1. 清迈倡议。20世纪90年代末期，东南亚国家爆发严重的金融危机并引发恶性货币贬值。为了体现大国的责任与担当，中国政府宣布人民币不贬值。在1997年举行的领导人非正式会议上，中国与东盟领导人发表的《中华人民共和国与东盟国家首脑会晤联合声明》，确立了双边睦邻互信伙伴关系。2002年，中国与东盟签署了《全面经济合作框架协议》，确定了2010年建立自由贸易区的目标。2000年5月，在泰国清迈召开的东盟和中日韩（"10+3"）财长会议上，与会各方共同签署了建立区域性货币互换机制的协议——《清迈倡议》。根据《清迈倡议》，"10+3" 国家在自愿的基础上分别向"共同外汇储备基金"投入一定金额的资金，当某个成员方发生外汇流动性短缺或出现国际收支问题时，其他成员将集体为其提供应急外汇资金，以稳定地区金融市场，缓解金融危机。在《清迈倡议》框架下，2002年10月，中国人民银行与马来西亚国家银行签署了货币互换协议，拉开了中国—东盟货币合作的序幕。此后，中国—东盟双边货币合作内容不断丰富，领域不断拓宽，结构不断优化，逐步达成了以双边本币互换、双边本币结算、基础设施建设和外汇市场直接挂牌为核心的一整套合作框架。

2. 双边本币互换协议。2009年以来，为进一步加强区域金融合作，中国—东盟货币互换协议逐步升级为双边本币互换协议。目前，中国人民银行已经与马来西亚、印度尼西亚、新加坡、泰国和老挝5个东盟国家签署了双边本币互换协议。2009年初，中国人民银行与马来西亚国家银行签署了规模为800亿元人民币/400亿林吉特的双边本币互换协议；经过3次续签，2021年互换规模增至1 800亿元人民币/900亿林吉特。2009年，中国人民银行与印度尼西亚银行签署了规模为 1 000 亿元人民币/175 万亿印度尼西亚卢比双边本币互换协议；经过 3 次续签，2022 年互换规模增至 2 500 亿元人民币/550 万亿印度尼西亚卢比。2010 年，中国人民银行与新加坡金融管理局签署了规模为 1 500 亿元人民币/300 亿新加坡元的双边本币互换协议；经过 4 次续签，2022 年互换规模增至 3 000 亿元人民币/650 亿新加坡元。此外，中国人民银行还分别与泰国和老挝签署规模为 700 亿元人民币/3 200 亿泰铢、60 亿元人民币/7.6 万亿老挝基普的双边本币互换协议。根据中国人民银行发布的《2022 年人民币国际化报告》，2009～2021 年，中国—东盟双边本币互换协议规模由 1 800 亿元人民币增至 8 000 亿元人民币，规模扩大了 3.4 倍。越来越多的东盟国家与中国签署双边本币互换协议，有助于各方共同抵御国际外汇市场波动的风险。随着双边本币互换规模的不断扩大，中国—东盟双边货币合作的意愿不断增强，合作的层次日益提升。2020 年和 2021 年，中国人民银行先后与老挝银行和柬埔寨国家银行签署双边本币合作协议，将本币结算范围扩大至两国已放开的所有经常项目和资本项目。2021 年 9 月，中国印度尼西亚本币结算合作框架（LCS）正式启动，允许双方使用本币进行双边贸易和直接投资结算。此外，2018 年以来越南、缅甸等国家也开始在边境指定地区允许双边本币结算。实际上，即使没有签署双边本币结算协议的东盟国家，在双边贸易和双边投资中也开始接受人民币结算。近 10 年来，中国—东盟国家跨境本币结算规模不断扩大，结算结构不断优化，从单一的经常项目结算转变为以资本项目结算为主、经常项目结算为辅的结构。根据广西金融学会发布的《2022 年人民币东盟国家使用报告》，2021 年，中国—东盟人民币跨境收付金额合计 4.81 万亿元，较 2011 年增长了 20 倍，其中经常项目收付占比 20%、资本项目收付占比 80%。中国—东盟货币合作的顺利开展，离不开人民币跨境支付体系、清算行和代理行等基础设施建设提供的运行保障。人民币跨境支付系统（CIPS）一期于 2015 年 10 月正式上线运行；2018 年 5 月完成系统升级的 CIPS 二期在业务模式、结算效率、服务范围上都有了极大的提升，目前已经实现了"$5\times24$ 小时 +4 小时"的运行时间，全面覆盖全球各时区主要的金融市场并支持当日结算。根据《2022 年人民币东盟国家使用报告》，截至 2021 年底，东盟 10 国均已加入 CIPS，参与 CIPS 的金融机构达到 90 家，其中新加坡、马来西亚、泰国以 25 家、21 家、14 家位居前三。在清算行方面，2013 年以来，中国人民银行陆续在新加坡、马来西亚吉隆坡、泰国曼谷、菲律宾马尼拉和老挝万象确立了人民币清算行。在代理行方面，截至 2021 年底，东盟已有 266 家商业银行与 122 家中国商业银行确立了人民币结算代理行关系。整体上看，通过 CIPS、清算行和代理行，中国—东盟构建了一整套相对完善的资金流动设施，有效保证了中国—东盟之间的资金双向流动。由于东盟国家的货币均属于小币种货币，长久以来，中国—东盟货币交易的汇率主要以美元为媒介套算而得，由此造成了人民币对东盟货币的汇率强烈依赖于美元走势，交叉报价成本较高，而且难以准确描述中国与东盟国家之间贸易往来和跨境资金流动的整体状况。2010年以来，中国政府致力于推进中国—东盟双边货币银行间市场直接挂牌交易。银行间市场直接挂牌分为全国银行间市场挂牌和区域银行间市场挂牌。目前，人民币对新加坡元、泰铢、马来西亚林吉特都实现了在中国外汇交易中心直接挂牌交易，交易活跃度不断提升。中国外汇交易中心的数据显示，2021 年，人民币对新加坡元即期交易规模为 552.6 亿元，人民币对泰铢即期交易规模为 335.7 亿元，人民币对马来西亚林吉特即期交易规模为 3.8 亿元。除此之外，人民币对越南盾、柬埔寨瑞尔、印度尼西亚卢比开始在银行间区域市场直接挂牌交易。银行间外汇市场直接挂牌交易，增加了人民币与东盟国家货币汇率形成机制的透明度，降低了双边贸易过程中由于美元波动带来的汇率风险，节约了进出口企业汇兑成本，为中国—东盟经贸关系的顺利推进提供了有力保障。

3. 中国—东盟未来合作提升人民币区域货币功能。近年来，在国际政治经济形势动荡不安、贸易保护主义逐步抬头的背景下，中国与东盟继续保持社会经济稳定发展，双方高层频繁互动并达成了一系列共识。新加坡尤索夫伊萨东南亚研究院（ISEAS）发布的《东南亚形势：2022 调查报告》显示，大约有 76.7% 的受访者现在认为，中国是对东南亚地区最有影响力的经济体。印度尼西亚外交政策协会 11 月公布的一份调查也表明，大多数东盟国家民众对与中国合作带来的经济利益感到满意。2022 年 11 月，东盟国家柬埔寨、印度尼西亚和泰国相继举办了东盟峰会和东亚合作领导人系列会议、二十国集团（G20）领导人峰会以及亚太经济合作组织（APEC）领导人非正式会议，东盟作为国际社会的一支重要力量再次吸引了全球的目光。随着中国和东盟国际地位的提升，双边经贸关系和货币合作将迎来更加广阔的前景。中国—东盟货币合作的领域将进一步拓展。自 2010 年中国—东盟自贸区启动以来，双边贸易蓬勃发展。现阶段，中国政府正致力于推动中国—东盟自贸区 3.0 版的建设，积极拓展数字经济、电子商务、绿色经济、新基建等领域的合作。随着自由贸易区红利的逐步释放，中国—东盟货币合作也将在新的经贸领域获得发展机遇。中国—东盟货币合作通道将进一步完善。目前，中国面向东盟的相关金融基础设施已经在与东盟毗邻的边境省份重点铺开。以广西为例，上海证券交易所广西服务基地、深圳证券交易所广西服务基地、人民银行广西金融电子结算中心、中银香港东南亚业务营运中心等基础设施已经相继落地,将为中国—东盟货币合作提供有力支撑。中国—东盟货币合作规模将进一步扩大。随着《区域全面经济伙伴关系协定》(RCEP)生效实施,中国—东盟的贸易投资合作前景广阔。2022年9月第19届中国—东盟博览会签约仪式中,共签订合作项目267个,总投资额4 130亿元,较上届增长37%,签约金额创历届新高。新的贸易和投资项目落地将催生更多的双边本币需求,势必会扩大双边本币互换协议和双边本币结算的规模,为中国—东盟合作开辟新的空间,推动人民币在区域内国际货币功能的不断提升。可以预见,人民币在不久的将来将可能成为东亚地区的主导货币或国际主导货币之一,由人民币引领并主导东亚地区的货币联盟进程很可能会成为现实。

## 第四节 非洲货币合作

在非洲,目前存在着以法国法郎为基础的中非货币联盟与西非货币联盟两个货币体系,法郎区形成了世界上独一无二的货币、经济和文化区域,是世界上唯一一个融合不同发展水平国家的真正的地区性货币体系,是由原法属殖民地国家组合而成的统一体。从技术层面上讲,法郎区是一个具有内、外联系的货币体系;而从政治层面上讲,法郎区则是各成员方政府所支持的合法组织形式。

## 一、非洲货币合作的历史背景

### (一)不发达的金融体系内在地要求非洲各国寻求国际货币合作联盟

全世界50个最不发达的金融体系有28个在非洲,这些不完整的金融体系不仅造成金融部门效率低下,而且使政府消除金融波动的能力非常有限。由于非洲金融系统仅包括个别的金融中介及那些缺乏资本、急需监管的金融机构,这使得非洲很难达到规模经济所要求的规模。在非洲现有的四个股票市场上仅有不到60个上市公司,可见其市场非常狭小。

银行的区域化可通过对银行贷款区域结构的多样化来减少潜在风险。虽然国界经常被认为是阻止跨国银行贷款的重要因素,但在非洲由于国家间一般有较深的文化联系,因此国家界限在非洲并不是很明显。另外,金融部门国际化还有利于减少经济危机的发生,因为一个国外掌管的银行会遵守其本国的国家监管来调整自己的行动，并按照其本国货币当局的指示去贷款而不受其所在国货币当局的影响。且多国银行是受多国影响的，因此它较不易向任何单一国家倾斜。此外，外国银行还能对本地银行部门提供专家建议来帮助其防范风险，从而可以减少危机发生的可能性。

### （二）对金融危机共同防范的内在需求将会进一步促使非洲国家加快货币联盟的步伐

非洲国家并没有深层的、实质性的区域金融市场，其大多数资产（如发行国债）都用国际货币标价。这种做法一方面有利于增加其货币融合的紧密性，以便使金融市场具有规模效益；另一方面由于缺少用于贸易的货币和资产，这就使得非洲国家处于国际投机的警戒线以下，减少其受国际投机者冲击的危险，这就使非洲有别于 1992～1993 年欧洲货币体系下的通货。

由于非洲各国对国外金融援助的依赖程度较深，因此需要在具有相同金融援助国的非洲各国间建立统一的货币政策以抵制金融危机连锁反应。当然由于英国为非洲主要援助国，因此若英国加入欧洲货币联盟，非洲各国将可能采取钉住欧元政策来抑制金融危机。

## 二、非洲货币合作历程回顾

### （一）起源于殖民地和殖民地后时期的货币合作的最初动机主要是出于对行使便利和领地特权的考虑

在殖民地和殖民地后时期，非洲国家之间的货币性合作要比其他的发展中国家更为广泛得多，法国殖民地和英国殖民地的各类国家群体联合进行了共同的货币性安排。在殖民地时代结束后，这些货币性安排在亚撒哈拉的非洲地区已经包括了 2/3 的独立国家。但建立这些货币性安排的最初动机只是出于行政上的便利和领地特权的考虑，汇率政策和财政限制方面的问题还未作为货币性安排的最初动机而出现。

此时实行的货币性安排主要采取两种方式：英属殖民地国家的货币钉住英镑，并由英镑支持着，而当地政府的作用是极其有限的，殖民行政当局凭借在英国政府安全部的储备投资的利息而获得了领地特权收入。而法属殖民地法郎也是钉住宗主国法国的法郎，且殖民地的货币发行最终是由法国财政部的可兑换性保证和对政府借贷融资幅度的限制来支持的。

### （二）独立后的货币合作

非洲国家独立后，法国货币体系的存活时间要比英国货币体系长得多。在西非和中非两个相互区别的、以法郎为基础的货币联盟现在仍在运行着，尽管这期间曾经出现过变动，但大多数的原始成员方仍然保留在联盟中。

无论是受法国财政部保证的以法郎为基础的货币联盟，还是具有严格的制度安排的货币体系均与欧洲货币联盟有着很大的差别。事实上，在上述两个体系中，实行的固定钉住汇率制与欧元的浮动汇率制在实践上也具有很大的差别。在某些方面，南非兰特区反而与欧元区有着更为相似的安排。在南非兰特区，莱索托、纳米比亚、斯威士兰及博茨瓦纳的货币均与南非兰特保持平价，并允许南非兰特和当地的货币同时在市场上自由流通。当然南非兰特区也不是一个平等的货币性安排，因为南非在经济上占据着主导地位，而且它又没有采取任何缓和的货币政策来适应其他成员方的要求。但在分享货币铸造利差及实行对应于区外的弹性钉住等方面都与欧洲货币联盟有着相同的重要特征。

## 三、非洲货币合作的组织管理机构

非洲法郎区的运转建立在一种机制和一些结构严密的机构基础上。目前，法郎区运行机制的特点是：一些非洲国家在区域的管理和指导方面的影响力显著增加，1972~1973年的协议赋予法国的权限正在明显减少，而且在中央银行配备干部上更加非洲化。权限的再分配使得法国在货币政策的制定上需要更加考虑到非洲国家的影响力，货币政策的制定被看作是这些非洲国家权力不可分割的一部分。

### （一）中非国家中央银行的运行机构

中非国家中央银行的运行机构包括货币委员会、货币中介委员会、中非国家中央银行等。法国在中非国家中央银行的作用比在西非国家货币联盟中的作用更大，其人事较为广泛地参与到每个决策机关和管理机构中。

1. 货币委员会。该委员会依据1972年11月22日签订协议的第3条款而设立，由来自各成员方的负责金融经济事务的部长组成。该委员会每年至少召开一次会议，由每个成员方轮流担任1年主席。

2. 货币中介委员会。该委员会根据1972年11月23日签订协议的第3条款而设立，由货币委员会成员和法国财政部长组成。该委员会每年召开一次会议，由东道国的财政部部长担任主席。

3. 中非国家中央银行（BEAC）。中非国家中央银行的资本金为240亿非洲法郎，总部设在喀麦隆的雅温得，并在每个成员方设立一个或几个机构，在巴黎设有一个代办处。建立在成员方首都的分支机构经中央银行总部授权后，拥有一定程度的自主权。

中非国家中央银行的管理机关为管理委员会，由13位理事组成，每届任期3年。理事的国别构成如下：喀麦隆4位、加蓬2位、中非帝国、刚果、赤道几内亚和乍得各1位、法国3位。法国的代表接近总数的1/4，但比1972年的情况要差得多，那时法国人要占总部人数的一半。每一个理事有一个候补者，对于只有一名理事的国家，其候补者在委员会开会期间可以协助他工作。非洲成员方的财政部部长代表本国作为委员会的理事。管理委员会主席按照每个成员方的字母表顺序当选，任期1年。

中非国家中央银行管理委员会的职责包括规定银行的总政策、批准账户、决定利润分配、制定内部规定、任命总裁等。另外，它还有权停止在诸如贴现率、再贴现限额等货币政策方面的最重要的决定的实施。管理委员会每年至少开四次会。总裁、副总裁和监察官们出席会议并有发言权，只有当每个成员方和法国都至少有一位理事出席时才能进行有效的商谈。在多数情况下，作出决定非常简单，除非是关于货币政策方面的最重要的决定才需要3/4的大多数通过。

目前，在中非国家中央银行的驻地雅温得设有8个中心领导机构：行政管理中心、信贷中心、研究文献中心、货币分析中心、检查中心、对外业务与对外金融关系中心、簿记中心和银行检查中心。

### （二）西非国家货币联盟

西非国家货币联盟由国家首脑会议、部长会议、西非国家中央银行等机构组成。

1. 国家首脑会议。这个决策机构是根据1973年11月14日签订的西非国家货币联盟协议而设立的，是联盟最高的权力机构。该会议每年至少召开一次，其各项决议必须一致通过。会议在联盟内每个国家轮流召开，主席则由会议所在地的国家来担任。国家首脑会议解决部长会议通过协商仍然无法解决的所有问题，并做出有关接纳新成员和给被撤销或被开除的成员进行备案的决定。

2. 部长会议。这也是1973年11月14日文件中规定的决策机关。西非国家货币联盟的每个成员方派出两名部长作为代表参加会议。会议由各国财政部部长轮流主持，担任主席的每位部长任期为两年。会议每年至少召开两次，会议采取一致通过的方式商定各项决议。部长会议决定货币单位的命名和特征，确定货币政策和信贷政策以及批准同各国政府以及国际机构签订的全部协定。

3. 西非国家中央银行（BCEAO）。西非国家中央银行是一个国际公共机构，总部设在塞内加尔的达喀尔。银行拥有一个代办处，并在每个西非国家货币联盟的成员方中分设一个分支机构，同时在法国巴黎设一个代办处事务所。

西非国家中央银行的业务是中央银行传统的业务，该行具有在西非国家货币联盟各成员方领土上发行货币的权利。除了银行初期的再投资业务外，还可分担联盟内各成员方经济发展机构的投资。该行组织并经营票据交换所，经管国库账目，从事对内、对外各种财政业务，协助政府与国际财政金融机构进行谈判协商。

西非国家中央银行在部长会议的领导和监督下，通过一个总裁、一个行政管理会议和一个国家信贷委员会从事业务活动。总裁由部长会议直接任命，任期6年，届时更换。总裁有权关注有关的协定制定和条款的遵守情况，负责召集行政管理会议，执行部长会议的各项决议，经管银行的流动资金并负责组织管理各行政服务部门，有权录用、任命、分配、解雇任何一个工作人员，有权规定工作人员的酬金。副总裁由行政管理会议任命，任期5年，届时更换，协助总裁工作。行政管理会议由16名行政长官组成，分别从7个联盟成员方和法国选派两名参与银行经营，法国在其中仅占1/8。行政管理会议每年至少召开四次会议，只有当其成员出席或代表人数至少达到2/3时，会议才视为有效。一些特别重大的决议，需要6/7的投票权或必须一致通过才能决定。行政管理会议有权确定联盟的货币策略的方针，准许银行参与、结算账目，决定建立代办处分支机构等。

西非国家中央银行国家信贷委员会由财政部部长（为该会主席）、参与行政管理会议的两名国家代表和相关国家政府任命的4名其他成员组成。自1988年4月以来，法国曾以大使馆金融顾问或以国内经济合作中心银行的代表身份参加这个委员会。委员会按大多数成员进行裁决，总裁和副总裁参加均有权参加这个委员会并拥有发言权。西非国家中央银行国家检查员委员会负责对银行代办处账目的检查，检查员的数量为一个国家1名。

西非国家中央银行设有以下9个中心：行政事务中心、信贷中心、研究中心、职业培训中心、国际关系中心、监察中心、财政交易中心、会议和预算中心、职员和公司业务中心。在每个成员方中都设立一个代办处，其主任由总裁任命并经所在国政府批准。

## 四、非洲货币联盟的前景展望

### （一）非洲货币联盟的汇率政策选择

新的非洲货币联盟对汇率政策有几个切实可行的选择，第一个可行的选择方案就是采用浮动的新货币（或许可称为非元）来避免对汇率目标的明确的支持。即使在这种情况下，货币当局在实践中似乎也会极力避免与欧元相对的额外的动荡性,这不仅是为了平抑国内的价格水平,而且还为了减小实际汇率的波动。第二个可行的选择方案就是实行钉住欧元的规范汇率制度,从目标区到规范区,对这个选择方案在保留一定的自由以适应于汇率价值方面没有达成完全的一致性。一方面如果出现大的进口交换比价现象或生产性振荡现象或地区性金融恐慌时,汇率具有一定的弹性是非常有利的;另一方面,实行严格的钉住汇率会降低利率的升水并有利于允许国内汇率体系的稀缺资源的再分配。

事实上,在1999年欧元启动后,法国法郎被统一的欧元代替,非洲法郎也同欧元挂钩,固定汇率为1欧元兑655.957非洲法郎。因此从目前来看,非洲法郎实行的是钉住欧元的固定汇率制度。

### (二) 非洲货币联盟的可行优化方案

新的非洲货币联盟可以通过以下三个阶段来形成:第一阶段,一系列相邻国家经过正式协商确立一个共同货币区;第二阶段,一些国家会选择放弃使用本国货币,而使用实力较强的邻国的货币;第三阶段,那些具有共同外部支持的国家会选择一种联合钉住汇率制而不是继续维持单独的双边汇率协议。

就具体途径而言,汇率政策会通向自由浮动或货币联合这样的极端,似乎至少有一些非洲国家会选择一种与国际性货币相联系的货币体系安排形式。对这些国家来说,欧元将是被钉住的一个主要候选对象。考虑到其中的行政性因素和规模经济因素,可联合性的货币合作体系安排要比一个国家的货币向外扩展更容易令人接受。货币体系安排的生存能力依赖于与货币体系相关的信用,联合安排的共同性是一种确保作为"限制机构"的这一体系存活的重要力量。迄今为止,那些被分离开来的国家都在考虑加入其他货币体系,以便能节约成本,增强信用。事实上,这种非正式的方式可能是非洲货币联盟形成的最可能的方案,即通过那些各自都决心与欧元挂钩的国家之间的相互合作来完成最终的货币联盟。

此外,在南非兰特区,莱索托、纳米比亚、斯威士兰及博茨瓦纳的货币均与南非兰特保持平价,并允许南非兰特和当地的货币同时在市场上自由流通。在某些方面,南非兰特区似乎与欧元区有着更为相似的安排,因为两个区域都有一种共同货币在流通。但南非兰特区与欧盟的区别在于,它不是一个平等的货币制度安排,因为南非在经济上占有主导地位,且没有采取任何缓和的货币政策来适应其他成员方的要求。而在分享货币铸造利差及实行对应于区外的汇率弹性钉住等方面都与欧盟有着相似之处。

总体来说,非洲汇率合作一直遵循钉住汇率的路径选择。起先是钉住法国法郎，以后又钉住欧元。在非洲法郎区域内，包括经常项目和资本项目，一切资金流动完全自由，在法郎区内部外汇兑换是无限制的，但整个区域对外实行统一的外汇政策。这使得非洲法郎区看似具有了"货币联盟"的性质。但必须明确，该种形式的货币联盟并不是各成员方自发形成的，是在奴隶贸易和殖民背景下演变而来的，具有外因诱导的性质，不同于欧盟和美洲的内因主导型合作模式。它看似与欧盟的汇率合作一致，其实却存在巨大的质的差别：两个区域集团经济发展水平不同，历史背景不同，联合的动机也不同。非洲法郎区由于历史的作用，各成员方在独立之后越过了一体化的初级阶段（自由贸易区、关税同盟和共同市场）而直接进入了一体化的较高阶段（经济同盟阶段）。但这种质的飞跃没有各国相应的经济基础作保障，一体化的较高阶段并不能掩盖其经济发展的低水平阶段。所以说，非洲法郎区的汇率合作带有殖民色彩和外因诱导的性质。

## 本 章 案 例

[案例1]

### RCEP推动中国与东盟货币合作

2020年11月15日，东盟十国及中国、日本、韩国、澳大利亚、新西兰共同签署《区域全面经济伙伴关系协定》（RCEP），RCEP是当前涵盖全球人口最多、成员结构最多元、经贸规模最大的自由贸易协定，推动了中国与东盟的货币合作范围。

自2009年中国开展跨境贸易人民币结算试点以来，中国和东盟货币合作发展较快，与多个东盟国家在货币互换、本币结算、人民币清算行安排和货币挂牌交易等领域合作取得积极进展，极大便利和推动了人民币在东盟国家使用。RCEP正式实施后，将极大减少中国与东盟各国的贸易壁垒和企业成本，促进生产要素在中国与东盟市场间的流动和重新配置，推动形成更加紧密的中国—东盟经贸联系，加速区域经济一体化。区域经济一体化，也激发了货币合作需求，为中国与东盟货币合作提供了新的机遇和平台。《2022年人民币东盟国家使用报告》显示2021年，中国—东盟跨境人民币结算量4.8万亿元，同比增长16%，10年来增长近20倍。中国—东盟货币当局紧密联系，多元货币合作不断升级。截至2021年末，中国分别与越南、印度尼西亚、柬埔寨签订了双边本币结算协议；与印度尼西亚、马来西亚、新加坡、泰国等签订了货币互换协议，金额约8 000亿元。东盟国家金融机构深耕人民币市场，支付清算网络也不断健全。① 新加坡、马来西亚、泰国和菲律宾已有人民币清算行安排。2021年，新增16家东盟金融机构成为人民币跨境支付系统（CIPS）间接参与者，CIPS全年处理中国—东盟跨境人民币业务3.3万亿元，同比超50%。离岸市场人民币产品不断丰富升级，多项跨境人民币业务创新成功落地。② 整体而言，东盟国家对人民币的认可度持续提升，伴随RCEP的实施，中国与东盟的货币合作也在不断深化的过程中。

[案例2]

## 多边央行数字货币桥项目

多边央行数字货币桥项目（m-CBDC Bridge，简称"货币桥"）由香港金管局、泰国央行、阿联酋央行和中国人民银行数字货币研究所共同发起，旨在探索建立基于法定数字货币的跨境支付多边合作机制和新型跨境支付基础设施与安排，构建高效率、低成本和通用的多边央行数字货币平台，提供高效便捷且成本低廉的跨境支付服务，增加国际贸易流动和跨境业务的能力。

货币桥项目来源于2019年5月香港金管局与泰国央行推出的Inthanon—LionRock项目，旨在研究CBDC在跨境支付中的应用。2021年2月，中国人民银行数字货币研究所和阿联酋央行加入该项目。此后，该项目更名为"多边央行数字货币桥"。货币桥采用区块链技术，通过交易执行和存储的解耦等技术设计，实现了系统的低延迟和高性能，支持复用现有基础设施，兼容多种对接模式，实现不同央行数字货币系统间及其与传统金融市场基础设施间的互联互通，最终实现央行数字货币对跨境交易全天候的同步交收结算，使跨境贸易场景的本外币兑换变得更加方便。③《货币桥项目：央行数字货币助力经济体融合互通》报告显示，2022年8月15日至9月23日的试点期间，共发行数字港元（e-HKD）、数字人民币（e-CNY）、数字阿联酋迪拉姆（e-AED）、数字泰铢（e-TH）4种央行数字货币，总额折合人民币8 000余万元，跨境支付和外汇兑换同步交收业务逾160笔，结算金额折合人民币超过1.5亿元，四地合计共20家商业

---

① 云倩：《RCEP框架下在东盟实现人民币国际化的路径探析》，载《亚太经济》2023年第1期，第31~40页。
② 罗树昭：《RCEP背景下中国与东盟货币合作研究》，载《区域金融研究》2022年第9期，第33~41页。
③ 赵越强、徐迎迎、李小平等：《多边央行数字货币安排：发展动因、运行机制与应用前景》，载《国际贸易》2023年第4期，第81~88页。

银行共同参与。① 作为中国人民银行参与构建数字人民币跨境支付网络的探索性项目,货币桥原型平台支持秒级跨境转账和外汇交易,相较传统的代理行模式节约近50%的成本,实现了更高效、更低廉和更安全的跨境支付与结算,解决了传统跨境支付和结算的痛点,为数字人民币国际化提供了基础平台。

## 本 章 小 结

1. 最优货币区理论最早由蒙代尔教授提出,后经麦金农等得以发展,经历了由单一标准分析向多种标准分析方法的转变。20世纪70年代后,最优货币区理论研究的重点转向了对加入一个货币区的收益与成本分析上。60年代最优货币区理论和70年代成本收益分析法是货币区理论的基本内容和基本的分析方法,使货币区理论发展成为国际经济学中一个独立的、重要的组成部分。固定汇率与浮动汇率的争论促成了最优货币区理论的产生,而经济理论的发展和欧洲货币合作的持续进行则进一步促进了最优货币区理论的发展。

2. 欧洲货币合作最初始于公元8世纪的加洛林货币体系,当时法兰西王国加洛林王朝开始了共同货币的最初尝试。19世纪中叶的拉丁货币同盟则以条约的形式,开始了共同货币合作的历程。20世纪40年代以来,欧洲货币合作日益密切,在货币合作的广度与深度上发生了质的变化。欧洲货币合作的发展历程可简单归结如下:在各成员方货币运行的基础上,建立欧洲"准平行基金",再由"准平行基金"过渡到货币区内的单一货币——欧元,并且建立单一的中央银行、集中的外汇储备和高度协调一致的区域内货币政策。

欧洲货币合作的组织管理机构是欧洲中央银行体系,该体系包括一个新建立的欧洲中央银行和原有的欧盟成员方的国家中央银行。欧洲中央银行的建立使得欧洲联盟的经济货币制度形成了几乎是史无前例的特征,即在欧盟水平上是没有相应政权实体制约的中央银行,而在国家水平上是失去了对中央银行控制的国家政体。欧洲中央银行由两个层次组成,即欧洲中央银行本身和欧洲中央银行体系。欧洲中央银行的日常管理机构是执行委员会,其决策机构有3个,即理事会、董事会和全体成员大会。

3. 亚洲金融危机爆发后,对地区非传统安全问题的高度关注、对东亚地区相对弱小国家的金融主权弱化从而政治主权弱化现象的重视以及欧元的顺利推出,将会进一步促进东亚地区货币合作的进程,以便稳定地区金融市场、促进地区经济金融的可持续发展。

---

① 沈伟、靳思远:《信用货币制度、数字人民币和人民币国际化——从"数字钱包"到"多边央行数字货币桥"》,载《上海经济研究》2022年第6期,第78~93页。

随着中国在亚洲第一大国地位的确立，我国在亚洲货币领域的作用也在不断提升，同时为推动人民币国际化进程，我国也加强了与东盟国家的货币合作。同时，随着中国与东盟新的贸易和投资领域的合作不断加深，势必会扩大双边本币互换协议和双边本币结算的规模，为中国—东盟合作开辟新的空间。

4. 非洲国家之间的货币性合作产生于殖民地和殖民地后时期，法国殖民地和英国殖民地的各类国家群体联合进行了共同的货币性安排。非洲国家不发达的金融体系内在地要求非洲各国寻求国际货币合作联盟，对金融危机共同防范的内在需求也将会进一步促使非洲国家加快货币联盟的步伐。非洲货币联盟的建立有赖于各国政府间的政策融合，并应寻求较强的外部支持，选择钉住欧元将是非洲国家较为现实的一种与国际性货币相联系的货币体系安排形式。

非洲法郎区是由原法属殖民地国家组合而成的统一体，在区内使用一种共同的货币单位即非洲法郎，目前共有15个非洲国家加入了非洲法郎区，其中象牙海岸等8个国家共同组成了西非货币联盟，喀麦隆等7个国家共同组成了中非货币联盟。中非国家中央银行的运行机构包括货币委员会、货币中介委员会、中非国家中央银行等，西非国家货币联盟则由国家首脑会议、部长会议、西非国家中央银行等机构组成。

## 本章重要概念

货币区　最优货币区　要素流动论　蛇洞制　欧洲记账单位　欧洲货币合作基金　马斯特里赫特条约　欧元　欧洲中央银行　清迈倡议　亚洲债券基金　货币篮子　非洲法郎区　中非国家中央银行　西非国家货币联盟

## 本章思考题

1. 你认为一个国家或经济体加入一个货币区的收益与成本各有哪些？

2. 如何评价《马斯特里赫特条约》中所制定的实现欧洲货币合作的三个阶段目标？

3. 如何评价欧洲中央银行的独立性？

4. 你认为亚洲货币合作的可能模式有哪些？如何评价这些模式？

5. 你认为亚洲国家应当如何进一步寻求有效的货币合作？中国在其中应该如何有效地发挥自身的作用？

# 参 考 文 献

1. 白钦先等著：《金融可持续发展研究导论》，中国金融出版社2001年版。
2. 白英瑞等著：《欧盟：经济一体化理论与实践》，经济管理出版社2002年版。
3. 陈信华、殷凤编著：《国际金融学》，上海财经大学出版社2004年版。
4. 陈雨露主编：《国际金融（第四版）》，中国人民大学出版社2011年版。
5. 单忠东、綦建红著：《国际金融》，北京大学出版社2005年版。
6. 丁剑平、方琛琳、叶伟：《"一带一路"区块货币参照人民币"隐性锚"分析》，载《国际金融研究》2018年第10期。
7. 弗雷德里克·S. 米什金：《货币金融学》，中国人民大学出版社2011年版。
8. 关志雄著：《亚洲货币一体化研究——日元区发展趋势》，中国财政经济出版社2003年版。
9. 韩复龄编著：《外汇交易工具与避险操作》，中国时代出版社2006年版。
10. 韩玉珍编著：《国际金融》，首都经济贸易大学出版社2007年版。
11. 何国华、肖卫国、刘思跃：《国际金融学》，武汉大学出版社2017年版。
12. 何璋著：《国际金融（第三版）》，中国金融出版社2006年版。
13. 侯高岚编著：《国际金融》，清华大学出版社2005年版。
14. 姜波克、傅浩、钱钢著：《开放经济下的政策搭配》，复旦大学出版社1999年版。
15. 姜波克、杨长江编著：《国际金融学（第二版）》，高等教育出版社2004年版。
16. 姜波克编著：《国际金融新编（第四版）》，复旦大学出版社2008年版。
17. 金中夏、赵岳、王浩斌：《人民币：从市场化走向国际化》，中国金融出版社2021年版。

18. 蓝发钦著：《国际金融》，立信会计出版社 2005 年版。

19. 李富有著：《区域货币合作：理论、实践与亚洲的选择》，中国金融出版社 2004 年版。

20. 连平著：《离岸金融研究》，中国金融出版社 2002 年版。

21. 刘慧好主编：《国际金融》，中国金融出版社 2007 年版。

22. 刘军善主编：《国际金融学》，东北财经大学出版社 2004 年版。

23. 刘玉操编著：《国际金融实务》，东北财经大学出版社 2001 年版。

24. 刘园主编：《国际金融风险管理》，对外经济贸易大学出版社 1998 年版。

25. 罗纳德·I. 麦金农、贡特尔·施纳布尔著：《东亚经济周期与汇率安排》，中国金融出版社 2003 年版。

26. 罗纳德·I. 麦金农著：《经济发展中的货币与资本》，上海三联书店 1988 年版。

27. 马君潞著：《21 世纪金融大趋势——金融自由化》，中国金融出版社 1999 年版。

28. 马君潞、陈平、范小云主编：《国际金融》，科学出版社 2005 年版。

29. 倪禾、张育、刘曦子：《数字人民币的国际合作与发展》，载《银行家》2023 年第 2 期。

30. 任正晓、刘光洪编著：《外汇风险防避与利用》，中国经济出版社 1995 年版。

31. 沈学兵主编：《国际金融》，上海财经大学出版社 2004 年版。

32. 陶士贵、胡静怡：《人民币何以成为货币锚？——基于汇改视角的直接形成渠道分析》，载《国际金融研究》2021 年第 1 期。

33. 王爱俭主编：《国际金融概述（第三版）》，中国金融出版社 2011 年版。

34. 王爱俭著：《汇率导论》，中国金融出版社 1997 年版。

35. 王立成编著：《外汇交易技巧与实战图解》，清华大学出版社 2005 年版。

36. 王晓芳、鲁科技：《国际货币体系改革与人民币国际化》，载《经济学家》2023 年第 2 期。

37. 吴丽华编著：《外汇业务操作与风险管理》，厦门大学出版社 2005 年版。

38. 徐志刚、钱钢著：《香港金融制度与分析》，上海三联书店 2000 年版。

39. 许少强、李天栋、姜波克著：《均衡汇率与人民币汇率政策》，复旦大学出版社 2007 年版。

40. 杨培雷编著:《国际金融》,上海财经大学出版社 2005 年版。

41. 杨胜刚、姚小义、吴志明等编:《国际金融》,高等教育出版社 2013 年版。

42. 杨胜刚、姚小义主编:《外汇理论与交易原理》,中国金融出版社 2002 年版。

43. 杨胜刚主编:《国际金融学》,中南大学出版社 2003 年版。

44. 杨星主编:《国际金融学》,广东经济出版社 2001 年版。

45. 叶蜀君编著:《国际金融》,清华大学出版社 2005 年版。

46. 易纲、杨磊著:《国际金融》,上海人民出版社 2004 年版。

47. 郁洪良、陆凯旋、王叙果、奚媛媛、陈冰编著:《新编国际金融概述》,中国金融出版社 2006 年版。

48. 张学军:《青山控股集团"伦镍事件"的思考与启示》,载《中国期货》2022 年第 2 期。

49. 左连村、王洪良著:《国际离岸金融市场理论与实践》,中山大学出版,2002 年版。

50. Ahmed R. Commodity currencies and causality: Some high-frequency evidence [J]. *Economics Letters*, 2020, 189: 109016.

51. Benigno G, Foerster A, Otrok C, et al. Sudden stops and COVID-19: Lessons from Mexico's history [J]. *FRBSF Economic Letter*, 2020 (33): 01-05.

52. Brunnermeier, M K., & Pedersen, L H. Market Liquidity and Funding Liquidity [J]. *The Review of Financial Studies*, 2009, 22 (6): 2201-2238.

53. Chen Y, Lee D. Market power, inflation targeting, and commodity currencies [J]. *Journal of International Money and Finance*, 2018, 88: 122-139.

54. Chen Y, Rogoff K. Commodity currencies [J]. *Journal of international Economics*, 2003, 60 (1): 133-160.

55. Du W, Tepper A, Verdelhan A. Deviations from covered interest rate parity [J]. *The Journal of Finance*, 2018, 73 (3): 915-957.

56. Ephraim Clark. *International Finance* 2th ed [M]. Thomsan Leaning, 2002.

57. Frederic S. Mishkin. *The Economics of Money, Banking, and Financial Markets*, 6th ed [M]. Pearson Education, 2002.

58. Ilzetzki E, Reinhart C M, Rogoff K S. Exchange arrangements entering the twenty-first century: Which anchor will hold? [J]. *The Quarterly Journal of Economics*, 2019, 134 (2): 599-646.

59. James C. Bake. *International Finance - Management, Market,*

*and Institutions* [M]. Pearson Education, 2002.

60. Krugman & Obstfeld. *International Economics: theory and Policy* [M]. 5th ed. /Addison Wesley Longmand, Inc., 2002.

61. Lin Z, Chen J, Qian X. Capital controls and the volatility of the renminbi covered interest deviation [J]. *Review of International Economics*, 2022, 30 (1): 205 – 236.